民法典
婚姻家庭编
条文释解与实操指引

李秀华　主编

汪雯　马红君　项琳　副主编

中国法制出版社

CHINA LEGAL PUBLISHING HOUSE

编 委 会

前　言

所有过往，皆为序章。

2021 年 1 月 1 日，《民法典》①正式颁布实施。其中的婚姻家庭编在全面系统保护家庭成员合法权益方面提供了有力的法律依据。为帮助、指导婚姻家事律师增强专业意识，提升办案能力，有效处理家事案件，江苏省律协婚姻家庭委员会在总结一些经典婚姻家事案件经验的基础上，在《民法典》实施两年后深度释解《民法典》婚姻家庭编，结合《民法典》规定精神，将江苏省律协婚姻家庭案件处理指引《民法典婚姻家庭编释解与处理婚姻家庭纠纷实务指引》重新梳理，形成《婚姻家事律师处理婚姻家庭纠纷指引》，作为本书第二部分。

本书分为两大部分。第一部分是以案释法，第二部分是婚姻家事案件处理指引。本书全面系统地梳理了民法典时代婚姻家事案件处理中常见的问题，并对经典案件进行了分析总结。本书指引部分是在程序上引领婚姻家事律师更便捷、有效地处理婚姻家事案件。

《民法典》的出台与每一个人息息相关，与每个婚姻家事律师密切相关，它一直陪伴着我们，指引着我们从摇篮到生命终点的命运之路。即使一个人去世，对遗产处置也要通过法律来进行。《民法典》伴随着人类进步的历程，特别是国家改革与发展进步的整个法律发展历程，绽放出特别光芒。婚姻家事律师队伍的强大与法律发展的进程密切相关。

---

① 本书在提到法律文件名称时，为简洁方便，省略"中华人民共和国"。

本书面向每一位有婚姻困惑的当事人或每一个有志于婚姻家事领域律师、专家学者、法律服务者、心理专家、社工以及法学院的师生等。对当事人而言，它像一位循循善诱的朋友，带领当事人走出人生与法律的困惑。对律师、法学院的师生、法官、检察官、心理专家、社工等而言，则直击法律的核心问题与步骤，节约学习时间，提高工作效率。

对需要法律帮助的当事人而言，他们需要最直接的方式寻找专业的法律帮助；对法律人而言，他们最感兴趣的是如何在宏观背景下精准运用法条，精细剖析每个家事案件的理念与处理过程。在中国法制出版社的关心与特别支持下，在扬州大学法学院[①]、江苏宁嘉律师事务所、北京市高朋（南京）律师事务所、江苏泰和律师事务所鼎力支持下，在江苏省婚家委的李秀华主任、马红君副主任、汪雯副主任、项琳副主任及全体委员的努力下，江苏省律协婚家委的委员及省内多位律师共同完成了本书的出版任务。

本书最大的特色之一是作者全部是婚姻家事律师，很多律师第一次参与图书的写作，欣喜而激动。如果本书主题选择上恰逢其时，我要特别感谢这个时代赋予我们家事律师的责任感、使命感，特别感谢委员会所有的主任及委员给予我们出书的勇气、底气和力量。极为荣幸的是，我不仅是大学里婚姻家庭法学方向的教授，也是数十年来关注公益事业且身体力行的志愿者，同时还是实践不断的家事律师。"让生命影响生命，让爱影响爱""别让法律技巧超过一个法律人的良知"，这是我从事法学理论、实践与法律援助的信念。因为角色多元，我必须考虑理论、实践与公益笃行三者的高度合一。婚姻家事法学理论特别需要法律实践方面的有效经验、专

---

① 本书是扬州大学 2021 年国家一流专业建设（法学）项目（项目编号：5004｜331040208）的成果之一，同时也是李秀华主持的扬州大学研究生教育教学改革与实践项目"法学研究生学术与实践创新能力提升模式建构与探索"（项目编号：JGLX2021_007）的成果之一。感谢扬州大学法学院的特别支持！感谢江苏泰和律师事务所、江苏宁嘉律师事务所、北京市高朋（南京）律师事务所、江苏弘泰律师事务所等提供的大力支持！

业专注的精神、务实态度及公益理念融通天下。

这本书要想配得上有划时代意义的主题，需要满足诸多要求。它要求作者既要有筛选典型案件的能力，也要有将其思想与理念传递给读者的写作技巧与表达能力。清晰表述而不流于浮躁，整理思想路径，为需要的读者指点迷津，表述规范、深刻又深入人心是很有难度的事情。有位法学家曾言，每位律师都有责任为自己所从事的职业写一本书。而很多家事律师已经尝试去梳理自己从事律师职业的感悟与经验。本书力求在案件选择、条文释解，以及当下婚姻家事案件处理走向上有一定见解，并对未来法律完善与律师思维建构预留了发展空间。其实每一位律师都是一本书。让律师所写的书可以走进课堂与社会，这是扬州大学法学院、江苏宁嘉律师事务所、北京市高朋（南京）律师事务所、江苏泰和律师事务所推进本书出版的特别视角。律师所写的书，不仅是对法学理论与立法的回应，更是实践成果的总结与梳理，律师的文字更具实践价值，无论对法学院的学生还是已入职的婚姻家事律师、法官等均有一定的启迪。希望这本书为律师、法官、法律援助的志愿者等更好地处理婚姻家事案件提供有效帮助与指引。

李秀华

目　录

上篇　民法典婚姻家庭编条文释解

下篇　婚姻家事律师处理婚姻家庭纠纷指引

上篇　民法典婚姻家庭编条文释解

第一章　一般规定

第一千零四十条　【婚姻家庭编调整对象范围】

▶ **案件导入**

妻子可否在丈夫去世后实施冷冻胚胎移植手术①

小欣（化名，女）与小旗（化名，男）于 2015 年 11 月 3 日履行结婚登记手续。2020 年春天，小欣夫妇因生育问题到某妇幼保健院就医，在医生建议下自愿接受体外受精—胚胎移植助孕治疗。2020 年 6 月，小欣夫妇经该院采取人工辅助生殖技术形成胚胎 2 枚及囊胚 8 枚。不幸的是，小旗于 2020 年 7 月去世。某妇幼保健院以小旗去世为由拒绝继续履行医疗服务合同，故引发本案纠纷。小欣向一审法院起诉请求：判令某妇幼保健院继续履行医疗服务合同，为其实施胚胎移植手术。一审法院依照当时相关法律规定②，并经该院审判委员会讨论决定，判决某妇幼保健院继续履行与小欣、小旗之间的医疗服务合同，为小欣施行胚胎移植医疗服务。被告某妇幼保健院上诉。本案形式上是一起医疗纠纷案件，但实际上涉及婚姻家

---

① 豫（2020）3 民终 9156 号。
② 本案发生在 2020 年，一审法院依据当时《民法总则》第三条，《合同法》第八条、第六十条及《民事诉讼法》第六十四条等规定判决。

庭的发展导向、生育模式、价值取向及家庭稳定，引起了学界与实务界的高度关注。

【法律条文】

第一千零四十条　本编调整因婚姻家庭产生的民事关系。

💡 **法条释义**

本条规定属于《民法典》第五编婚姻家庭编第一章"一般规定"。该条所涉婚姻家庭纠纷可依《民法典》主张权利或依法承担相应的法律责任。婚姻家庭纠纷具有复杂性与隐蔽性，涉及诸多法律规定，如《民法典》其他各编相关法律规定、最高人民法院司法解释、有关部门出台的相关规定等。本法条对因婚姻家庭产生的民事关系进行系统与科学的调整。该法律条文主要对合法民事法律行为加以有效保护，对不合法的行为进行制裁或者强制有关责任方承担一定的责任。如果无过错方有证据证实一方存在欺诈性抚养、隐瞒重大疾病结婚、重婚、与他人同居、实施家庭暴力、遗弃虐待家庭成员、吸毒、赌博或有其他重大过错的情况，可以根据《民法典》婚姻家庭编主张过错方承担法律责任。显然，本条文中调整对象就是婚姻关系与家庭关系。恋爱关系、同居关系及上述案件所涉及的人工生殖相关问题一般情况下不属于《民法典》婚姻家庭编调整的范围。该条规定使得《民法典》婚姻家庭编调整对象的范围有些狭窄。在现实中并非只有形成婚姻关系的人才会产生这种民事关系，例如，解除同居的困惑、财产分割与子女抚养问题、单身者使用人工生殖技术所带来的诸多问题都会面临法律挑战，但解决问题的路径与适用法律不同。因此，笔者认为，如果将调整对象适度扩大，则有助于更好地调整后民法典时代出现的婚姻家庭领域出现的新问题，进而实现稳定婚姻家庭关系的目标。

⏱ **法律适用**

妻子可否在丈夫去世后实施冷冻胚胎移植手术？一审法院认为，本案系医疗服务合同纠纷。小欣夫妇到某妇幼保健院进行人类辅助生殖治疗，某妇幼保健院已为小欣夫妇培育冷冻胚胎，小欣夫妇与某妇幼保健院间形成医疗服务合同关系。小欣夫妇与某妇幼保健院订立医疗服务合同的最终目的是生育子女。虽然丈夫小旗在该合同履行期间去世，但小旗生前与小欣共同在该院接受相关治疗，并签署多份知情同意书，同意培育并冷冻胚胎，表明小旗与小欣同意通过人类辅助生殖技术生育子女。胚胎移植是实现合同目的的必然步骤，属于医疗服务合同的一部分，故某妇幼保健院继续履行医疗服务合同不违背小旗生前意愿，亦不违反知情同意原则。某妇幼保健院关于继续履行合同是否有违我国《人类辅助生殖技术规范》有关规定的辩解意见，因小欣夫妇此前未生育子女，进行生育不违反我国计划生育法律法规，且小欣作为丧偶妇女，要求以其夫妇通过实施人类辅助生殖技术获得的冷冻胚胎继续孕育子女，不同于该规范中所指称的单身妇女要求实施人类辅助生殖技术情形。因此，一审法院依照当时的相关法律规定，判决某妇幼保健院继续履行与小欣、小旗之间的医疗服务合同，为小欣施行胚胎移植医疗服务。

被告某妇幼保健院上诉，其主要事实与理由：（1）小欣在医院就诊情况。小欣及小旗于 2020 年 4 月以"婚后未避孕未孕 5 年"为主诉来院就诊，通过人工辅助手术形成 2 枚胚胎+8 枚囊胚，因预防卵巢过度刺激综合征未行移植手术，对全部胚胎进行了冷冻。因患者丈夫意外去世，诉讼时冷冻胚胎仍在该院保存；（2）医院无法为小欣实施胚胎移植是因为医院认为该行为不符合《人口与计划生育法》第十七条、《人类辅助生殖技术规范》、《人类辅助生殖技术和人类精子库伦理原则》等相关规定精神。①《人类辅助生殖技术和人类精子库伦理原则》规定，人类辅助生殖技术必须在夫妇双方自愿同意并签署书面知情同意书后方可实施；医务人员必须严格贯彻国家人口和计划生育法律法规，不得对不符合国家人口和计划生育法规和条例规定的夫妇和单身妇女实施人类辅助生殖技术。依据上述法律法规，目前小欣实施移植手术并不符合"知情同意原则""社会公益原则"和"保护后代原则"的相关要求。如果第一次移植不成功，还要考虑是否继续移植，这些均须夫妻双方共同决断并签名认可。《人类辅助生殖技术规范》明确规定禁止给"单身妇女"实施人类辅助生殖，这是医院必须遵守的社会公益原则及保护后代原则。目前该院不能获得小欣丈夫的签名，且小欣是单身状态，按相关法律法规规定，无法为其实施胚胎移植。小欣辩称：（1）某妇幼保健院具有继续履行合同的条件。一审法院查明，上诉人具有为小欣实施胚胎移植的专业资质，其冷冻胚胎正在上诉人的医学保管中。（2）医疗服务合同已生效，上诉人应按合同约定履行。（3）继续履行涉案合同是小旗生前与小欣的真实意愿。小欣是丧偶妇女，与相关法律规定的单身妇女内涵不同。

二审法院认为，小欣与小旗在某妇幼保健院进行人类辅助生殖治疗，双方形成了合法有效的医疗服务合同关系。小欣、小旗与某妇幼保健院订立医疗服务合同的目的是生育子女，上诉人已为二人培育并冷冻胚胎，虽然小旗在合同履行期间亡故，但其生前与小欣共同在该医院接受治疗，签署了多份知情同意书，同意培育并冷冻胚胎，表明小欣与小旗同意通过人类辅助生殖技术生育子女。胚胎移植系医疗服务合同的一部分，是实现合

---

① 《人口与计划生育法》第十七条规定："公民有生育的权利，也有依法实行计划生育的义务，夫妻双方在实行计划生育中负有共同的责任。"《人类辅助生殖技术规范》规定，实施体外受精与胚胎移植及其衍生技术的机构，必须遵守国家人口和计划生育法规和条例的规定，并同不育夫妇签署相关技术的《知情同意书》和《多胎妊娠减胎术同意书》；必须严格遵守知情同意、知情选择的自愿原则；禁止给不符合国家人口和计划生育法规和条例的夫妇和单身妇女实施人类辅助生育技术。

同目的的重要步骤，上诉人继续履行医疗服务合同不违背小旗生前意愿，亦不违反知情同意原则。关于上诉人继续履行合同是否违背《人类辅助生殖技术规范》中"实施技术人员的行为准则"第十三项规定问题，因小欣夫妇此前未生育子女，进行生育不违反计划生育法律法规，小欣作为丧偶妇女，要求以其夫妇通过实施人类辅助生殖技术获得的冷冻胚胎继续孕育子女，和该规范中所指的单身妇女要求实施人类辅助生殖技术的情形并不相同。二审法院判决某妇幼保健院应继续履行与小欣、小旗之间的医疗服务合同，为小欣施行胚胎移植医疗服务。综上，一审判决并无不当，某妇幼保健院的上诉请求，不能成立，应予驳回；一审判决认定事实清楚，适用法律正确，应予维持。一审与二审对本案判决的认识高度一致，使我们对婚姻家庭领域生育新问题及家庭关系中的新结构有了新认知。

◎ 实务指引

一、如何从法律角度解析"有配偶者与他人同居"的内涵

"有配偶者与他人同居"违反了一夫一妻制原则，严重败坏了社会风气，易导致婚姻破裂并引发恶性事件，同时危及家庭利益、社会安定。根据《最高人民法院关于适用〈中华人民共和国民法典〉婚姻家庭编的解释（一）》（以下简称《婚姻家庭编的解释（一）》第二条规定，《民法典》第一千零四十二条、第一千零七十九条、第一千零九十一条规定的"与他人同居"的情形，是指有配偶者与婚外异性，不以夫妻名义，持续、稳定地共同居住。第三条规定，当事人提起诉讼仅请求解除同居关系的，人民法院不予受理；已经受理的，裁定驳回起诉。当事人因同居期间财产分割或者子女抚养纠纷提起诉讼的，人民法院应当受理。《民法典》第一千零四十二条"禁止有配偶者与他人同居"的规定，为无过错方主张权利提供了法律依据。第一千零七十九条规定，人民法院审理离婚案件，应当进行调解；如果感情确已破裂，调解无效的，应当准予离婚。有与他人同居情

形，调解无效的，应当准予离婚。同时《民法典》第一千零九十一条规定，有配偶者与他人同居导致离婚的，无过错方有权请求离婚损害赔偿。

二、律师如何应对人工辅助生殖技术带来的新型法律问题

随着高科技水平不断进步，关心人工辅助生殖技术的人群已不局限于不孕不育夫妻双方，而扩展至受自身因素和婚姻状态等情况影响的单身群体或性少数群体。上述群体通过人工辅助生殖技术有可能实现生育意愿，但如果未能在法律许可框架内实施，其相应行为具有法律风险。

第一千零四十一条　【婚姻家庭编基本原则】

▷ 案件导入

父母离婚如何确定子女抚养费①

原告张某甲、张某乙向山东省东营市某区人民法院起诉称：原告系被告董某的女儿，2016 年 9 月，被告与原告的父亲张某因夫妻感情破裂协议离婚。离婚时双方协商，两原告均由父亲张某抚养，被告董某每月支付抚育费 300 元。被告与原告的父亲离婚后，两原告一直随父亲共同生活，被告没有按时支付抚养费。随着两原告长大、物价提高，被告每月支付的抚养费远远不够两原告需求。原告父亲张某收入有限，独立承担原告抚养费很困难。为维护原告合法权益，向法院提起诉讼，诉请依法判令被告董某向原告给付欠付的 14400 元抚养费；依法判令被告自 2021 年 1 月 1 日起向两名原告支付抚养费每月 2000 元。被告辩称只能按每月 300 元支付抚养费。东营市某区人民法院经审理查明：张某甲、张某乙系张某与董某的婚生子女，张某甲于 2004 年 10 月出生，就读于东营市某学校，当时上中专一年级，张某乙于 2012 年 2 月出生，现就读于东营市某小学，当时上小学

---

① 沈颖娇（编写人）、芦强、李怀敏（审定人）：《山东法院民法典适用典型案例 21　夫妻离婚后子女抚养费的认定（一）——张某甲、张某乙诉董某抚养费纠纷案》，山东省高院审管办，2021 年 8 月 1 日。

三年级。2016 年 9 月张某与董某在某民政局协议离婚，约定张某甲、张某乙由父亲张某抚养，被告董某每月支付抚养费 300 元；2017 年 4 月张某与董某在东营市某区人民法院主持下调解约定自 2017 年 5 月起董某每月支付张某甲、张某乙抚养费 300 元，至张某甲、张某乙独立生活为止。另查明，自 2016 年 9 月起至今，董某仅支付过张某甲、张某乙 3 个月的抚养费。东营市某区人民法院判决：一、被告董某于本判决生效之日起十日内支付欠付原告张某甲、张某乙的抚养费 14400 元；二、被告董某自 2020 年 1 月起每月 25 日前支付原告张某甲、张某乙抚养费 800 元，至原告张某甲、张某乙独立生活为止；三、驳回原告张某甲、张某乙的其他诉讼请求。判决后双方当事人均未提出上诉。

【法律条文】

第一千零四十一条　婚姻家庭受国家保护。

实行婚姻自由、一夫一妻、男女平等的婚姻制度。

保护妇女、未成年人、老年人、残疾人的合法权益。

💡 法条释义

一、本条规定的意义与价值

本条是有关婚姻家庭编的基本原则。这些基本原则包括国家保护婚姻家庭、婚姻自由、一夫一妻制、男女平等及保护妇女、未成年人、老年人与残疾人合法权益五项基本原则，是根据我国司法实践、立法传统与现实生活的迫切需要制定的，取消了计划生育原则，增加国家保护婚姻家庭的基本原则，充分体现了国家从立法高度重视家风建设、家庭治理与国家治理之间的逻辑关系，推进婚姻家庭建设、稳定社会秩序与国家秩序的立场和自信。这些基本原则是婚姻家庭编的立法指导思想，是家事律师处理家事案件法律适用的纲领性基本准则。

二、具体原则内涵

（一）国家保护婚姻家庭原则

婚姻家庭受国家保护条款首次入法，标志着国家对婚姻家庭建设与质量的高度重视及国家在一定情形下加大对婚姻家庭保护的价值导向。通过婚姻家庭编各项基本原则的推进，保障婚姻家庭编有效实施。该项原则是指国家保障公民婚姻家庭领域的权利，当公民的婚姻家庭生活的权利受到侵犯时，国家应采取措施有效地保障公民权利，并促使婚姻家庭功能得到最大限度地发挥。本条款有助于推进相关部门将公民婚姻家庭基本权利条文化、具体化，并注意通过多种路径维护婚姻家庭制度理念、体系与具体内容实施。

（二）婚姻自由原则

婚姻自由原则是维护婚姻家庭稳定的重要前提。所谓婚姻自由，是指婚姻主体有根据我国法律决定自己婚姻大事的自由。任何人不得强制或干涉婚姻当事人的婚姻权利。要贯彻婚姻自由原则，必须依据《民法典》第一千零四十二条规定，禁止包办、买卖婚姻和其他干涉婚姻自由的行为。禁止借婚姻索取财物。婚姻自由是法律赋予每个公民的基本权利，任何人都不能侵犯或妨碍这一权利的实现，否则就构成违法行为。现实生活中，父母干涉子女结婚或子女干涉父母婚姻等现象时有发生。[①]《民法典》增加"离婚冷静期"规定，正是立法善意提醒婚姻当事人慎重考虑当事人、家庭、子女的利益，防止轻率离婚。[②] 针对包办、买卖婚姻和其他干涉婚姻自由的行为，受害人可以依法请求停止侵害；属无效婚姻的，可请求宣告婚姻无效；属可撤销婚姻的，可请求撤销婚姻；如情节恶劣构成犯罪的，可以依照2017年修正的《刑法》的有关规定，依法追究刑事责任。借婚

---

① 根据《老年人权益保障法》第七十六条的规定，干涉老年人婚姻自由的，由有关单位给予批评教育；构成违反治安管理行为的，依法给予治安管理处罚；构成犯罪的，依法追究刑事责任。

② 离婚自由是指夫妻根据法律规定解除婚姻关系的自由。由于离婚涉及子女抚养、财产分割、债务清偿，同时涉及家庭利益、子女幸福及社会稳定，因此在保障离婚自由的同时，必须反对轻率离婚。所以婚姻当事人要依法行使离婚权利。人们对待离婚问题一定要慎重。

姻索取财物，是指除买卖婚姻以外的其他借婚姻索取财物的行为。借婚姻索取财物，基本是自主婚，但它不是正确行使婚姻自由的权利，而是滥用此权利。

（三）一夫一妻原则

一夫一妻制是一男一女依法结为夫妻的婚姻制度，夫妻任何一方不能同时有两个或两个以上的配偶，已婚者在夫妻一方死亡或双方解除婚姻关系前不得再行结婚，这表明无论任何形式的一夫多妻或一妻多夫的两性关系都是违法的。禁止重婚、禁止有配偶者与他人同居。

（四）男女平等原则

《民法典》中的男女平等原则是指男女两性在婚姻关系和家庭关系的各个方面都享有平等权利，承担平等义务。具体内容概括为：夫妻在婚姻家庭关系中享有同等权利，负担同等责任与义务。夫妻离婚时在损害赔偿请求权、补偿请求权、经济帮助请求权等方面权利平等；夫妻各自有独立的姓名权、人身自由权、继承遗产权，对夫妻共同财产有平等的所有权。父母对子女有平等的抚养权、教育权、探视权等，有平等接受子女赡养扶助的权利。夫妻有互相扶养的义务。

（五）保护妇女、未成年人、老年人和残疾人的合法权益原则

第一，保护妇女合法权益原则。这一原则是对男女平等原则的重要补充。现行《妇女权益保障法》对妇女在婚姻家庭方面的权益作了全面具体的规定，操作性更强。保护妇女合法权益有许多切实可行的措施，充分体现了国家对妇女合法权益给予特别保障和特别关注。例如，特定时期限制男方离婚诉权。《民法典》第一千零八十二条规定："女方在怀孕期间、分娩后一年内或者终止妊娠后六个月内，男方不得提出离婚；但是，女方提出离婚或者人民法院认为确有必要受理男方离婚请求的除外。"这一规定旨在保护女方及胎儿、婴儿的身心健康。离婚时在财产分割上，法律规定要给予妇女特别保护。《民法典》第一千零八十七条强调，离婚时，对共

同财产协议不成的，由人民法院根据共同财产具体情况，按照照顾子女、女方和无过错方权益的原则判决。第一千零九十条规定，离婚时，如一方生活困难，有负担能力的另一方应当给予适当帮助。实践中接受经济帮助的多为女方。

第二，保护未成年人合法权益原则。基于强盛国家和民族、稳定家庭秩序、推进社会发展与国家安定等多元利益，必须保护未成年人合法权益。现实生活中，虐待、遗弃儿童，拐卖儿童的行为仍屡禁不止。国家、社会、学校和家庭应教育和帮助未成年人维护其合法权益，增强自我保护意识和能力，增强社会责任感。《未成年人保护法》《反家庭暴力法》《家庭教育促进法》① 等法律颁布实施，有助于更好地保护未成年人身心健康，保障未成年人合法权益，有助于促进未成年人全面发展。从立法上有效地保护了未成年人享有生存权、发展权、受保护权、参与权等权利。国家根据未成年人身心发展特点给予特殊、优先保护，保障未成年人的合法权益不受侵犯。不同类型子女具有平等法律地位，不得虐待和歧视。《民法典》第一千零七十一条规定："非婚生子女享有与婚生子女同等的权利，任何组织或者个人不得加以危害和歧视。不直接抚养非婚生子女的生父或者生母，应当负担未成年子女或者不能独立生活的成年子女的抚养费。"强调保护未成年人合法权益的原则，有助于全面贯彻尊重和保障人权的宪法原则，实现社会公平正义，使未成年人的生存权、发展权、受保护权、参与权等权利得到有效保障。

第三，保护老年人合法权益原则。保障老年人合法权益面临的挑战包

---

① 这部法律的出台标志着家庭教育促进法已进入国家教育事业发展规划和法治化、科学化与规范化管理双轨道。这部法律对推动家庭教育、学校教育、社会教育有机融合，培养德、智、体、美、劳全面发展新型人才作用显著。截至 2021 年 1 月，"已有多个省市出台地方家庭教育促进条例"。家庭教育是所有教育功能最大化的前置条件。父母与家庭是一个人最先接触的教育三体与教育环境，一个人的人格、品行、言谈举止等个性化特征均反映出其所处家庭的生存、教育、学习等环境氛围。父母的言传身教对子女性格、价值观、行为方式等将产生持久性影响。参见李秀华：《家庭教育法视角下监护权撤销制度研究》，载《中华女子学院学报》2021 年第 4 期。

括：现实生活中遗弃、虐待老年人的违法行为时有发生。赡养老年人不能仅仅停留在物质层面，应在感情、心理等方面给予老年人关心和帮助。保障老年人合法权益问题迫切需要社会各界的高度关注，需要从物质、精神、文化、法律等方面探索完善老年人保障体系。国家和社会应当采取措施，实现老有所养、老有所医、老有所为、老有所学、老有所乐。我国已将应对老龄化问题纳入国家战略中。① 我国法律强调家庭成员应从物质、生活上关爱与照顾老年人，在精神上慰藉老年人。《民法典》第一千零六十七条第二款规定："成年子女不履行赡养义务的，缺乏劳动能力或者生活困难的父母，有要求成年子女给付赡养费的权利。"第一千零六十九条规定："子女应当尊重父母的婚姻权利，不得干涉父母离婚、再婚以及婚后的生活。子女对父母的赡养义务，不因父母的婚姻关系变化而终止。"《老年人权益保障法》第十三条规定，老年人养老以居家为基础，家庭成员应当尊重、关心和照料老年人。② 对老年人的赡养义务不因老年人婚姻关系的变

---

① 所谓人口老龄化，是指总人口中因年轻人口数量减少、年长人口数量增加而导致的老年人口比例相应增长的动态过程。据第六次全国人口普查数据，全国 65 岁以上人口比重为 7%，可以看到，我国老年人口比重已大幅上升。我国现行《老年人权益保障法》第四条规定，积极应对人口老龄化是国家的一项长期战略任务。

② 《老年人权益保障法》第十四条规定："赡养人应当履行对老年人经济上供养、生活上照料和精神上慰藉的义务，照顾老年人的特殊需要，赡养人是指老年人的子女以及其他依法负有赡养义务的人。赡养人的配偶应当协助赡养人履行赡养义务。"第十五条规定："赡养人应当使患病的老年人及时得到治疗和护理；对经济困难的老年人，应当提供医疗费用。对生活不能自理的老年人，赡养人应当承担照料责任；不能亲自照料的，可以按照老年人的意愿委托他人或者养老机构等照料。"第十六条规定："赡养人应当妥善安排老年人的住房，不得强迫老年人居住或者迁居条件低劣的房屋。老年人自有的或者承租的住房，子女或者其他亲属不得侵占，不得擅自改变产权关系或者租赁关系。老年人自有的住房，赡养人有维修的义务。"第十七条规定："赡养人有义务耕种或者委托他人耕种老年人承包的田地，照管或者委托他人照管老年人的林木和牲畜等，收益归老年人所有。"第十八条规定："家庭成员应当关心老年人的精神需求，不得忽视、冷落老年人。与老年人分开居住的家庭成员，应当经常看望或者问候老年人。用人单位应当按照国家有关规定保障赡养人探亲休假的权利。"第十九条规定："赡养人不得以放弃继承权或者其他理由，拒绝履行赡养义务。赡养人不履行赡养义务，老年人有要求赡养人付给赡养费等权利。赡养人不得要求老年人承担力不能及的劳动。"第二十条规定："经老年人同意，赡养人之间可以就履行赡养义务签订协议。赡养协议的内容不得违反法律的规定和老年人的意愿。基层群众性自治组织、老年人组织或者赡养人所在单位监督协议的履行。"

《老年人权益保障法》第三条第三款规定"禁止歧视、侮辱、虐待或者遗弃老年人"、第二十五条规定"禁止对老年人实施家庭暴力"与《民法典》第一千零四十二条所规定的"禁止家庭暴力""禁止家庭成员间的虐待和遗弃"立法精神高度一致。

化而终止，即赡养人对老年人赡养扶助的义务不因老年人离婚、再婚而消除。同时，赡养不再局限于物质层面，还包括常回家看望老年人及经常问候老年人等精神层面的内容。老年人监护制度是一项重要的民事法律制度，其正在经历着一场理念与制度的变革：放弃传统老年人监护模式，以保护模式取代传统禁治产宣告制度成为通行理念，从而建立起以充分尊重被监护人权利为核心的现代监护制度。

第四，保护残疾人合法权益原则。《民法典》中涉及残疾人权益保障的内容很多，体现了《民法典》以人为本、最大程度保护弱者的立法理念与价值导向。在《民法典》婚姻家庭编和继承编中，明确家庭成员对不能独立生活者或者缺乏劳动能力者的抚养、扶养、赡养责任，对缺乏劳动能力者在分配遗产时的照顾和必留份制度，残疾人将成为重要受益者；放宽收养残疾未成年人的条件限制，使更多残疾未成年人未来可以享受家庭的温暖。坚持"特别法"优先于"一般法"原则，确认法律对残疾人的"民事权利保护有特别规定的，依照其规定"，肯定了《残疾人保障法》等专门立法在法律适用上的优先地位。由于残疾人特别是女性残疾人身体状况较为特殊，存在残疾人婚姻不稳定的情况。因此，对残疾人婚姻家庭权利予以保护，有利于全面维护妇女、未成年人及老年人的合法权益。

◎ 法律适用

一、子女抚养义务的履行

夫妻离婚后，子女由一方直接抚养的，另一方应当负担部分或者全部抚养费。抚养费应当根据子女正常生活的实际需要，综合考虑当地实际生活水平、父母双方的经济收入、费用支出、现有生活负担、履行义务的可能性等因素作出合理认定。《民法典》第一千零五十八条明确规定："夫妻双方平等享有对未成年子女抚养、教育和保护的权利，共同承担对未成年子女抚养、教育和保护的义务。"第一千零六十七条第一款规定："父母不履行抚养义务的，未成年子女或者不能独立生活的成年子女，有要求父母给付抚养费的权利。"按照上述法律规定，离婚后，子女与父母一方共同生活，并不意味着免除另一方的法定抚养义务。因此离婚后，不与子女共同生活的一方应负担必要的抚养费。这里的抚养费包括生活费、教育费、医疗费等。《民法典》第一千零八十五条规定："离婚后，子女由一方直接抚养的，另一方应当负担部分或者全部抚养费。负担费用的多少和期限的长短，由双方协议；协议不成的，由人民法院判决。前款规定的协议或者判决，不妨碍子女在必要时向父母任何一方提出超过协议或者判决原定数额的合理要求。"根据上述法律规定，子女生活费及教育费由一方部分承担或全部承担。在子女抚养费数额的具体确定上，主要根据三个因素确定：第一，子女的实际需要，考虑维持其衣、食、住、行、学、医的正常需求；第二，当地实际生活水平；第三，给付抚养费一方的负担能力等因素。本案中张某与被告董某离婚时约定被告董某每月支付抚养费 300 元难以维系张某甲和张某乙正常的生活、学习需要。不能独立生活的成年子女，是指尚在校接受高中及其以下学历教育，或者丧失或未完全丧失劳动能力等非因主观原因而无法维持正常生活的成年子女。我国立法对抚养费的给付方式未作出明确要求，从实践来看，抚养费一般应当以金钱方式给付，且应当定期给付，有条件的可一次性给付。

二、法律分析

第一，父母离婚后，未直接抚养子女一方如何有效承担抚养责任？在本案中，综合张某甲、张某乙实际需要，父母双方的经济收入、负担能力及当地实际生活水平等因素，法院根据具体情况增加了原告抚养费数额。同时被告董某未按约支付抚养费，应支付所欠付抚养费 14400 元。根据《民法典》第一千零八十五条的规定，不妨碍子女在必要时向父母任何一方提出超过协议或者判决原定数额的合理要求。笔者认为该案判决有助于保护未成年子女利益原则的有效落实。人民法院在审理婚姻家事案件时，如果涉及子女抚养问题，在确定抚养费时应充分考虑如何有利于子女身心健康，并保障子女合法权益，同时充分结合父母双方抚养能力和抚养条件等具体情况予以解决。

第二，在离婚案件中，确定父母对子女均具有抚养义务，应充分考虑父母实际经济承受能力。

本案中，原协议的抚养费数额过低。法院的判决既考虑到原协议确定的抚养费数额不能满足原告实际需要，又考虑到被告收入情况。所以法院适当提高抚养费数额符合法律规定精神。

第三，实践中，对父母离婚后如何科学合理地计算抚养费数额，如何确定抚养费的范围及期限，当一方经济收入等情况发生变化时如何变更抚养费等问题存在一定争议。《婚姻家庭编的解释（一）》第四十二条明确规定："民法典第一千零六十七条所称'抚养费'，包括子女生活费、教育费、医疗费等费用。"第四十九条规定："抚养费的数额，可以根据子女的实际需要、父母双方的负担能力和当地的实际生活水平确定。有固定收入的，抚养费一般可以按其月总收入的百分之二十至三十的比例给付。负担两个以上子女抚养费的，比例可以适当提高，但一般不得超过月总收入的百分之五十。无固定收入的，抚养费的数额可以依据当年总收入或者同行业平均收入，参照上述比例确定。有特殊情况的，可以适当提高或者降低上述比例。"

◎ 实务指引

一、实践中律师应如何理解并界定子女教育费范畴

关于离婚纠纷中如何界定子女教育费范畴，观点不一。抚养费包括生活费、教育费及医疗费等。那么，是否所有教育费都应由给付抚养费一方承担？包括各种特长班的培训费用吗？如果当事人在离婚调解协议中明确约定了必要教育费开支以外的教育费，按约定处理；如果没有约定，直接抚养子女的父亲或母亲未与给付方认真协商并征得其同意，也没有证据证

明支付后征得给付方同意，即父母双方对该额外教育培训费等协商不成，要求给付方支付额外教育费的主张将难以满足。因为一些教育培训、特长班等并不在国家义务教育范围，不属于抚养未成年子女的必要教育开支。

二、律师在确定子女抚养费具体实务操作中应关注的问题

第一，因父母离婚时子女年龄较小，花销确实不大，导致抚养费界定偏离法律规定标准。

第二，形成律师惯常处理家事案件的思维：过度在意当地生活水平，使抚养费界定与父母客观收入严重脱节。

第三，缺少从子女利益最大化、社会性别视角及相对公平角度考量抚养费确定。

第四，分居期间父母一方不给付孩子抚养费，另一方能提供相应证据证明其在分居期间未尽抚养义务，可得到法律上的支持。

第五，当事人仅以未成年子女是非婚生子女为由拒负抚养义务即违背了法律规定。

第六，实践中，一些判例为我们最大限度地保护未成年子女合法权益提供了范例。① 判断子女抚养费的"合理要求"要根据事实、相关证据、结合具体案情及相关法律进行全面综合考虑。

---

① 案件一：未成年子女祖母请求未成年子女父母支付其抚养教育费，但该教育费明显超过未成年子女父母负担能力且未得到父母一致同意，人民法院不予支持。四川省高级人民法院认为：关于再审申请人彭某主张原审判决认定彭某未征得李某、张某的同意，将其女张某桐和其子张某涵送到私立学校学习，对其主张 20 万元的教育费不予支持系认定事实错误的问题。彭某从 2015 年 8 月至 2019 年 8 月期间代为抚养了孙女张某桐和孙子张某涵，其行为值得赞扬，但在此期间将张某桐、张某涵先后送往私立学校读书，并没有举出相应证据证明征得其母李某的同意，且已超过了作为父母的李某、张某的经济承受能力，故原审判决认定彭某所支付的 20 万元教育费是作为奶奶的彭某对孙子、孙女的赠予并无不当。案件二 〔（2021）辽 01 民终 971 号〕：父母一方主张另一方支付分居期间孩子抚养费，并能提供相应证据证明另一方当事人在分居期间未尽到相应抚养义务的，人民法院应予以支持。辽宁省沈阳市中级人民法院认为：关于郭某 1 针对本案所提其母陈某从 2016 年 6 月至 2020 年 5 月，每月应给付 2000 元抚养费，合计 96000 元的上诉意见，二审法院经过调查认为，认可郭某 1 之母陈某系 2018 年 12 月从家里搬出后与郭某 1 父亲郭某 2 正式分居，陈某亦认可该事实。一审法院根据实际分居时间，结合陈某未提供证据证实分居后其对郭某 1 尽到相应抚养义务，以及考虑郭某 2 在分居后独自抚养郭某 1，承担郭某 1 生活、教育、医疗等全部费用的情况，认定陈某应给付 2018 年 12 月至 2020 年 5 月期间的抚养费，并无不当。

第一千零四十二条 【婚姻家庭编禁止性法律规定】

▷ **案件导入**

在妻子患精神病期间隐瞒真实情况主张离婚是否属于遗弃行为①

栓子（男）与珍珍（女）结婚后生育一子名叫山山。珍珍于 2017 年 7 月经某市康复医院诊治为患有精神分裂症。医生建议长期服药，门诊随访。栓子于 2017 年 10 月向当地法院提起离婚诉讼，2018 年 7 月，一审法院判决不准离婚。栓子于 2019 年 1 月 9 日再次向法院提起离婚诉讼，该院于 2019 年 3 月作出判决：一、准予离婚；二、婚生子山山由栓子抚养，抚养费由栓子自行负担。栓子两次提起离婚诉讼，一审法院均将相关材料及法律文书送达给居住在栓子家中的珍珍，珍珍两次离婚诉讼均未到庭应诉；两次庭审，栓子均未告知法院珍珍患有精神分裂症等相关情况。2020 年 2 月，珍珍因不服法院判决，向一审法院申请再审，该院于 2020 年 4 月作出裁定驳回珍珍的再审申请。2020 年 5 月，珍珍母亲向一审法院申请宣告珍珍无民事行为能力，该院委托泉州市第三医院司法鉴定所对珍珍民事行为能力进行鉴定，该鉴定所于 2020 年 6 月出具司鉴所鉴定意见：珍珍患有精神分裂症，无民事行为能力。一审法院于 2020 年 6 月作出判决：一、珍珍为无民事行为能力人；二、指定珍珍母亲为珍珍监护人。珍珍向一审法院起诉请求：1. 栓子向珍珍支付赔偿款 10 万元；2. 栓子给予珍珍经济帮助 10 万元；3. 依法分割夫妻共同财产。一审法院认为，珍珍与栓子原为合法夫妻，根据 2001 年《婚姻法》第二十条规定，夫妻有互相扶养的义务。② 在双方婚姻关系存续期间，珍珍被诊断为患有精神分裂症，需要长期服药，

---

① （2017）闽 0583 民初 8787 号民事判决书；（2019）闽 0583 民初 921 号民事判决书；（2020）闽 0583 民申 2 号；（2020）闽 0583 民特 94 号民事判决书；（2021）闽 05 民终 188 号。人物名均为化名。

② 《婚姻法》已失效，现相关规定见《民法典》第一千零五十九条。

作为丈夫的栓子对此应该知悉，其本应及时带珍珍就医诊疗，给予珍珍扶持与帮助。但栓子于 2017 年 10 月向法院提起离婚诉讼，在一审法院判决不准离婚生效六个月后，再次提起离婚诉讼，且两次离婚诉讼时，栓子均未如实告知法院珍珍的精神状况，企图通过法院的离婚判决达到其不扶养配偶的目的，存在遗弃家庭成员的主观恶意，有违社会公德及法律规定精神。根据 2001 年《婚姻法》第四十六条"有下列情形之一，导致离婚的，无过错方有权请求损害赔偿：……（四）虐待、遗弃家庭成员的"① 的规定，珍珍有权请求损害赔偿。因珍珍于婚后被确诊患有精神分裂症，需长期服用药物治疗，且经司法鉴定为无民事行为能力，故根据《婚姻法》第四十二条"离婚时，如一方生活困难，另一方应从其住房等个人财产中给予适当帮助。具体办法由双方协议；协议不成时，由人民法院判决"② 的规定，栓子应给予珍珍适当的经济帮助。为此，现珍珍请求栓子支付损害赔偿、经济帮助合计 20 万元，合理合法，予以支持。待珍珍有证据证明双方夫妻共同财产的情况，其可另行主张。珍珍自愿撤回部分诉讼请求，系对其诉讼权利的处分，且不违反法律规定，予以照准。栓子辩称其无须承担责任，于法无据，于情无理，不予采纳。栓子经法院合法传唤，无正当理由拒不到庭参加诉讼，依法缺席审理和判决。综上所述，依照《婚姻法》第二十条、第四十二条、第四十六条，《民事诉讼法》第十三条、第六十四条、第一百四十四条和《最高人民法院关于适用〈中华人民共和国民事诉讼法〉的解释》第九十条规定，判决：一、栓子应于判决生效后十日内支付珍珍损害赔偿、经济帮助合计 20 万元；二、驳回珍珍的其他诉讼请求。

① 《婚姻法》已失效，现相关规定见《民法典》第一千零九十一条。
② 《婚姻法》已失效，现相关规定见《民法典》第一千零九十条。

【法律条文】

第一千零四十二条 禁止包办、买卖婚姻和其他干涉婚姻自由的行为。禁止借婚姻索取财物。

禁止重婚。禁止有配偶者与他人同居。

禁止家庭暴力。禁止家庭成员间的虐待和遗弃。

法条释义

2001年《婚姻法》增加了禁止家庭暴力、禁止有配偶者与他人同居的原则。因上述行为严重侵犯了受害人的人身权与财产权，严重影响了家风建设，影响了社会和谐与稳定，《民法典》在肯定上述法律规定的前提下倡导家风建设。

不同的行为侵犯的客体不同。本条是关于禁止干涉婚姻自由、禁止有配偶者与他人同居、禁止借婚姻索取财物、禁止虐待和遗弃家庭成员的规定。在《民法典》中明确规定禁止包办、买卖婚姻和其他干涉婚姻自由的行为，禁止借婚姻索取财物，充分体现了落实"婚姻自由原则"的系列保障性措施，即结婚必须男女双方完全自愿，不允许任何一方对他方加以强迫或者任何第三者加以干涉。不仅结婚自由不得干涉，离婚自由也受到保护。借婚姻索取财物是变相买卖婚姻，如果一方以索要财物为结婚条件，不给财物就不结婚，实际上等于买卖婚姻，容易产生不良后果。上述禁止性行为既影响受害人婚姻家庭关系，也破坏了我国婚姻家庭制度。重婚侵犯的客体是一夫一妻制的婚姻关系。重婚罪在主观上存在故意，客观方面表现为行为人必须具有重婚行为，即有配偶的人又与他人结婚的，或明知他人有配偶而与之结婚的，就构成重婚罪。重婚罪在主观方面表现为直接故意，即明知他人有配偶而与之结婚或自己有配偶而故意与他人结婚。如果无配偶方确实不知对方有配偶而与之结婚或以夫妻关系共同生活的，无配偶一方不构成重婚罪，有配偶一方构成重婚罪。要注意事实婚姻有可能会构成重婚罪。遗弃行为即明知自己应履行抚养扶助义务而拒绝履行。

◎ 法律适用

本条涉及的案件中，当事人栓子提出上诉，事实和理由如下：

其一，一审判决栓子应支付珍珍损害赔偿金 10 万元没有依据。分居时，珍珍未去医院诊疗，精神表现正常。栓子系在夫妻感情彻底破裂、无和好可能的情况下，根据 2001 年《婚姻法》第三十二条的规定，两次起诉离婚。第二次起诉，一审法院准予栓子与珍珍离婚，符合事实和法律规定。珍珍经多次复查均病情平稳，其治疗费用都由栓子支付，栓子并未遗弃珍珍，栓子对离婚不存在过错，无须支付损害赔偿金 10 万元。

其二，一审判决栓子应支付珍珍经济帮助 10 万元没有依据。一审法院于 2020 年 6 月 19 日作出（2020）闽 0583 民特 94 号民事判决书，判决：1. 珍珍为无民事行为能力人；2. 指定珍珍母亲为珍珍的监护人。上述民事判决书及司法鉴定意见书作出的时间均在栓子与珍珍离婚之后，无法证实珍珍在离婚诉讼期间属于无民事行为能力人，亦无法证实珍珍被确认为无民事行为能力人与栓子有直接关系，且一审法院并未将作为主要证据的上述司法鉴定意见书、民事判决书送达栓子，栓子并不清楚上述司法鉴定意见书、民事判决书的内容。《婚姻法》第四十二条规定，离婚时，如一方生活困难，另一方应从其住房等个人财产中给予适当帮助。栓子在与珍珍离婚后，仍然为珍珍提供住房至今，珍珍现自行在家中做一些安装水龙头橡胶垫的手工活，并非完全丧失劳动能力，珍珍并不存在生活困难情况，栓子无须支付珍珍经济帮助 10 万元。

珍珍辩称：珍珍在栓子起诉离婚期间为无民事行为能力人事实清楚，应当予以认定。珍珍从 2017 年至 2020 年一直在服药控制病情。栓子长期虐待珍珍事实清楚，证据充分。珍珍在结婚前具有完全民事行为能力，婚后，因怀孕、生产孩子身体出现不良反应，对此，栓子及其家人不仅不关心珍珍，还随意对其进行指责谩骂，强迫其劳动，致使珍珍身心受到严重摧残，从 2012 年开始逐渐精神失常。栓子企图通过法院的离婚判决遗弃珍珍，其对离婚存在严重过错。栓子在珍珍接受精神疾病治疗期间匆忙起诉离婚，在法院不准离婚的判决生效六个月后，再次起诉离婚，在两次离婚诉讼的法庭调查阶段，栓子均未如实向法院陈述珍珍患有精神疾病曾住院治疗、且正在服药的事实，其企图通过法院离婚判决达到遗弃珍珍的目的。珍珍属于无民事行为能力人，需要长期服药，其监护人已经年满 60 周岁，已丧失劳动能力，根据法律规定栓子应当支付珍珍扶养金。

二审法院认为栓子与珍珍在婚姻关系存续期间，夫妻有互相扶养义务。2017 年珍珍经诊治为患有精神分裂症，栓子对此本应知悉，并给予珍珍扶持与帮助，但两次离婚诉讼时，栓子均未如实向法院告知珍珍的精神状况。一审法院据此认定，栓子企图通过法院的离婚判决达到其不扶养配偶的目的，存在遗弃家庭成员的主观恶意，有违社会公德及法定义务，其对离婚存在严重过错，并无不当。同时，根据《婚姻法》第四十六条"有下列情形之一，导致离婚的，无过错方有权请求损害赔偿：……（四）虐待、遗弃家庭成员的"的规定，以及第四十二条"离婚时，如一方生活困难，另一方应从其住房等个人财产中给予适当帮助。具体办法由双方协议；协议不成时，由人民法院判决"的规定，二审法院认为一审法院对珍珍关于栓子应支付其损害赔偿、经济帮助 20 万元的诉讼请求予以支持并无不当。综上所述，二审法院认为栓子的上诉请求不能成立，应予驳回；一审认定事实清楚，适用法律正确，应予维持。依照《民事诉讼法》之规定，判决如下：驳回上诉，维持原判。

《民法典》规定禁止家庭暴力，禁止家庭成员间的虐待和遗弃。家庭暴力与虐待家庭成员的区别一般在于，虐待家庭成员的行为包括家庭暴力。虐待不仅包括家庭暴力，也包括精神上的摧残和损害。我国《宪法》《妇女权益保障法》《老年人权益保障法》《未成年人保护法》均规定了禁止虐待老人、妇女和儿童。以家庭暴力为例，如果符合家庭暴力的特征，受害人可以根据反家庭暴力法及《民法典》第一千零四十二条关于禁止家庭暴力规定为请求权基础诉请离婚，并可以主张离婚损害赔偿。《刑法》还特别规定了发生在家庭成员间的虐待罪，并规定了故意伤害罪、故意杀人罪。《民法典》在婚姻家庭编"一般规定"中规定，禁止家庭暴力、禁止家庭成员间的虐待和遗弃。家庭成员间遗弃，主要包括子女不履行赡养义务而遗弃老人，父母不履行抚养义务而遗弃子女，丈夫或妻子不履行扶养义务而遗弃妻子或者丈夫等行为。遗弃家庭成员是违反法律与社会公德的行为。遗弃家庭成员情节恶劣构成遗弃罪的，要依据《刑法》第二百六十一条的规定，处五年以下有期徒刑、拘役或者管制。《民法典》第一千零九十一条规定："有下列情形之一，导致离婚的，无过错方有权请求损害赔偿：……（三）实施家庭暴力；（四）虐待、遗弃家庭成员……。"《婚姻家庭编的解释（一）》第一条规定，持续性、经常性的家庭暴力，可以认定为民法典第一千零四十二条、第一千零七十九条、第一千零九十一条所称的"虐待"。第八十六条规定："民法典第一千零九十一条规定的'损害赔偿'，包括物质损害赔偿和精神损害赔偿。涉及精神损害赔偿的，适用《最高人民法院关于确定民事侵权精神损害赔偿责任若干问题的解释》的有关规定。"第八十七条第一款规定："承担民法典第一千零九十一条规定的损害赔偿责任的主体，为离婚诉讼当事人中无过错方的配偶。"本案被告栓子对夫妻感情破裂存在过错，原告珍珍请求被告赔偿精神抚慰金于法有据。关于精神抚慰金数额，应根据侵权人过错程度、手段、行为后果及当地平均生活水平等因素确定。法院综合证据、庭审陈述、当地生活水平等因素，酌定原告支付被告精神损害抚慰金与经济帮助 20 万元符合事实与法律规定。

实务指引

一、申请人身安全保护令是否需要满足一定的条件

2016 年《反家庭暴力法》规定了遭受家庭暴力的受害人可以申请人身安全保护令，并明确了申请人身安全保护令的条件与程序。

申请人身安全保护令必须同时具备下列条件：

（1）有明确的施暴者即被申请人。

（2）有具体的保护请求。

（3）有遭受家庭暴力或者面临家庭暴力现实危险的情形。

同时根据《反家庭暴力法》第二十三条第二款及第二十五条的规定，当事人是无民事行为能力人、限制行为能力人，或因受到强制、威吓等无法申请的，受害人近亲属、公安机关、妇联、居委会、村委会、救助管理机构可以代受害人向法院提出人身安全保护令申请。申请人可以向申请人或者被申请人居住地、家庭暴力发生地的基层人民法院申请人身安全保护令。

二、人身安全保护令有哪些具体措施保护申请人

根据《反家庭暴力法》第二十九条的规定，人身安全保护令措施包括禁止被申请人实施家庭暴力；禁止被申请人骚扰、跟踪、接触申请人及其相关近亲属；责令被申请人迁出申请人住所；保护申请人人身安全的其他措施。根据《反家庭暴力法》第三十条的规定，人身安全保护令的有效期不超过六个月，自作出之日起生效。人身安全保护令失效前，人民法院可以根据申请人的申请撤销、变更或者延长。同时，根据《反家庭暴力法》第三十二条的规定，人民法院作出人身安全保护令后，应当送达申请人、被申请人、公安机关以及居民委员会、村民委员会等有关组织。人身安全保护令由人民法院执行，公安机关以及居民委员会、村民委员会等应当协助执行。对人身安全保护令不服应如何救济？根据《反家庭暴力法》第三

十一条的规定，申请人对驳回申请不服或者被申请人对人身安全保护令不服的，可以自裁定生效之日起五日内向作出裁定的人民法院申请复议一次。人民法院依法作出人身安全保护令的，复议期间不停止人身安全保护令的执行。

三、家庭暴力受害人如何举证

举证是家庭暴力受害人获得法律保护最重要的前提。在申请人身安全保护令时，需要有一定证据能证明受害人遭受家庭暴力或正在面临家庭暴力的危险。受害人要做好以下证据材料收集工作：

（1）报警记录；

（2）录音录影录像；

（3）病历、治疗过程与医疗费用清单；

（4）心理咨询记录、治疗过程与医疗费用清单；

（5）求助律师、妇联、调解组织、法律援助机构、村/居民委员会等机构、公安局、法院及其工作人员的接待记录；

（6）相关证人证言；

（7）施暴人承诺书；

（8）司法鉴定；

（9）电话录音、短信、微博、微信和 QQ 聊天记录、邮件等；

（10）其他证据等。

四、什么情况下返还彩礼

《婚姻家庭编的解释（一）》第五条明确规定了三种情形下返还彩礼的规则："当事人请求返还按照习俗给付的彩礼的，如果查明属于以下情形，人民法院应当予以支持：（一）双方未办理结婚登记手续；（二）双方办理结婚登记手续但确未共同生活；（三）婚前给付并导致给付人生活困难。适用前款第二项、第三项的规定，应当以双方离婚为条件。"这在一定程度上方便了人民法院对彩礼案件的审判。

五、如何认识彩礼返还范围

彩礼问题主要有以下几种：一是关于赠与财物的问题。一方面是男女互赠财物，恋爱中的男女双方为表达爱意，通常都会赠与对方定情物、聘物等；另一方面是亲人赠与的财物问题，双方亲属馈赠一定的物品或金钱给新人。二是关于共同花费问题。一方收到彩礼后，往往会拿出部分用于共同花销，如办婚宴等。《民事诉讼法》规定了"谁主张、谁举证"的一般举证规则。与一般民事行为所不同的是，彩礼赠与方不可能要求对方出具收条等书面凭证，以表明其收到彩礼。有学者认为，恋爱期间男女互赠财物具有无偿性和实践性，不能要求返还；也有学者认为，这类赠与是以达到结婚为目的的，是有条件的，如结婚目的未达到，则应予返还。笔者认为，赠与的情况十分复杂，不能全部退还，但也不能都不退还。对相互赠送的食品，共同出去游玩的花费和价值较小的衣物等，一般受赠人无返还义务；而一方赠给另一方的贵重物品，如金银手饰等，虽形式上是赠与，但婚约解除时以酌情返还为好。对双方定情的信物，有的价值虽不高，但解除婚约后，如一方要求返还，以归还为妥，这样有利于避免感情上的纠葛。

第一千零四十三条　【婚姻家庭编倡导性法律规定】

▶ 案件导入

丧偶儿媳仅探视病中公婆可视为第一顺序继承人吗[①]

贺某 4 与肖某 1 系夫妻关系，两人共育有四名子女，分别是：长女肖某（曾用名贺某）、次女贺某 1、长子贺某 5、次子贺某 6。贺某 5 与潘某系夫妻关系，育有一女贺某 2。贺某 5 于 2015 年 5 月去世。贺某 6 与宋某系夫妻关系，育有一女贺某 3。贺某 6 于 1995 年 5 月去世。肖某 1 于 2014

---

① （2021）京民申 741 号。

年4月去世，贺某4于2018年9月去世。纠纷所涉案房屋登记于贺某4名下，双方均认可系夫妻共同财产。2011年10月10日，贺某4与肖某1留有共同遗嘱一份："我们两人意见一致，待我俩都过世后，将此房留给二女儿贺某1所有。理由如下：1. 1992年10月我们搬家时，贺某1（户口）随迁至此，她离婚后，这是她的家。2. 1997年12月买此房时，她付了几千元购房款。3. 十多年来她一直陪伴照顾我们看病等等。4. 此房是私有财产，但又属军队管理，暂不能出卖，其他家俱（具）、电器随房走，由贺某1决定……"该遗嘱由肖某1书写，肖某1与贺某4分别签名。贺某3和宋某对贺某4的签字不予认可，经其申请，法院委托北京盛唐司法鉴定所对2011年10月10日落款处"贺某4"签字是否为其书写进行鉴定，鉴定意见为"检材中'贺某4'签名与样本中的'贺某4'签名字迹为同一人书写"。双方对鉴定结果均不持异议。

对双方有争议事实，法院作出如下认定：1. 贺某4立遗嘱时是否神志清醒。宋某向法院提交贺某4 2018年药疗单，推断认为贺某4患有痴呆症，不具备立遗嘱的行为能力。贺某1等人认为该药疗单为2018年形成，而立遗嘱的时间为2011年，不能证明贺某4当时不具备立遗嘱的行为能力。法院认为因该药疗单与立遗嘱的时间相距7年，故法院采信贺某1等人的质证意见。2. 宋某是否尽到主要赡养义务。宋某与贺某6原系夫妻关系，贺某6去世后，1997年宋某再婚，2005年离异。贺某6去世后，2002年至2011年10月，宋某陪伴贺某3在澳大利亚读书，回国时会与贺某3去探视贺某4和肖某1。肖某1生病期间，宋某与肖某1的子女一起陪护。贺某4住院期间，宋某亦会去探视。一审法院认为，公民可以依法定立遗嘱处分个人财产，肖某1与贺某4所立的遗嘱为夫妻共同订立，处理的系其夫妻共同财产，符合自书遗嘱的形式要件。虽贺某3认为贺某4订立遗嘱时不具有清醒意识，但其提供的证据为2018年药疗单，与订立遗嘱时间相去甚远，故该份证据不能证明其主张，法院不予采信，故肖某1与贺某

4 之遗嘱合法有效，根据两人的遗嘱，涉案房屋由贺某 1 继承。关于肖某 1 与贺某 4 之存款，因其未留有遗嘱，故应按照法定继承原则处理，由肖某 1、贺某 4 之法定继承人继承。因贺某 6 去世的时间早于肖某 1 与贺某 4，故由贺某 3 作为贺某 6 晚辈直系血亲代位继承。贺某 5 晚于肖某 1 先于贺某 4 去世，故肖某 1 的遗产中应由贺某 5 继承的部分由潘某和贺某 2 转继承。贺某 4 之遗产中应由贺某 5 继承的部分由贺某 2 代位继承。关于宋某是否可以作为法定继承人继承肖某 1 和贺某 4 的遗产，根据《继承法》第十二条的规定，丧偶儿媳对公、婆，丧偶女婿对岳父、岳母，尽了主要赡养义务的，作为第一顺序继承人。① 根据肖某 1 与贺某 4 的遗嘱，贺某 1 长年与其共同生活，且宋某亦自述在贺某 6 去世后，其只是去探望肖某 1 和贺某 4，且在其配偶去世后，宋某有很长一段时间并未在国内生活，仅在肖某 1 和贺某 4 生病时前往探望，故其要求继承遗产的主张，法院不予支持。关于贺某 4 的抚恤金和丧葬费，该部分财产不同于遗产，是属于其近亲属的财产，分割时应根据与死者关系的亲疏远近、与死者共同生活的紧密程度及生活来源等因素进行适当分割。贺某 4 的近亲属为其子女，故该部分财产应在肖某、贺某 1、贺某 2、贺某 3 之间分配，因贺某 1 与贺某 4 长期生活在一起，较多地照顾贺某 4，故适当予以多分。综上，依照《继承法》第十六条②、《最高人民法院关于贯彻执行〈中华人民共和国继承法〉若干问题的意见》③ 第五十二条之规定，一审法院判决：一、位于北京市海淀区某东路某号某幢某门某层某号房屋由贺某 1 继承所有；二、对存款进行继承人确定。

---

① 《继承法》已失效，现相关规定见《民法典》第一千一百二十九条。
② 《继承法》已失效，现相关规定见《民法典》第一千一百三十三条。
③ 已失效。

【法律条文】

第一千零四十三条　家庭应当树立优良家风，弘扬家庭美德，重视家庭文明建设。

夫妻应当互相忠实，互相尊重，互相关爱；家庭成员应当敬老爱幼，互相帮助，维护平等、和睦、文明的婚姻家庭关系。

法条释义

社会主义精神文明建设主要内容包括思想道德建设和教育科学文化建设两个方面，其中思想道德建设关系全民的共同理想和精神支柱问题，其核心目标是提高人口的综合素质。父母是孩子的第一任老师，家庭是孩子的第一所学校。每个人都是通过接受家庭教育、学校教育与社会教育等多维教育后走向社会的。在思想道德建设中，家庭美德建设是基础，它影响和制约着人的职业道德和社会公德的形成和发展。将"树立优良家风"编入《民法典》，宣示了国家对树立优良家风、弘扬家庭美德和家庭文明建设的高度重视和强力倡导，可以强化家庭成员的责任感，有助于推进家庭弘扬优良家风，使家庭成员自觉培育传承优良家风，弘扬家庭美德，使我国新时代的家庭文明建设在法律保障和促进下取得新成就。夫妻互相忠实的内容是多层面的，包括人身、财产和性等。互相尊重是夫妻平等的要求，夫妻在生活、工作各方面要互相协商，任何一方不得把个人意志强加于另一方。夫妻间要尊重彼此的人格，不得有家庭暴力行为，不得侮辱对方，不得进行精神摧残，要尊重对方，不得非法限制对方正常学习、工作与社会活动。当夫妻一方生活或经济有困难时，另一方要提供必要的帮助与扶助。夫妻应该互敬互爱、互助互让。它要求夫妻双方尊重对方的人格尊严和权利，彼此互负忠实义务。

⏱ 法律适用

本条导入的案件中，当事人宋某提出上诉，认为贺某 4 签字系在其丧失民事行为能力后受贺某 1 等诱导形成的主张，否定遗嘱的效力。二审法院认为，《最高人民法院关于适用〈中华人民共和国民事诉讼法〉的解释》规定，当事人对自己提出的诉讼请求所依据的事实或反驳对方诉讼请求所依据事实，应提供证据加以证明，但法律另有规定的除外。在作出判决前，当事人未能提供证据或者证据不足以证明其事实主张的，由负有举证证明责任的当事人承担不利后果。遗产是公民死亡时遗留的个人合法财产。继承开始后，按照法定继承办理；有遗嘱的，按照遗嘱继承或者遗赠办理。法院认为，本案中，肖某 1 与贺某 4 所立遗嘱为夫妻共同订立，处理的系其夫妻共同财产，且符合自书遗嘱的形式要件。H 某（中文名：贺某 3）、宋某关于贺某 4 签字系在其丧失民事行为能力后受贺某 1 等诱导形成的主张并无充分证据予以证明，本院不予采信。关于贺某 4 的抚恤金和丧葬费，该部分财产属于其近亲属的财产，应在肖某、贺某 1、贺某 2、贺某 3 之间分配，因贺某 1 与贺某 4 长期生活在一起，照顾贺某 4 较多，一审适当予以多分，本院不持异议。综上所述，H 某（中文名：贺某 3）、宋某的上诉请求不能成立，应予驳回；一审判决认定事实清楚，适用法律正确，应予维持。依照《民事诉讼法》第一百七十条第一款第（一）项之规定，判决如下：驳回上诉，维持原判。宋某提出再审申请称，一审没有针对贺某 4 放弃长子贺某 5 房屋财产继承权，在法庭上公开质证辩论，庭下没有解释说明，原审判决书中也没有提及。贺某 5 名下的房屋已经过户到贺某 2 名下，贺某 4 放弃长子贺某 5 房屋财产继承权公证的文件由贺某 2、潘某提供。原判决认定事实的主要证据药疗单，没有公开质证辩论，原审判决认定事实的主要依据违背真实情况。贺某 4 没有在本案遗嘱上签署日期，不能证明在 2011 年贺某 4 签名订立了遗嘱。贺某 4 的财产应以法定继承方式在所有法定继承人中依法分割。

综上，再审申请人依据《民事诉讼法》的相关规定申请再审。

法院经审查认为，遗产是公民死亡时遗留的个人合法财产。继承开始后，按照法定继承办理；有遗嘱的，按照遗嘱继承或者遗赠办理。本案中，肖某 1 与贺某 4 所立的遗嘱为夫妻共同订立，处理的系其夫妻共同财产，符合自书遗嘱的形式要件。肖某 1 与贺某 4 之遗嘱合法有效，根据二人的遗嘱，案涉房屋由贺某 1 继承。宋某虽对遗嘱效力存在质疑，并主张贺某 4 签字时丧失民事行为能力，但提交的证据不足以证明其主张成立。对于肖某 1 与贺某 4 之存款，因其未留有遗嘱，两审法院按照法定继承的原则处理符合法律规定。对于宋某是否可以作为法定继承人继承肖某 1 和贺某 4 的遗产问题，《继承法》第十二条规定，丧偶儿媳对公、婆，丧偶女婿对岳父、岳母，尽了主要赡养义务的，作为第一顺序继承人。① 两审法院结合遗嘱内容及本案查明的事实及相应证据，未确定宋某对肖某 1 和贺某 4 的遗产享有继承权，并无不妥。两审法院根据查明的事实及相关证据所作判决，并无不当。宋某提交的证据不足以推翻两审判决，其再审申请不符合规定，裁定驳回宋某的再审申请。

宋某探视老人的行为值得肯定，但探视与赡养内涵有所不同。"家庭成员应当敬老爱幼，互相帮助"规定了家庭成员间的权利义务关系。扶养应包括物质供养、生活照料和精神扶养三个方面。所谓物质供养，是指扶养义务人为扶养权利人在生活上给予经济帮助，如直接提供衣食住行等物质生活资料或支付购买相应物品的货币，支付扶养对象的教育费用（主要指父母对未成年子女）和医疗保健费用。所谓生活照料，是指以提供劳务为主要表现方式的活动。家庭成员中作为扶养权利主体的主要是年老、年幼、患病或其他没有独立生活能力的人，这些特定的扶养对象在生活中不能自理，必须依靠他人帮助。诸如购粮买菜、购物做饭、看病护理，等等。

———————————

① 《继承法》已失效，但《民法典》继承编肯定了这一规定。

这些活动既是物质供养实现的手段，又是慰藉安抚被扶养人的表现形式。所谓精神扶养，是指家庭成员在物质生活得到保证并不断丰富的基础上，父母对未成年子女、子女对父母、夫妻相互间在精神上给予更多的关心和帮助。父母慈爱，子女尊敬体贴，夫妻间甘苦共享、相互尊重是精神扶养的主要内容。物质供养、生活照料和精神扶养是相辅相成、不可分割的，片面地理解势必给社会带来不良后果。随着我国进入老龄化社会，子女对父母赡养扶助的义务与社会扶老相结合，才能达成社会主义社会"老有所养，老有所依"的目标。

◎ 实务指引

一、如何认识夫妻"忠诚协议"效力

"忠诚协议"是指缔结婚姻关系当事人书面或者口头约定夫妻一方违反约定，发生不忠诚于另一方当事人行为时，应当承担夫妻双方约定的赔偿和补偿责任的协议。这里所说的忠诚协议，是指夫妻双方必须遵守《民法典》提倡的夫妻相互忠诚义务，并以违约金或赔偿金为责任形式的书面协议。夫妻"忠诚协议"体现了人们对忠诚婚姻的渴望和对诸多婚外性行为等违反夫妻权利与义务现象的失望。另外，夫妻忠诚协议效力相关立法还存在缺位。在我国现行立法中，未有明确的法律针对违反夫妻忠诚义务的行为予以惩戒，而仅对重婚、有配偶者与他人同居等不忠诚行为，在离婚诉讼中给予无过错方损害赔偿。特别要注意夫妻忠诚协议应符合民事法律行为的构成要件，即订立双方具有完全民事行为能力，是真实意思表示，不违背法律法规强制性规定以及公序良俗等具备合同生效的一般法律要件等可以承认其具有法律效力；并且《民法典》倡导的"夫妻应当互相忠实，互相尊重，互相关爱"的规定更证明了夫妻间忠诚协议符合《民法典》的立法原则，应当予以支持。

二、扶养与赡养纠纷的管辖地如何确定

根据《民事诉讼法》的规定，对公民提起的民事诉讼，由被告住所地人民法院管辖；被告住所地与经常居住地不一致，由经常居住地人民法院管辖。因赡养、扶养等引发的家事纠纷诉讼一般采取"原告就被告"原则确定管辖，并且适用一般地域管辖，即原告应向被告住所地基层人民法院提起赡养或扶养诉讼等。如果被告住所地与经常居住地不一致，由经常居住地基层人民法院管辖。所谓住所地是指公民户籍所在地。经常居住地是指公民离开住所地到起诉时已连续居住一年以上的地方。

第一千零四十四条　【收养行为基本法律要求】

▷ 案件导入

靳某甲与靳某乙解除收养关系纠纷[①]

原告靳某甲与被告靳某乙解除收养纠纷一案，汾阳市人民法院于 2018 年 8 月立案后，依法适用简易程序公开开庭进行了审理。本案现已审理终结。原告靳某甲向本院提出诉讼请求：1. 依法判令解除原、被告收养关系；2. 依法判令被告补偿原告收养期间一半的抚养费 86400 元；3. 依法判令被告补偿原告生活费 20000 元；4. 被告承担本案诉讼费用。事实与理由：原告靳某甲与杨某莲于××××年结婚，婚后因一直未能生育，经双方协商同意收养孩子，1982 年经朋友介绍，收养一子取名靳某乙，收养时被告仅出生两天。原告尽心尽责地将被告靳某乙抚养成人，其衣食住行、接受教育、医疗等费用均由原告承担。2002 年，原告靳某甲与杨某莲因感情不和离婚，离婚时被告靳某乙已年满 20 周岁。2004 年被告靳某乙举行婚礼，原告为其购置家具并承担部分结婚费用。2010 年原告靳某甲与路某再婚，原告再婚后，与被告居住在同一院落至今。随着原告年纪越来越大，被告

---

① （2018）晋 1182 民初 1300 号。

不仅不尽赡养义务，还经常无理取闹，辱骂原告。2018 年 8 月 3 日晚上，被告再次无故辱骂原告，并将院内花盆等物品砸向原告居住的房屋，导致院内一片狼藉，给原告精神上造成很大刺激。原告认为，被告经常无故辱骂原告，加之被告不尊重、不赡养原告，导致双方关系恶化，无法共同生活，故依法提起诉讼，请求贵院依法维护。被告辩称，同意解除收养关系。被告确实是原告靳某甲养子，但是从 9 岁起才正式跟养父一起生活。养父性格暴躁，经常对被告拳打脚踢，养母对被告关爱有加。被告 15 岁就开始自食其力，从事电焊工作，工作很累还要帮养父干活儿。后来养父母离婚，法院判令给被告北房一间，原告也没有给被告，被告结婚时房子装修，因为有味道不能住就想去养父那边住，结果养父给被告留言要求其搬离，并且把被告的东西全部扔出去。被告结婚时经被告妹妹和养父协商，养父给了被告 1000 元，原告没有承担过被告的其他结婚费用，结婚所购家具基本是旧的或是被告妻子的陪嫁，养父什么都没有给买。原告的陈述不能证明被告有过虐待原告的行为。被告在答辩中说只是摔过东西，没有打过原告，纠纷是由家庭琐事引起的。原告要求给付抚养费并补偿原告生活费，被告不予认可。《收养法》第三十条规定，收养关系解除后，如收养人没有收入来源则需要被收养人支付费用，[①] 而原告是某汽车运输公司退休职工，有收入来源，且被告没有虐待和遗弃原告的行为，所以原告要求给付收养期间抚养费和解除后的生活费没有依据，依法不应给付。

当事人围绕诉讼请求依法提交了证据，法院组织当事人进行了质证。对当事人无异议的证据，法院予以确认并记录在卷。对有争议的证据和事实，法院认定如下：原告陈述被告对自己有过辱骂和殴打行为，未提供相应证据证实自己的主张，被告对此不认可，并提交郝某梅证明一份，程某仙证明一份，武某军证明一份，沈某君证明一份，范某茹证明一份，薛某英证明一份，马某军证明一份，梁某林证明一份，雷某梅证明一份，彭某

[①] 《收养法》已失效，现相关规定见《民法典》第一千一百一十八条。

锁证明一份，杨某友证明一份，魏某萍证明一份，上述证人均证明被告靳某乙自9岁起与原告一起生活，且成年后孝顺父母。法院认为，按照《民事诉讼法》第六十四条"当事人对自己提出的主张，有责任提供证据。"及《最高人民法院关于适用〈中华人民共和国民事诉讼法〉的解释》第九十条"当事人对自己提出的诉讼请求所依据的事实或者反驳对方诉讼请求所依据的事实，应当提供证据加以证明，但法律另有规定的除外。在作出判决前，当事人未能提供证据或者证据不足以证明其事实主张的，由负有举证证明责任的当事人承担不利的后果"的规定，原告应该就自己主张的被告有过辱骂和殴打自己的行为进行举证，原告没有就此提供证据，应承担举证不能的不利后果，且被告提交的邻里证明可互相印证，可知被告平素对原告较为孝顺，故关于原告陈述被告对自己有过辱骂和殴打行为，法院不予认定。根据当事人陈述和经审查确认的证据，本院认定事实如下：被告靳某乙系原告靳某甲与其前妻杨某莲的养子。2002年，原告靳某甲与杨某莲因感情不和离婚，离婚时原告靳某甲与杨某莲约定两人共同购置的汾阳市内府门前×号院北房中的一间归被告靳某乙所有，但该房间由原告靳某甲实际使用，近年来，被告靳某乙向原告靳某甲提出由自己占有使用该房间，原、被告因此产生矛盾，被告靳某乙因此摔过院里的花盆。

【法律条文】

第一千零四十四条　收养应当遵循最有利于被收养人的原则，保障被收养人和收养人的合法权益。

禁止借收养名义买卖未成年人。

法条释义

收养是指根据法律规定的条件和程序领养他人子女为自己子女的民事法律行为，是一种变更民事权利、义务关系的重要法律行为。收养人称为养父母，被收养人则称为养子女。由于收养将本无血缘关系人之间，拟制为具有亲子关系，因此收养人与被收养人之间又称拟制血亲。收养关系成立标志着养父母子女关系产生了父母子女之间的权利义务关系。《民法典》第一千零九十三条规定："下列未成年人，可以被收养：（一）丧失父母的孤儿；（二）查找不到生父母的未成年人；（三）生父母有特殊困难无力抚养的子女。"第一千零九十四条规定："下列个人、组织可以作送养人：（一）孤儿的监护人；（二）儿童福利机构；（三）有特殊困难无力抚养子女的生父母。"第一千零九十八条规定："收养人应当同时具备下列条件：（一）无子女或者只有一名子女；（二）有抚养、教育和保护被收养人的能力；（三）未患有在医学上认为不应当收养子女的疾病；（四）无不利于被收养人健康成长的违法犯罪记录；（五）年满三十周岁。"对于无配偶者收养异性子女，法律有特别要求。《民法典》第一千一百零二条规定："无配偶者收养异性子女的，收养人与被收养人的年龄应当相差四十周岁以上。"

◎ 法律适用

根据《民法典》的规定，自收养关系成立之日起，会有如下法律效果：养父母与养子女间产生父母子女间的权利义务关系。养子女与养父母的近亲属间的权利义务关系，适用《民法典》婚姻家庭编关于子女与父母近亲属关系的规定；养子女与生父母以及其他近亲属间的权利义务关系，因收养关系成立而消除。收养关系成立后，养子女可以随养父或者养母的姓氏，经当事人协商一致，也可以保留原姓氏。如果出现《民法典》关于民事法律行为无效规定情形或者违反本编规定的收养行为无效。无效的收养行为自始没有法律约束力。根据《民法典》第一千一百一十四条的规定，收养人在被收养人成年以前，不得解除收养关系，但是收养人、送养人双方协议解除的除外。养子女八周岁以上的，应当征得本人同意。收养人不履行抚养义务，有虐待、遗弃等侵害未成年养子女合法权益行为的，送养人有权要求解除养父母与养子女间的收养关系。送养人、收养人不能达成解除收养关系协议的，可以向人民法院提起诉讼。

本案中，原告靳某甲为退休职工，有退休金。法院认为，原告主张解除与被告的收养关系，被告同意，系原、被告双方当事人的真实意思表示，应当允许。根据《收养法》第三十条规定，收养关系解除后，经养父母抚养的成年养子女，对缺乏劳动能力又缺乏生活来源的养父母，应当给付生活费。因养子女成年后虐待、遗弃养父母而解除收养关系的，养父母可以要求养子女补偿收养期间支出的生活费和教育费。本案中，首先，原告系某汽车运输公司的退休员工，每月都领取退休金，有固定的生活来源。因此，原告要求被告补偿原告生活费20000元，不符合法律规定的解除收养后给付生活费的条件，法院不能支持。其次，原、被告的争吵仅是由于家庭琐事引起，被告并未殴打、辱骂过原告。同时，根据《婚姻法》第二十一条的规定，父母对子女有抚养教育的义务。因此，原告在收养被告期间对被告的抚养教育是法律规定的义务，只有存在《收养法》第三十条规定的虐待、遗弃养父母的情形，才可以主张收养期间的抚养费用，本案中，被告并没有虐待和遗弃原告的行为，所以，原告请求判令被告补偿原告收养期间一半的抚养费86400元，也不符合法律规定，不予支持。

关于解除原告靳某甲与被告靳某乙之间的养父、养子关系。根据《收养法》第二十六条的规定，收养人在被收养人成年以前，不得解除收养关系，但收养人、送养人双方协议解除的除外，养子女年满十周岁以上的，应当征得本人同意。收养人不履行抚养义务，有虐待、遗弃等侵害未成年养子女合法权益行为的，送养人有权要求解除养父母与养子女间的收养关系。送养人、收养人不能达成解除收养关系协议的，可以向人民法院起诉。① 根据《民事诉讼法》的相关规定，可以解除原告与被告间的养父母与养子关系。

---

① 《收养法》已失效，现相关规定见《民法典》第一千一百一十四条。

◎ 实务指引

一、解除收养关系应注意哪些问题

如果协议解除收养未果，可向人民法院提起诉讼。诉讼解除收养关系，是指有下列情形之一的，可依据当事人一方要求解除收养关系：一是收养人不履行抚养义务，有虐待、遗弃等侵害未成年养子女合法权益的行为，送养人有权要求解除收养关系，与收养人协议不成时，可提出解除收养关系的诉讼请求；二是养父母与成年养子女关系恶化，无法共同生活。据此，收养人或者已成年被收养人均可要求解除收养关系，协议不成时，要求解除的一方可提出相应的诉讼请求。

二、因收养关系纠纷提起的诉讼应注意哪些问题

实践中因收养关系纠纷提起的诉讼，应由被告住所地人民法院管辖，被告住所地与经常居住地不一致，由经常居住地人民法院管辖。如果被收养人是未成年人，且生父母不能成为监护人，则收养人处于支配地位，被收养人处于弱势地位。当事人选择委托代理人时，如果被收养人年满八周岁，应尊重被收养人的意愿。要注意避免侵害被收养人的合法权益。应注意，因被收养人是未成年人，其思维与行为能力受到局限，所以要特别强调被收养人利益最大化。

三、如何承担举证责任

解除收养关系纠纷要进行证据梳理。一是收养关系成立的证明（收养公证书、户口簿、居委会、村委会等有关单位的证明或证人姓名、地址与本人关系）；二是解除收养关系的具体原因、提供相关证据；三是有关收养关系存续期间的财产、住房状况及其证据。

四、如何保护未成年被收养人

以特殊身份利益来定夺利益分配，使这种分配结果有利于保护未成年被收养人的合法权益。因为在收养关系中，被收养人处于弱势地位，保护

未成年人的原则正是通过倾斜对失衡社会关系作出的必要矫正，从而缓和现实生活中实质上的不平等。

例如，《民法典》规定，如果被收养的未成年人年满八周岁以上，要征得被收养人同意。如果解除收养关系，自动恢复生父母子女之间的权利与义务关系，无须特定协议。《民法典》的这一规定既有助于预防与制止以收养为名实施的拐卖儿童等违法行为，也方便与刑法在法律适用方面的相关规定协调。在司法实务中，由于以前并没有明确规定最有利于被收养人原则，案件情况各异，可能造成对法律规定实施一致性的权威性破坏，且如果扩大司法解释，可能会造成对被收养人与收养人合法权益双重实质侵害。由于未成年人的行为能力有限，他们在实务中对于自己遭受侵害的行为，可能没有意识或者很难搜集证据，对自身保护能力有所欠缺，只规定禁止拐卖儿童行为，忽视以收养名义实施拐卖儿童行为，可能对被收养人产生同样侵害法益效果的其他行为难以从《民法典》、刑法角度规制，未成年人的合法权益难以得到妥善保护，对未成年身心发展都有影响，并在一定程度上对家庭与社会和谐及稳定造成危害。

第一千零四十五条 【亲属关系分类与范围界定】

案件导入

从交通事故责任纠纷中透视近亲属关系确定的法律意义[①]

范某成、范某民、范某珍、范某霞向一审法院提出诉讼请求：1. 请求依法判决平安保险某某支公司、张某成赔偿范某成、范某民、范某珍、范某霞住院伙食补助费、营养费、护理费、误工费、死亡赔偿金、丧葬费、精神抚慰金、交通费、误工费划分责任后共计698212元；2. 本案的诉讼费用由平安保险某某支公司、张某成承担。一审查明事实：2020年

① （2020）皖1623民初6557号，（2021）皖16民终1040号。

7月28日，被告张某成驾驶皖Ａ×××××号小型普通客车沿利辛县238省道由北向南行驶至180KM+83M处，剐撞到由东向西横过道路的行人范某庆，造成范某庆受伤及车辆损坏的道路交通事故，伤者范某庆经医院抢救无效后死亡。事故经利辛县公安局交通管理大队处理认定，张某成负事故的主要责任，范某成负事故次要责任。事故发生后，范某庆被送往利辛县人民医院进行抢救治疗，花去大量医疗费。另查明，事故车辆在平安保险某某支公司投保有交强险和第三者商业责任险100万元且不计免赔。事故发生后，张某成垫付4万元丧葬费。再次查明，死者范某庆兄妹五人：范某成、范某民、范某珍、范某霞。其父母均已去世。一审法院认为，公民的生命健康权受法律保护。公民因生命、健康、身体遭受侵害有权要求加害人予以赔偿。事故认定书系公安机关依职权作出，事故认定书具有真实性、合法性及与本案具有关联性，程序合法，责任划分准确，一审法院予以确认并作为认定事实及当事人赔偿的依据。《道路交通安全法》第七十六条规定，机动车发生交通事故造成人身伤亡、财产损失的，由保险公司在机动车第三者责任强制保险责任限额范围内予以赔偿；不足的部分，按照下列规定承担赔偿责任：机动车之间发生交通事故，由有过错的一方承担赔偿责任；双方都有过错的，按照各自过错的比例分担责任。张某成作为驾驶员在本次事故中承担主要责任，范某庆负次要责任。因此事故造成损失应由事故车辆所属保险公司在保险范围内予以赔偿。被侵权人死亡的，其近亲属有权请求侵权人承担侵权责任。根据《安徽省实施〈中华人民共和国道路交通安全法〉办法》第五十三条的规定，机动车与非机动车驾驶人、行人之间发生交通事故的损失超出第三者责任强制保险责任限额的部分，机动车一方在交通事故中负主要责任的，承担80%的赔偿责任。范某成、范某民、范某珍、范某霞并未提供证据证明范某庆生前从事农业劳动，故其要求误工费的请求不予支持。① 综上所述，范某成、范某民、范某珍、范某霞请求部分有事实和法律依据，对该部分请求予以支持。依据《侵权责任法》第三条、第十五条、第十六条、第十八条、第二十二条，《道路交通安全法》第七十六条，《最高人民法院关于审理道路交通事故损害赔偿案件适用法律若干问题的解释》第十六条规定，判决由平安保险某某支公司于判决生效之日起二十日内在保险范围内赔偿原告 670352.6 元。

【法律条文】

第一千零四十五条　亲属包括配偶、血亲和姻亲。

配偶、父母、子女、兄弟姐妹、祖父母、外祖父母、孙子女、外孙子女为近亲属。

配偶、父母、子女和其他共同生活的近亲属为家庭成员。

法条释义

一、本条文明确规定了亲属的种类和范围

本条是《民法典》婚姻家庭编的新增法律条文，对亲属、近亲属、家庭成员等概念进行了界定。"亲属""近亲属""家庭成员"等概念在许多法律法规中均有适用。当事人间的关系认定在一定程度上影响着家庭成员间的权利义务。但在《民法典》之前，法律关于亲属的规定并没有统一，在司法实践中经常会因此而产生争议或纠纷。

广义的亲属是指所有具有婚姻、血缘或法律拟制血亲关系的人，包括受法律调整或不受法律调整的具有婚姻、血缘或法律拟制的人。狭义的亲

---

① 本次事故造成范某庆死亡，给范某成、范某民、范某珍、范某霞造成的损失为：营养费 570 元（30 元×19 天）、住院伙食补助费 1900 元（100 元/天×19 天）、护理费 2575.25 元（49472 元/年÷365 天×19 天）、丧葬费 39518 元、死亡赔偿金 713260 元（37540 元/年×19 年）、精神抚慰金 50000 元、处理丧葬事宜产生的误工费、交通费、住宿费等合计 2000 元，合计 809823.25 元。平安保险某某支公司在交强险范围内赔偿原告 112470 元，超出交强险部分 697353.25 元的 80% 即 557882.6 元，由平安保险某某支公司在第三者商业险范围内予以赔付，合计 670352.6 元。

属是指具有婚姻、血缘或法律拟制血亲关系的，同时在法律上具有权利义务关系的成员。

本条第一款是对亲属种类的规定，包括配偶、血亲和姻亲；第二款是对近亲属范围的界定，包括配偶、父母、子女、兄弟姐妹、祖父母、外祖父母、孙子女、外孙子女；第三款是对家庭成员范围的界定，包括配偶、父母、子女和其他共同生活的近亲属。该条对亲属种类和范围所作的一般规定，具有非常重要的立法和现实意义。

二、亲属的法律效力

亲属的法律效力是指在一定范围内，亲属间具有法定的权利与义务，其对应的概念是身份权，包括配偶权、亲权、亲属权，分别对应夫妻的权利义务、父母与未成年子女间的权利义务、近亲属间的权利义务。在婚姻家庭继承编中，亲属的法律效力体现在：（1）一定范围内的亲属有互相扶养的义务；（2）一定范围内的亲属有互相继承遗产的权利；（3）夫妻对共同财产有平等的所有权；（4）一定范围内的亲属禁止结婚；（5）父母有抚养和教育未成年子女的义务，成年子女有赡养父母的义务；（6）祖孙之间、兄弟姐妹之间在一定条件下有抚养、赡养和扶养的权利与义务等。

法律适用

上诉人平安保险某某支公司因与被上诉人范某成、范某民、范某珍、范某霞与张某成机动车交通事故责任纠纷一案，不服安徽省利辛县人民法院（2020）皖 1623 民初 6557 号民事判决，提起上诉。平安保险某某支公司上诉请求：撤销安徽省利辛县人民法院（2020）皖 1623 民初 6557 号民事判决，依法认定被上诉人不具有诉讼主体资格，驳回其诉讼请求。其提出的事实与理由是：一审中，四位被上诉人举证了人口普查表、某某社区居民委员会于 2020 年 10 月出具并由某某派出所加盖公章的证明，佐证其四人与事故中死者范某庆的近亲属关系。上述证据不足以认定其与范某庆近亲属的身份关系。孙庙社区居民委员会于 2020 年 10 月 27 日出具的证明称范某庆一直与范某成一起生活，而四位被上诉人所申请的证人陈述范某庆从外地回到家中就发生交通事故死亡，两者明显相互矛盾。孙庙社区居民委员会 2020 年 10 月 28 日证明内容，范某庆因早年外出务工，无户籍，社区居委会怎么知道其出生日期为 1959 年某月某日，明显违背常理。且该证明出具时范某庆已经死亡，不可能办理户籍。人口普查表上虽显示范某庆的名字，但已被划掉，且无出生年月日，表中显示是常住人口，说明应该是有户籍的人员，但四位被上诉人所举证的范某庆系无户籍人员。根据公安部、民政部等十二部委联合出台的《关于改进和规范公安派出所出具证明工作的意见》第一条第二项规定，凡居民户口簿能够证明亲属关系的，公安派出所不再出具证明。同时，根据第二条的规定，无法用法定身份证件证明的事项，需要公安派出所开具相关证明的，由公安派出所根据具体情况予以办理，其中，对出具亲属关系证明，曾经同户人员间的亲属关系，历史户籍档案等能够反映，需要开具证明的，公安派出所在核实后应当出具。这些都充分说明了亲属关系证明的前提必须具有户籍，对于无户籍的人员，是不能认定该无户籍人员与相关人员属于亲属关系身份的。村委会、居委会出具亲属关系证明是非法的。

被上诉人范某成、范某民、范某珍、范某霞辩称：一、原审认定事实清楚，适用法律准确，被答辩人上诉理由不能成立，请求二审法院驳回上诉，维持原判。二、关于范某庆因交通事故死亡，答辩人向法院出具证据可以证实答辩人与范某庆存在亲属关系。有亲属关系证明、第三次全国人口普查表、证人证言，对范某庆在利辛县人民医院重症监护室进行治疗 19 天陪护，有亲属陪护住院病历记录记载联系人姓名范某成，关系：弟。对范某庆进行火化，有安徽省利辛县殡仪馆出具的火化证。三、利辛县交通巡回法庭交通事故调解委员会，答辩人对张某成出具刑事谅解书，并达成调解协议，当场履行，可以证明答辩人与死者近亲属关系身份。四、死者范某庆兄妹五人，分别是范某庆、范某成、范某民、范某珍、范某霞，其父母已去世。

答辩人在一审出具证据及利辛县公安局交通管理大队出具事故认定书和卷宗相关材料及被告的庭审陈述可以证实答辩人与死者的近亲属关系身份。二审中，平安保险某某支公司围绕诉讼请求提交了一份部门规章《关于改进和规范基层群众性组织出具证明工作的指导意见》，证明亲属关系证明应由公安部门出具。二审法院组织当事人进行了证据交换和质证，对二审争议的事实，法院认定如下：本院对该证据真实性予以认定。二审法院认为，本案争议焦点是范某成、范某民、范某珍、范某霞是否为范某庆近亲属。

《最高人民法院关于适用〈中华人民共和国民事诉讼法〉的解释》第一百零八条规定："对负有举证证明责任的当事人提供的证据，人民法院经审查并结合相关事实，确信待证事实的存在具有高度可能性的，应当认定该事实存在。对一方当事人为反驳负有举证证明责任的当事人所主张事实而提供的证据，人民法院经审查并结合相关事实，认为待证事实真伪不明的，应当认定该事实不存在。法律对于待证事实所应达到的证明标准另有规定的，从其规定。"不同的权利主张对应不同的举证责任。不同的亲属关系产生的案件类型不一，对举证责任的要求也不一。本案中，范某成、范某民、范某珍、范某霞称其与范某庆系近亲属，提供了第三次全国人口普查表、证人证言等证据予以证明，结合事故发生后，范某庆就医情况、交通事故后续处理情况及范某庆丧葬事宜的办理情况等，一审认定范某成、范某民、范某珍、范某霞与范某庆系近亲属并无不当。平安保险某某支公司称范某成、范某民、范某珍、范某霞不具有诉讼主体资格，但未提供相关证据予以反驳，法院不予采信。综上，平安保险某某支公司上诉请求不能成立，应予驳回。

◎ **实务指引**

一、如何判断亲属的发生和终止

亲属是基于婚姻、血缘和法律拟制而发生的特定人之间的身份关系。亲属分为配偶、血亲和姻亲。配偶因结婚而发生，因一方死亡或离婚或者婚姻无效、被撤销而终止。自然血亲因出生而发生，因一方死亡或者特定原因而终止。拟制血亲因法律拟制或继父母与继子女形成扶养关系而发生，因一方死亡或依法解除而终止。姻亲因男女结婚而发生，因其夫妻一方死亡或双方离婚或者婚姻无效、被撤销而终止。

二、如何从法律上确认亲子关系

从司法实践看，关于亲子关系的纠纷主要表现为如下几个方面：

（一）确认与否认婚生子女之诉

《婚姻家庭编的解释（一）》第三十九条关于亲子鉴定作了这样规定："父或者母向人民法院起诉请求否认亲子关系，并已提供必要证据予以证明，另一方没有相反证据又拒绝做亲子鉴定的，人民法院可以认定否认亲子关系一方的主张成立。父或者母以及成年子女起诉请求确认亲子关系，并提供必要证据予以证明，另一方没有相反证据又拒绝做亲子鉴定的，人民法院可以认定确认亲子关系一方的主张成立。"即处理有关亲子关系纠纷时，如一方提供的证据能够形成合理证据链证明当事人间可能存在或不存在亲子关系，另一方没有相反证据却坚决不同意做亲子鉴定，人民法院可以推定请求确认亲子关系的一方主张成立，拒绝亲子鉴定的一方将承担败诉的法律后果。笔者认为，这条规定暗合我国法律有关证据规定中对举证责任的划分，即谁主张谁举证的立法本意。本条款强调一方提出主张并提供必要证据予以证明，提出主张的一方已经履行对自己的诉求进行举证的责任，此时举证责任转移到对方，应由对方提供相应证据，对方如果既不提供证据又拒绝作鉴定将承担不利法律后果。通常在涉及亲子鉴定的案件中请求确认亲子关系存在的证据有：孩子出生证明、父亲相关信息、当事人双方同居时照片、书信、证人证言、微信信息等；否认亲子关系证据一般是：女方受孕期间与他人往来证明、证人证言、视听资料等。

（二）非婚生子女的认领

非婚生子女的认领是指通过一定法定程序确认非婚生子女与生父母之间的关系，使非婚生子女实现法律赋予的与婚生子女同等的权利。非婚生子女的生父与生母结婚，狭义上称为非婚生子女的准正，生父母自愿认领非婚生子女或强制认领非婚生子女，都属于非婚生子女的认领。通过诉讼手段实现的认领，一般由审理案件的法院委托相关部门进行亲子鉴定，通过确定亲生血缘关系来解决；通过公证手段实现的认领，只限于自愿认领。

用多元视角处理好亲子问题十分重要。在这个问题上应注意男女平等原则、未成年子女利益最大化原则、保护弱者合法权益及血缘关系真实性与身份关系稳定性兼顾原则，非婚生子女与婚生子女享有同等的权利。此外，亲子鉴定的鉴定结论作为证据在抚养费给付诉讼、确认亲子关系、财产利益分配、遗产分割诉讼甚至确立遗嘱等实务中有着十分重要的作用。

三、如何理解亲属的范围界定

《民法典》第一千零四十五条规定亲属包括配偶、血亲和姻亲。配偶、父母、子女、兄弟姐妹、祖父母、外祖父母、孙子女、外孙子女为近亲属。配偶、父母、子女和其他共同生活的近亲属为家庭成员。同时，根据《民法典》继承编的规定，法定继承人的范围为配偶、父母、子女、兄弟姐妹、祖父母、外祖父母，以及代位继承人孙子女、外孙子女、侄子、侄女、外甥、外甥女等，丧偶儿媳对公婆、丧偶女婿对岳父母尽了主要赡养义务的，可作为第一顺序法定继承人。《刑事诉讼法》规定，"近亲属"是指夫、妻、父、母、子、女、同胞兄弟姊妹。《刑事诉讼法》规定的亲属范围明显小于民事法律规定，这也造成程序法与民事实体法规定在法律适用上的冲突。在不同案件适用上要考虑当事人利益最大化问题。

第二章　结　　婚

第一千零四十六条　【结婚自愿】

▷ 案件导入

案例一：被胁迫的婚姻可以申请撤销①

王某与李某于 2019 年 3 月相识。自 2020 年 7 月起，李某多次向王某提出结婚要求，但均被王某拒绝。虽然王某一再拒绝与李某结婚，但李某不仅不死心，还多次到王某工作单位和家中强迫王某与其结婚，并扬言如不结婚就一起自杀。2021 年 1 月两人登记结婚。结婚登记后，王某仍拒绝到李某家中与其共同生活，李某对王某进行拉拽和推搡，致王某身体局部淤青。2021 年 3 月王某到法院诉讼，以其办理婚姻登记系受李某胁迫为由请求法院判决撤销婚姻登记。

法院认为，结婚应当男女双方完全自愿。因胁迫结婚的，受胁迫的一方可以向人民法院请求撤销婚姻。请求撤销婚姻的，应当自胁迫行为终止之日起一年内提出。胁迫是指行为人以给另一方当事人或者其近亲属的生命、身体、健康、名誉、财产等方面造成损害为要挟，迫使另一方当事人违背真实意愿结婚。本案中王某主观上不同意登记结婚，李某以王某的生命及名誉为要挟，迫使王某违背其真实意愿与李某办理了结婚登记，李某的行为构成胁迫。王某与李某的婚姻关系属因胁迫后缔结，且未超过一年

---

① （2021）京 0118 民初 2135 号。

撤销婚姻的除斥期间，故受胁迫方王某主张撤销婚姻关系，于法有据。判决撤销王某与李某的婚姻关系。

案例二：父母干涉子女婚姻自由可诉讼解决[①]

2019年春节过后，王某经人介绍与李某认识并恋爱，两人于2019年农历5月29日举行结婚仪式开始同居生活，王某当时未满20周岁不够法定结婚年龄，无法办理结婚登记手续。2020年春节过后，王某即将满20周岁达到结婚年龄，其与李某办理结婚登记手续需向民政部门提供身份证及户口本，而这些证件都在王某母亲张某处保存。张某拒绝将身份证、户口本交给王某，导致王某无法办理结婚登记手续，王某因此向法院提起诉讼。

法院认为，我国实行婚姻自由、一夫一妻、男女平等的婚姻制度，禁止包办、买卖婚姻和其他干涉婚姻自由的行为。结婚年龄，男不得早于22周岁，女不得早于20周岁。王某现已满20周岁，其要求张某提供户口本以便办理结婚登记手续的请求，不违反法律规定，上张某表示不愿意提供办理登记所需材料，法院对王某要求张某提供户口本的诉请，予以支持。

【法律条文】

第一千零四十六条 结婚应当男女双方完全自愿，禁止任何一方对另一方加以强迫，禁止任何组织或者个人加以干涉。

法条释义

本条是关于结婚自愿的条款。我国在1950年颁布了新中国成立以来第一部法律《婚姻法》，在第一条中确定了"废除包办强迫、男尊女卑、漠视子女利益的封建主义婚姻制度。实行男女婚姻自由、一夫一妻、男女权利平等、保护妇女和子女合法权益的新民主主义婚姻制度"的基本原则。

[①] （2020）豫0422民初1074号。

从此以后保障婚姻自由、确定男女双方自愿是缔结婚姻的第一要则。本条主要有以下几个要点：

第一，男女双方完全自愿是不附加条件的、是男女双方真实意思表示，在缔结婚姻时不受胁迫欺诈、自主完整的意思表示。2001 年修正的《婚姻法》第五条规定："结婚必须男女双方完全自愿，不许任何一方对他方加以强迫或任何第三者加以干涉。"《民法典》的第一千零四十六条对此条进行了文字调整，意思表达更加清晰。结婚应当男女双方完全自愿，不仅禁止缔结婚姻中的一方对于另一方进行胁迫，也不允许任何组织或者个人对他人婚姻自由进行干涉强迫的行为。对于婚姻自由不仅有《民法典》第一千零五十二条、《婚姻家庭编的解释（一）》第十八条、第十九条等相关法条的保障，在《刑法》中也有第二百五十七条"以暴力干涉他人婚姻自由的，处二年以下有期徒刑或者拘役。犯前款罪，致使被害人死亡的，处二年以上七年以下有期徒刑"的相关保障。

第二，结婚是一男一女之间的事情，既不可以是同性之间的婚姻，也不允许一夫多妻、一妻多夫的情况。

第三，男女结婚以自愿为基本原则和前提，但是在某些情况下也并不是自愿就可以缔结婚姻的，在未达到法定年龄、双方存在禁止结婚的亲属关系、重婚等情形下，即使双方自愿也不能缔结合法的婚姻关系。

◎ 法律适用

从本条开头导入的两个案例中可以看出，《民法典》第一千零四十六条保障的是个人对于婚姻自由的权利，这个权利既不受另一方当事人侵犯，也不受其他人和组织干涉。第一个案例中王某根本不愿意与李某结婚，但是李某多次到王某单位和家里骚扰，还扬言不结婚就要拉着王某一起自杀，实际上就是以损害王某名誉、生命安全的方式胁迫王某结婚。因此法院在审理过程中查明了胁迫的事实，适用了《民法典》第一千零四十六条、第一千零五十三条以及《婚姻家庭编的解释（一）》第十八条判决撤销王某与李某的婚姻关系。实践中遇到受胁迫的婚姻，可根据以上法条向法院提起撤销婚姻申请。

第二个案例中王某在达到法定婚龄前虽然与他人举办了婚礼并且共同生活，但是由于无法办理结婚登记手续只是同居关系。到达婚龄后应该与李某去办理结婚登记才能算是真正结婚。但是王某办理结婚登记需要的材料在其母亲张某处保存，双方还存在一些经济纠纷导致关系紧张，张某不提供户口本等材料导致王某无法办理结婚登记，实际上也侵犯了王某婚姻自由的权利。目前我国办理婚姻登记必须提供当事人身份证、户口本以备核查资料，所以很多父母干涉子女婚姻自由时采取扣留身份证、户口本的做法，近年也同样出现了子女以类似方式干涉老年父母再婚的自由。在案例中王某根据《婚姻法》第三条、第五条的规定，为了保障自己的婚姻自由，用诉讼的方式向其母亲索要办理结婚登记所需的材料，法院查明事实后支持了王某的诉求。

在遇到这种被干涉婚姻自由的情况时，当事人可以根据《民法典》第一千零四十二条、第一千零四十六条的规定向法院提起婚姻自主权纠纷诉讼。

实务指引

与本条相关法律纠纷多为违背婚姻自愿原则受胁迫缔结的婚姻纠纷以及干涉婚姻自主权的纠纷。尤其是在受胁迫缔结的婚姻纠纷中，胁迫的一方会采取多种办法威胁另一方当事人的生命、财产、名誉等，导致其不能在自主的状况下表达自己真实的意愿。实务中，有很多当事人所称的受胁迫结婚与法律上规定的受胁迫婚姻其实存在差距，识别当事人的诉求与实际情况是否相符、为当事人提供正确的引导和诉讼策略是处理案件的关键。

受胁迫婚姻具有的特征有：其一，胁迫人实施了胁迫行为，这种行为足以达到让被胁迫者产生恐惧，或直接现实地对被胁迫者进行身体上或精神上的伤害，如案例中李某多次到王某单位和家里吵闹纠缠，给王某增加心理思想上的压力；其二，胁迫人的胁迫行为具有违法性，如案例中李某威胁王某如果不肯结婚就要拉着王某一起自杀；其三，受胁迫方因胁迫人的胁迫行为而不得不违背自己的意愿，按照胁迫者的要求办理了结婚登记。这样受胁迫的状况可能持续很长时间，如遇到该类情形，当事人应注意对于被胁迫的情况进行证据的收集保全，以确保胁迫状况解除后能够及时到法院撤销这起被胁迫缔结的婚姻。

在很多子女干涉父母婚姻自主权的纠纷中，子女对于丧偶离异的父母再婚不能理解，甚至用不赡养老人的方式干涉老人的婚姻自主权，这也是违反法律规定的一种行为。父母子女间应该互相尊重对方对于婚姻的选择，无论对方的选择是否符合自己的心意，都应该尊重对方婚姻自主的权利。

第一千零四十七条 【法定婚龄】

▷ **案件导入**

结婚时未达法定婚龄但共同生活期间达到法定婚龄的婚姻是否有效①

原告杨某向法院提起诉讼要求宣告其与被告吴某的婚姻无效。杨某于1996年3月与被告吴某相识，1996年4月23日领取结婚证后以夫妻名义在一起生活。因为当时急于结婚，双方在均未达到法定婚龄的情况下，虚报年龄领证结婚。杨某于2020年3月到法院起诉，要求宣告与被告吴某的婚姻无效。

法院认为，虽然原、被告双方办理结婚登记时，均未达到法定婚龄，但原告起诉时，双方均已经达到法定婚龄，《最高人民法院关于适用〈中华人民共和国婚姻法〉若干问题的解释（一）》第八条规定："当事人依据婚姻

---

① （2020）桂0521民初691号。

法第十条规定向人民法院申请宣告婚姻无效的，申请时，法定的无效婚姻情形已经消失的，人民法院不予支持。"① 因此判决驳回原告诉讼请求。

【法律条文】

第一千零四十七条　结婚年龄，男不得早于二十二周岁，女不得早于二十周岁。

💡 法条释义

我国在过去的几千年中一直有早婚的习俗。由于古代人均寿命短，人口是第一生产力，不管是统一的集权国家还是地方割据势力都把发展人口作为重要国策，早早生、多多生。1950 年我国第一部《婚姻法》将法定婚龄规定为：男 20 周岁、女 18 周岁；1980 年修改的《婚姻法》将婚龄确定为：男不得早于 22 周岁、女不得早于 20 周岁。在《民法典》编纂时期，有多种呼声要求降低法定婚龄，以解决我国日益严重的老龄化问题。从 1982 年我国确定计划生育为基本国策到 2021 年放开三孩鼓励生育，我国育龄女性初婚、初育的年龄一再推迟。2020 年南京市公布的统计数据显示，南京人的平均初婚年龄为 27.6 岁，其中男性为 28.2 岁，女性为 26.9 岁。如果仅是降低法定婚龄而缺乏配套措施，不大可能阻止目前下滑的生育率，而 18 周岁的年轻人通常还处在求学阶段，心理年龄大多达不到能够承担组建家庭生儿育女的成熟程度，因此本次《民法典》的编纂结合目前的国情民意，仍旧维持男不得早于 22 周岁、女不得早于 20 周岁的标准。

《民法典》第一千零四十七条删除了 1980 年《婚姻法》第六条"晚婚晚育应予鼓励"的条文。2020 年第七次全国人口普查的相关数据显示，我国 60 岁及以上人口超 2.64 亿人，占总人口的 18.70%，全国有 6 省老年人口

---

① 该司法解释已失效，现相关规定见《最高人民法院关于适用〈中华人民共和国民法典〉婚姻家庭编的解释（一）》第十条。

超 1000 万人。相较于 20 世纪 80 年代，我国国情发生了重大变化，此时再实行鼓励晚婚晚育的政策已经不合时宜。因此《民法典》做了这样的修订。

◎ 法律适用

案例中的杨某在 1996 年 4 月登记结婚时未满 20 周岁、吴某未满 22 周岁，均未达到法定婚龄。两人采取虚报的手段缔结婚姻，属于《民法典》第一千零五十一条规定的婚姻无效的情形。如果本案中男女任何一方在仍未达到法定婚龄的情况下向法院诉讼离婚或者要求宣告婚姻无效，法院经审理查明双方实际的年龄状况后应当判决宣告婚姻无效。但是这个案例中，女方在结婚登记 24 年后向法院起诉要求宣告婚姻无效，在起诉的时候双方都已步入中年，当初婚姻无效的年龄问题早已消失。法律之所以对于结婚年龄有限制，就是考虑准备缔结婚约的人们在心理和生理上是否真正能够承担婚姻的责任，杨某和吴某虽然未达婚龄结婚，但是共同生活了 24 年，双方的矛盾也并非由年龄幼小无法承担责任造成的，原本婚姻无效的情形在长期共同生活中早已消失，因此法院判决驳回杨某要求宣告婚姻无效的诉求。

◎ 实务指引

在实务中，需要关注以下三个问题：

第一，是关于年龄确认的判断标准。《民法典》第一千零四十七条中明确规定的标准是周岁，那么实务中，周岁的计算应该是根据公历的年、月、日计算，从周岁生日的第二天开始起算。婚姻登记机关在办理婚姻登记时，应以申请人户口本或身份证上记载的生日时间为准。

第二，由于我国地域广阔是多民族国家，在一些民族自治地方还存在对于法定婚龄变通的规定，变通后男性的婚龄不得早于 20 岁、女性的婚龄不早于 18 岁，这些规定是根据当地民族习惯专门适用这些少数民族地区的少数民族居民，对于该地区汉族居民仍旧按照法定婚龄来要求。

第三，律师在接待要求办理此类宣告婚姻无效案件中，需关注起诉时该无效的情形是否已经消失。如果在起诉时双方或其中一方仍旧没有达到法定婚龄，可以起诉要求宣告婚姻无效。如果起诉时双方已经达到法定婚龄，实际上无效的情形已经消失，即使诉讼也得不到法院的支持。在这种情况下，如果双方确实无法共同生活，应该以离婚为诉讼请求进行诉讼。

第一千零四十八条 【禁止结婚的情形】

▷ 案件导入

表兄妹能否结婚①

曹某的父亲与何某的母亲系兄妹关系，曹某与何某自幼相识，是表兄妹关系。双方的父母在亲上加亲的传统观念下于 2008 年给曹某、何某按照当地农村的风俗举办婚礼酒席，之后双方开始同居生活，并生育长子何小一（化名）。之后曹某、何某隐瞒双方的血亲关系在当地民政局办理了结婚登记手续，又生育次子何小二（化名）。2021 年 4 月，曹某向法院提起诉讼，要求判决：1. 宣告原告曹某与被告何某婚姻无效；2. 判决长子何小一、次子何小二由被告抚养至年满 18 周岁；3. 判决共同购买的汽车（车牌号：贵 C×××××）归被告所有，车贷由被告负责偿还；4. 判决原告与被告共同购买地皮所产生的债权 150000 元由双方平均分割；5. 判决原告与被告共同出资修建位于老家的楼房由被告和两个儿子共同管理使用；6. 本案诉讼费用由被告承担。

法院认为，原告与被告系三代以内的旁系血亲关系，根据《民法典》第一千零四十八条"直系血亲或者三代以内的旁系血亲禁止结婚"及第一千零五十一条"有下列情形之一的，婚姻无效：（一）重婚；（二）有禁止

———
① （2021）桂 1031 民初 1035 号。

结婚的亲属关系；（三）未到法定婚龄"的规定，原、被告双方隐瞒该关系申请办理了结婚登记的行为违反了《民法典》关于禁止结婚的强制性规定，原、被告的婚姻关系属无效婚姻。关于子女的抚养和财产分割的等问题，根据《婚姻家庭编的解释（一）》第十一条的规定，经本院调解未达成调解协议，应当一并判决。

判决结果：一、确认原告曹某与被告何某的婚姻无效；二、何小一、何小二随被告何某生活，由原告曹某自本判决生效之日起于每月的 28 日前支付每个孩子当月的抚养费 500 元，直至两个小孩分别年满十八周岁止；三、驳回原告曹某的其他诉讼请求。

【法律条文】

第一千零四十八条　直系血亲或者三代以内的旁系血亲禁止结婚。

法条释义

原《婚姻法》中禁止结婚的情形有两种：一是直系血亲和三代以内的旁系血亲；二是患有医学上认为不应当结婚的疾病。《民法典》第一千零四十八条删除了第二种情形，实际上是在立法上更尊重个人选择的权利，也是对于个人婚姻自由的保障。

1950 年《婚姻法》规定有生理缺陷不能发生性行为者，患花柳病或精神失常未经治愈、患麻风或其他在医学上认为不应结婚之疾病者禁止结婚；1980 年《婚姻法》将上述规定修改为患麻风病未经治愈或患其他在医学上认为不应当结婚的疾病；2001 年《婚姻法》将上述规定修改为患有医学上认为不应当结婚的疾病。由以上可以看出立法上从开始的不能正常发生性行为就禁止结婚到修改为"患有医学上认为不应当结婚的疾病"禁止结婚，一步步把结婚的自由扩大，法律也在没必要介入的私人领域一步步退出。只要缔结婚姻的当事人明知和自愿，即使双方或一方存在性功能障碍、患有重大的疾病，也可以按照自己的意愿结婚。但是患有重大疾病的当事人在结婚登记前应该向对方如实告知，不如实告知的，另一方可以向法院诉讼请求撤销婚姻。实际《民法典》把是否缔结婚姻的权利交到了当事人自己的手上，关键在于患有重大疾病一方的当事人应该把自己的真实情况告知对方。

关于直系血亲和三代以内旁系血亲禁止结婚的问题，首先是对于直系血亲和旁系血亲的理解。因为目前关于直系血亲和旁系血亲没有法律条文的相应解释，通常理解直系血亲是指和自己有直接血缘关系的亲属，具有生与被生关系，比如父母与子女、祖父母与孙子女、外祖父母与外孙子女的关系；旁系血亲是相对直系血亲而言的，是指与自己具有间接血缘关系的亲属，即除直系血亲以外的、与自己同出一源的血亲。禁止血亲通婚主要是出于优生优育和传统伦理道德考虑的。

直系血亲禁止通婚包括禁止父母子女间、祖孙间、外祖孙间的通婚，不仅包括这些自然血亲，也包括通过收养关系形成的拟制血亲以及形成抚养关系的继父母与继子女之间结婚的情况。《民法典》第一千一百一十一条规定："自收养关系成立之日起，养父母与养子女间的权利义务关系，适用本法关于父母子女关系的规定；养子女与养父母的近亲属间的权利义务关系，适用本法关于子女与父母的近亲属关系的规定。养子女与生父母以及其他近亲属间的权利义务关系，因收养关系的成立而消除。"由此可以看出，拟制血亲之间的权利义务关系与自然血亲一致，因此拟制的直系血亲也在禁止结婚的范畴之内。但是即使收养关系成立后，养子女和其生父母以及有血缘关系的直系、三代以内的旁系血亲由于血缘关系不会因为法律关系切断而割裂，因此依旧在禁止结婚之列。

三代以内禁止结婚的旁系血亲可以简单地这样理解：以自己为一代，兄弟姐妹之间、表兄弟姐妹、堂兄弟姐妹不能结婚；从自己往上推一代，叔伯、姑姑、姨妈、舅舅不能和自己通婚；从自己往下推一代，自己不能和外甥、子侄辈通婚。两个准备缔结婚姻的男女，他们直系往上推三代中有共同的直系血亲，比如父母、祖父祖母、外祖父外祖母的，都禁止结婚。

禁止结婚的三代以内旁系血亲不包括拟制的血亲。因为禁止近亲通婚主要源于优生优育的前提，拟制的旁系血亲没有血缘关系，一般也不会造成道德伦理上的错乱，法律上不禁止也不提倡。

⏱ 法律适用

从上面的案例可以看出，属于禁止结婚范畴的男女违法以欺骗手段办理结婚登记的，双方在分手时向法院申请的案由应该是宣告婚姻无效而不是离婚。中国过去的传统实践中，往往禁止同姓、同宗结婚，即从父系的宗族中考虑禁婚，但是对于表兄妹之间的通婚直到新中国成立以后还经常有。1950年《婚姻法》中规定"为直系血亲，或为同胞的兄弟姊妹和同父异母或同母异父的兄弟姊妹者；其他五代内的旁系血亲间禁止结婚的问题，从习惯"。从1980年《婚姻法》开始禁止直系血亲和三代以内旁系血亲结婚。因此，如果是在1980年之前按照地区习惯缔结的姑表、姨表等旁系血亲的婚姻，一般不认定为无效婚姻。

◎ 实务指引

禁止血亲缔结婚姻在实践中大多数为禁止表亲之间的婚姻，因为在我国传统认知中堂兄弟姐妹之间类似于亲兄弟姐妹，缔结婚姻是不大可能获得家庭的认可的，而表亲之间缔结婚姻是亲上加亲的行为，是新中国成立前广为流行的一种方式。从案例也可以看出即使在21世纪，少数地区仍旧有表亲之间结亲的现象。法院在审理离婚案件中，发现缔结婚姻的双方存在禁止结婚的血亲关系的，不管当事人是否以宣告婚姻无效为诉求的前提，应该判决宣告婚姻无效。

拟制直系亲属是否可以缔结婚姻关系法律界一直存在争议，比如养父母与养子女之间、继父母与继子女之间，双方虽然没有血缘关系，但是在一个家庭中存在这种拟制亲子关系时，实际上对于男女双方来说存在一个并不平等的关系，这种不平等很可能影响到双方真实的结婚意愿表达，既会导致伦理关系错乱，也容易引起道德伦理的危机。如果存在收养抚养关系的拟制血亲之间确实产生了爱情，有强烈的结婚意愿，应建议当事人先解除拟制血亲关系。如养父母与养子女之间解除收养关系后，双方不再存在拟制的血亲关系，即不在法律禁止结婚的范畴。

关于拟制旁系血亲，实践中常见的、容易引起争议的问题有：

其一，再婚家庭中形成抚养关系的继子女和家庭中其他没有血缘关系的子女由于长期共同生活在一个家庭中产生感情想要缔结婚姻。

其二，收养的养子女与家庭中其他子女间产生感情缔结婚姻。

关于此类拟制兄弟姊妹之间缔结的婚姻，排除拟制血亲间存在其他三代以内的自然血亲关系，一般不需要特地解除拟制的关系，法律对于这种情形不禁止结婚。比如，再婚家庭中男女双方共同抚养的各自在前段婚姻中的孩子，虽然这两个孩子名义上形成了兄妹或者姐弟关系，但是实际上并没有血缘关系，如果两个孩子长大后想要缔结婚姻，并不需要父母解除婚姻关系来成全年轻人的爱情。

第一千零四十九条 【结婚程序】

▷ 案件导入

男女双方没有登记结婚能否适用法律有关离婚的规定[①]

原告江一龙与被告刘二凤于 1995 年 9 月按习俗举行婚礼后同居生活，同居生活期间共育两子女名为江一、江二。双方至今未办理结婚登记手续。因长期分居导致原、被告之间的感情日渐稀薄，已经无任何夫妻感情，故原告诉请法院解除双方同居关系并分割共有财产。

---

① （2021）黔 2328 民初 1450 号，人物名均为化名。

法院认为，原、被告双方至今未办理结婚登记手续，二人系同居关系，不受法律保护。对于财产，参照《民法典》第一千零八十七条之规定进行处理分割。最终判决分割双方共有财产，驳回原告解除同居关系的诉讼请求。

【法律条文】

第一千零四十九条　要求结婚的男女双方应当亲自到婚姻登记机关申请结婚登记。符合本法规定的，予以登记，发给结婚证。完成结婚登记，即确立婚姻关系。未办理结婚登记的，应当补办登记。

🔅 法条释义

结婚的男女双方不仅要符合法律规定的条件，同时应当履行法定程序——办理结婚登记。《婚姻登记条例》对结婚登记作出了详细的要求，例如"办理结婚登记的内地居民应当出具下列证件和证明材料：（一）本人的户口簿、身份证；（二）本人无配偶以及与对方当事人没有直系血亲和三代以内旁系血亲关系的签字声明……"就《民法典》而言，缔结婚姻应当进行结婚登记，法律上的应当即必须的意思，登记结婚的男女双方必须亲自到场申请，其他任何人不能代为履行。本条文有以下需要理解和注意的地方：

第一，前往婚姻登记机关申请结婚登记，要求结婚的男女双方应当办理结婚登记手续。结婚登记是国家对婚姻关系的建立进行监督和管理的制度，可以保障婚姻自由、一夫一妻原则的贯彻实施，避免违法婚姻。[①]《婚姻登记条例》第二条规定："内地居民办理婚姻登记的机关是县级人民政府民政部门或者乡（镇）人民政府，省、自治区、直辖市人民政府可以按照便民原则确定农村居民办理婚姻登记的具体机关。中国公民同外国人，内地居民同香港特别行政区居民（以下简称香港居民）、澳门特别行政区居民（以下

[①] 《适用与实例》丛书编写组著：《中华人民共和国婚姻法及其司法解释适用与实例》，法律出版社2016年版，第19页。

简称澳门居民）、台湾地区居民（以下简称台湾居民）、华侨办理婚姻登记的机关是省、自治区、直辖市人民政府民政部门或者省、自治区、直辖市人民政府民政部门确定的机关。"要求结婚的男女双方必须前往婚姻登记机关（一般为县级人民政府）民政部门完成结婚申请、审查、登记的手续。

第二，亲自前往。要求结婚的男女双方应当携带身份证明文件亲自到现场办理结婚登记手续。结婚登记禁止委托他人代为履行以及冒用他人身份信息、使用虚假身份信息完成结婚登记手续，以上均属于登记行为瑕疵，但是登记行为存在瑕疵与婚姻关系无效、可撤销存在区别，登记行为存在瑕疵并不一定直接导致婚姻关系无效或被撤销，即便无效或被撤销也与《民法典》婚姻家庭编规定的无效婚姻、可撤销婚姻并非同一概念，需要注意区分。《婚姻登记条例》第五条第一款规定："办理结婚登记的内地居民应当出具下列证件和证明材料：（一）本人的户口簿、身份证；（二）本人无配偶以及与对方当事人没有直系血亲和三代以内旁系血亲关系的签字声明。"要求结婚的男女双方携带本人身份证明文件亲自到场办理登记手续，确保本人真实、自愿结婚，同时可以对结婚另一实质要件"法定婚龄"进行审查，从而减少婚姻关系建立行为中的瑕疵和错误。

第三，符合本法规定的，予以登记，发给结婚证。领取结婚证可以有效对外宣告二人间的合法婚姻关系，同时，全国统一实行的婚姻登记制度有利于避免两方当事人重复登记、一方当事人领取结婚证后与第三人登记结婚的情形出现，对追溯重婚犯罪行为客观要件的构成提供了书面证据。

第四，婚姻关系的建立时间。一般而言，结婚登记的时间为男女双方婚姻关系的建立时间，男女双方结婚时未办理结婚登记但之后补办登记的，其婚姻关系以双方均符合《民法典》结婚的实质要件之日为建立时间。事实婚姻的婚姻关系是否存在以及建立时间法律另有规定。

本条文与"事实婚姻"既有关联又有区别，事实婚姻是指男女双方未办理结婚登记手续，而以夫妻名义共同生活，同时周围的群众也认为其是夫妻关系的行为。① 我国目前对婚姻关系的认可标准主要为结婚登记，事实婚姻效力问题以形成时间的节点区分对待。1950 年《婚姻法》首次确立了结婚登记是缔结婚姻关系的必经程序，在此之前结婚并非必须进行登记。我国幅员辽阔，对于部分交通不便的偏远地区结婚登记并不容易，同时由于受传统习俗的影响，部分地区人们认为只要办过酒席、亲朋好友见证即可建立婚姻关系，因此事实婚姻长期大量存在。为此，最高人民法院先后颁布《最高人民法院关于人民法院审理未办结婚登记而以夫妻名义同居生活案件的若干意见》②《最高人民法院行政审判庭关于婚姻登记行政案件原告资格及判决方式有关问题的答复》《最高人民法院关于适用〈中华人民共和国婚姻法〉若干问题的解释（一）》③《婚姻家庭编的解释（一）》等相关文件对未经登记的婚姻关系处理问题作出规定，我国目前以 1994 年 2 月 1 日为节点区分登记与未登记的婚姻关系效力问题。

⏱ 法律适用

本案中原告江一龙与被告刘二凤于 1995 年 9 月按习俗举行婚礼后同居生活，但未办理婚姻登记手续。根据《民法典》第一千零四十九条的规定，要求结婚的男女双方应当亲自到婚姻登记机关申请结婚登记，双方未登记，因此不符合法律上的婚姻关系的成立条件，再看是否符合事实婚姻的条件。《婚姻家庭编的解释（一）》第七条规定，"（一）1994 年 2 月 1 日民政部《婚姻登记管理条例》公布实施以前，男女双方已经符合结婚实质要件的，按事实婚姻处理。（二）1994 年 2 月 1 日民政部《婚姻登记管理条例》公布实施以后，男女双方符合结婚实质要件的，人民法院应当告知其补办结婚登记。未补办结婚登记的，依据本解释第三条规定处理"。本

---

① 《适用与实例》丛书编写组著：《中华人民共和国婚姻法及其司法解释适用与实例》，法律出版社 2018 年版，第 21 页。
② 已失效。
③ 已失效。

案中原、被告双方以夫妻名义共同生活的时间发生在 1994 年 2 月 1 日之后且未补办结婚登记手续，因此适用《最高人民法院关于适用〈中华人民共和国民法典〉婚姻家庭编的解释（一）》第七条第二项的规定，《最高人民法院关于适用〈中华人民共和国民法典〉婚姻家庭编的解释（一）》第三条规定："当事人提起诉讼仅请求解除同居关系的，人民法院不予受理；已经受理的，裁定驳回起诉。当事人因同居期间财产分割或者子女抚养纠纷提起诉讼的，人民法院应当受理。"因此，在本案中法院驳回原告解除同居关系的诉讼请求，但对双方同居期间的共同财产进行了依法分割处理。

◯ **实务指引**

在实务中，本条文需结合其他法律法规及司法解释一同理解适用。《婚姻家庭编的解释（一）》第六条规定："男女双方依据民法典第一千零四十九条规定补办结婚登记的，婚姻关系的效力从双方均符合民法典所规定的结婚的实质要件时起算。"第七条规定："未依据民法典第一千零四十九条规定办理结婚登记而以夫妻名义共同生活的男女，提起诉讼要求离婚的，应当区别对待：（一）1994 年 2 月 1 日民政部《婚姻登记管理条例》公布实施以前，男女双方已经符合结婚实质要件的，按事实婚姻处理。（二）1994 年 2 月 1 日民政部《婚姻登记管理条例》公布实施以后，男女双方符合结婚实质要件的，人民法院应当告知其补办结婚登记。未补办结婚登记的，依据本解释第三条规定处理。"实务中可能会出现以下几种情况，应注意：

第一种情况，1994 年 2 月 1 日以前双方不符合结婚实质要件也未登记的不具备婚姻关系。

第二种情况，1994 年 2 月 1 日以前符合结婚实质要件但未登记的应当补办结婚登记，婚姻关系的效力自双方均符合《民法典》所规定的结婚的实质要件时起算；不补办的视为同居关系，同居关系按照《婚姻家庭编的解释（一）》第三条规定进行处理。

第三种情况，1994 年 2 月 1 日以后双方以夫妻名义共同生活符合结婚实质条件但未办理结婚登记手续的，应当前往婚姻登记机关补办结婚登记，补办后双方夫妻关系自双方均符合法定结婚条件之日起开始计算，未补办的视为不存在夫妻关系。

第四种情况，双方办理过结婚登记手续但并非本人前往办理或使用非本人身份证件完成登记手续的，该婚姻登记行为存在瑕疵但并不属于《民法典》规定的无效婚姻及可撤销婚姻的法定情形。根据《婚姻家庭编的解释（一）》第十七条第二项规定，"当事人以结婚登记程序存在瑕疵为由提起民事诉讼，主张撤销结婚登记的，告知其可以依法申请行政复议或者提起行政诉讼"。此时需要通过行政程序去确认或撤销、变更婚姻登记信息。

结婚自愿、法定婚龄、禁止结婚条件等均属于结婚实质要件，登记则属于结婚的程序要件，任何法律行为不仅需要实体合法，也需要程序合法。未完成结婚登记手续可能影响婚姻关系的建立以及后续离婚事宜、财产分割、遗产继承等问题的处理，因此在建立婚姻关系以及婚姻相关法律事务的处理过程中本条文不可忽视。

第一千零五十条　【男女双方互为家庭成员】

▷ 案件导入

男方"入赘"女方家庭后能否享受女方所在集体的成员权利[①]

原告詹英俊于 1989 年 3 月 29 日来到被告某村五组处，与被告女村民吴美丽于 1990 年 2 月 8 日登记结婚并落户于此，婚后生育的吴小俊、吴小丽户口均在被告处。2021 年 1 月 25 日，被告与某厂签订《土地承包租赁合同》，将组上养牛坡火烧团宗地租给该厂，每年租金 60 万元。三原告应分得的 2021 年集体土地租金分配款为 10995 元。被告以詹英俊之妻吴美丽

---

① （2021）湘 1230 民初 190 号，人物名均为化名。

的大姐吴大美留在家中招女婿，吴美丽便不能再留在家里招女婿为由，一直剥夺三原告在被告五组的合法权益，故原告诉至法院请求依法确认三原告拥有该村村民权利，合法享有该村的集体财产分配权。

法院认为：詹英俊与吴美丽结婚后，詹英俊到女方吴美丽所在的某村五组落户生活，符合《民法典》第一千零五十条"登记结婚后，按照男女双方约定，女方可以成为男方家庭的成员，男方可以成为女方家庭的成员"的规定，詹英俊及其子女作为五组的集体成员，与同组的其他集体成员享有平等的权利。被告不分配给三原告土地租金的行为侵害了三原告的合法权益，依法应承担民事责任。据此，法院判决：确认原告詹英俊、吴小俊、吴小丽享有与被告某村五组村民平等的权益；限被告某村五组于本判决生效之日起十日内向原告詹英俊、吴小俊、吴小丽支付 2021 年集体土地租金分配款 10995 元。

【法律条文】

第一千零五十条　登记结婚后，按照男女双方约定，女方可以成为男方家庭的成员，男方可以成为女方家庭的成员。

法条释义

本条是关于男女结婚后组成家庭的规定。在我国传统婚姻制度中，女方嫁到男方家中成为男方家庭的成员，同时女方需要被冠以夫姓，这是约定俗成的做法。也有男方到女方家中成为女方家庭的成员，被称为"入赘"。新中国成立后，我国先后颁布的《婚姻法》《民法典》对结婚男女双方的权利义务作出了明确规定。

本条也是男女平等的规则体现。《民法典》婚姻家庭编规定了男女平等原则，本条文规定男女双方有权选择婚后在何处安家生活、和谁一起生活，因此无论是男方"入赘"女方家庭，还是女方嫁到男方家庭，均应当被尊重，这属于结婚男女双方的合法权利。随着计划生育制度的施行、城市的发展、传统观念的改变，越来越多的男女婚后自立门户组成新家庭生活，江浙沪地区甚至出现"两头婚"的现象，即小夫妻在男方家庭生活一段时间再去女方家庭生活一段时间，男女双方均可成为户主，这是男女平等的重要体现。同时，即使女方成为男方家庭的成员或男方成为女方家庭的成员，其仍旧享有独立地位，合法享有使用自己姓名、参加活动、参加工作等权利。成为对方家庭的成员一般体现为与对方父母或其他家庭成员共同生活或共同存在于同一户口簿内。结婚双方都可以选择成为对方家庭的成员加入对方所在的集体组织，这是其法定权利，任何人都应当予以尊重。

◎ 法律适用

本案中詹英俊与吴美丽有权利选择婚后在男方处或女方处或其他地方安家落户。吴美丽作为村五组集体成员，詹英俊与吴美丽结婚并落户在村五组生活，詹英俊应当成为村五组集体成员并享受村五组集体成员的权利。村五组认为一家只能招一个上门女婿，违反了《民法典》中结婚男女自由选择结婚后在何处安家的规定，也侵害了原告作为村集体成员的合法权益，因此法院判决确认原告詹英俊、吴小俊、吴小丽享有与被告某村五组村民平等的权益。

◎ 实务指引

实践中，与该条规定相关的纠纷多集中于侵害集体组织成员权益纠纷。[①] 一般集体组织成员的认定标准是看户籍，但也需要结合实际情况加以区分认定。本条其实存在一个比较大的争议点，那就是与《民法典》第一千零四十五条的规定是否冲突的问题，因此在处理涉及"家庭成员"相关的案件时应多加注意，不能机械地解读法律条文。

---

① 最高人民法院民法典贯彻实施工作领导小组主编：《中华人民共和国民法典婚姻家庭编继承编理解与适用》，人民法院出版社 2020 年版，第 79 页。

《民法典》第一千零四十五条对家庭成员作出明确规定："亲属包括配偶、血亲和姻亲。配偶、父母、子女、兄弟姐妹、祖父母、外祖父母、孙子女、外孙子女为近亲属。配偶、父母、子女和其他共同生活的近亲属为家庭成员。"由此可以看出，婆媳不是近亲属，也不存在家庭成员关系。反观《民法典》第一千零五十条的规定，会出现一个情况，女方成为男方家庭的成员，但女方与男方家庭成员却不存在法定的家庭成员关系，那么女方与男方父母是否适用家庭成员相关的法律规定呢？

案例一：在（2015）道法民初字第542号赡养纠纷案件中，法院认为"被告何某与两原告并非法律上的父母子女关系，不具有父母子女间的权利和义务，其作为儿媳对两原告没有法定的赡养义务，因此，两原告要求被告何某给付赡养费的诉讼请求本院不予支持。"婆媳之间不存在父母子女关系，儿媳对公婆只有协助赡养的义务。

案例二：在（2021）豫0325刑初67号白某虐待罪一案中，被告人白某因不愿赡养其80多岁的婆婆任某，在照顾任某期间，多次采用打骂、不让吃饭及喝水等方式对老人进行虐待，情节严重，犯虐待罪，判处有期徒刑一年零六个月。《刑法》第二百六十条第一款规定："虐待家庭成员，情节恶劣的，处二年以下有期徒刑、拘役或者管制。"虐待罪的犯罪主体与对象之间应存在家庭成员关系，但该案中儿媳虐待婆婆也构成了虐待罪。

案例三：最高法发布涉家庭暴力犯罪典型案例之四：朱某虐待案中，被告人朱某与被害人刘某协议离婚后，仍以夫妻名义共同生活。湖北省武汉市汉阳区人民法院经审理认为，朱某经常性、持续性地采用殴打等手段损害家庭成员身心健康，致使被害人刘某不堪忍受身体上和精神上的摧残而自杀身亡，其行为已构成虐待罪，判处被告人朱某有期徒刑五年。宣判后，朱某提出上诉。武汉市中级人民法院经依法审理，裁定驳回上诉，维持原判。本案是一起虐待共同生活的前配偶致被害人自杀身亡的典型案例。司法实践中，家庭暴力犯罪不仅发生在家庭成员之间，在具有监护、扶养、寄养、同居等关系的人员之间也经常发生。为了更好地保护儿童、老人和妇女等弱势群体的权利，促进家庭和谐，维护社会稳定，《关于依法办理家庭暴力犯罪案件的意见》将具有监护、扶养、寄养、同居等关系的人员界定为家庭暴力犯罪的主体范围。

因此，女方与男方父母是否适用家庭成员相关的法律规定需要看有无具体的法律规定，如没有则不适用。女方与男方父母不属于近亲属关系也不互为家庭成员，无须履行法定赡养义务。虽然没有家庭成员关系的儿媳与公婆之间、女婿与岳父母之间都有可能发生虐待罪案件、遗弃罪案件，但是犯虐待罪并不意味着罪犯与被害人之间必然存在家庭成员关系。《反家庭暴力法》第一条规定："为了预防和制止家庭暴力，保护家庭成员的合法权益，维护平等、和睦、文明的家庭关系，促进家庭和谐、社会稳定，制定本法。"第三十七条规定："家庭成员以外共同生活的人之间实施的暴力行为，参照本法规定执行。"因此即便不属于《民法典》第一千零四十五条规定的家庭成员，也可能适用部分法律规定"家庭成员"间的相关规定。所以《民法典》第一千零五十条"男女双方可以选择成为对方家庭的成员"的规定需要与《民法典》第一千零四十五条家庭成员的规定相区分，两个条款间存在关联但又相互区别，实践中不能机械地套用法律定义。

第一千零五十一条 【婚姻无效的情形】

▷ 案件导入

案例一：于某与张某婚姻无效纠纷案[①]

2004 年××月××日，原告于某与被告张某甲登记结婚，婚后未生育子女。原告于某与前夫生育一女曹某，现年 15 周岁。原告于某与被告张某甲

[①] （2021）冀 0227 民初 737 号。

登记结婚后，曹某与原、被告共同生活。2000 年 1 月 1 日，被告张某甲收养一子张某乙，现年 20 周岁，已参加工作。共同生活期间，原告于某与被告张某甲共同偿还 2010 年建房债务 7 万余元；支付承包费 6.5 万元，承包了村集体赵家沟荒山一片，内有栗树若干棵。2020 年 12 月，案外人张某来来到家中，并告知原告于某，其是被告张某甲的妻子。2021 年 1 月 6 日，迁西县民政局工作人员将原告于某与被告张某甲找到汉儿庄乡政府，原告于某才得知被告张某甲与张某来曾于 2000 年××月××日登记结婚，二人未生育子女，张某来于 2003 年离开被告家出走，未办理离婚手续。

法院认为，被告张某甲在未解除其与张某来婚姻关系的情况下，与原告于某登记结婚，违反了法律关于婚姻成立的禁止性规定，属无效婚姻，应依法宣告婚姻无效。而请求婚姻损害赔偿的婚姻必须是合法有效的婚姻，无效婚姻和可撤销的婚姻不能适用离婚损害赔偿制度，因此，原告于某要求被告张某甲给付损害赔偿金 10 万元的诉讼请求，法院不予支持。非婚生女曹某以其随原告于某共同生活为宜，被告张某甲不需负担抚养费用。原告于某未能提供证据证明荒山承包经营权的具体范围、承包期限，且荒山承包经营权不属于共同财产范畴，故不予处理。原告于某要求被告张某甲给付共同偿还的建房债务补偿款 3.5 万元，但未提交证据证实偿还的具体数额，已偿还债务不属于共同财产的范畴，故不予支持。

案例二：王某与徐某婚姻无效纠纷①

被告徐某母亲王某平和原告王某父亲王某明系同胞姐弟，原、被告双方于 2008 年受双方家长安排，以夫妻名义同居，此时原告尚未成年。××××年××月××日生育长子徐某 2，××××年××月××日生育长女徐某 3，××××年××月××日生育次子徐某 4，××××年××月××日办理结婚登记。2020 年，原告以个人名义向某农村商业银行贷款 50 万元购买了房屋并已办理不动产权登记，权利状况系原告单独所有。截至 2021 年 3 月 15 日，原告尚欠某农

---

① （2021）黔 0525 民初 2071 号。

村商业银行贷款本金余额 43 万元及相应利息。原告主张子女徐某 2、徐某 3、徐某 4 跟随其生活，并要求被告徐某一次性支付抚养费 310000 元。被告同意三个孩子由原告抚养，但请求每月支付抚养费 2000 元至次子徐某 4 年满 18 周岁；同意商品房归原告所有，房屋贷款由原告偿还。

法院认为，原、被告系三代以内旁系血亲，属于法律规定禁止结婚的情形，双方的婚姻属无效婚姻，应依法宣告无效。涉及双方子女抚养、财产分割、债务负担和本案诉讼费负担等事项，已通过法院主持双方调解并自愿达成协议解决。

案例三：陈某 1 与岳某婚姻无效纠纷①

2004 年，原、被告经他人介绍认识，并于 2005 年××月××日在四川省岳池县××镇办理了结婚登记手续，但当时被告岳某并未达到法定结婚年龄，于是将岳某的出生年份由 1987 年改为 1984 年才得以登记。二人于××××年××月××日生育长子陈某 2，于××××年××月××日生育次子陈某 3，婚后夫妻感情较好。2011 年农历正月十一，被告离家出走，出走后的前三年原、被告彼此有电话往来。2014 年以后，被告更换电话，双方失去联系。

法院认为，原、被告办理结婚登记时，被告岳某未达到法定结婚年龄，故原、被告的婚姻属无效婚姻。关于长子陈某 2、次子陈某 3 的抚养费问题，根据规定，被告有抚养未成年子女的义务，本案中，因被告属残疾人，本院结合实际情况，酌情考虑确定由被告每月支付陈某 2、陈某 3 抚育费各 300 元至陈某 2、陈某 3 年满 18 周岁止。

---

① （2021）川 3425 民初 1915 号。

【法律条文】

第一千零五十一条 有下列情形之一的，婚姻无效：

（一）重婚；

（二）有禁止结婚的亲属关系；

（三）未到法定婚龄。

法条释义

本条款是关于结婚无效情形的规定，主要从以下几个方面进行理解：

一、无效婚姻的性质

无效婚姻本质上是违法婚姻，故法院适用特别程序，一旦违反法律规定，就是自始、绝对无效，即无效婚姻在依法被宣告无效时，该婚姻自始不受法律保护。

二、无效婚姻的法定情形

根据本条规定，无效婚姻只有法定的三种情形：

（一）重婚

重婚是指已有一个存续的婚姻关系，又再行与他人缔结第二个婚姻关系的行为。重婚既包括法律重婚，也包括事实重婚。本条所指重婚限于法律重婚，即已与他人办理结婚登记后又与第三方办理结婚登记的。事实重婚是指与他人在婚姻关系存续期间又与第三方以夫妻关系同居生活但未办理结婚登记的。这种同居关系虽不构成《民法典》规定的重婚，但可能构成刑法意义上的重婚。

（二）有禁止结婚的亲属关系

禁止结婚的亲属关系是指双方当事人是直系血亲或三代以内旁系血亲，其他则不受限制。直系血亲也包括拟制直系血亲，如养父母与养子女、继父或继母与其抚养教育的继子女之间。

（三）未到法定婚龄

《民法典》规定，法定结婚年龄，男不得早于 22 周岁，女不得早于 20 周岁。实践证明，年龄过小的当事人之间的婚姻通常会引发多种问题，如感情基础不牢固、心智发展不成熟易冲动、经济上难以负担共同生活等问题。本规定一方面是为了打击实践中部分落后地区还存在的指腹为婚、抱养童养媳等行为，另一方面是为了防止早婚，确保结婚双方的身心发展已经较为成熟，为缔结婚姻准备充分、良好的条件。

⏱ 法律适用

一、申请宣告婚姻无效的主体

这一申请主体除婚姻当事人以外，法律也赋予利害关系人相应的宣告权，此处的利害关系人包括：

第一，以重婚为由申请宣告婚姻无效的，为当事人的近亲属及基层组织。

第二，以未到法定婚龄为由申请宣告婚姻无效的，为未达法定婚龄者的近亲属。

第三，以有禁止结婚的亲属关系为由申请宣告婚姻无效的，为当事人的近亲属。

二、无效婚姻的认定机关和程序

无效婚姻只能由人民法院认定，且适用特别程序，即人民法院一审判决婚姻无效，不适用调解，也不能上诉。

三、婚姻被宣告无效的后果

婚姻无效，则无效婚姻当事人双方为同居关系，双方在同居生活期间的财产权利、子女抚养等问题仍可通过诉讼或协商处理。同居期间的财产处理，按照一般共有处理，即双方有约定的按约定，没有约定的，根据财产来源、性质等认定。同居期间所生子女享有与婚生子女同等的权利。

◎ **实务指引**

司法实践中，一方面要严格把握认定婚姻无效的条件，不能任意作扩大解释；另一方面，在具体到个案时，也要结合案件具体情况进行判断。

一、鉴别以伪造、变造、冒用证件等方式骗取结婚登记的行为性质

实践中多有错拿或盗用他人身份证件去进行结婚登记导致他人重婚的情形，对于此类情形不能简单定性、申请宣告婚姻无效。当事人以伪造、变造、冒用证件等方式骗取结婚登记的行为实质上是登记瑕疵。由于婚姻登记行为属于行政行为，婚姻登记存在瑕疵的，不属于民事纠纷，当事人可以通过依法申请行政复议或者提起行政诉讼的方式，撤销该错误的婚姻登记。

二、区分宣告无效和离婚申请的不同后果

程序不同：由于宣告婚姻无效适用特别程序，如果人民法院就同一婚姻关系分别受理了离婚和申请宣告婚姻无效案件的，对于离婚案件的审理，应当待申请宣告婚姻无效案件作出判决后进行。

效力不同：宣告婚姻无效案件，对婚姻效力的审理不适用调解，由人民法院依法作出判决；有关婚姻效力的判决一经作出，即发生法律效力。涉及财产分割和子女抚养的，人民法院应当对婚姻效力认定和其他纠纷的处理分别制作裁判文书。涉及财产分割和子女抚养的部分可以调解，调解达成协议的，另行制作调解书；对财产分割和子女抚养问题的判决不服的，当事人可以上诉。

第一千零五十二条 【受胁迫婚姻的撤销】

◎ **案件导入**

柴某与戴某婚姻家庭纠纷案[①]

2020 年 11 月 24 日，被告戴某在得知原告柴某的母亲坚决不接纳被告，

[①]（2021）鄂 0192 民初 911 号。

甚至将原告的户口本撕碎以后，突然联系原告，说自己已经怀有原告的孩子，还通过微信将孕检报告单发送给原告。原告得知此事后，于当日找被告面谈，被告称自己已经怀有原告的孩子，如果原告不与其领证结婚，就自杀，到时候"一尸两命"，全部由原告承担。而且被告还威胁原告，如果不和她领证结婚，被告还会在自杀时故意留遗书，称是原告逼死了被告和肚子里的孩子，到时候被告的家人绝对不会放过原告。原告迫于被告的威胁，在极其不愿意领证的情况下，于 2020 年 11 月 26 日，与被告在武汉市武昌区民政局领了结婚证。原、被告双方领了结婚证之后，原告发现被告竟然来了例假。2020 年 11 月 27 日凌晨，被告在微信上向原告承认自己没有怀孕。原、被告双方从未同居，因而不存在同居期间所得财产，此外，被告还向原告出具了婚内财产归各自所有、不主张分割夫妻共同财产的承诺书，原告对此也予以认可，关于夫妻共同债务，被告零资产，没有车贷、房贷，原告婚前有购车购房，存在贷款，但是原告自愿承担上述所有贷款，不主张被告承担。所以，原、被告双方婚内没有共同债务，被告也从未向原告披露夫妻共同债务，已有的债务属于个人债务，请求法院判决婚内债务归各自承担。

法院认为，原告与被告登记结婚并非原告真实意思表示，乃因被告以自杀、已怀孕等虚假事实相胁迫，根据《民法典》第一千零五十二条第一款"因胁迫结婚的，受胁迫的一方可以向人民法院请求撤销婚姻"及第一千零五十四条第一款"无效的或者被撤销的婚姻自始没有法律约束力，当事人不具有夫妻的权利和义务。同居期间所得的财产，由当事人协议处理；协议不成的，由人民法院根据照顾无过错方的原则判决。对重婚导致的无效婚姻的财产处理，不得侵害合法婚姻当事人的财产权益。当事人所生的子女，适用本法关于父母子女的规定"的规定，原告因受胁迫登记结婚，庭审中，被告对胁迫事实予以认可，故原告请求撤销原、被告之间的婚姻关系应予支持。

【法律条文】

　　第一千零五十二条　因胁迫结婚的，受胁迫的一方可以向人民法院请求撤销婚姻。

　　请求撤销婚姻的，应当自胁迫行为终止之日起一年内提出。

　　被非法限制人身自由的当事人请求撤销婚姻的，应当自恢复人身自由之日起一年内提出。

💡 **法条释义**

　　本条是关于撤销婚姻之诉的规定。依据规定，因胁迫而缔结的婚姻是可以撤销其婚姻关系的。《民法典》第一百五十条规定，一方或者第三人以胁迫手段，使对方在违背真实意思的情况下实施的民事法律行为，受胁迫方有权请求人民法院或者仲裁机构予以撤销。具体到本案件，根据《最高人民法院关于适用〈中华人民共和国婚姻法〉若干问题的解释（一）》第十条①的规定，"胁迫"是指行为人以给另一方当事人或者其近亲属的生命、身体健康、名誉、财产等方面造成损害为要挟，迫使另一方当事人违背真实意愿结婚的情况。

　　胁迫婚姻违反了婚姻自由的原则。但是，婚姻案件不同于一般民事案件，婚姻家庭关系复杂，当事人在决定是否缔结婚姻时更可能掺杂多种因素，受欺诈和重大误解的一方当事人往往在缔结婚姻本身上是自愿的，②与对方、与孩子更有一种难以割舍的关系，在这种情况下，法律明确规定胁迫婚姻为无效婚姻，不一定适当。因此，法律将因胁迫而缔结的婚姻规定为可撤销婚姻，把撤销婚姻的请求权交给受胁迫方决定。

---

① 已失效，现相关规定见《婚姻家庭编的解释（一）》第十八条。

② 最高人民法院民事审判第一庭：《婚姻法司法解释的理解与适用》，中国法制出版社 2002 年版，第 44 页。

🕐 **法律适用**

本条规定的胁迫婚姻撤销请求权，只能是婚姻关系中受胁迫的当事人。但实施胁迫行为的人并不局限于婚姻的一方当事人，还包括第三人，如婚姻另一方当事人的父母、近亲属等。胁迫的方式既包括对生命、身体健康侵害的要挟，也包括对当事人名誉、财产遭到损害的要挟。

◎ **实务指引**

如何理解撤销权

撤销权是形成权，行使撤销权会引起民事法律关系的变动，因此，撤销权的行使有一定的期限限制。撤销权人请求撤销婚姻的，应当自胁迫行为终止之日起一年内提出，《民法典》还加大了对被限制人身自由的当事人的保护，新增规定：若当事人被非法限制人身自由的，则应当自恢复人身自由之日起一年内提出。

因此，一般情况下，当撤销权超出行权期间时，只能通过离婚程序处理婚姻关系，不能再行使撤销权申请撤销胁迫婚姻。考虑到现实生活的复杂性及有效维护当事人的合法权利，《婚姻家庭编的解释（一）》第十九条规定："民法典第一千零五十二条规定的'一年'，不适用诉讼时效中止、中断或者延长的规定。受胁迫或者被非法限制人身自由的当事人请求撤销婚姻的，不适用民法典第一百五十二条第二款的规定。"

第一千零五十三条　【隐瞒重大疾病的可撤销婚姻】

▶ **案件导入**

案例一：周某与黄某撤销婚姻纠纷案①

原告周某与被告黄某经媒人陈某、冉某介绍认识，双方恋爱后于 2020

---

① （2021）渝 0111 民初 243 号。

年 5 月 19 日在重庆市大足区民政局办理了结婚登记手续，婚后双方共同生活于男方家里。原告周某在庭审中陈述，其婚前看到被告每天服药，但并不清楚吃药是为了治疗什么疾病，婚后 20 天左右，被告在家里不睡觉，走来走去，由此发现被告黄某患有精神疾病。现原告周某以被告黄某患有严重的精神疾病，婚前未如实告知为由，请求撤销婚姻关系。

另查明，被告黄某于 2017 年 12 月 3 日经重庆市大足残疾人联合会评定为二级精神残疾。被告黄某因精神分裂症于 2018 年 7 月 17 日至 10 月 22 日在重庆市大足区精神卫生中心住院治疗 97 天，出院情况为：精神症状基本消失，无自知力。出院医嘱载明：1. 门诊随访，若有不适，立即停药，及时与我科反馈病情，及时作处理；2. 院外家属监管服药，利培酮 6mg/天，喹流平 0.4g/天抗精神病治疗；3. 加强监护，严防自伤、自杀、伤人、毁物、出走等；4. 定期复查肝肾功能、血常规、心电图、血脂、血糖、体重等；5. 加强康复训练，促其社会功能的康复；6. 已向患者及其家属告知停用抗精神病药物的风险。被告黄某于 2018 年 10 月 22 日、2019 年 5 月 10 日、2020 年 9 月 4 日在重庆市大足区精神卫生中心开具治疗精神分裂症、神经性头痛和脑动脉供血不足的处方药。

媒人陈某、冉某向法庭证实，在介绍原告和被告双方认识当日，被告和被告的父母未将被告患有精神疾病的情况告知两位媒人及原告方。原告母亲熊某向法庭证实被告和被告的父母在婚前未将被告患有精神疾病的情况告知原告，因被告在婚后发病原告才知晓。

法院认为，原告周某与被告黄某于 2020 年 5 月 19 日缔结婚姻关系，被告黄某在婚前便患有精神分裂症，经治疗好转，但目前仍需药物控制。结合媒人陈某、冉某、被告母亲熊某的证人证言，被告和被告的父母，在原告与被告办理结婚登记前，并未将被告患有精神疾病的情况如实告知原告。被告辩称，婚前有将被告患有精神疾病的事实如实告知，但被告并未举示相应的证据，且被告亦无相反证据推翻三名证人当庭所作的证言，因当事人对自己提出的诉讼请求所依据的事实或者反驳对方诉讼请求所依据的事实，应当提供证据加以证明，当事人未能提供证据或者证据不足以证明其事实主张的，由负有举证证明责任的当事人承担不利的后果。故对被告的辩解理由，本院不予采信。

根据《最高人民法院关于适用〈中华人民共和国民法典〉时间效力的若干规定》第三条的规定，民法典施行前的法律事实引起的民事纠纷案件，当时的法律、司法解释没有规定而民法典有规定的，可以适用民法典的规定。本案中，虽然被告未如实告知原告其患有精神疾病，并与原告登记结婚的事实发生在《民法典》施行前，而当时的《婚姻法》及司法解释并没有相关规定，但根据时间效力的规定，本案可以适用《民法典》进行审理。最后法院判决撤销原告周某与被告黄某的婚姻关系。

案例二：王某与郭某撤销婚姻纠纷案①

王某与郭某于 2020 年 12 月 16 日登记结婚。婚后王某发现郭某患有淋病，2020 年 12 月 27 日医院诊断证明显示郭某患有"淋球菌性尿道炎（慢性）"。庭审中，郭某自认患上述疾病七八年，现在仍未治愈，婚前未向王某如实告知。

法院认为，《民法典》第一千零五十三条规定："一方患有重大疾病的，应当在结婚登记前如实告知另一方；不如实告知的，另一方可以向人民法院请求撤销婚姻。请求撤销婚姻的，应当自知道或者应当知道撤销事由之日起一年内提出。"

关于重大疾病的具体范围，《民法典》并无明确规定。根据《母婴保健法》第九条规定，经婚前医学检查，对患指定传染病在传染期内或者有关精神病在发病期内的，医师应当提出医学意见；准备结婚的男女双方应当暂缓结婚。该法第三十八条规定，该法中的"指定传染病"，是指《传染病防治法》中规定的艾滋病、淋病、梅毒、麻风病以及医学上认为影响

---

① （2021）鲁 0102 民初 3323 号。

结婚和生育的其他传染病。本案中，郭某患有淋病，具有较强的传染性且难以治愈，郭某在结婚登记前对王某未如实告知，现王某在法定期间内以郭某婚前隐瞒重大疾病为由主张撤销婚姻，事实清楚，于法有据，且郭某表示认可，本院予以支持。最后法院判决撤销原告王某与被告郭某的婚姻关系。

案例三：杜某与张某撤销婚姻纠纷案①

原、被告于 2019 年××月××日登记结婚。2020 年 4 月 16 日，被告告知原告其有先天染色体问题，无卵巢，无法生育。2020 年 4 月 21 日被告的超声波检查报告单中的检查意见为"始基子宫可能"。

法院认为，本案中，根据双方当事人的陈述及原告提供的相关证据，能够证明被告患有先天性生殖系统疾病，且被告未将其患病一事在登记结婚前告知原告。被告在婚前隐瞒其患有先天性疾病且不能生育的事实，足以对原告的婚姻家庭生活造成损害，并影响到原告结婚的真实意思表示。现被告同意撤销婚姻，本院亦认为本案符合《民法典》中关于撤销婚姻的法定情形，且未超过一年的撤销期限，故原告要求撤销婚姻的诉请符合法律规定，本院予以支持。最后法院判决撤销杜某与张某之间的婚姻关系。

案例四：张某、李某婚姻无效纠纷案②

原告张某与被告李某经人介绍认识。2019 年 5 月 20 日，双方办理结婚登记手续。被告李某婚前患有精神分裂症，持有精神残疾人证，残疾等级为三级，每月需要到医院领取药物进行治疗。近些年，被告的精神状况较好。原、被告登记结婚前，被告已经告知原告其脑部患有疾病。双方在民政局登记结婚时，登记处工作人员曾指出被告李某持有残疾人证，需要征得监护人的同意才能登记结婚，并当场询问了被告监护人的意见。经征得监护人的同意后，工作人员当场为原、被告办理了结婚登记手续。婚后，

① （2021）浙 0109 民初 452 号。
② （2020）浙 1004 民初 5692 号。

被告李某仍每月去黄岩区某医院领取药物以稳定病情，期间由原告代为看管被告经营的小卖部。

法院认为，根据《民法典》第一千零五十三条规定，一方患有重大疾病的，应当在结婚登记前如实告知另一方，未如实告知的，另一方可以向人民法院请求撤销婚姻；请求撤销婚姻的，应当自知道或者应当知道撤销事由之日起一年内提出。关于重大疾病的具体范围，《民法典》及有关法律法规并未作出明确规定。但，《母婴保健法》第九条规定："经婚前医学检查，对患指定传染病在传染期内或者有关精神病在发病期内的，医师应当提出医学意见；准备结婚的男女双方应当暂缓结婚。"该法还规定，婚前医学检查包括对下列疾病的检查：（1）严重遗传性疾病；（2）指定传染病；（3）有关精神病。同时，该法第三十八条规定"有关精神病，是指精神分裂症、躁狂抑郁型精神病以及其他重型精神病"。由此可知，婚前已经患有上述疾病的公民暂时不适宜结婚，故根据举重以明轻的原则，婚姻一方在办理结婚登记前若知晓自身患有上述疾病，无论程度是否严重，均视为符合《民法典》第一千零五十三条规定的重大疾病，患病一方应将患病信息告知另一方。本案中，被告自认其婚前就患有精神分裂症，故被告所患有的精神疾病应属于法律所规定的应当于婚前告知另一方的重大疾病。被告辩称其已于婚前告知了原告其患有该精神疾病，应由被告承担相应的举证责任，但是被告并未能向本院提交证据证明其已经在结婚登记前向原告履行了该告知义务。故，原告可以被告未在婚前主动告知重大疾病为由请求人民法院撤销婚姻。但是，即便被告婚前未如实告知原告其患有重大疾病，原告请求撤销婚姻也应在知道或者应当知道撤销事由之日起一年内行使。原、被告在办理结婚登记时，登记处的工作人员已经指出了被告持有残疾人证，而被告生理上并无任何残疾。此外，工作人员在结婚登记现场询问了被告监护人的意见后才为原、被告办理结婚登记手续。再结合被告已明确告知原告其脑部患有疾病，以及被告每月均到医院领取药物以稳

定病情的事实，原告在结婚登记之初应当知道被告患有精神疾病。原告于
2020 年 12 月 18 日提起诉讼请求撤销婚姻已超过了一年的除斥期间。如原
告认为夫妻双方感情已彻底破裂，仍可向法院提起离婚诉讼。综上所述，
原告的诉讼请求，本院不予支持。依照《民法典》第一千零五十三条、
《最高人民法院关于适用〈中华人民共和国民法典〉时间效力的若干规定》
第一条第三款、第三条以及《母婴保健法》第九条、第三十八条之规定，
判决如下：驳回原告张某的诉讼请求。

案例五：李某与吴某撤销婚姻纠纷案①

2020 年 10 月 4 日，原告李某与被告吴某经李某堂哥介绍认识，双方相
识接触了几次后，于 2020 年 12 月 31 日登记结婚。原告李某陈述，2021 年
1 月 8 日左右，原告及家人发觉被告行为怪异后送被告到医院检查，检查
结果为精神状态不佳。

2021 年 1 月 11 日，原告李某送被告吴某到医院住院治疗了 23 天，诊
断结果为伴有精神病性症状的躁狂发作。出院后，李某就把被告吴某送回
吴某娘家居住生活至今。

据原、被告双方确认的事实，被告吴某在某私人开办的电子厂做工五
六年直至结婚；原、被告双方的介绍人即原告堂哥与被告家人相识有十多
年的时间。

法院认为，原告李某根据《民法典》第一千零五十三条的规定，行使
撤销婚姻关系请求权。而根据原、被告双方的诉、辩主张，判断原告的诉
讼请求是否成立，关键在于判断被告婚前是否曾患有精神类疾病以及是否
具有隐瞒精神病史的行为。

从本案查明的事实上看，原告李某未提供证据证明被告吴某婚前曾患
有精神病和具有隐瞒精神病史的行为。第一，作为介绍人的原告堂哥认识
被告家人有十多年的时间，应当认为其对被告及其家人的状况了解较为透

---

① （2021）粤 1481 民初 749 号。

彻，如果被告确有精神病或者具有精神病史，断不会介绍给自己的堂弟相识相恋；第二，根据双方确认的事实，被告吴某婚前在某私人电子厂做工有五六年时间，如果吴某患有精神类疾病，也不可能在该电子厂连续做工五六年时间；第三，原、被告双方一起去婚姻登记机关办理结婚登记手续时，也无证据证明被告吴某具有异常的行为。上述事实表明，现有证据无法证明被告吴某婚前曾患有精神病及吴某具有隐瞒精神病史的行为。被告吴某在婚后不久即患有精神类疾病的事实，只能认定其身体突遭变故所致，而不能认定系婚前病史的延续。

综上所述，原告李某提供的证据不能推出被告吴某婚前具有精神病史及吴某故意隐瞒其精神病史的结论，因此，原告李某所提撤销婚姻关系的诉请，不符合《民法典》第一千零五十三条的构成要件，其诉讼请求依法予以驳回。为此，依照《民法典》第一千零五十三条第一款、《民事诉讼法》第六十四条第一款、《最高人民法院关于适用〈中华人民共和国民事诉讼法〉的解释》第九十条之规定，判决如下：驳回原告李某的诉讼请求。

【法律条文】

第一千零五十三条 一方患有重大疾病的，应当在结婚登记前如实告知另一方；不如实告知的，另一方可以向人民法院请求撤销婚姻。

请求撤销婚姻的，应当自知道或者应当知道撤销事由之日起一年内提出。

法条释义

本条是新增条款，2001 年《婚姻法》将"婚前患有医学上认为不应当结婚的疾病，婚后未治愈的"作为婚姻无效的法定情形之一，现《民法典》将此情形修改为婚前未告知的可撤销情形。结婚自由既包括结不结婚的自由，也包括和谁结婚的自由。现代社会人与人之间的关系越来越呈现多样性、个性化，随着科学技术的进步和现代医疗的发展，不宜结婚的疾病范围也逐渐缩小，许多疾病都能够通过有效的手段预防甚至治愈。如果当事人明知对方患病而仍愿意结婚，应当尊重当事人的意愿，尊重当事人的婚姻自主权。同时，法律也要保护不知情一方的婚姻自主权，尊重其真正的意思表示，故本条第二款也规定了提出撤销婚姻的时限，即自知道或者应当知道撤销事由之日起一年内提出。

⏱ 法律适用

本条规定的撤销权，建立在婚前就患病的一方当事人是否在婚前告知另一方，婚姻另一方当事人是否"知道"的基础上。所谓"知道"是指有直接和充分的证据证明当事人知道对方患病。"应当知道"是指虽然没有直接和充分的证据证明当事人知道，但是根据生活经验、相关事实和证据，按照一般人的普遍认知能力，运用逻辑推理可以推断当事人知道对方患病。

对于重大疾病的认定，法律并无明确规定，但该条款设立的目的，应当以疾病严重危害共同生活的人员或者其后代的健康，足以危及婚姻本质为前提。一般来讲，重大疾病通常是指医治花费巨大且在较长一段时间严重影响患者的正常工作和生活的疾病。随着医学的进步，社会的发展，重大疾病的范围也会随之发生变化，参照《母婴保健法》关于婚前医学检查的规定，重大疾病一般指严重遗传性疾病、指定传染病、有关精神病。至于其他重大疾病的认定，则由个案具体分析而定。

◎ 实务指引

通过导入的案例，我们可以看到，如援用本条申请撤销婚姻，必须为重大疾病的认定、当事人婚前是否已告知、另一方当事人是否知道提供相应证据。

同时，还要关注重大疾病的发病时间，一般来说，应当早于结婚登记时间，即患病一方在办理结婚登记手续前所患疾病应有医学诊断或进行过诊疗救治。如一方在婚后才患有重大疾病但未如实告知另一方的，就无法适用本条规定。如患有重大疾病一方婚前并不知道其已患病，即使符合婚前患病且未在结婚登记前如实告知另一方，也会因为其并无隐瞒的故意，不构成可撤销婚姻。

第一千零五十四条 【婚姻无效或被撤销的法律后果】

▷ **案件导入**

案例一：郑某与刘某婚姻无效纠纷案①

被告刘某的母亲郑某金与原告郑某的父亲郑某华系胞姐弟关系，被告刘某与原告系表兄妹关系，原、被告双方在隐瞒系近亲的情况下，于2012年11月8日在婚姻登记处办理了结婚证，双方一起生活并生育两个子女（均已死亡）。原、被告现有共同财产：平房三间（被告刘某一直居住至今）；共同债务：借款45800元。

另查明，原告郑某在起诉前，已与案外人毛某从2019年起共同生活，并生育一名小孩。

法院认为，本案系婚姻无效纠纷。《民法典》第一千零四十八条规定："直系血亲或者三代以内的旁系血亲禁止结婚。"第一千零五十一条规定："有下列情形之一的，婚姻无效：……（二）有禁止结婚的亲属关系……"被告刘某与原告郑某系表兄妹关系，属三代以内旁系血亲，两人登记结婚，违反了法律的禁止性规定，该婚姻关系无效。《婚姻家庭编的解释（一）》第二十条规定："民法典第一千零五十四条所规定的'自始没有法律约束力'，是指无效婚姻或者可撤销婚姻在依法被确认无效或者被撤销时，才

---

① （2021）川1521民初529号。

确定该婚姻自始不受法律保护。"原告在向本院起诉宣告婚姻无效前，已与他人同居生活并生育小孩，存在过错。原、被告对于同居期间的共同财产及共同债务的处理未能达成一致意见，结合原、被告过错程度，双方实际居住情况，房屋现有价值等因素，法院依法判决：一、原告郑某与被告刘某的婚姻无效；二、原告郑某与被告刘某同居期间的共有财产归被告刘某所有；三、原告郑某与被告刘某同居期间的共同债务由被告刘某承担。

案例二：原告韩某 1 与被告王某撤销婚姻纠纷案①

××××年××月××日，韩某 1 与王某到承德县民政局婚姻登记处申请办理结婚登记，双方均向婚姻登记处提供了居民身份证、户口簿，但王某提供的身份证号与其真正的身份证号不符，属于提供虚假身份信息，双方在《申请结婚登记书》上签字，婚姻登记机关对双方提交的证件进行审查和询问后，认为符合结婚登记的实质要件和形式要件，依法向二人核发了××号结婚证。因王某的身份证信息与登记时不符，王某于 2021 年 1 月 8 日向承德县人民法院提起行政诉讼，请求法院依法判决承德县民政局撤销编号为××的结婚证，承德县人民法院审理后以（2021）冀 0821 行初 2 号行政判决书判决撤销了承德县民政局核发的冀承结字××号结婚证。原告韩某 1 与被告王某在共同生活期间于××××年××月××日生育女孩韩某 2，三个人的户口均登记在同一个户口本上，户主为韩某 1，韩某 2 现在系小学生，平时不与父母一起居住，由小饭桌托管。

法院认为，本案系撤销婚姻纠纷案件，韩某 1 与王某于××××年××月××日在承德县民政局婚姻登记处领取的冀承结字××号结婚证已被法院以行政判决书判决撤销，韩某 1 与王某的婚姻自始没有法律约束力，韩某 1 与王某不具有夫妻的权利和义务，同居期间所得的财产，除有证据证明为韩某 1 或王某一方所有或属于他人所有以外，按共同共有处理，韩某 1 与王

---

① （2021）冀 0821 民初 1280 号。

某所生女儿韩某 2，适用《民法典》关于父母子女的规定。韩某 2 由原告韩某 1 直接抚养，被告王某每月负担韩某 2 的抚养费。

【法律条文】

第一千零五十四条　无效的或者被撤销的婚姻自始没有法律约束力，当事人不具有夫妻的权利和义务。同居期间所得的财产，由当事人协议处理；协议不成的，由人民法院根据照顾无过错方的原则判决。对重婚导致的无效婚姻的财产处理，不得侵害合法婚姻当事人的财产权益。当事人所生的子女，适用本法关于父母子女的规定。

婚姻无效或者被撤销的，无过错方有权请求损害赔偿。

法条释义

本条是关于婚姻无效或者被撤销后的法律后果的规定。婚姻无效或者被撤销的，自始没有法律拘束力，当事人之间不存在有效的婚姻关系，因此也不具有夫妻的权利义务，双方共同生活期间的关系定性为同居关系。根据《最高人民法院关于适用〈中华人民共和国民法典〉婚姻家庭编的解释（一）》第二十二条的规定，解除非法同居关系时，同居生活期间双方共同所得的收入和购置的财产，按一般共有财产处理。

因此，婚姻被宣告无效或撤销后，同居期间所得财产，首先尊重当事人意思自治，可由双方协议处理；不能达成协议的，人民法院在判决时，应当按照照顾无过错方的原则进行裁定。

本条第二款是《民法典》新增规定，规定了无过错方在婚姻无效或者被撤销时享有损害赔偿请求权。

法律适用

本条规定不仅体现了对违法婚姻的零容忍，也反映了《民法典》保护无过错方利益的立法趋势。婚姻虽然被宣告无效或被撤销，但对于无过错的一方来说，在婚姻没有被宣告无效或撤销之前，其为该婚姻投入了精力和金钱，在婚姻被宣告无效或被撤销后，无过错一方无论在精神上还是经济上都会遭受损害，当然应赋予无过错一方当事人损害赔偿请求权。

主张无过错方损害赔偿请求权时，需证明因该无效婚姻或可撤销婚姻受到的损害，且自己无过错。例如，婚姻因重婚被宣告无效时，无过错方只能是非重婚一方，如其结婚时已知悉对方已婚状态的，则其无权依据本条请求损害赔偿。

◎ 实务指引

这里需要注意的是，《民法典》规定的无过错方损害赔偿请求权的权利主体仅限于无过错方，对婚姻无效或被撤销有过错的，不享有损害赔偿请求权；若双方均有过错的，则双方均不享有该权利。

在被宣告无效的婚姻中，除了婚姻一方当事人可能是无过错方，还要特别注意对合法婚姻当事人的保护，即此种损害赔偿不应侵害合法婚姻当事人的财产权益。如在因重婚而导致婚姻无效的情形下，重婚的双方当事人同居期间的财产可能来源于合法婚姻的夫妻共同财产，此时，照顾无过错方的处理很可能损害合法婚姻的配偶一方当事人的财产权益。

还需注意，婚姻被宣告无效或被撤销，不影响父母子女的关系，当事人仍对同居期间所生子女负有抚养义务。

第三章　家庭关系

第一节　夫妻关系

第一千零五十五条　【夫妻平等】

▷ **案件导入**

张某与王某离婚后损害责任纠纷①

2019 年 9 月原、被告建立男女朋友关系，后原告发现怀孕，双方在肥东县民政局登记结婚，2020 年 6 月 8 日，原告向被告出具一份证明，表示自愿去医院做流产，无任何人逼迫。同月 9 日，原、被告登记离婚，同日，原、被告及双方家长签订《离婚相关协议》一份，约定：女方张某自愿打胎，女方住院、引产、安全、生命及经费由女方自行负责。2020 年 6 月 10日，原告自行前往安徽省某妇幼保健院住院，要求终止妊娠，并于 6 月 17日出院。原告为此次手术支付医药费 6101.6 元。不久后，张某起诉至法院，要求被告王某承担生育津贴 4500 元并赔偿手术费 6101.6 元和精神损失费 50000 元。

法院判决：一、被告王某于本判决生效后十日内支付原告张某垫付的手术费 3664 元；二、驳回原告张某的其他诉讼请求。

---

① （2021）皖 0122 民初字 3118 号。

本案中，法院经审理认为：原告在恋爱期间怀孕，后引产，被告对被引产胎儿的亲生父亲表示质疑，但未在法院指定的期间内提出鉴定申请，故对被告的质疑意见不予采信，认定原告的怀孕事实由被告所致。在我国，引产并不是法律所禁止的行为，夫妻双方对胎儿有平等的处理权利，现原告"自愿"去引产，被告未实施制止行为，显然，原、被告对引产行为的意见是一致的，双方对引产行为所造成后果及损失应当承担共同责任。虽然被告提供证据证明原告的引产系其自愿行为，且由引产所造成的"安全、生命及经费由女方自行负责"，但该协议违反了社会伦理道德，违背了公序良俗原则，本院不予确认。关于原告诉请的损失，手术费已经实际发生，且原告已经垫付，并有相应票据予以佐证，本院予以确认；生育津贴是预期补贴，具有不确定性，生育津贴的取得与原告引产行为不具有必然的因果关系，且不属于原告所受的实际损失，故本院不予支持；精神损失费，因原、被告双方自愿离婚，引产也是出于原告自愿，且原告无证据证明在离婚和原告引产过程中被告存在过错，故对该诉请本院不予支持。原告为引产所支付的手术费，应当由原、被告共同负担，根据适当照顾女方的原则，本院确定被告承担 60% 的手术费用，即被告应支付原告垫付的手术费为 3664 元（6101.6 元 × 60%）。

【法律条文】

第一千零五十五条　夫妻在婚姻家庭中地位平等。

法条释义

本条是对夫妻在婚姻家庭关系中地位平等的规定。[1] 夫妻双方地位平等原则贯穿《民法典》婚姻家庭编，主要体现在：

---

[1]　杨立新主编：《中华人民共和国民法典释义与案例评注》（第五卷），中国法制出版社 2020 年版，第 59 页。

（1）夫妻双方在婚姻关系中的权利义务平等；

（2）夫妻双方处理婚后家庭事务权利义务平等；

（3）对待各自亲属、子女等方面权利义务平等；

（4）夫妻双方具备平等的离婚请求权，在财产分割、子女抚养、债务承担等方面权利义务平等；

（5）继承权平等；

（6）生育期平等；

（7）其他。

夫妻地位平等是处理夫妻关系的指导原则，是确定夫妻之间各项权利义务的基础。夫妻地位平等意味着夫妻在共同生活中平等地行使法律规定的权利，平等地履行法律规定的义务，共同承担对婚姻、家庭和社会的责任。

◎ 法律适用

在审判实践中，法院一般会以夫妻在家庭中地位平等作为处理夫妻权利义务纠纷的指导原则和依据。但由于现实生活所涉广泛且复杂，家庭情况各不相同，家庭矛盾多种多样，法律、法规及司法解释无法涵盖所有情形。在没有明确具体的法律规定时，对夫妻关系的处理，应当依据该原则作出判断。

在我国，引产并不是法律所禁止的行为，夫妻双方对胎儿有平等的处理权利。本案中，原告"自愿"去引产，被告未实施制止行为，显然，原、被告对引产行为的意见是一致的，双方对引产行为所造成的后果及损失应当承担共同责任。

◎ 实务指引

司法实践中，在处理夫妻关系相关的诉讼时，我们要把握以下几点：

第一，法律有具体规定的依据法律规定处理，没有具体规定的，按照夫妻在家庭中地位平等原则的精神处理。

第二，夫妻关系平等原则并不简单直接地代表夫妻在家庭生活中所有方面都是完全平等的，并非所有方面均按照人均50%划分，"平等"不代表"平均"，具体问题需要具体分析，掌握平等原则即可。在特殊问题中（如生育权、哺乳期等），侧重于保护已婚妇女的合法权益。

第三，平等是指夫妻权利义务的合理分配和承担，在实践中注意保留夫妻双方发表意见、共同协商等方面的相关凭证。

第一千零五十六条　【夫妻姓名权】

> **【法律条文】**
>
> 第一千零五十六条　夫妻双方都有各自使用自己姓名的权利。

法条释义

本条是关于夫妻姓名权平等原则的规定。本条规定源于《婚姻法》第十四条，《民法典》婚姻家庭编仅仅就个别文字进行调整。本条规定是夫妻平等原则的具体形式，包括了夫妻姓氏权以及各自使用自己姓名的权利。夫妻姓氏权是指夫妻缔结婚姻关系后，妻或夫（包括赘夫）是否有独立姓氏的权利。夫妻双方都有各自使用自己姓名的权利，这也是夫妻在婚姻家庭中享有独立人格的体现，主要包含以下几点内容：

第一，夫妻双方都有决定和使用各自姓名的权利，不因婚姻关系而发生改变，一方不需随另一方姓，或者在原有姓名前冠以另一方姓氏。这里主要是彻底废除"妻随夫姓"的封建传统，保障已婚妇女的独立姓名权。

第二，夫妻双方姓名权平等，不仅保障已婚妇女独立的姓氏权，同样保障赘夫独立的姓氏权，充分体现夫妻双方家庭地位平等，从而体现双方人格独立平等。

第三，夫妻双方可在平等自愿的前提下，就姓名问题进行约定，任何一方都可以更改姓名，也可随另一方姓。

第四，婚姻关系存续期间，夫妻双方可自行使用自己的姓名、改变自己的姓名，也可以要求另一方正确称呼自己的姓名，或者许可他人使用自己的姓名，另一方不得干涉、限制、强迫其放弃或更改姓名。

第五，婚后子女可以随父姓，也可以随母姓。

◉ 法律适用

理解本条时，可以结合《民法典》第一百一十条、第一千零一十二条的规定，这是《民法典》人格权中姓名权在婚姻家庭关系中的具体化形式。姓名权是人格权的重要内容，主要包括姓名决定权、使用权和变更权。自然人不仅有权决定随父姓、随母姓或采用其他姓，还可以自由选择自己的名字，决定是否使用别名、艺名、笔名等其他名字。所有与姓名相关的合法权利，不因缔结婚姻关系而发生任何变化。

◉ 实务指引

擅自更改子女姓氏会导致法律后果吗

实践中要特别注意，擅自更改子女姓氏会引起纠纷。有些夫妻离婚后，直接抚养子女一方，未经另一方同意擅自改姓引起诸多纠纷。尽管夫妻姓名权平等，结婚后子女既可以随父姓，也可以随母姓。但在司法实践中，离婚后直接抚养未成年子女的父或母一方，在未征得另一方同意的情况下擅自变更子女姓名，另一方提出异议后，可协商保留更改的姓氏，也可以变更为原姓氏，如果达不成协议，另一方则可以向法院提起诉讼，法院一般情况下会支持恢复原姓氏。

第一千零五十七条 【夫妻人身自由权】

▶ 案件导入

彭某与王某扶养费纠纷①

原告彭某与被告王某于 2019 年 11 月 5 日登记结婚。登记结婚前，被告王某系蒙自市第四中学的教师，其于 2019 年 7 月 17 日经蒙自市教育体育局批复同意解除与蒙自市第四中学的劳动合同关系。现原告彭某就读于云南师范大学英语笔译专业，目前在读研二。2020 年 10 月 23 日，原告彭某以自己无经济收入、生活困难为由向本院提起诉讼，要求被告王某每月向其支付扶养费 2000 元并请求法院依法调取被告王某目前所在地、工作单位、联系方式、银行账户等存款信息。诉讼过程中，原告彭某向法院提交了要求查询被告王某的 12 个银行账户流水的申请，以便查明被告王某是否有固定工资收入。后本院依原告彭某的申请先后到中国建设银行股份有限公司马龙支行、中国农业银行股份有限公司马龙支行、中国工商银行麒麟支行、中国银行曲靖市分行、昆明市呈贡区农村信用合作联社吴家营信用社、蒙自农村商业银行股份有限公司城关支行、招商银行昆明分行等单位调取了被告王某的 12 个银行账户近半年的银行流水信息，上述被调取单位的银行账户流水及回函显示：被告王某无相关银行账户、银行账户无相关银行流水、无交易记录、交易次数少、交易数额小、余额为几角至几十元不等。本案在审理中，经本院主持调解，双方当事人意见分歧较大，未能达成协议。

法院判决：驳回原告彭某的诉讼请求。

本案中，法院经审理认为，夫妻双方都有参加生产、工作、学习和社会活动的自由，一方不得对另一方加以限制或者干涉。夫妻双方共同签名

---

① （2020）云 0321 民初 1182 号。

或者夫妻一方事后追认等共同意思表示所负的债务，以及夫妻一方在婚姻关系存续期间以个人名义为家庭日常生活需要所负的债务，属于夫妻共同债务。本案中原告彭某主张其读研期间的债务属共同债务，要求被告王某予以承担，虽然法律规定夫妻双方有参加学习另一方不得干涉的自由，但读研属高等学历教育投资，不属家庭日常生活所需。原告彭某在夫妻关系存续期间读研，需征得被告王某的同意或追认，因读研产生的费用才能作为夫妻共同债务，由被告王某共同承担。夫妻在婚姻关系存续期间所得的工资为夫妻共同财产，归夫妻共同所有。婚姻关系存续期间，有下列情形之一的，夫妻一方可以向人民法院请求分割共同财产：一是一方有隐藏、转移、变卖、毁损、挥霍夫妻共同财产或者伪造夫妻共同债务等严重损害夫妻共同财产利益的行为；二是一方负有法定扶养义务的人患重大疾病需要医治，另一方不同意支付相关医疗费用。本案中，原告彭某并未提交证据证实被告王某有隐藏、转移、变卖、毁损、挥霍夫妻共同财产或者伪造夫妻共同债务等严重损害夫妻共同财产利益的行为，且原告彭某在其向本院提起诉讼前明知被告王某已与相关学校解除劳动关系，诉讼过程中也未能提交证据证实被告王某有固定工资收入，同时原告彭某也并未提供证据证实其患有重大疾病，被告王某不同意支付相关医疗费用，其诉讼主张缺乏事实依据，本院不予支持。本案属扶养费纠纷案件，主张分割夫妻共同债务需以解除婚姻关系为前提，原告彭某可另行提起离婚诉讼，本院在本案中不作处理。本案中原告彭某既未提交证据证实其读研得到被告王某的认可或追认，也未能举证证实被告王某有固定工资收入，能够分担其读研期间的部分教育及生活费用，故对原告彭某主张其与被告王某存在夫妻关系，以夫妻有相互扶养的义务为由，要求被告王某每月支付其读研期间的教育、生活费2000元的诉讼请求，缺乏相应法律和事实依据，本院对其请求不予支持。

【法律条文】

第一千零五十七条　夫妻双方都有参加生产、工作、学习和社会活动的自由，一方不得对另一方加以限制或者干涉。

💡 法条释义

本条是对配偶职业、学习和社会活动自由的规定①。本条规定源于《婚姻法》第十五条的规定。自由属于重要的人格权利，不仅受民法保护，也受宪法保护。夫妻双方在婚姻关系存续期间，对职业、学习和社会活动享有的自由权主要包括以下内容：

第一，从业自由权。夫妻双方都有权参加工作，且都有选择职业的自由。这里不仅包括双方均可参加工作，还包括各自可以选择想从事的职业类型和就业方式等，特别保障已婚妇女自由就业的权利。

第二，学习自由权。夫妻双方有权通过学习提高自身素质和能力，特别保障已婚女性的学习自由。

第三，社会活动自由权。夫妻双方有权自由进行参政、议政活动，自由参加科学、技术、文学、艺术和其他各类文化活动，自由参加群众组织、社会团体活动，以及各种形式的公益活动等。

第四，特别规定一方不得对另一方加以限制或干涉。

本条规定体现了夫妻双方应当互相尊重，消除重男轻女、男主外女主内的传统观念，充分保障双方自由。

⏱ 法律适用

本条规定既是夫妻地位平等的标志，又为夫妻平等地行使权利和承担

---

① 杨立新主编：《中华人民共和国民法典释义与案例评注》（第五卷），中国法制出版社 2020 年版，第 64 页。

义务提供了法律保障。因此，任何一方在行使该项权利时，都要同时履行法律规定夫妻双方对婚姻家庭所需承担的义务。夫妻任何一方在行使该项权利不当时，另一方可以提出合理意见并进行必要的劝阻，而非一概而论地认定为"干涉"行为。

实务指引

如何处理因限制或者干涉夫妻一方自由引发的婚姻家庭纠纷

第一，该条规定在实践中主要是为了保障已婚妇女享有参加生产、工作、学习和社会活动的自由权利。特别是在当下三孩政策推出后，国家、社会以及家庭应给予已婚妇女更多支持和保护，让她们在多方助力下真正实现自我价值与家庭和谐的平衡与发展。

第二，在实际生活中，注意正确把握尺度，不得滥用权利损害另一方的合法利益。对夫妻一方以权利损害提起的诉讼，需要综合考量另一方和家庭共同利益等各项因素。

第三，夫妻任何一方行使权利时需要同时履行应尽的家庭义务，另一方有权提出合理建议及进行必要劝阻，不能过于强调夫妻一方人格独立而忽视家庭特有的伦理性特征，将夫妻之间正常分工、协作等行为简单视为"限制"或"干涉"。

第四，一方在日常生活、工作、学习、活动等方面权利被限制或干涉时，需要注意保留相关证据，符合法律规定时，可作为"导致夫妻感情破裂"准予离婚的情形。

家庭是社会的细胞，婚姻既是双方情感利益的载体，更是最基本的社会单元，承载着抚育儿童、赡养老人、生产经营、创造财富、共同成长等家庭共同利益，夫妻双方必然会根据自身不同情况、性别特征等进行适当的分工、协作，只有在利于家庭整体利益的前提下，维护双方工作、学习、社会活动等自由，才能最大限度地保障家庭美满幸福，促进整个社会和谐发展。

第一千零五十八条 【夫妻抚养、教育和保护子女的权利义务平等】

▷ **案件导入**

抚养权如何确定有利于子女健康成长①

华某与刘某原系夫妻，婚姻期间育有两子，长子华某 2，次子华某 3。2020 年 2 月 24 日华某与刘某协议离婚，约定离婚后婚生二子由女方抚养，男方每月向每个孩子支付抚养费 3000 元，付到每个孩子年满 18 周岁止。离婚后两子由刘某抚养至 2021 年 1 月 2 日，其后由父亲华某抚养。后华某起诉请求：一、判令其与刘某的婚生长子华某 2 由其抚养，刘某每月支付 3000 元抚养费；二、诉讼费由刘某承担。一审法院依照《民法典》第一千零五十八条、第一千零八十四条之规定判决：一、华某与刘某婚生长子华某 2 于本判决发生法律效力后由华某抚养监护至 18 周岁；二、驳回华某其他诉讼请求。刘某不服，向辽宁省沈阳市中级人民法院提起上诉，请求：一、撤销原审判决；二、改判婚生子华某 3 亦由华某抚养；三、上诉费由华某承担。事实和理由：一、华某有稳定工作，且两个婚生子共同生活有利于促进兄弟感情，共同成长；二、其无稳定工作，无经济来源，且身体和精神状况欠佳，患有抑郁症和焦虑症，故其不适宜继续抚养婚生次子华某 3，请求二审法院判令婚生次子华某 3 亦归华某抚养。

辽宁省沈阳市中级人民法院审理后认为，一审判决认定事实清楚，适用法律正确，应予维持。依照《民事诉讼法》第一百七十条第一款第一项规定，判决如下：驳回上诉，维持原判。

---

① （2021）辽 01 民终 11803 号。

【法律条文】

第一千零五十八条　夫妻双方平等享有对未成年子女抚养、教育和保护的权利，共同承担对未成年子女抚养、教育和保护的义务。

法条释义

本条是关于夫妻平等享有和承担对未成年子女抚养、教育和保护的权利与义务的原则性规定，为《民法典》新增条文，从婚姻一般效力所衍生的夫妻权利义务的角度，强调抚养、教育和保护未成年子女是夫妻双方的共同责任。[①]

法律适用

父母均有抚养、教育和保护未成年子女的义务，对父母离婚后的子女抚养问题，应当依照法律规定，从有利于子女身心健康、保障子女合法权益出发，结合父母双方的抚养能力和抚养条件等具体情况妥善解决。本案中，华某与刘某离婚协议约定婚生两子由刘某抚养，刘某实际抚养两子一年，其提交的证明心理健康的证据为个性测验、自评量表，无医院的诊断证明，不能证明其具有不适合抚养婚生子的情形。根据华某与刘某的实际情况，可各自抚养一子。因父母双方各自抚养一子，互不给付抚养费。兄弟生活环境的分离不应割断感情的交流，华某与刘某应友好协商，在不影响婚生子正常生活的情况下，给予两子父母双方的关爱，共促进两子间的兄弟感情，以利于孩子健康成长。就具体权利义务方面分述如下：

一、关于抚养权利和义务

对未成年子女的抚养，是指父母应当保障未成年子女基本生活和教育

---

① 最高人民法院民法典贯彻实施工作领导小组主编：《中华人民共和国民法典婚姻家庭编继承编理解与适用》，人民法院出版社 2020 年版，第 125 页。

所需。父母对未成年子女的抚养是无条件的，该义务始于子女出生，终于子女成年或能独立生活。父和母在抚养未成年子女上的权利义务是平等的。一方不履行抚养义务时，未成年子女享有请求支付抚养费的权利。而《民法典》第一千零六十七条就父母对子女抚养费用的承担作出了规定。该条第一款规定："父母不履行抚养义务的，未成年子女或者不能独立生活的成年子女，有要求父母给付抚养费的权利。"该条并未区分婚姻关系的存续与否，自应当包括婚姻关系存续期间。只是一般在婚姻关系存续期间，很少有人会去法院起诉。但是随着社会情况的不断发展变化，在不解除婚姻关系的情况下，因为夫妻双方分居、一方常年外出打工等，一方单独抚养子女，另一方不履行抚养义务的情形存在上升趋势，从夫妻之间关系看，婚姻关系存续期间，夫妻共有财产没有分割前，如果一方不支付子女抚养费，另一方单独承担抚养费用在经济上产生困难，子女抚养费用不足，影响子女健康成长的，子女抚养费请求权的行使，是夫妻共同承担子女抚养义务的一种方式，该种方式不以财产所有权的转移为标志，即一方支付子女的抚养费用，并非将抚养费的所有权转移给另一方，而是一方将夫妻共同财产的使用权交由另一方，用于支付子女抚养费用。

二、关于教育权利和义务

家庭教育是国民教育的重要支柱，是未成年人接受学校教育、社会教育的基础。父母对未成年子女的教育，主要体现在直接教育和间接教育两个方面。所谓直接教育，是指父母对子女身心健康的培养与教育。直接教育为亲权的当然之意，被普遍认可。从内容上看，直接教育往往更受传统、风俗、父母能力、家庭环境等的影响，外界也很难对直接教育的效果进行评价。但是，从未成年子女利益最大化原则出发，如果父或母一方使用的教育子女方式明显有害于未成年子女身心健康，另一方应当有权作为未成年子女的法定代理人提出异议。所谓间接教育，是指父母应当配合国家的义务教育政策，不得使未成年子女辍学。因此，父母不能作出不让未成年子女接受义务教育的有悖于子女利益和社会公共利益的决定。需要注意的是,夫妻双方对未成年子女的教育问题因为个人生活经验、素养、理念、方式等的不同,可能会存在矛盾,为此,应当从保护未成年人的角度出发,通过协商方式统一教育理念。一方因外出务工或其他原因无法与未成年子女共同生活的,另一方也应当尊重对方的权利,充分听取其对子女教育的意见;而无法与未成年子女共同生活的一方亦应当通过与未成年子女就读学校定期联系交流,了解未成年子女的生活、学习和身心状况,或者通过电话、视频与未成年子女直接保持日常沟通联系等适当方式履行教育义务,而不应放任不管。夫妻一方无正当理由不得限制另一方对该项权利的行使。

三、关于保护权利和义务

父母对子女保护的权利和义务主要包括人身保护和财产保护两个方面。人身保护包括居所决定权、法定代理权、交往权等;财产保护主要是子女财产及收益管理。

理解本条时要注意:

第一,夫妻双方的通力配合。在家庭生活中,夫妻双方因为各自经济能力、经验、观念、分工等的不同,在行使抚养、教育、保护子女的权利义务上,不宜去量化,不能机械地要求绝对形式上的平等。

第二,避免把经济因素作用扩大化。对未成年子女的抚养、教育和保护,虽然需要以一定的经济条件为基础,但经济条件并非首要或唯一条件,其中心理的、情感的、劳务的付出亦应当作为重要考量因素。

第三,以未成年人利益最大化为原则。夫和妻抚养、教育和保护权利义务行使的共同对象不是物,而是具有独立人格利益的未成年人。为了保障未成年人利益不受侵犯,保护其健康成长,在平等保护夫和妻的权利以及平等确定双方义务时,尤其要将未成年人利益最大化作为原则。如《关于人民法院审理离婚案件处理子女抚养问题的若干具体意见》(已失效)确定离婚时未成年子女抚养权归属的基本原则为"从有利于子女身心健康，保障子女的合法权益出发，结合父母双方的抚养能力和抚养条件等具体情况妥善解决"，以及 2 周岁以下子女，一般随母方生活。以上规定均是以未成年人利益最大化原则为出发点，而不是简单机械地追求夫和妻在抚养、教育和保护未成年子女权利义务形式上的平等。[①]

◎ 实务指引

一、子女交还请求权属于父或母享有的保护权范畴

曾有这样的案例，孩子的祖母为了孩子的未来考虑，强行将孩子从其母亲身边带走到北京上学，此时孩子的母亲基于法定的监护权起诉至法院，法院认为，不论何种原因，孩子祖母的行为均侵害了原告对孩子的监护权，应将孩子送还给孩子的母亲。

二、离婚后夫妻对未成年子女的权利、义务认定

未成年子女侵权的情况，共同生活的父或母一方与非共同生活一方的权利、义务如何界定？对此，2009 年制定的《侵权责任法》（已失效）第三十二条规定："无民事行为能力人、限制民事行为能力人造成他人损害的，由监护人承担侵权责任。监护人尽到监护责任的，可以减轻其侵权责任。有财产的无民事行为能力人、限制民事行为能力人造成他人损害的，从本人财产中支付赔偿费用。不足部分，由监护人赔偿。"《民法典》第一千一百八十八条基本沿用了上述规定。根据新法优于旧法、上位法优于下位法的法律适用基本原则，对于未成年子女侵权的，可以得出如下结论：在对外承担责任上，作为法定监护人，不管父母是否离婚，均应当共同承担侵权责任。当然，不管父或母哪一方能够证明尽到了监护责任的，在对外责任范围上都可以作为整体的减责事由。但在对内关系上，则仍有区分的必要，需要综合双方的过错、履行监护职责的情况等因素，公平确定双

---

① 最高人民法院民法典贯彻实施工作领导小组主编：《中华人民共和国婚姻家庭编继承编理解和适用》，人民法院出版社 2020 年版，第 126—129 页。

方的责任大小。本条是关于夫妻平等享有和承担对未成年子女抚养、教育和保护的权利与义务的原则性规定，为《民法典》新增条文。从婚姻一般效力所衍生的夫妻权利义务的角度，强调抚养、教育和保护未成年子女是夫妻双方的共同责任。[①]

第一千零五十九条　【夫妻扶养义务】

▷ 案件导入

夫妻如何承担扶养责任

陈某与鄢某系夫妻关系。2005 年 2 月 28 日陈某被天津市劳动能力鉴定委员会办公室确认为完全丧失劳动能力，2020 年 10 月鄢某诉至法院要求离婚，被法院判决驳回诉讼请求。从 2020 年 11 月起，鄢某以照顾外孙女为借口，逐渐不回家，不履行夫妻间的扶养义务，故陈某向法院提出诉讼请求：1. 判令鄢某每月给付家政服务费 1500 元；2. 判令鄢某每月给付房租 600 元；3. 判令鄢某承担本案诉讼费用。一审法院经审理，依照《民法典》第一千零五十九条、《最高人民法院关于适用〈中华人民共和国民事诉讼法〉的解释》第九十条的规定，判决："一、被告鄢某自 2021 年 2 月起每月 25 日前给付原告陈某扶养费 600 元；二、驳回原告陈某的其他诉讼请求。如果被告未按本判决指定的期限履行给付金钱义务，应当依据《民事诉讼法》第二百五十三条之规定，加倍支付迟延履行期间的债务利息。案件受理费减半收取 25 元，由被告鄢某负担。"陈某不服，向天津市第三中级人民法院提起上诉，请求：1. 撤销一审判决，改判被上诉人给付上诉人扶养费每月不低于 1200 元，公租房房租费每月 300 元；2. 本案一审、二审诉讼费由被上诉人承担。事实和理由：1. 被上诉人拒不承担扶养义务，

[①] 最高人民法院民法典贯彻实施工作领导小组主编：《中华人民共和国婚姻家庭编继承编理解和适用》，人民法院出版社 2020 年版，第 125 页。

遗弃病人，离家出走；2. 上诉人在患病的情况下，帮助支持被上诉人工作；3. 被上诉人拒绝给上诉人看病，上诉人为重症病人，需远离油烟，无法做饭，需要保姆解决做饭问题。

天津市第三中级人民法院经审理，认为一审判决认定事实清楚，适用法律正确，应予维持。依照《民事诉讼法》第一百六十九条第一款、第一百七十条第一款第一项规定，判决如下：驳回上诉，维持原判。

【法律条文】

第一千零五十九条　夫妻有相互扶养的义务。

需要扶养的一方，在另一方不履行扶养义务时，有要求其给付扶养费的权利。

法条释义

本条是对夫妻相互扶养的规定。夫妻之间的扶养义务是指物质上和生活上应当相互帮助、相互供养，这种权利义务对于夫妻双方是完全平等的，有扶养能力的一方必须自觉承担这一义务，尤其是一方遭遇危难或是丧失劳动能力时，另一方更应履行这一义务。一方不履行扶养义务时，需要扶养的一方即享有要求其给付扶养费的权利，或请求有关组织调解，或依法起诉至法院。[①]

法律适用

本案中，陈某与鄢某结婚多年，现在虽然分居生活，但婚姻关系并未解除。根据法律规定，双方之间仍然负有经济上互相扶助，生活中互相照顾、帮助的权利和义务。一方不履行扶养义务时，需要扶养的一方，有要求对方给付扶养费的权利。现陈某因病完全丧失劳动能力，自己生活多有

---

① 最高人民法院民法典贯彻实施工作领导小组主编：《中华人民共和国婚姻家庭编继承编理解和适用》，人民法院出版社2020年版，第132页。

难处，生活中需要鄢某的照顾和帮助。在此情况下，鄢某在不能履行上述义务时，应向陈某支付一定的扶养费。

现代民法上的扶养义务，基于扶养主体间亲属关系的亲疏远近，扶养的程度和标准有所不同：一是生活保持义务；二是一般生活扶助义务。夫妻间的扶养义务和父母对未成年子女的抚养义务，都属于"生活保持义务"。该种义务是无条件的、必须履行的。夫妻之间的扶养主要是为了满足生活困难一方的基本生活需要和其他必要开支，如支付医疗费等。一般情况下，人民法院应根据扶养权利人一方的实际需要、支付扶养费一方的经济能力以及当地居民的平均生活水平确定夫妻间扶养费的给付标准。①

◎ 实务指引

一、夫妻扶养义务履行的前提和条件

夫妻扶养义务的履行以婚姻关系存在为前提，以一方需要扶养为条件。符合上述要求时，夫妻之间的扶养义务即产生，而不以是否共同生活以及结婚时间的长短为条件。

实践中，负有扶养义务的一方经常以对方有一定数量的夫妻共同存款为由，拒绝给付扶养费，从保护生活困难一方的生存利益考虑，一般情况下，只要能够确认生活困难一方对夫妻共同存款去向的解释存在合理性，就应当支持其诉讼请求，而将双方有关夫妻共同财产的争议留待之后离婚诉讼中一并解决。因为，在不解除婚姻关系的情况下，如此处理既可以加强对弱者的保护，也不会对另一方造成实质性利益损失。

二、夫妻之间即便约定实行分别财产制的，也并不影响夫妻之间扶养义务的履行

夫妻之间的扶养义务是基于双方的夫妻身份关系，是婚姻共同体的本

---

① 最高人民法院民法典贯彻实施工作领导小组主编：《中华人民共和国婚姻家庭编继承编理解和适用》，人民法院出版社 2020 年版，第 132—133 页。

质要求。而夫妻财产制仅是夫妻之间对于婚前婚后财产归属的约定，不能因为夫妻双方约定实行分别财产制，就认定双方不负担基于特定身份关系的扶养义务。所以，在夫妻约定实行分别财产制的情况下，当夫妻一方的个人财产难以维持正常生活时，尤其是当一方突然遇到急难、意外等造成己方重大生活困难时，仍然有权要求对方给付生活费。法律并没有规定实行分别财产制的夫妻可免除相互扶养的义务。

第一千零六十条　【夫妻日常家事代理权】

案件导入

夫妻如何行使日常家事代理权

原告信阳市浉河区惠某家陶瓷经营部系信阳惠某家陶瓷代理商，2013年至2015年期间，被告郑某因经营罗某陶瓷卫浴店铺，在原告处多次进货，给付部分货款后，2015年11月27日，在原告的催要下，被告胡某出具欠条，载明："欠条　今欠胡某某货款125842元（壹拾贰万伍仟捌佰肆拾贰元）。借款人：胡某　2015年11月27号"。二被告原系夫妻关系，2016年11月23日在罗山县民政部门办理离婚登记。郑某答辩，原告诉称我欠款，得有我给他打的欠条，没有欠条我不认可。胡某答辩，欠条是我写的，但不是我自愿写的，打欠条的时候还有原告妹夫、原告夫妻两个在场，店里面的事情都是郑某在处理，到底有没有欠钱，欠多少只有郑某最清楚，原告他们来我家的时候郑某已经离开罗山了。

河南省罗山县人民法院经审理，依照《民法典》第一千零六十条、第一千零六十四条、第一千零八十九条、《最高人民法院关于审理涉及夫妻债务纠纷案件适用法律有关问题的解释》[①] 第二条、《最高人民法院关于审理买卖合同纠纷案件适用法律问题的解释》第十八条第四款、《民事诉讼

---

① 已失效。

法》第六十四条第一款之规定，判决如下：一、被告郑某、胡某于本判决生效后二十日内给付原告信阳市浉河区惠某家陶瓷经营部货款 125842 元及利息（利息自 2021 年 5 月 25 日起至欠款付清之日止，按全国银行间同业拆借中心公布的一年期贷款市场报价利率计付）；二、驳回原告信阳市浉河区惠某家陶瓷经营部的其他诉讼请求。

【法律条文】

　　第一千零六十条　夫妻一方因家庭日常生活需要而实施的民事法律行为，对夫妻双方发生效力，但是夫妻一方与相对人另有约定的除外。

　　夫妻之间对一方可以实施的民事法律行为范围的限制，不得对抗善意相对人。

法条释义

　　本条是关于夫妻之间日常家事代理制度的规定。对于夫妻一方因家庭日常生活需要而实施的民事法律行为，除非实施法律行为一方与相对人另有约定，否则对夫妻双方发生法律效力，另一方不能以未授权、不知道为由予以否认。此为日常家事代理权产生的当然法律效果。

　　在夫妻内部关系中，双方可以约定一方实施的涉及家庭日常生活民事法律行为的范围，该约定对夫妻双方具有法律约束力；但在外部关系中，如果该民事法律行为的相对人不知道或不应当知道该约定的，不受其约束。该民事法律行为仍对夫妻双方发生法律效力。[1]

法律适用

　　依法成立的合同具有法律约束力，当事人应当按照约定全面履行自己

---

[1]　最高人民法院民法典贯彻实施工作领导小组主编：《中华人民共和国婚姻家庭编继承编理解和适用》，人民法院出版社 2020 年版，第 137 页。

的义务。本案中，原、被告多次发生业务往来，原告提供的对账明细单与拉货流水记录、欠条金额能够相互印证，且在原告提供的短信聊天记录及通话录音中，被告郑某未否认欠款事实，上述证据能够形成较为完整的证明体系，原告持欠条主张权利，于法有据，得到法院支持。被告系在婚姻存续期间经营门店，经营收入用于家庭共同生活，案涉欠条系在双方办理离婚登记前出具，属于在婚姻关系存续期间的夫妻共同债务，应由两被告共同偿还。二人协议离婚时，虽约定共同债务由郑某承担，但该约定不能对抗作为债权人的原告，原告仍有权向郑某、胡某主张权利，胡某承担付款义务后，可依据离婚协议再向郑某追偿。

日常事务代理权，亦称家事代理权，是指夫妻一方在与第三人就家庭日常事务实施一定法律行为时，享有代理对方行使权利的权利。日常事务代理权行使的法律后果是，夫妻一方代表家庭所为的行为，另一方须承担后果及相关法律责任，夫妻双方应对家事代理行为承担连带责任。家事代理权与表见代理相似，适用表见代理的一般法律原理，其目的在于保护无过失第三人的利益，有利于保障正常市场交易行为的安全。

家事代理权为法定代理权，除有法定的原因外不得加以限制，夫妻因其身份当然有此项代理权。日常家事的范围，包括夫妻、家庭共同生活中的一切必要事项，诸如购物、保健、衣食、娱乐、医疗、雇工、接受馈赠等。

家事代理权的行使，一般应以夫妻双方的名义为之。夫妻一方以自己的名义为之者，仍为有效，行为的后果及于夫妻二人。如为夫妻共同财产制，夫妻共同承担行为的后果，取得权利或承担义务；夫妻有其他约定的，从其约定。对于夫妻一方超越日常事务代理权的范围或者滥用该代理权，另一方可以因违背其意思表示而予以撤销，但行为的相对人如为善意且无过失，则不得撤销，因为法律保护善意第三人的合法权益。[1]

---

① 杨立新著：《中华人民共和国民法典条文要义》，中国法制出版社2020年版，第756页。

◎实务指引

家事代理权的一般行使规则有哪些

第一，主要限于家庭日常事务。诸如食物、衣着等用品的购买，保健医疗，子女的教育，家具及日用品的购置，保姆、家政的聘用，亲友的馈赠，报纸杂志的订阅等。对于这类事务，夫妻间均有代理权，一方不得以不知情为由推卸共同的责任。

第二，紧迫情形下的代理权推定。对于夫妻一方在紧迫情形下，如果为婚姻共同生活的利益考虑，并且另一方因疾病、缺席或者类似原因，无法表示同意时，推定夫妻一方超出日常事务代理权范围的其他事务的代理，为有代理权。

第三，第三人无法辨别夫妻一方是否有代理权的情形。如果夫妻中任何一方实施行为为个人责任，该行为无法使第三人辨别是否已经超越日常事务代理权的，则夫妻双方应当承担连带责任。

第四，夫妻一方滥用日常事务代理权的，他方可以对其代理权加以限制。但是这种限制在夫妻双方之间有约束力，但为了保障交易的安全，保护善意第三人的合法利益，该种限制仍然不得对抗善意第三人。

第一千零六十一条　【夫妻遗产继承权】

▷案件导入

某继承纠纷案①

原告和二被告母亲冯某经人介绍后于 1993 年农历四月十三日依风俗结婚，二人均系再婚，未办理结婚登记，亦无生育。婚后，原告与冯某及二被告共同生活。在原告与冯某共同生活期间，冯某在村信用代办站存款

---

① （2021）晋 0823 民初 1074 号。

24000 元。2020 年农历七月，冯某去世。2020 年农历八月，原告生病住院后，被告 1 将此款取出，原告出院后回到其儿子家生活。现原告诉至法院，请求依法判令被告 1、被告 2 返还其母亲名下的存款，即夫妻共同财产。

法院认为，原告与被告母亲冯某于 1994 年 2 月 1 日前结婚，属事实婚姻关系，故冯某名下的存款为夫妻共同存款，冯某去世后，其中的二分之一应归原告所有，剩余二分之一为冯某的遗产，原告和二被告作为冯某的继承人，应按每人各三分之一进行继承。综上，被告 1 应返还原告个人所有的 12000 元及继承款 4000 元，共计 16000 元。因被告 2 并未占有该诉争的 24000 元存款，故对于原告对被告 2 的诉请，法院不予支持。

【法律条文】

　　第一千零六十一条　夫妻有相互继承遗产的权利。

法条释义

本条是关于夫妻相互之间享有遗产继承权的规定。夫妻一方基于配偶身份关系，享有相互继承的财产权益。[①] 本条规定延续了《婚姻法》第二十四条第一款的规定："夫妻有相互继承遗产的权利"，同时，《民法典》第一千一百五十七条亦有相关规定："夫妻一方死亡后另一方再婚的，有权处分所继承的财产，任何组织或者个人不得干涉。"该条体现了我国立法对妇女权利的保护，是我国继承制度的重要组成部分。

本条规定是配偶作为第一顺序法定继承人的依据，在婚姻家庭编的财产法效力中，其重要性仅次于夫妻共同财产。实践中应当注意本条的适用必须基于配偶身份关系，适用本条所继承遗产的范围及分割比例等问题。

---

① 中国审判理论研究会民事审判理论专业委员会编著：《民法典婚姻家庭编条文理解与司法适用》，法律出版社 2020 年版，第 144 页。

🕐 法律适用

一、夫妻相互继承权的适用条件

（一）相互继承权必须基于合法的配偶身份关系

本条明确规定，相互继承权的权利主体是合法婚姻关系的配偶。按照《民法典》第一千零四十九条规定，只有依法办理结婚登记手续的夫妻才具有合法的配偶身份关系，非婚同居的男女、只有婚约的男女及恋人之间均不享有相互继承权。但是，在审理中，事实婚姻的夫妻双方主张法定继承权是否有效，需要法院根据具体情形进行裁判。

事实婚姻关系需要双方满足结婚实质要件，包括当事人双方具有婚姻的目的和共同生活的形式，事实婚姻的男女双方具有公开的夫妻身份、当事人履行结婚登记手续等。《婚姻家庭编的解释（一）》第八条规定："未依据民法典第一千零四十九条规定办理结婚登记而以夫妻名义共同生活的男女，一方死亡，另一方以配偶身份主张享有继承权的，依据本解释第七条的原则处理。"第七条则以 1994 年《婚姻登记管理条例》的颁布为划分，明确规定《婚姻登记管理条例》颁布以前男女双方已经符合结婚实质要件的，按事实婚姻处理。本案中，原告与被告的母亲于 1993 年依风俗结婚，且符合事实婚姻的各项条件。基于此，法院对二人的配偶关系作出了确认，认为二人事实婚姻所得为夫妻共同财产，二人享有夫妻相互继承权。

（二）正在离婚诉讼期间的男女双方享有相互继承权

根据本条规定，已经离婚的男女双方不再具有合法的婚姻关系，不享有相互继承权。但对于正在进行离婚诉讼期间一方死亡的，由于尚未有生效判决解除双方之间的婚姻关系，故另一方仍享有配偶遗产的继承权。

二、夫妻相互继承遗产的范围是夫妻一方的个人财产

夫妻相互继承权的客体是夫妻一方的个人财产，故夫妻相互继承遗产

时，应先对夫妻共同财产进行分割，再确定配偶一方应当继承的遗产份额。对此，《民法典》第一千一百五十三条第一款规定："夫妻共同所有的财产，除有约定的外，遗产分割时，应当先将共同所有的财产的一半分出为配偶所有，其余的为被继承人的遗产。"本案中，法院认定案涉存款为夫妻共同财产后，对夫妻共同财产先作出划分，认为一半归原告所有，另一半作为被告母亲的遗产进行处理。

实务指引

一、夫妻一方因意外事故死亡获得的死亡赔偿金不属于遗产

根据《民法典》第一千一百七十条、第一千一百八十一条第一款的规定，侵害他人造成死亡的，应当赔偿死亡赔偿金。被侵权人的近亲属有权请求死亡赔偿金，故死者的配偶为死亡赔偿金的合法权利人之一，但此项请求权并非基于继承死亡配偶的遗产所取得，而是基于法律的直接规定。因此，一方因意外事故死亡而获得的死亡赔偿金，不属于夫妻相互继承的财产范围，不应适用于夫妻遗产分割。

二、对于夫妻共同居住的公租房，在一方死亡后，配偶不能享有继承权

公房承租是指公房所有人或管理人将国家所有或集体、企业、事业单位所有房屋交给承租人使用，承租人向出租人支付租金的法律行为。[①] 对于共有住房，承租人只享有租赁权，而非房屋所有权的主体，故公租房不能作为遗产继承。实践中，夫妻一方死亡后，其配偶有权对共同居住的公租房主张租赁权的继续，但不能对房屋进行继承。

---

① 中国审判理论研究会民事审判理论专业委员会编著：《民法典婚姻家庭编条文理解与司法适用》，法律出版社 2020 年版，第 147 页。

第一千零六十二条 【夫妻共同财产】

▷ 案件导入

雷某某诉宋某某离婚纠纷案①

原告和被告于 2003 年 5 月 19 日登记结婚，双方均系再婚，婚后未生育子女。2015 年 1 月，原告诉至法院要求离婚，并依法分割夫妻共同财产。

一审中，原告称被告名下的银行账户内有共同存款 37 万元，被告称该 37 万元源于婚前房屋拆迁补偿款及养老金，现尚剩余 20 万元左右（含养老金 14322.48 元）。被告称原告名下有共同存款 25 万元，要求依法分割。原告对此不予认可。

二审法院查明原告于 2013 年 4 月 30 日通过 ATM 转账及卡取的方式将该账户内的 195000 元转至案外人雷某齐名下。被告认为该存款是其婚前房屋出租所得，应归双方共同所有，原告在离婚之前即将夫妻共同存款转移。原告提出该笔存款是其经营饭店所得收益，开始称该笔存款已用于夫妻共同开销，后又称用于偿还其外甥女的借款，但原告对其主张均未提供相应证据证明。另，原告在庭审中曾同意各自名下存款归各自所有，其另行支付被告 10 万元，后原告反悔，不同意支付。

一审法院判决：准予原告与被告离婚；原告名下银行账户内的存款归原告所有，被告名下银行账户内的存款归被告所有。宣判后，被告上诉，提出对夫妻共同财产中原告名下的存款进行分割等请求。

二审法院判决：维持一审判决其他判项，撤销一审判决第三项，改判原告名下银行账户内的存款归原告所有，被告名下银行账户内的存款归被告所有，原告于本判决生效之日起七日内支付被告 12 万元。

---

① （2015）三中民终字第 08205 号。

【法律条文】

第一千零六十二条 夫妻在婚姻关系存续期间所得的下列财产，为夫妻的共同财产，归夫妻共同所有：

（一）工资、奖金、劳务报酬；

（二）生产、经营、投资的收益；

（三）知识产权的收益；

（四）继承或者受赠的财产，但是本法第一千零六十三条第三项规定的除外；

（五）其他应当归共同所有的财产。

夫妻对共同财产，有平等的处理权。

法条释义

本条是关于夫妻共同财产的范围以及夫妻对共同财产平等处理权的规定。[1] 本条规定是在《婚姻法》第十七条的基础上修改而成，对《婚姻法》规定的夫妻共同财产范围仅作出微调，进一步对夫妻共同财产的范围进行明确和补充。

相较于 2001 年修订的《婚姻法》第十七条，《民法典》第一千零六十二条主要修改的内容如下：其一，明确了"夫妻共同财产"的概念；其二，在夫妻所取得的"工资、奖金"外增加"劳务报酬"；其三，在夫妻所取得的"生产、经营收益"外增加"投资收益"。

需要注意的是，实践中需要关注本条的三个重点。

第一，本条中的"所得"指婚姻关系存续期间的夫妻所得，包括共同所得和夫或妻一方所得。此条针对的是所有权的财产权利，而不强调实际

---

[1] 中国审判理论研究会民事审判理论专业委员会编著：《民法典婚姻家庭编条文理解与司法适用》，法律出版社 2020 年版，第 149 页。

占有控制。

第二，关于本条第四项"继承或者受赠的财产"，一方继承、受赠的财产作为夫妻共同财产，符合婚后所得共同制的原则，但是，按照《民法典》第一千零六十三条第三项的规定，遗嘱或赠与合同中确定只归夫或妻一方财产的除外。最高法院的修改意见指出：除遗嘱或赠与合同中明确归双方的外，一方继承或者受赠所得的财产应归一方所有。《民法典》出台后，《婚姻家庭编的解释（一）》第二十九条作出了父母出资买房的相关规定："当事人结婚前，父母为双方购置房屋出资的，该出资应当认定为对自己子女个人的赠与，但父母明确表示赠与双方的除外。当事人结婚后，父母为双方购置房屋出资的，依照约定处理；没有约定或者约定不明确的，按照民法典第一千零六十二条第一款第四项规定的原则处理。"

随着经济社会发展，家庭与夫妻间的财产范围和体量都有很大增加，夫妻之间经济更加独立。[①] 同时，由于房价暴涨等现象持续，《婚姻家庭编的解释（一）》在夫妻财产共有制的基础上，结合我国具体国情，对本条第四项进行了更加具体的补充。

第三，根据《婚姻家庭编的解释（一）》第二十五条的规定，"其他应当归共同所有的财产"包括个人财产投资收益、住房补贴、住房公积金、养老保险金、破产安置补偿费以及军人复员费和自主择业费等。该条对夫妻共同财产的范围进行了兜底性的规定，对于实践中不断变化的多种家庭收入形式更具有包容性。

随着经济社会及市场经济发展，多元的经济形态并存，人们的生产方式及生活理念发生转变，夫妻之间经济关系也与过去不同。《民法典》第一千零六十二条对于《婚姻法》第十七条的补充与修改，进一步增强了该

---

① 中国审判理论研究会民事审判理论专业委员会编著：《民法典婚姻家庭编条文理解与司法适用》，法律出版社 2020 年版，第 151 页。

规定的包容性，有利于保护家庭成员的财产利益，维护家庭关系和社会秩序的和谐稳定。

◎ 法律适用

根据《民法典》第一千零六十二条的规定，夫妻共同财产是指在婚姻关系存续期间一方或双方共同所得的财产。夫妻双方享有平等的财产权，包括夫妻对共同财产享有平等的占有、使用、收益、知情、处分等权利，是《民法典》注重夫妻家庭地位平等的重要体现。本条延续了《婚姻法》第十七条的相关规定，明确夫妻共同财产制，规定夫妻双方对共同财产的平等处理权。

双方争议的焦点在于原告是否转移夫妻共同财产和夫妻双方名下的存款应如何分割，其中，夫妻名下财产分割问题涉及夫妻共同财产的范围，而原告是否转移夫妻共同财产的问题则涉及夫妻对于共同财产的平等处理权。

关于共同财产，在上述案件中，双方共同财产主要包括婚前房屋拆迁补偿款及养老金、婚前房屋出租所得及原告经营饭店所得收益。《婚姻家庭编的解释（一）》第二十五条规定："婚姻关系存续期间，下列财产属于民法典第一千零六十二条规定的'其他应当归共同所有的财产'：……（二）男女双方实际取得或者应当取得的住房补贴、住房公积金；（三）男女双方实际取得或者应当取得的基本养老金、破产安置补偿费。"结合本条第一款第二项所规定的"经营收益"及上述条款，二审法院认定被告婚前房屋拆迁款转化的存款，应归被告个人所有，被告婚后所得养老保险金，应属夫妻共同财产。原告名下的存款为夫妻关系存续期间的收入，应作为夫妻共同财产予以分割。[①]

本案中，法院结合案件事实及相关证据，认定原告存在转移、隐藏夫

---

① 参见《最高人民法院关于发布第 14 批指导性案例的通知》指导案例 66 号。

妻共同财产的情节。《民法典》第一千零六十二条第二款规定："夫妻对共同财产，有平等的处理权。"一方在婚姻关系存续期间隐藏、转移、变卖、毁损夫妻共同财产，是侵害夫妻对共同财产平等处理权的行为。

◎ 实务指引

一、投资性财产的范围、具体分割时间与分割方式

实务中，对于个人财产婚后收益性质认定往往会出现分歧。根据本条规定，投资收益原则上应当为夫妻共同财产，但孳息和自然增值为例外。孳息为按照物的自然属性或法律规定产生的收益，自然增值则由市场行情或通货变化所致，故孳息与自然增值与夫妻一方或双方对该项财产的劳务、管理、投入无关，应当属于所有权人，即认定为夫妻一方个人财产。就分割夫妻共同财产中的股票、债券、投资基金份额等有价证券以及未上市股份有限公司股份时，协商不成或者按市价分配有困难的，人民法院可以根据数量按比例分配。因部分投资类财产价值波动比较大，若夫妻双方不能就财产价值的计算时间达成一致，法院通常以离婚之日的价值为准，计算补偿款。在夫妻一方使用个人财产投资但未取得收益的情况下，一方主张分割，法院通常不予支持；在夫妻一方使用夫妻共同财产投资的情况下，一方主张分割收益后又主张资金占用利息的，法院一般不予支持。

二、关于知识产权收益性质的界定

知识产权的收益，是指婚姻关系存续期间，实际取得或者已经明确可以取得的财产性收益。包括作品出版发行或允许他人使用而获得的报酬；专利权人许可他人使用专利或者转让专利权所取得的收入；商标所有人许可他人使用其注册商标或转让商标权所取得的收入等。

实践中，首先应注意"财产性利益"是指基于知识产权而获得的经济利益，而非知识产权本身。知识产权是一项智力成果权，具有较强的人身依附性，故对于一方尚未取得经济利益的知识产权，不宜认定为夫妻共同

财产。如完成但未出版的书稿，在离婚时应归一方所有。

其次应关注知识产权所取得经济利益的明确时间。根据上述规定，只有所取得"财产性收益"的明确时间系在婚姻关系存续期间，该收益才能被认定为夫妻共同财产，无论对于财产的实际取得。故一方提交证据时，应关注出版作品、转让专利等行为约定的明确时间是否在婚姻关系存续期间。如已出版的书稿在婚姻关系存续期间尚未获得报酬，离婚后所获得报酬同样应认定为夫妻共同财产。分割共同财产时，还应考虑作者配偶一方的家庭贡献度。①

《民法典》第一千零八十七条第一款规定："离婚时，夫妻的共同财产由双方协议处理；协议不成的，由人民法院根据财产的具体情况，按照照顾子女、女方和无过错方权益的原则判决。"在婚姻关系存续期间，因夫妻一方从事创作或研发，另一方可能承担更多的家庭开支或家务劳动，在离婚时分割夫妻共同财产应依据公平原则及具体情况对夫妻另一方予以适当照顾与补偿。

三、对隐藏、转移夫妻共同财产行为的认定

根据法律规定，夫或妻非因日常生活需要对夫妻共同财产做重要处理决定，夫妻双方应当平等协商，取得一致意见。隐藏、转移夫妻共同财产，是对夫妻共同财产平等处理权的侵害。在司法实践中，要认定隐藏、转移共同财产的行为应注意以下问题：首先，需要证明行为人具有隐藏、转移财产之恶意，即行为人主观上有隐藏、转移夫妻共同财产的目的，明知损害结果并故意实施隐藏、转移夫妻共同财产的行为。其次，对隐藏、转移夫妻共同财产行为中损害程度的认定，需要结合行为的性质、夫妻双方的职业及收入情况、隐藏转移夫妻共同财产的数额、造成的影响程度等因素来进行考量。最后，提出主张的一方需对此承担举证责任，不仅要证明行

---

① 中国审判理论研究会民事审判理论专业委员会编著：《民法典婚姻家庭编条文理解与司法适用》，法律出版社 2020 年版，第 153 页。

为人在离婚时存在恶意隐藏、转移共同财产的行为，还需证明行为人恶意隐藏、转移共同财产的行为严重损害了其合法权益。

第一千零六十三条　【夫妻个人财产】

▶ 案件导入

物权保护纠纷一案①

被上诉人于 2008 年 6 月 10 日取得本案诉争房屋所有权。上诉人与被上诉人于 2008 年 8 月 8 日登记结婚。在上诉人与被上诉人婚姻关系存续期间，双方居住在被上诉人婚前购买的房屋：ABC 小区 D 栋 E 室以及车库。2019 年被上诉人向辽阳市中级人民法院提起诉讼，要求与上诉人离婚，一审法院审理后，判决准许上诉人与被上诉人离婚，本案诉争房屋由上诉人居住使用至二人婚生子年满 18 周岁时止等。判决下发后，被上诉人不服，上诉至辽阳市中级人民法院，市中院经审理认为，上诉人与被上诉人感情确已破裂，准许离婚，本案诉争房屋系被上诉人婚前个人财产，其依法享有占有、使用、收益和处分的权利。现上诉人上诉请求：1. 依法撤销本案一审判决。2. 依法改判上诉人无须腾退 ABC 小区 D 栋 E 室房产以及车库并赔偿上诉人期间损失。3. 诉讼费由被上诉人承担。

诉讼结果：上诉人上诉请求不能成立，应予驳回；一审判决认定事实清楚，适用法律正确，应予维持。

法院认为：上诉人与被上诉人已经离婚，离婚判决书认定该房屋及车库为被上诉人婚前个人财产，被上诉人享有占有、使用、收益和处分的权利。当事人对自己提出的诉讼请求所依据的事实或者反驳对方诉讼请求所依据的事实有责任提供证据加以证明。没有证据或者证据不足以证明当事人的事实主张的，由负有举证责任的当事人承担不利后果。上诉人上诉主

---

① （2021）辽 10 民终 1037 号。

张撤销一审判决，改判其无须腾退 ABC 小区 D 栋 E 室房产以及车库并赔偿上诉人期间的损失，案涉房屋及车库系被上诉人个人财产，上诉人主张其依据离婚纠纷一审判决书第二项享有占有使用的权利，但上述判决并未生效，其第二项已经生效的离婚纠纷二审民事判决予以改判，故上诉人继续占有使用案涉争议房屋及车库无依据，一审法院认定其返还并无不当，上诉人的上诉主张本院不予支持。

【法律条文】

第一千零六十三条　下列财产为夫妻一方的个人财产：

（一）一方的婚前财产；

（二）一方因受到人身损害获得的赔偿或者补偿；

（三）遗嘱或者赠与合同中确定只归一方的财产；

（四）一方专用的生活用品；

（五）其他应当归一方的财产。

法条释义

本条是关于夫妻个人财产的规定。[①] 与本条呼应，《民法典》第一千零六十二条规定了夫妻共同财产的范围。从本条与第一千零六十二条及相关司法解释的规定中可以发现，对婚姻关系存续期间取得的财产，除共同财产外，还存在个人财产。所谓夫妻个人财产，是指夫妻在实行共同财产制的同时，依照法律规定或者夫妻的约定，各自保留的一定范围内的个人所有财产。根据来源的不同，个人财产可分为法定的个人财产和约定的个人财产。法定的个人财产，是指依照法律规定所确认的夫妻双方各自保留的个人财产，本条即属于法定个人财产的规定。

---

① 中国审判理论研究会民事审判理论专业委员会编著：《民法典婚姻家庭编条文理解与司法适用》，法律出版社 2020 年版，第 156 页。

一、一方的婚前财产

婚前财产是指结婚前各自的财产，包括婚前个人劳动所得财产、继承或者受赠的财产以及其他合法财产。婚前财产归各自所有，不属于夫妻共同财产。

二、一方因受到人身损害获得的赔偿或者补偿

条文中"人身损害"泛指人格权和身份权的损害。这些财产是指与生命健康直接相关的财产，具有人身专属性，对于保护个人权利具有重要意义，因此应当专属于个人所有，而不能成为共同财产。这样有利于维护受害人的合法权益，保证受害人的身体康复及正常生活所需。

三、遗嘱或者赠与合同中确定只归一方的财产

根据《民法典》第一千零六十二条第四项的规定，继承或者受赠的财产，属于夫妻共同财产。但为了尊重遗嘱人或者赠与人的个人意志，保护个人对其财产的自由处分权，如果遗嘱人或者赠与人在遗嘱或者赠与合同中明确指出，该财产只遗赠或者赠送给夫妻一方，另一方无权享用，那么，该财产就属于夫妻个人财产，归一方个人所有。这样规定也有利于防止夫妻一方滥用遗产或受赠的财产。

四、一方专用的生活用品

一方专用的生活用品具有专属于个人使用的特点，如衣服等，应当属于夫妻个人财产。

五、其他应当归一方的财产

此规定属于概括性规定。夫妻个人财产除前四项的规定外，还包括其他一些财产和财产权利。随着社会经济的发展、新的财产类型的出现以及个人独立意识的增强，夫妻个人财产的范围也有所增加。

法律适用

个人财产是夫妻在婚姻关系存续期间，分别保留的、独立于夫妻共同

财产之外的财产，夫妻双方对各自的财产享有独立的管理、使用、收益和处分权利，他人不得干涉。夫妻可以约定将各自的个人财产交由一方管理，夫妻一方也可以将自己的个人财产委托对方代为管理。对家庭生活费用的负担，在夫妻共同财产不足以负担家庭生活费用时，夫妻应当以各自的个人财产分担。虽然在司法实践中法院多是处理夫妻共同财产的分割纠纷案件，但也会涉及夫妻一方个人财产认定问题。法院通常会依据《民法典》第一千零六十三条的规定，对具体案件具体分析，充分保护个人对财产管理、使用、收益和处分的权利。

上述导入案件中，夫妻双方在离婚后，一方诉请继续使用另一方个人财产，被法院驳回，符合上述法律规定。规定个人财产意义在于它弥补了共同财产制对个人权利和意愿关注不足的缺陷，防止共同财产制的无限延伸，在一定情况下，有利于保护个人财产权利。当然，在司法实践中，结合《民法典》第三百六十六条，即"居住权"这一新型的用益物权，夫妻对个人房产的使用、处置更加具有弹性化。

◎ 实务指引

一、一方将个人所有房产赠与另一方，但未办理过户登记的权属认定

对夫妻一方所有的财产，其个人享有完全的所有权，可以自行处分，当然也可以赠与另一方。但在夫妻之间赠与房产的情况下，存在《民法典》物权编、合同编、婚姻家庭编之间的衔接问题。我国目前对不动产物权变动原则上采用登记生效主义。赠与合同中，除特定情况的赠与外，赠与人在赠与财产权利转移之前，享有任意撤销权。因此，对于一方在婚前或婚姻存续期间将个人房产赠与另一方，但未办理过户登记，离婚时，赠与房产的一方主张撤销赠与，另一方主张继续履行合同的情况，是按照物权编和合同编的规则处理，还是基于婚姻家庭关系的特殊性处理，实践中存在很大争议。此种情况应当适用合同编关于赠与合同的相关规定处理。

婚姻家庭虽以身份关系为前提和基础，但其中亦涉及财产关系内容，应有合同编的适用余地。

《民法典》施行后，婚姻法回归民法体系，更应注重婚姻家庭编与物权编、合同编的协调统一，仅以身份关系为由，完全排斥物权编和合同编对婚姻家庭领域财产关系的调整，需要特别慎重。而且，为贯彻不动产物权登记的公示公信原则，要求夫妻双方对于房产的权属明确地通过登记体现出来，也能够最大限度保护不特定的第三人利益，维护交易安全。

二、婚前个人购置房产婚后交了部分房款取得房产证，该房屋如何定性及分割

《城市房地产管理法》第六十条规定："国家实行土地使用权和房屋所有权登记发证制度"。第三十八条第六项规定，未依法登记领取权属证书的房地产，不得转让。从以上规定可以看出，婚前个人购置的房产，因没有取得房产证而不具有所有权，依法只能占有、使用、收益，但没有处分的权利。婚后交了部分房款取得房产证，证明该房产是在婚后取得了所有权。根据《民法典》婚姻家庭编的有关规定，夫妻关系存续期间取得的财产属夫妻共同财产。房产的定性确定了，如何分割呢？实务中一般认为该房产应按当时的市场行情确定价格，该价格与所交房款形成的差额即房屋升值的价款。如果婚前个人购置房产的一方分得该房，其应当在扣除婚前所交房款及升值的价款后，将剩余部分价款的一半支付对方；反之，如果另一方分得房产，把婚前所交房款及升值的价款支付给对方后，还应将共同所交房款及其升值部分价款的一半支付对方。

三、实务中"一方专用的生活用品"认定问题

对婚内夫妻购买的奢侈品、首饰性质问题，司法实践中出现了两种完全相反的裁判意见。支持考虑财产价值的案例如曹某与何某离婚纠纷案①。

---

① （2015）深南法西民初字第 445 号。

反对考虑财产价值的案例如任某与李某甲离婚纠纷案①、朱某某与金某某离婚纠纷案②、宋某某与马某某离婚纠纷案③。

如果是夫妻以个人财产为自己购买或者为对方购买专用生活用品，本项并不存在适用的空间。于前者，按照不转化原则，即使个人财产的形态发生变化，亦不影响其性质。于后者，应适用赠与合同的规定，适用本条第三项。本项的适用情形主要包括两种：其一，夫妻一方以共同财产为自己购买的专用生活用品；其二，夫妻一方以共同财产为另外一方购买的专用生活用品。在第一种情形中，按照形态转化不影响性质原则，通过共同财产取得的财产原则上应认定为共同财产。本条恰好是这一原则的例外。问题的关键在于夫妻一方处分共同财产为自己购买专用生活用品是否属于《民法典》第一千零六十二条第二款规定的"平等的处理权"范畴。④若夫妻一方的夫妻专用生活物品超出日常生活需要的范畴，应征得配偶的同意。

第一千零六十四条　【夫妻共同债务】

▷ 案件导入

超出日常生活需要所负的债务在什么情况下为夫妻共同债务⑤

2017 年 4 月 29 日李某、陈某签订《资金投入确认书》，载明：李某、陈某共同出资人民币 500 万元作为合作经营项目资金，其中李某出资人民币 200 万元，陈某出资人民币 300 万元，投资节点采用分期投入，按照具体项目所需资金实际投入。同日，李某作为甲方（借款人），陈某作为乙

---

① （2015）大民一终字第 01624 号。
② （2016）豫 14 民终 569 号。
③ （2017）辽 0403 民初 1504 号。
④ 参见胡康生主编：《中华人民共和国婚姻法释义》，法律出版社 2001 年版。
⑤ （2021）辽 06 民终 1312 号，人物名均为化名。

方（债权人），共同签订《借据》1张，内容为："兹因甲方与乙方共同经营项目按照股份比例等比例注资，甲方合作人未出缴资金，经双方协定，乙方以免息借款形式进行前期垫付，以保证项目的正常运转，而向乙方借款，共借人民币838400元。借款期限为：2017年4月29日到2019年4月29日。借据责任约束：项目盈亏与本借据无关。"同日，案外人韩某以银行卡尾号为3436的账户转账支付李某尾号为5270的账户"项目款"人民币50万元1笔、20万元1笔。同时，《资金投入确认书》载明：投资节点如下：出资时间：2017年4月10日，出资金额：李某美金2万元（折合人民币138400元），陈某美金3万元（折合人民币207300元），备注：当天美元对人民币实际兑换汇率为6.92。李某此次投资资金未缴，向陈某借款美元2万元整；出资时间：2017年4月29日，出资金额：李某人民币70万元，陈某人民币105万元，备注：李某此次投资资金未出缴，向陈某借款人民币70万元整；合计出资金额：李某人民币838400元，陈某人民币1257300元。陈某向法院起诉要求李某归还借款838400元，并要求其配偶朴某承担连带偿还责任。一审法院支持了陈某的诉讼请求，李某与朴某不服，向二审法院提起上诉。

二审法院认为李某与朴某没有证据证明双方是合作关系而非借贷关系。夫妻在婚姻关系存续期间所得的生产、经营、投资的收益为夫妻的共同财产，归夫妻共同所有。夫妻一方在婚姻关系存续期间以个人名义超出家庭日常生活需要所负的债务，不属于夫妻共同债务；但是，债权人能够证明该债务用于夫妻共同生活、共同生产经营或者基于夫妻双方共同意思表示的除外。庭审中通过法庭询问，李某与朴某自认婚后共同生活，朴某没有职业，李某的收入来源是在朝鲜做贸易。二审法院驳回了李某、朴某的上诉请求，维持一审判决。

【法律条文】

第一千零六十四条　夫妻双方共同签名或者夫妻一方事后追认等共同意思表示所负的债务，以及夫妻一方在婚姻关系存续期间以个人名义为家庭日常生活需要所负的债务，属于夫妻共同债务。

夫妻一方在婚姻关系存续期间以个人名义超出家庭日常生活需要所负的债务，不属于夫妻共同债务；但是，债权人能够证明该债务用于夫妻共同生活、共同生产经营或者基于夫妻双方共同意思表示的除外。

法条释义

本条是对夫妻共同债务的规定。

夫妻共同债务，是指以家庭为基础，以夫妻为共同体，因为家庭的需要而由一方或者双方对外举债所负的债务。这里的"需要"包含家庭生活的需要、家庭生产经营的需要，如果不是家庭的"需要"，而是个人的"需要"，比如赌博、吸毒所借的债务，不属于夫妻共同债务，而属于个人债务。该条体现了以关心家庭利益、维护夫妻共同权益为基础的理念。

本条源于 2018 年 1 月 18 日发布的《最高人民法院关于审理涉及夫妻债务纠纷案件适用法律有关问题的解释》（已失效），除了有极个别的词句修改以外，没有作其他修改。夫妻共同债务的认定事关夫妻家庭稳定，与老百姓生活关系紧密，在《民法典》修订过程中关注度极高。《民法典》最终确定，经历了很长的一个过程及多次修改。

很长一段时间，夫妻共同债务的认定及处理，主要依据《婚姻法》第四十一条与《最高人民法院关于适用〈中华人民共和国婚姻法〉若干问题的解释（二）》第二十四条。《婚姻法》第四十一条规定，离婚时，原为夫妻共同生活所负的债务，应当共同偿还。共同财产不足以清偿的，或财产归各自所有的，由双方协议清偿；协议不成时，由人民法院判决。《最高人民法院关于适用〈中华人民共和国婚姻法〉若干问题的解释（二）》第二十四条规定，债权人就婚姻关系存续期间夫妻一方以个人名义所负债务主张权利的，应当按夫妻共同债务处理。但夫妻一方能够证明债权人与债务人明确约定为个人债务，或者能够证明属于婚姻法第十九条第三款规定情形的除外。《最高人民法院关于适用〈中华人民共和国婚姻法〉若干问题的解释（二）》第二十四条有力地遏制了夫妻之间"假离婚、真逃债"的现象，起到了很好的指导作用。

2014 年以后，受民间借贷案件高发的影响，夫妻债务问题越来越突出，出现了夫妻一方与第三方恶意串通损害夫妻另一方的权益，于是 2017 年 2 月 20 日发布了《最高人民法院关于适用〈中华人民共和国婚姻法〉若干问题的解释（二）的补充规定》，在《最高人民法院关于适用〈中华人民共和国婚姻法〉若干问题的解释（二）》第二十四条的基础上增加了两款规定："夫妻一方与第三人串通，虚构债务，第三人主张权利的，人民法院不予支持。夫妻一方在从事赌博、吸毒等违法犯罪活动中所负债务，第三人主张权利的，人民法院不予支持。"为妥善处理夫妻共同债务，2017 年 2 月 28 日又发布了《最高人民法院关于依法妥善审理涉及夫妻债务案件有关问题的通知》，分别从坚持法治和德治相结合原则、保障未具名举债夫妻一方的诉讼权利、审查夫妻债务是否真实发生、区分合法债务和非法债务、对非法债务不予保护、把握不同阶段夫妻债务的认定标准、保护被执行夫妻双方基本生存权益不受影响、制裁夫妻一方与第三人串通伪造债务的虚假诉讼方面作了阐释，着重保护未具名举债夫妻一方的权利。2018 年 1 月 18 日发布了《最高人民法院关于审理涉及夫妻债务纠纷案件适用法律有关问题的解释》，该解释共四条，重要内容是前三条，对夫妻共同债务在总结《最高人民法院关于适用〈中华人民共和国婚姻法〉若干问题的解释（二）》第二十四的规定及补充规定的基础上，为了适应当前社会经济发展状况对法律的需要，特以该专门的司法解释对夫妻共同债务的认定标准作了规定，《民法典》婚姻家庭编第一千零六十四条基本上用了该解释的内容，除了有极个别的词句修改以外，没有作其他修改。

本条从以下三个方面认定夫妻共同债务：

一是基于夫妻共同的意思表示所负的债务。

本条第一款前半段"夫妻双方共同签名或者夫妻一方事后追认等共同意思表示所负的债务"为夫妻共同债务，该半段重点词为"共同意思表示"，无论是"夫妻双方共同签名"即"共债共签"，还是"夫妻一方事后追认"所负的债务，均体现的是夫妻双方共同的意思表示，"共债共签"从形式上即为共同作出的意思表示，有的人事后说签字时不得已，不情愿在上面签名，必须证明自己是被胁迫，有"不得已"的证据存在，否则"共同签名"就是夫妻共同债务。事后追认，可能由于当时时间紧迫，或者其他原因只有一方在场，但事后不在场的一方承认该债务，这种事后追认的形式也体现了共同的意思表示。事后追认的方式不限于书面形式，也可以通过电话、短信、微信、邮件等形式。

二是为日常家庭生活需要所负的债务。

《民法典》第一千零六十条规定，夫妻一方因家庭生活需要而实施的民事法律行为，对夫妻双方发生效力，但是夫妻一方与相对人另有约定的除外。夫妻之间对一方可以实施的民事法律行为范围的限制，不得对抗善意相对人。该条是《民法典》婚姻家庭编的一大亮点，以法律的形式规定了家事代理权，体现了夫妻在婚姻家庭中地位平等，享有平等处分家庭事务、家庭财产的权利。正是因为有该条作为基础，所以，夫妻一方为履行家事代理权所负的债务为夫妻共同债务。这里的履行家事代理权的行为是因家庭生活需要而实施的法律行为，一方所实施的行为，对夫妻另一方发生法律效力，属于夫妻共同债务。那么，如何界定夫妻一方在婚姻关系存续期间以个人名义为"家庭日常生活需要"所负的债务？

家庭日常消费主要包括正常的衣食消费、日用品购买、子女抚养教育、老人赡养等各项费用，是维系一个家庭正常生活所必需的开支。认定是否为"家庭日常生活需要"所负的债务，应当结合债务金额、举债次数、债务用途、家庭收入状况、消费水平、当地经济水平和一般社会生活习惯等予以综合判断。

三是以个人名义超出家庭日常生活需要所负的债务，债权人能够证明该债务用于夫妻共同生活、共同生产经营或者基于夫妻双方的共同意思表示，属于夫妻共同债务。

以个人名义超出家庭日常生活需要所负的债务要想作为夫妻共同债务，对债权人提出了要求，督促债权人在出借时履行审慎的义务，有义务了解借款的用途，出借的目的等。这为遏制夫妻一方与第三人串通、虚构债务侵害另一方的合法权益提供了法律依据。同时，债权人对自己的权益有更高的责任，为了保证其借款具有合法性，保障其有效收回本息，要从源头作出要求，要求"共债共签"或者事后作出追认，或者充分了解借款目的、用途。比如银行的金融借款，在借款初期，就要求夫妻两人共同签字，或者提供担保，虽然在效率上受到一定影响，但降低了后期追不回借款的风险。所以，《民法典》第一千零六十四条既对夫妻双方作出了严格要求，同时也对债权人提高了要求，适应当前的社会经济状况，填补了原来司法解释的漏洞，符合社会发展形势。

夫妻个人债务是与夫妻共同债务相对应的。下列债务为夫妻个人债务：

（1）以个人名义超出家庭日常生活需要所负的债务，债权人没有证据能够证明该债务用于夫妻共同生活、共同生产经营或者基于夫妻双方共同的意思表示的；

（2）夫妻一方在从事赌博、吸毒等违法犯罪活动中所负债务；

（3）夫妻一方对外担保，担保的后果增加家庭的负担，家庭未获得"受益"；

（4）一方未经对方同意，擅自资助与其没有扶养义务的亲朋好友所负的债务；

（5）一方未经对方同意，独自筹资从事经营活动，其收入确未用于共同生活所负的债务。

⏰ **法律适用**

本案中，李某与陈某合作做水产品生意，李某以个人名义向陈某借款838400元，超出了家庭日常生活的需要，但在法庭审理过程中，李某、朴某自认婚后共同生活，朴某没有职业，家庭生活需要的主要来源靠李某在朝鲜做水产品生意。于是法院认定该债务为夫妻共同债务。夫妻一方以个人名义所负的债务，事后未获得另一方追认，或者超出了家事代理制度所规定的"家事"范围，不属于夫妻共同债务；但是，债权人能够证明该债务用于夫妻共同生活、共同生产经营或者基于夫妻双方共同意思表示的除外。因朴某自认没有职业，家庭生活需要的主要来源靠李某在朝鲜做水产品生意，李某所借的款项用于做水产品生意，属于所借的款项用于夫妻共同生活，法院判决该债务为夫妻共同债务，由李某、朴某共同偿还符合法律规定。

🌀 **实务指引**

本条在实务中的运用非常广泛，下面就从五个方面来谈谈实务中的运用。

一、离婚案件中的适用与非离婚案件中的适用

离婚案件中夫妻一方以个人名义举债，用于夫妻共同生活，要求确认为夫妻共同债务，这种情况另一方往往以不知情而予以否认。由于离婚案件不允许"债权人"以第三人的身份参加诉讼，要求债权人以证人的身份出庭作证也很困难，故证明责任属于主张共同债务一方。是否为夫妻共同

债务直接与夫妻共同财产分割挂钩，有的人为了财产利益不惜串通作证或者虚构债务。婚姻案件的审理法官在审理中如果认为主张共同债务一方的证据不够充分，就会直接否定夫妻共同债务，让债权人通过其他法律关系来主张，如果确实是夫妻共同债务，债权人一定会积极地启动法律程序，反之则不会。这也是为了慎重起见，推动债权人积极地保护自己的权利，体现了公平公正原则。

二、夫妻共同债务以夫妻共同财产偿还为基础

《民法典》第一千零六十五条规定，男女双方可以约定婚姻关系存续期间所得的财产以及婚前财产归各自所有、共同所有或者部分各自所有、部分共同所有。

该条第三款规定，夫妻对婚姻关系存续期间所得的财产约定归各自所有，夫或者妻一方对外所负的债务，相对人知道该约定的，以夫或者妻一方的个人财产清偿。

因此，夫妻共同债务用夫妻共同财产来偿还，如果夫妻双方对共同财产有约定，该约定仅限于夫妻内部有效，除非第三方知道该约定。

三、其他出现夫妻共同债务的法律事由

第一，一方的婚前债务一般是个人债务，但如果婚前债务导致婚后配偶一方获益的，应当认定为夫妻共同债务。

第二，根据《民法典》第一千一百六十八条的规定，二人以上共同实施侵权行为，造成他人损害的，应当承担连带责任。因此夫妻共同侵权所负的债务为夫妻共同债务。

第三，根据《民法典》第一千一百八十八条第一款的规定，无民事行为能力人、限制民事行为能力人造成他人损害的，由监护人承担侵权责任。因此，夫妻因被监护人侵权所负的债务为夫妻共同债务。

第四，一方侵权之债原则上属于个人债务，但侵权行为与家庭生活相关，使家庭受益，属于夫妻共同债务。比如出租车司机造成他人受伤需要赔偿，由于出租车经营收入用于家庭生活，所以此侵权行为所产生的债务为夫妻共同债务。

四、实务中要抓住三个层次的关键点进行举证

第一，关于夫妻双方共同签名或者夫妻一方事后追认所形成的夫妻共同债务，在举证上要紧紧围绕夫妻双方"共同的意思表示"来举证。"共债共签"体现为共同意思表示比较容易，但由相反方来举证为不属于"共同意思表示"会更难。事后追认可以通过电话录音、微信聊天、电子邮件等中可以证明有对债务"共同意思表示"的内容证明，主动还款也是对债务追认的行为。《民法典》第一百四十条规定，行为人可以明示或者默示作出意思表示。沉默只有在有法律规定、当事人约定或者符合当事人之间的交易习惯时，才可以视为意思表示。本条所规定的共同意思表示范畴受《民法典》第一百四十条调整。

第二，夫妻一方在婚姻关系存续期间以个人名义为家庭日常生活需要所负的债务，属于夫妻共同债务。在举证上要紧紧围绕"家庭日常生活需要"来举证，这里的"家庭日常生活需要"往往是相对比较小额的消费，与衣食住行、家庭琐事、法定赡养或扶养义务相关联，这种债务认定相对比较容易，另一方也极少在这部分中纠缠。

第三，超出日常家庭生活需要所负的债务，债权人要举证为夫妻共同债务的，在举债之初，债权人要履行审慎的义务，充分地了解借款的目的、用途，尽可能地要求夫妻双方共同签字，如果不能当场签字，先当场确认清楚后，事后积极要求其补签。这两种条件都不具备的情况下，那就要积极举证该债务用于债务人的夫妻共同生活、共同生产经营或者该债务使家庭生活"受益"。既然夫妻受益，用共同财产偿还也是情理之中的事。

五、夫妻生活的隐秘性和特殊性，给夫妻债务的认定带来法律规定以外的困扰

以家庭为单位的夫妻生活，具有极强的隐私性，并且一千个家庭有一千种家庭生活模式，这就导致法律不可能规定得面面俱到，必然有遗漏的地方。比如夫妻一方投资经营某个项目，刚开始确实未与另一方商量，但不排除另一方知情的默许。后来投资经营失败，家庭也没有受益，在确认夫妻共同债务时，另一方往往以不知情为由不愿意承担。此时不能否认投资经营方确实是为了改善家庭生活环境而作出的努力，不能因为失败了，没有给家庭产生收益，就让投资经营一方独自承担损失，这样确实也有失公平。总之，这种情况之下，夫妻一方在决定投资之初就应该积极沟通协商，获得对方的支持，从而共同享受果实、共同承担亏损，才不会影响夫妻关系。这也是《民法典》婚姻家庭编倡导的和谐、稳定的婚姻家庭理念。

第一千零六十五条 　【夫妻财产约定制】

▷ 案件导入

夫妻财产约定不得对抗夫妻以外的第三人①

陈某与杨某原系夫妻，双方于 2018 年 11 月 21 日通过法院诉讼，由法院判决离婚，其中一项判决内容为：被告杨某自 2018 年 11 月起每月给付孩子生活费 800 元至其独立生活时止。孩子的教育费、医疗费凭有效票据由陈某、杨某各负担一半。因杨某未履行该项义务，陈某向法院申请强制执行。执行过程中，因杨某名下无可供执行的财产，后法院通过民政部婚姻查询系统查询杨某婚姻状况，查询结果显示其配偶为刘某，因此法院执行局按规定冻结刘某名下网络资金总金额为 15664 元（实际控制金额 9650元＋账号余额 6014 元），刘某提出执行异议，称其 2019 年 3 月 2 日与杨某在结婚前签订了《婚前协议书》，协议内容为：1. 双方结婚后，女方名下的财产均为女方个人婚前财产，婚前财产不属于夫妻共同财产；2. 男方婚

---

① （2021）苏 0612 执异 2 号，人物名均为化名。

前的债务由男方自行承担。法院经审理后认为，刘某的异议请求不能成立。法院认为，《民法典》第一千零六十五条第三款规定："夫妻对婚姻关系存续期间所得的财产约定归各自所有，夫或者妻一方对外所负的债务，相对人知道该约定的，以夫或者妻一方的个人财产清偿。"本案中，杨某与刘某签订的《婚前协议书》可以约定婚姻关系存续期间所得的财产以及婚前财产归各自所有，杨某应给付的抚养费属于其个人债务，如果陈某知道上述约定的，以杨某个人财产清偿。但《最高人民法院关于适用〈中华人民共和国民法典〉婚姻家庭编的解释（一）》第三十七条规定："民法典第一千零六十五第三款所称'相对人知道该约定的'，夫妻一方对此负有举证责任。"刘某作为异议人，并未向本院提供证据证明陈某知道该约定，因此该约定对陈某不产生效力。刘某名下的网络资金总金额为 15664 元（实际控制金额 9650 元+账号余额 6014 元）系杨某与刘某在婚姻关系存续期间所得的财产，属于夫妻的共同财产。法院依法对该网络资金进行执行，并无不当。在对夫妻关系存续期间夫妻一方个人债务执行程序中，另一方请求排除执行夫妻共同财产的，人民法院不予支持，但在夫妻共有财产范围内对夫妻一方所享有的财产份额进行处分时，不得损害另一方的财产份额。夫妻对共同财产，有平等的处理权。结合本案具体情况，可以执行上述夫妻共同财产中 50% 的杨某财产份额。法院最终执行了刘某名下的存款7832 元。

【法律条文】

第一千零六十五条　男女双方可以约定婚姻关系存续期间所得的财产以及婚前财产归各自所有、共同所有或者部分各自所有、部分共同所有。约定应当采用书面形式。没有约定或者约定不明确的，适用本法第一千零六十二条、第一千零六十三条的规定。

夫妻对婚姻关系存续期间所得的财产以及婚前财产的约定，对双方具有法律约束力。

夫妻对婚姻关系存续期间所得的财产约定归各自所有，夫或者妻一方对外所负的债务，相对人知道该约定的，以夫或者妻一方的个人财产清偿。

法条释义

本条规定夫妻约定财产制。

在婚姻家庭关系中，财产问题是一个非常重要的问题。夫妻在婚姻关系存续期间的财产以法定财产制为主，以约定财产制为补充。20世纪50年代的婚姻法没有规定夫妻约定财产制。随着市场经济的发展，财富的急剧增多，个人的权利意识和独立意识不断增强，在法定财产制的基础上，允许夫妻双方通过契约的形式对婚前财产或者婚后财产作出约定，适应了社会的发展需要，体现了法律在倡导建立和谐稳定家庭的同时，也尊重个别家庭的特殊性，根据意思自治原则，夫妻双方可以对婚前财产或者婚后财产作出约定。这就是夫妻财产约定制。

本条来源于《婚姻法》第十九条，除部分文字性变更外，未作实质性变更。《婚姻法》第十九条规定："夫妻可以约定婚姻关系存续期间所得的财产以及婚前财产归各自所有、共同所有或部分各自所有、部分共同所有。约定应当采用书面形式。没有约定或约定不明确的，适用本法第十七条、第十八条的规定。夫妻对婚姻关系存续期间所得的财产以及婚前财产的约定，对双方具有约束力。夫妻对婚姻关系存续期间所得的财产约定归各自所有的，夫或妻一方对外所负的债务，第三人知道该约定的，以夫或妻一方所有的财产清偿。"《民法典》将该条第一款中的"夫妻"改为"男女双方"，意思是男女双方在结婚之前就可以进行财产约定，但是该约定生效需要以缔结婚姻为前提；第三款中最后一句"以夫或妻一方所有的财产清偿"改为"以夫或者妻一方的个人财产清偿"，"所有的财产"有两层理解意思，所享有的财产和全部的财产，"个人财产"的表述就更准确，没有任何歧义，就是个人所享有的财产。

夫妻财产约定制允许夫妻通过平等协商，对财产约定达成一致意见，满足社会各种形式的需要。下面通过三个方面对该条予以理解。

一、夫妻财产约定制的范围与内容

夫妻既可以对婚前个人财产进行约定，也可以对婚姻关系存续期间所得的财产进行约定，婚姻关系存续期间所得的财产既有可能是个人财产，也有可能是夫妻共同财产，这里要注意只能对自己有处分权的财产进行约定，对于自己没有处分权的财产进行约定是无效的。比如说现实中，父母将名下的房产给儿子作为婚房使用，很多人就以为婚房属于男方所有，甚至有的人认为属于夫妻双方共同所有，于是在离婚时，对婚房作出约定归某某方所有，这是对没有所有权的房产作出的处分，属于无效处分。

夫妻财产约定制的内容分为三类：分别财产制、一般共同制和限定共同制。分别财产制是指夫妻双方婚前财产及婚后所得财产全部归各自所有，并各自行使管理、使用、处分和收益权的夫妻财产制度。一般共同财产制是指夫妻双方婚前、婚后的全部财产均归夫妻共同共有。限定共同财产制是指当事人双方协商确定一定范围内的财产归夫妻双方共有，共有范围外的财产均归夫妻各自所有的财产制度。

二、夫妻财产约定的构成要件

夫妻财产约定由夫妻双方签订，是一种特殊的协议，原则上适用《民法典》总则编关于法律行为成立及生效的一般性规定，但也要满足以下要件：

（一）书面形式

本条特别规定，"约定应当采用书面形式"，所以只有通过书面形式订立的夫妻财产约定才能有效，口头的约定除非另一方自愿承认，否则夫妻财产约定不成立。根据《民法典》第四百六十九条第二款、第三款的规定，书面形式是指合同书、信件、电报、电传、传真等可以有形地表现所载内容的形式。以电子数据交换、电子邮件等方式能够有形地表现所载内容，并可以随时调取查用的数据电文，视为书面形式。所以书面形式不局限于双方签订的书面协议。

之所以将书面形式作为夫妻财产约定的生效要件，一方面是为了督促夫妻双方保持审慎的态度，另一方面是为了与法定财产制相区别。

（二）合法有效的婚姻关系

本条必须以合法有效的婚姻关系为前提，对于可撤销的婚姻或者是无效的婚姻，即使在婚姻撤销或者无效之前签订了夫妻财产约定，在婚姻撤销或者无效之后，夫妻财产约定由于失去了存在的合法基础，自然无效。

同居关系的双方可以对同居期间的财产进行约定，但该约定不属于本条所称的夫妻财产约定，同居期间双方的财产约定适用《民法典》合同编的相关规定。

（三）约定的时间

对于财产约定的时间，法律没有限制，允许男女双方在结婚之前或者结婚时进行财产约定，结婚前的约定以双方缔结婚姻为基础，如果最终没有结婚，则约定不生效。在婚姻关系存续期间的任何时间都可以进行夫妻财产约定，只要是双方自愿，没有欺诈、没有胁迫等违法行为即可。

三、夫妻财产约定的效力

夫妻财产约定的效力分为优先效力、对内效力和对外效力。

（一）关于优先效力

本条第一款规定，没有约定或者约定不明确的，适用本法第一千零六十二条、第一千零六十三条的规定。《民法典》第一千零六十二条是关于夫妻共同财产的规定，第一千零六十三条是关于夫妻个人财产的规定。夫妻财产约定体现了夫妻之间按照自己的意愿处分财产，具有促进家庭稳定的现实意义，所以，有夫妻财产约定的情况下，优先适用夫妻财产约定，如果没有约定或者约定不明确，则适用法定的夫妻共同财产规定和夫妻个人财产规定。

（二）关于对内效力

本条第二款规定："夫妻对婚姻关系存续期间所得的财产以及婚前财产的约定，对双方具有法律约束力。"夫妻财产约定同样属于民事法律行为，民事法律行为所产生的法律后果对行为人具有法律约束力。更何况夫妻财产约定体现了自由意志的意思，一旦生效，双方均应遵守执行。

（三）关于对外效力

夫妻生活具有隐秘性，夫妻财产约定通常不为外界所知，为了保障交易安全，原则上婚姻关系存续期间所获得的财产被认为是夫妻共同所有的财产，除非债务相对人知道婚姻关系存续期间夫妻共同所有的财产约定为各自所有，否则，该约定对第三人无效。该条第三款仅仅针对婚姻关系存续期间所得的财产约定为各自所有，夫或者妻一方对外所负的债务，相对人知道该约定的，以夫或者妻一方的个人财产清偿。当然，只要夫妻之间的财产约定是有效的，一方连带清偿了另一方的债务之后，可以根据夫妻财产约定向另一方追偿。

⏱ 法律适用

本案中，刘某与杨某均系再婚。再婚家庭往往涉及各自的子女、各自的财产，经历了一场婚姻之后，双方也更理智、更慎重。因而，刘某与杨某再婚前签订了一份《婚前协议》，协议内容为：双方结婚后，女方名下的财产均为女方个人婚前财产，婚前财产不属于夫妻共同财产；男方婚前的债务由男方自行承担。该协议内容表面上看没有问题，实际上仍有漏洞。"双方结婚后，女方名下的财产均为女方个人婚前财产"，这句话中，女方名下的财产具体指的是哪部分财产？财产通常包括动产和不动产，女方名下的财产同样也包含动产与不动产。比如女方账户内的存款属于动产。结婚后，双方的工资、收入均为夫妻共同财产，约定为个人婚前财产显然违背法理，所以协议中该款的约定不明确，刘某名下的网络资金应当按照法律中关于夫妻共同财产的规定处理。

《民法典》第一千零六十五条第三款规定，夫妻对婚姻关系存续期间所得的财产约定归各自所有，夫或者妻一方对外所负的债务，相对人知道该约定的，以夫或者妻一方的个人财产清偿。申请人陈某与被申请人杨某之间的债务形成于杨某与刘某结婚之前，属于婚前个人债务，理应由杨某自己偿还，但是刘某并没有举证其与杨某之间的夫妻财产约定，陈某也不知情，故刘某与杨某之间的财产约定对陈某无效。尽管协议内容约定"男方的婚前债务由男方自行承担"符合规定，但由于刘某名下的网络资金属于夫妻共同财产，故杨某享有其中一半款项的所有权，法院执行杨某部分的财产符合法律规定。

◎ 实务指引

一、如何约定夫妻财产内容

夫妻财产约定内容一定要明确具体，不能约定不明，如果约定不明，将会按照法定的夫妻共同财产规定或者夫妻个人财产规定执行。比如案例中"女方名下的财产均为女方个人婚前财产"，这句话是对女方名下的确实属于女方婚前个人财产的部分所作的确认申明，但并未对婚后双方的财产作出相应的约定，这就导致了约定不明，直接适用《民法典》第一千零六十二条的规定。因此，只有订立一份详细的、明确的、可执行的夫妻财产约定，才更有利于保障双方的权利。

二、夫妻双方串通逃避债务，损害债权人合法权益的约定无效

《民法典》第一百五十四条规定，行为人与相对人恶意串通，损害他

人合法权益的民事法律行为无效。如果夫妻双方故意订立夫妻财产约定，其目的是损害债权人和他人的合法权益，即使债权人或者他人知悉夫妻之间财产约定，该约定同样无效。为了保障交易安全，夫妻之间的财产约定对内有效，对外不得对抗善意第三人，要免除债务的一方必须举证债权人对夫妻之间的财产约定知情，这个知情不光是知道这件事，还必须知道财产约定内容，要达到债权人明知其法律行为的法律后果。

三、注意夫妻财产约定与夫妻间赠与的关系

夫妻财产约定制与夫妻间财产赠与极易发生混淆，实践中对婚姻关系存续期间财产约定的性质也存在不同学说，比如物权契约说，认为夫妻间财产约定直接发生物权关系的变动。再如赠与合同说，认为夫妻间财产约定应当视为对另一方的赠与。但若完全适用赠与的规定，则会使当事人可能享有任意撤销权而使得本条的设置完全没有任何意义。因此，我们要注意区分夫妻间财产约定与夫妻间赠与的关系。《婚姻家庭编的解释（一）》第三十二条规定，婚前或者婚姻关系存续期间，当事人约定将一方所有的房产赠与另一方或者共有，赠与方在赠与房产变更登记之前撤销赠与，另一方请求判令继续履行的，人民法院可以按照民法典第六百五十八条的规定处理。本条处分的是个人所有的财产，夫妻间财产约定既可以对个人所有的财产进行约定，也可以对夫妻共同所有的财产进行约定，发生重合的是对个人财产进行约定，如果夫妻间财产约定是将夫妻一方个人所有的财产约定为另一方全部所有或者是约定与另一方共有，这种情况下属于赠与。"至于当事人将这种协议命名为'约定'还是'赠与'并不影响对其法律性质的判决"。[1] 根据《民法典》第六百五十八条的规定，赠与人在赠与财产的权利转移之前可以撤销赠与。除此之外，则属于夫妻财产约定，一旦约定，即具有物权效力。针对这种情况，如果是将个人所有的房产进行约

---

[1] 引用于《中国法院2020年度案例·婚姻家庭与继承纠纷》第21个案例——《〈夫妻财产约定协议书〉是否可以撤销——严某诉浦某离婚后财产案》。

定，按照公示要求，办理产权登记变更手续，或者对赠与合同进行公证，以达到实现签订合同的真实目的，而不致被任意撤销。

第一千零六十六条　【婚内分割夫妻共同财产】

▷ 案件导入

夫妻一方擅自转移夫妻共同财产，另一方可以分割共同财产吗[①]

2017 年 1 月 19 日，余某、夏某双方自愿在武胜县民政局办理结婚登记手续。婚后，余某、夏某共同生活，未生育子女。余某将工资全部交给夏某保管，夏某处现有夫妻共同存款 20 万元。2021 年 3 月 5 日，夏某将存款取走，余某发现后于 2021 年 4 月 25 日以夏某私自转移夫妻共同财产为由向法院起诉，要求夏某支付原告夫妻共同财产 10 万元。夏某辩称是为了偿还其姐姐的借款，但法院查明，夏某借其姐姐的款项系其婚前个人债务，不属于夫妻共同债务。于是法院判决夏某偿还余某存款 10 万元。

【法律条文】

第一千零六十六条　婚姻关系存续期间，有下列情形之一的，夫妻一方可以向人民法院请求分割共同财产：

（一）一方有隐藏、转移、变卖、毁损、挥霍夫妻共同财产或者伪造夫妻共同债务等严重损害夫妻共同财产利益的行为；

（二）一方负有法定扶养义务的人患重大疾病需要医治，另一方不同意支付相关医疗费用。

▽ 法条释义

本条是对夫妻在婚姻关系存续期间分割共同财产的规定。

---

① （2021）川 1622 民初 1336 号，人物名均为化名。

本条源于《最高人民法院关于适用〈中华人民共和国婚姻法〉若干问题的解释（三）》第四条规定："婚姻关系存续期间，夫妻一方请求分割共同财产的，人民法院不予支持，但有下列重大理由且不损害债权人利益的除外：（一）一方有隐藏、转移、变卖、毁损、挥霍夫妻共同财产或者伪造夫妻共同债务等严重损害夫妻共同财产利益行为的；（二）一方负有法定扶养义务的人患重大疾病需要医治，另一方不同意支付相关医疗费用的。"

在内容上几乎没有任何变化，原则与规定继续沿用《最高人民法院关于适用〈中华人民共和国婚姻法〉若干问题的解释（三）》第四条的内容。

夫妻共同财产是夫妻共同共有的财产。《民法典》第一千零六十二条对夫妻共同财产作了规定，夫妻在婚姻关系存续期间所得的下列财产，为夫妻的共同财产：工资、奖金、劳务报酬；生产、经营、投资的收益；知识产权的收益；继承或者受赠的财产，但是本法第一千零六十三条第三项规定的除外；其他应当归共同所有的财产。《婚姻家庭编的解释（一）》第二十五条对该条规定的"其他应当归共同所有的财产"指的是婚姻关系存续期间夫妻双方所获得的下列财产：一方以个人财产投资，但是在婚后取得的收益；男女双方实际取得或者应当取得的住房补贴、住房公积金；男女双方实际取得或者应当取得的基本养老金、破产安置补偿费。《婚姻家庭编的解释（一）》第二十六条规定，夫妻一方个人财产在婚后产生的收益，除孳息和自然增值外，应认定为夫妻共同财产。第二十七条规定，由一方婚前承租、婚后用共同财产购买的房屋，登记在一方名下的，应当认定为夫妻共同财产。

个人财产是夫妻一方婚前个人的财产或者婚姻关系存续期间法律规定或者夫妻约定为个人所有的财产。《民法典》第一千零六十三条规定以下财产为夫妻个人财产：一方的婚前财产；一方因受到人身损害获得的赔偿或者补偿；遗嘱或者赠与合同中确定只归一方的财产；一方专用的生活用品；其他应当归一方的财产。关于"一方的婚前财产"内容，早在 1993 年《最高人民法院关于人民法院审理离婚案件处理财产分割问题的若干具体意见》中规定，一方婚前个人所有的财产，婚后由双方共同使用、经营、管理的，房屋和其他价值较大的生产资料经过 8 年，贵重的生活资料经过 4 年，可视为夫妻共同财产。但该规定在 1980 年《婚姻法》中修改为一方的婚前财产为一方的个人财产，《民法典》实施以后继续沿用了 1980 年《婚姻法》的规定，即一方的婚前财产为一方的个人财产，不因婚姻关系的延续而转化为夫妻共同财产，但如果夫妻双方另有约定的除外。军人的伤亡保险金、伤残补助金、医药生活补助费属于个人财产。

我国的夫妻财产制以法定的共同财产制为主，约定的财产制为辅。经济基础是维持一个家庭稳定的重要基础，共同财产是男女双方结婚以后，共同努力获得的财产。共同财产可起到维系家庭稳定的作用，夫妻双方在共同努力的过程中会增进夫妻感情。《民法典》婚姻家庭编倡导在家庭中应当树立优良家风，弘扬家庭美德，重视家庭文明建设，在婚姻关系存续期间，对于夫妻共同财产原则上不能分割，除非离婚，需要彻底解决问题。但是离婚过程复杂，往往并不是那么容易，如果不能协议离婚，必须通过诉讼离婚的话，可能会陷入一场"持久战"，而婚姻关系存续期间可能出现一些"重大的理由"，因此法律允许在婚姻关系存续期间对夫妻共同财产进行分割。《民法典》第三百零三条规定，共有人约定不得分割共有的不动产或者动产，以维持共有关系的，应当按照约定，但是共有人有重大理由需要分割的，可以请求分割；没有约定或者约定不明确的，按份共有人可以随时请求分割，共同共有人在共有的基础丧失或者有重大理由需要分割时可以请求分割。因分割造成其他共有人损害的，应当给予赔偿。该条提供了夫妻婚内财产分割总的规定，婚姻家庭编作为特别法，第一千零六十六条规定仅在两种情形下可以进行婚内财产分割，这两种情形就属于

《民法典》第三百零三条规定的"有重大理由需要分割时可以请求分割"。这两种情形为：一方有隐藏、转移、变卖、毁损、挥霍夫妻共同财产或者伪造夫妻共同债务等严重损害夫妻共同财产利益的行为；一方负有法定扶养义务的人患重大疾病需要医治，另一方不同意支付相关医疗费用。除了这两种情形可以进行婚内财产分割以外，其他任何情形都不可以，本条没有设置兜底性条款。

一、请求分割共同财产的主体和范围

请求分割共同财产的主体是夫妻任何一方，只要有"重大理由"，均可以请求分割共同财产。根据《最高人民法院关于人民法院民事执行中查封、扣押、冻结财产的规定》第十二条的规定，夫妻一方的债权人可以代位要求分割夫妻共同财产，但从婚后所得共同财产制度来看，应以债务人的个人财产不足以清偿债务为前提。因此，债权人也可以请求分割夫妻共同财产。

请求分割财产的范围是夫妻共同财产。首先应将夫妻共同财产从家庭共同财产中区分出来，共同财产的认定按照《民法典》第一千零六十二条及《婚姻家庭编的解释（一）》第二十六条、第二十七条的规定来认定，其次需要排除混同在一起的个人财产。个人财产按照第一千零六十三条的规定来确认。分割时并不要求对全部共同财产进行分割，可对部分共同财产予以分割。请求人可以根据自己的需要，提出合适的分割范围。

二、请求分割夫妻共同财产的情形

在婚姻关系存续期间，请求分割夫妻共同财产的情形，有且只有以下两种，这两种情形就是《民法典》第三百零三条规定的"重大理由"。

一种情形是一方有隐藏、转移、变卖、毁损、挥霍夫妻共同财产或者伪造夫妻共同债务等严重损害夫妻共同财产利益的行为。"隐藏夫妻共同财产"是指将夫妻共同财产以隐秘的方式藏起来，让另一方无法知悉财产的去向；"转移夫妻共同财产"是指私自将财产移往他处，或者将资金取出移往其他账户，脱离另一方的掌握；"变卖夫妻共同财产"是指将夫妻共同财产卖给他人取得财产的对价，一般是折价变卖；"毁损夫妻共同财产"是指将夫妻共同财产毁坏、毁灭、损坏，使其消失或者贬值；"挥霍夫妻共同财产"是指超出自身正常生活水平，任意浪费夫妻共同财产的行为；"伪造夫妻共同债务"是指通过与他人串通，伪造本来不存在的债务，以达到让另一方共同承担债务，共同清偿的行为。隐藏、转移、变卖、毁损、挥霍夫妻共同财产或者伪造夫妻共同债务的行为必须是严重损害夫妻共同财产的利益，如果没有达到严重的程度，不能提起婚内财产分割。隐藏、转移、变卖或者伪造夫妻共同债务的行为从主观来看，都是故意行为，目的是实现侵占夫妻共同财产的目的，毁损财产如果是过失的行为，不能适用本条的规定分割共同财产。

另一种情形是一方负有法定扶养义务的人患重大疾病需要医治，另一方不同意支付相关医疗费用。夫妻共同财产的处理，原则上夫妻之间应当协商，共同处理，除因为日常生活需要而实施的民事法律行为可以互为代理不需要授权以外（家事代理制度），夫妻一方处分夫妻共同财产须征得另一方的同意，如果另一方不同意，而夫妻一方因其负有法定扶养义务的人患有重大疾病，急需救治，那么就会对其扶养义务造成严重障碍，不利于扶养义务人履行扶养义务，因此，在这种情况下，应当允许夫妻一方向法院主张分割共同财产。

法定的扶养义务应当作广义的解释，包含同辈之间的扶养、长辈对晚辈的抚养、晚辈对长辈的赡养。法定扶养义务强调需要法律明确规定的扶养义务，没有法律明确规定不属于本条约束的范围，协议扶养义务或者基于遗嘱产生的扶养义务不属于本项规定的范围。《民法典》第一千零六十七条规定，父母不履行抚养义务的，未成年子女或者不能独立生活的成年子女，有要求父母给付抚养费的权利。成年子女不履行赡养义务的，缺乏劳动能力或者生活困难的父母，有要求成年子女给付赡养费的权利。第一千零七十一条第二款规定，不直接抚养非婚生子女的生父或者生母，应当负担未成年子女或者不能独立生活的成年子女的抚养费。第一千零七十二条第二款规定，继父或者继母和受其抚养教育的继子女间的权利义务关系，适用本法关于父母子女关系的规定。第一千零七十四条规定，有负担能力的祖父母、外祖父母，对于父母已经死亡或者父母无力抚养的未成年孙子女、外孙子女，有抚养的义务。有负担能力的孙子女、外孙子女，对于子女已经死亡或者子女无力赡养的祖父母、外祖父母，有赡养的义务。第一千零七十五条规定，有负担能力的兄、姐，对于父母已经死亡或者父母无力抚养的未成年弟、妹，有扶养的义务。由兄、姐扶养长大的有负担能力的弟、妹，对于缺乏劳动能力又缺乏生活来源的兄、姐，有扶养的义务。人民法院应当依照上述法律规定确定夫妻一方负有法定扶养义务的范围。

本条是否适用于夫妻之间的相互扶养义务？《民法典》第一千零五十九条已专门对夫妻之间的相互扶养义务作了规定，所以不适用本条，夫妻一方不宜因自身住院产生医疗费而请求分割夫妻共同财产，但可以依据第一千零五十九条要求另一方承担扶养义务。

关于重大疾病的理解，法律尚未明确规定重大疾病的标准，但在实践中可以参照医学标准或者保险行业的标准。本项规定限于配偶一方负有法定扶养义务的人患重大疾病需要支付医疗费，而非涵盖所有的扶养义务，比如生活费；"另一方不同意支付相关医疗费用的"这里仅指医疗费，不包括护理费、营养费等。

三、分割夫妻共同财产的规则

在婚姻关系存续期间，夫妻共同财产若无法协议分割，就只能向法院请求分割。

关于婚内财产分割规则法律没有明确的规定，实践中法院主要参照夫妻离婚财产的分割规则予以判决。夫妻感情破裂，因协议离婚不成通过法院诉讼离婚，夫妻共同财产的分割规则，《民法典》婚姻家庭编第一千零八十七条第一款规定，离婚时，夫妻的共同财产由双方协议处理；协议不成的，由人民法院根据财产的具体情况，按照照顾子女、女方和无过错方权益的原则判决。离婚时如果一方有证据证明另一方隐藏、转移、变卖、毁损、挥霍夫妻共同财产，或者伪造夫妻共同债务企图侵占另一方财产的，根据《民法典》第一千零九十二条规定在离婚分割夫妻共同财产时，对该方可以少分或者不分。离婚后，另一方发现有上述行为的，可以向人民法院提起诉讼，请求再次分割夫妻共同财产。夫妻在家庭地位中平等，一般实行均分原则，但实践中会根据出资情况比如夫妻双方购买房屋，一方的父母出首付赞助，分割比例则会适当向父母出首付赞助一方倾斜，同时会照顾子女和女方及无过错方。

四、本条第二款第一项与第一千零九十二条均有夫妻一方隐藏、转移、变卖、毁损、挥霍夫妻共同财产，或者伪造夫妻共同债务的行为，两条应当如何理解适用

第一，本条第二款第一项适用的是婚姻关系存续期间，当存在夫妻一方隐藏、转移、变卖、毁损、挥霍夫妻共同财产，或者伪造夫妻共同债务行为，严重损害夫妻共同财产的，另一方可以提起分割夫妻共同财产之诉。

第二，第一千零九十二条适用的离婚分割夫妻共同财产时，夫妻一方隐藏、转移、变卖、毁损、挥霍夫妻共同财产，或者伪造夫妻共同债务的，法院可以判决不分或者少分夫妻共同财产；离婚后，另一方发现有上述行为的，可以向人民法院提起诉讼，请求再次分割夫妻共同财产。

第三，同样的行为，可以在婚内提起分割共同财产之诉，但提起该诉必须达到严重侵害夫妻共同财产利益的要求，诉讼相对比较困难，若未得到支持，可以在离婚分割夫妻共同财产时，请求法院判决夫妻共同财产不分给对方或者少分。

🕐 法律适用

　　案例中，余某、夏某婚后共同生活，未生育子女，余某将工资全部交给夏某保管，夏某未经余某同意擅自将存款取走转移，属于本条规定的转移夫妻共同财产的行为，且数额达到 20 万元，已严重损害了夫妻共同财产利益。夏某称是为了偿还其姐姐的借款，但经法院查明，夏某对其姐姐的借款系其个人债务，故法院没有采纳其抗辩理由。法院依据《民法典》第一千零六十六条的规定支持了余某的诉讼请求。

◎ 实务指引

　　在婚姻关系存续期间，存在夫妻共同财产之诉时，应适用一般举证规则。当夫妻一方请求分割夫妻共同财产时，应当对另一方存在隐藏、转移、变卖、毁损、挥霍夫妻共同财产或者伪造夫妻共同债务的行为进行举证，并且另一方的上述行为需要严重损害夫妻共同财产利益，足以让法官认为必须对婚内财产进行分割。如果一方负有法定扶养义务的人患重大疾病需要医治，另一方不同意支付相关医疗费用，主张分割夫妻共同财产的事实必须有法定扶养义务的规定，且法律规定的被扶养人必须是患有重大疾病，仅此一项，生活困难或者其他情形不适用本条。另外，重大疾病医治仅医疗费一项需要帮扶，其他如误工费、营养费均不属于本条的范围。夫妻之间的相互扶养义务不适用本条的规定。

第二节 父母子女关系和其他近亲属关系

第一千零六十七条 【父母与子女间的抚养赡养义务】

▷ **案件导入**

杨甲、杨乙诉杨某抚养费纠纷案——婚姻关系存续期间未成年子女可以要求父母一方支付抚养费①

杨某（男）与费某（女）2010 年 11 月 15 日登记结婚，婚后生育双胞胎女儿杨甲、杨乙。近年来，费某与杨某因琐事产生矛盾，致夫妻关系不睦。杨某曾于 2014 年 7 月 21 日向法院提起离婚诉讼，法院判决不准离婚。自此费某与杨某开始分居生活，杨甲、杨乙随费某生活，费某无业，杨某月收入 5000 元。杨甲、杨乙向法院提起诉讼，要求杨某给付抚养费。

江苏省盐城市大丰区人民法院认为，婚姻关系存续期间，父母双方或者一方拒不履行抚养子女义务，未成年子女或者不能独立生活的子女请求支付抚养费的，人民法院应予支持。杨某应自与费某分居开始给付杨甲、杨乙抚养费。抚养费的数额应根据子女的实际需要、父母的负担能力和当地的实际生活水平综合考虑后予以确定。结合杨某月收入 5000 元、费某无工作收入，法院酌定杨某自 2014 年 8 月起每月给付杨甲、杨乙生活费 2000 元，并负担其医疗费、教育费的 50%。

---

① 江苏省高级人民法院发布 2016 年江苏法院家事审判十大典型案例之五。

【法律条文】

第一千零六十七条 父母不履行抚养义务的，未成年子女或者不能独立生活的成年子女，有要求父母给付抚养费的权利。

成年子女不履行赡养义务的，缺乏劳动能力或者生活困难的父母，有要求成年子女给付赡养费的权利。

法条释义

本条规定来源于《婚姻法》第二十一条。与《婚姻法》第二十一条相比，本条删除了"父母对子女有抚养教育的义务；子女对父母有赡养扶助的义务"以及"禁止溺婴、弃婴和其他残害婴儿的行为"这两句话。将请求父母给付抚养费的主体由"未成年的或不能独立生活的子女"调整为"未成年子女或者不能独立生活的成年子女"，将履行赡养义务的主体由"子女"调整为"成年子女"，将请求成年子女给付赡养费的主体由"无劳动能力的或生活困难的父母"调整为"缺乏劳动能力或者生活困难的父母"。

抚养义务作为法定义务，基于亲子关系产生，自子女出生之日起，延续至子女成年或能独立生活为止，除当事人死亡外，其他任何情形下都不能免除。

赡养义务包含对老年人经济上供养、生活上照料和精神上慰藉的义务，照顾老年人的特殊需要。赡养父母不仅是中华民族的传统美德，也是子女的法定义务。

法律适用

抚养义务是父母双方的义务，一方是否和子女共同生活、父母之间是否离婚等，均不应影响该法定义务的履行。同时婚姻关系存续期间，父母拒不履行抚养子女义务的，子女亦可以起诉索要抚养费。我国的法定夫妻财产制为婚后所得共同制。在夫妻关系正常的情况下，夫妻在婚姻关系存续期间的所得一般为夫妻共同财产，一方以自己的收入抚养子女可以视为另一方的共同抚养，通常不会产生要求付抚养费的问题，因此未成年子女要求支付抚养费，多数是在夫妻双方离婚时或离婚后才产生。但在夫妻因感情不和分居生活时，则另当别论。此时，夫妻各自控制和支配着自己使用的那部分财产，与夫妻分别财产制或离婚后各自的财产关系相似。此种情形下，如果不允许未成年子女主张抚养费，势必使一些父母借此逃避自己应尽的法定抚养义务。

而赡养义务也是一种法定义务，具有道德伦理性质，子女对于父母的赡养，并不以父母履行了对子女的抚养义务作为对价。即使父母因为各种原因没有履行对子女的抚养义务，在父母需要赡养时，子女也不能拒绝。比如根据《老年人权益保障法》第十九条第一款规定，赡养人不得以放弃继承权或者其他理由，拒绝履行赡养义务。子女的赡养义务不受父母婚姻关系变化的影响。无论父母是否离婚、再婚，子女的赡养义务均不因此而消除。

◎ 实务指引

第一，关于子女生活费和教育费的判决，因生活水平发展、物价提升，子女在必要时可向父母任何一方提出超过协议或判决原定数额的合理请求。

第二，子女成年后不可以追索抚养费。从抚养费立法目的和功能来看，抚养费的主要功能是保障未成年子女的健康成长，当子女成年且能独立生活后，抚养费的功能已经丧失，不再具有保护利益，故不能对其未成年期间父母应承担的抚养费进行追偿。

第三，实践中，抚养费应着眼于未成年人的合理需求。既排斥奢侈性的抚养费请求，也避免过低的抚养费给付，遵循未成年人最大利益原则。

因此，律师代理大额子女抚养费用请求时，应注意向当事人释明：首先，该请求是否符合未成年人的利益以及是否有相应的法律依据；其次，该请求是否属于因未成年人合理需求产生的支出，法律不鼓励超前的或者奢侈的抚养费需求；最后，应考虑夫妻的经济能力与实际负担义务。

第四，与抚养义务不同，被赡养的对象是成年人，因此赡养义务的发生具有一定的条件，即父母有受人赡养的必要。本条规定以"缺乏劳动能力或者生活困难"为判断标准，只要符合两个条件之一的，成年子女就应当进行赡养。

第一千零六十八条 【父母教育、保护未成年子女的权利和义务】

▷ 案件导入

马某1与马某3、马某2等生命权、身体权、健康权纠纷①

2021年4月29日下午，马某1与马某3等人在伊宁县喀什镇某村路边玩耍时发生矛盾。马某1自述因马某3骑在他的脖子上，其便用石子扔马某3，马某3随即追赶马某1，并用手打了马某1的后脑勺，将马某1打趴在地，导致马某1下颌骨受伤。4月30日，马某1在伊犁哈萨克自治州新华医院进行CT检查，诊断："1. 右侧下颌骨踝突骨折；2. 所示双侧上颌窦及蝶窦密度增高影，请结合临床。"5月24日，马某1再次在该院进行CT检查，诊断："下颌骨右侧髁状突骨质不连续，边缘光滑，请结合临床。"经本院释明，马某1撤回了伤残鉴定申请。

法院认为，公民的健康权益受法律保护。行为人因过错侵害他人民事权益，应当承担侵权责任。马某1与马某3未妥善处理纠纷矛盾，以致发

---

① （2021）新4021民初1627号。

生肢体冲突，双方父母未尽到监护义务，均应对损害后果承担民事责任。结合本案原、被告年龄大小、事情发生的原因等实际情况，本院酌情确定由马某1自己承担30%的责任，马某3承担70%的赔偿责任。根据法律规定，未成年子女造成他人损害的，父母应当依法承担民事责任，故应由马某2、丁某代为承担本案赔付责任。

> **【法律条文】**
>
> 第一千零六十八条　父母有教育、保护未成年子女的权利和义务。未成年子女造成他人损害的，父母应当依法承担民事责任。

法条释义

本条规定沿用了《婚姻法》第二十三条的规定，仅在文字表述上作了修改完善，如将"国家、集体或他人"改为"他人"，"有承担民事责任的义务"改为"应当依法承担民事责任"。

本条规定父母对未成年子女进行保护和教育，是因为未成年子女是无民事行为能力人或限制民事行为能力人，缺乏对事物的理解能力和处理能力。父母的保护和教育，一方面是为了保障子女的健康和安全；另一方面是为了防止未成年子女损害他人和社会的利益，防止未成年子女沾染恶习或从事违反社会公共生活规则和违法犯罪的行为。未成年子女造成他人损害的，父母应当依法承担民事责任。

法律适用

《民法典》第一千一百八十八条规定："无民事行为能力人、限制民事行为能力人造成他人损害的，由监护人承担侵权责任。监护人尽到监护职责的，可以减轻其侵权责任。有财产的无民事行为能力人、限制民事行为能力人造成他人损害的，从本人财产中支付赔偿费用；不足部分，由监护人赔偿。"依据第一千零六十八条的规定，未成年子女造成他人损害的，父母作为监护人，应当承担侵权责任。这种侵权责任属于替代责任。父母是未成年子女的法定监护人和法定代理人。一方面，当未成年子女的人身或财产权益遭受他人侵害时，父母有权以法定代理人的身份提起诉讼，请求停止侵害、排除妨碍、赔偿损失等。当未成年子女在他人诱使下脱离家庭时，父母有要求归还子女的权利。发生拐骗子女行为时，父母有请求司法机关追究拐骗者刑事责任的权利。另一方面，父母是未成年子女的监护人，对子女有监护职责，应对子女进行教育，预防和制止其对他人造成侵害，所以在未成年子女对他人造成损害时，父母有依法承担民事责任的义务。比如，6 岁的孩子扔石子不小心砸伤了他人，则父母应当承担赔礼道歉、损害赔偿等侵权责任。

实务指引

依据《民法典》第一千一百八十八条的规定，监护人尽到监护职责的，可以减轻其侵权责任。这是因为监护人承担侵权责任的原因在于监护职责。如果监护人已经尽到监护职责的，虽然不可完全免除其侵权责任，但可以减轻。比如，两个未成年人在学校上足球课期间，因踢球发生争执，一方受伤，当时学校未安排教师在场上课及管理，学校未尽到教育、管理职责，应当承担责任；加害人的父母作为监护人，亦应对加害行为承担侵权责任，但因是在学校上课期间，父母的监护职责无法完全行使，故可以适当减轻。

本条规定的父母的责任以民事责任为限，当未成年子女的行为构成犯罪时，父母不代其承担刑事责任。

原则上未成年子女的父母是共同监护人，双方对未成年子女共同履行监护职责。但出现以下特殊情形时，履行监护职责的主体可能发生变化：（1）父母一方死亡或被宣告死亡、失踪，或者被宣告为无民事行为能力人、限制民事行为能力人时，监护职责由另一方单独履行。（2）父母一方被撤销监护人资格，监护职责由另一方单独履行。但被撤销监护人资格一方，应当继续履行负担抚养费的义务。（3）父母离婚后，虽然未成年人归一方直接抚养，但是监护职责依然由父母双方共同履行，其中直接抚养未成年子女的父母一方实际承担的监护职责更多。（4）对于非婚生子女，父母是共同监护人。（5）养父母是养子女的监护人。收养关系成立后，养子女的生父母监护职责丧失。（6）继父母对受其抚养教育的继子女履行监护职责，继父母与其生父母为共同监护人。继父母对不受其抚养教育的继子女无监护职责。（7）人工生育子女的监护人，是经协商同意人工生育子女的夫妻双方，由双方行使。夫妻一方未经对方同意单独实施人工生育的，子女由其单独履行监护职责。

第一千零六十九条　【子女尊重父母的婚姻权利及赡养义务】

▶ 案件导入

孙某 1 与孙某 2 赡养费纠纷一案①

原告孙某 1 诉称，被告孙某 2 系原告与前妻董某玲婚生子。2001 年 4 月 2 日，原告与董某玲离婚。现原告身患重病，生活不能自理，医疗费开支大，被告有义务赡养原告，请求判令被告每月支付赡养费 4000 元。本案诉讼费由被告承担。被告辩称，原告与继母住在一起，除非只有我爸爸一个人，才愿意拿钱。法院经审理查明，被告孙某 2 系原告与前妻董某玲婚生子。2001 年 4 月 2 日，原告与董某玲协议离婚。2010 年 7 月 16 日，原告与杨某芬再婚，并于 2013 年 4 月 26 日与杨某芬婚生一女孙某 3。现原告与

---

① （2021）川 1381 民初 159 号。

妻子杨某芬都已退休，两人每月均有养老金。2019年至2020年期间，原告身患疾病，多次入院治疗，现仍在康复中。原告认为自己现在生活困难，被告应当尽赡养义务，给付赡养费，遂诉至法院，请求如前。另查明，被告孙某2目前在阆中市务工，月收入2000元至3000元不等，母亲董某玲随其生活，没有养老金，身患2型糖尿病、类风湿性关节炎等疾病，由其赡养。认定上述事实，有原、被告身份信息证明，住院病历复印件，离婚档案复印件，社保局证明以及当事人的当庭陈述等为据。

法院认为，赡养父母是子女应尽的法定义务。成年子女不履行赡养义务的，缺乏劳动能力或生活困难的父母，有要求成年子女给付赡养费的权利。子女对父母的赡养义务，不因父母的婚姻关系变化而终止。根据原、被告目前的经济状况及被告还要同时赡养其母的客观现实，依照《民法典》第一千零六十七条第二款、第一千零六十九条之规定，判决如下：被告孙某2从2021年3月起每月给付原告孙某1生活费500元，原告的医疗费（医保未报销部分）凭有效票据承担一半。案件受理费50元，由原告承担。

【法律条文】

第一千零六十九条　子女应当尊重父母的婚姻权利，不得干涉父母离婚、再婚以及婚后的生活。子女对父母的赡养义务，不因父母的婚姻关系变化而终止。

法条释义

本条规定来源于《婚姻法》第三十条，不得干涉的对象中增加了"离婚"一项，其他内容无变化。本条规定的宗旨在于保障老年人的婚姻权利，尤其是离婚、再婚的自由。《老年人权益保障法》第二十一条规定："老年人的婚姻自由受法律保护。子女或者其他亲属不得干涉老年人离婚、再婚及婚后的生活。赡养人的赡养义务不因老年人的婚姻关系变化而消除。"本条亦作出如此规定。

⏱ 法律适用

第一，子女不得干涉父母离婚。婚姻是否合适、双方感情是否破裂，只有婚姻关系当事人知道，若父母双方或者一方决定离婚的，子女可以劝和，但不得以不履行赡养义务为由或者使用其他手段进行阻挠。

第二，子女不得干涉父母再婚。若父母离婚或者一方去世，是否再婚、与谁结婚应由父母自主决定，子女不得阻挠或者干涉。实践中，子女进行阻挠的原因，既可能因为对已经去世的父母感情很深，心理上接受不了在世的父母再婚，也有可能因为担心父母再婚后发生财产纠纷，但无论何种原因，都不可因此对父母的再婚行为进行阻挠干涉。

第三，子女不得干涉父母再婚后的生活。比如再婚后是否共同生活、居所的选择或者个人财产的处分。

◎ 实务指引

一、子女对父母的赡养义务不因父母的婚姻关系而终止

《民法典》第二十六条第二款和第一千零六十七条第二款规定，"成年子女对父母负有赡养、扶助和保护的义务"，"成年子女不履行赡养义务的，缺乏劳动能力或者生活困难的父母，有要求成年子女给付赡养费的权利"。首先，这种赡养义务是无期限的，只要父母在世且需要赡养，子女就应当履行这一义务。其次，这种赡养义务是法定的，子女不得抛弃，只要父母缺乏劳动能力或者生活困难，子女就应当履行这一义务，不得附加条件。所以子女不能因父母再婚而不尽赡养义务，否则父母有权要求子女给付赡养费。

二、干涉父母婚姻或拒绝赡养父母应承担相应责任

子女干涉父母婚姻，侵犯的是父母的婚姻自主权，应承担相应的侵权责任。若以暴力手段干涉婚姻的，还可能需要承担刑事责任。如《刑法》第二百五十七条规定了暴力干涉婚姻自由罪，在第一款规定"以暴力干涉他人婚姻自由的，处二年以下有期徒刑或者拘役"。子女拒绝赡养父母的，父母可提起诉讼，请求子女支付赡养费。子女拒绝赡养父母情节恶劣的，还可能构成遗弃罪。如《刑法》第二百六十一条规定："对于年老、年幼、患病或者其他没有独立生活能力的人，负有扶养义务而拒绝扶养，情节恶劣的，处五年以下有期徒刑、拘役或者管制。"

三、关于赡养协议的效力问题

所谓赡养协议，是指一个老年人存在多个成年子女的，成年子女之间就对父母进行赡养的内容、方式、分工等进行具体约定所达成的协议。赡养协议增加了赡养制度的灵活性，不失为当前解决赡养问题的具有可操作性的有效方法。有效的赡养协议应具备以下要件：首先，赡养协议应具备有效民事法律行为的成立要件，如协议签订人应具有相应的民事行为能力、协议意思表示真实、不违反法律或者社会公共利益等。其次，赡养协议必须经过父母的同意，并且不能侵害父母的合法权利，如《老年人权益保障法》第二十条第一款规定："经老年人同意，赡养人之间可以就履行赡养义务签订协议。赡养协议的内容不得违反法律的规定和老年人的意愿。"需要指出的是，赡养协议并没有改变赡养的本质属性。即使父母同意子女之间签订赡养协议，如果客观条件发生变化，比如父母患病需要大额医疗费，或者当事人双方经济条件发生重大变化、物价出现较大变化等，父母也有重新向子女请求给付赡养费的权利。

第一千零七十条 【父母子女相互继承权】

▷ 案件导入

生父母、继父母、养父母与其子女之间是否均享有互相继承权①

陈某某于 2018 年 12 月 9 日意外死亡，陈某某系岳某的儿子、张某一的前夫、陈某一的养父、陈某二的生父、张某二的继父。2001 年 3 月 15 日，陈某某与何某秀登记结婚，婚后于 2002 年 2 月 23 日领养一女陈某一，未办理收养登记手续。2007 年 3 月，陈某某与何某秀在人民法院达成离婚协议，并由人民法院作出民事调解书予以确认。陈某某与何某秀离婚后，陈某一一直跟随陈某某一起生活。2009 年 2 月 3 日，陈某某与张某一登记结婚，张某一携非婚生子张某二和陈某某共同生活，2010 年 3 月 16 日，陈某某与张某一因感情不和等原因离婚。张某一与陈某某离婚后，在同居生活期间生育一子陈某二。2012 年 2 月 28 日，陈某某与张某一复婚，后又因感情不和等原因于 2018 年 4 月 8 日达成协议并离婚。离婚协议约定，陈某二由张某一抚养，陈某某每月支付陈某二生活费 500 元，陈某二以后的教育费、医疗费凭票据由双方各承担一半。2018 年 12 月 9 日陈某某因洗澡时出现意外死亡。上述当事人就陈某某的继承人身份问题以及遗产分割问题产生纠纷诉至法院。

法院认为，根据法律规定，遗产按照下列顺序继承：第一顺序是配偶、子女、父母，第二顺序是兄弟姐妹、祖父母、外祖父母。继承开始后，由第一顺序继承人继承，第二顺序继承人不继承。没有第一顺序继承人继承的，由第二顺序继承人继承。本法所说的子女，包括婚生子女、非婚生子

---

① （2021）川 13 民终 183 号。《民法典》第一千零七十条是关于父母和子女之间互相有继承权的规定，其中父母和子女的概念是本条文适用的重点问题。该案中同时包含了生父母、养父母、继父母和婚生子女、养子、继子的继承权问题，对于理解和适用本条文具有典型意义。

女、养子女和有扶养关系的继子女。本法所说的父母，包括生父母、养父母和有扶养关系的继父母。本法所说的兄弟姐妹，包括同父母的兄弟姐妹、同父异母或者同母异父的兄弟姐妹、养兄弟姐妹、有扶养关系的继兄弟姐妹。

本案中，岳某、陈某二分别作为陈某某的母亲、儿子，均可作为陈某某第一顺位的法定继承人继承案涉遗产。陈某某收养陈某一但并未办理合法的收养手续，因此，陈某一不享有养子女的法定继承权。关于张某二是否符合《继承法》规定的与被继承人形成抚养关系的继子女的问题，[1] 判断继父母子女之间是否享有继承权，以是否形成抚养关系为标准。继父母子女在事实上形成了抚养关系，由直系姻亲转化为拟制血亲，从而产生法律拟制的父母子女间的权利义务。确定是否形成抚养关系应以继承实际发生时为节点。本案中，张某二在十三岁时，生母张某一与被继承人陈某某结婚并与陈某某共同生活，形成事实上的继父子关系，张某一与陈某某共同抚养教育过张某二，故张某二与其继父陈某某事实上已形成抚养关系，因此张某二属于《继承法》规定的有抚养关系的继子女，其可作为陈某某第一顺位的法定继承人继承案涉遗产。[2]

诉讼结果：岳某和陈某二作为陈某某的母亲和婚生子享有继承权，陈某一作为陈某某的养女因未办理合法的收养手续不享有养子女的法定继承权，张某二虽然是继子女但是因为和陈某某形成了抚养关系，因此享有继承权。

【法律条文】

第一千零七十条　父母和子女有相互继承遗产的权利。

---

① 《继承法》已失效，现相关规定见《民法典》第一千一百二十七条。
② 《继承法》已失效，现相关规定见《民法典》第一千一百二十七条。

🔖 法条释义

本条规定来源于《婚姻法》第二十四条第二款的规定，强调的是父母和子女之间相互享有继承的权利，从法理来看这是一种基于血亲关系（包含自然血亲和拟制血亲）而享有财产权利的体现。而继承则指在被继承人死亡后由与其有一定亲属关系的生存人概括继承其财产的法律制度[①]。从各国立法来看，绝大多数国家对父母子女之间具备最密切的人身和财产关系予以了法律上的确认。基于此，父母子女之间继承的权利与义务是对等的也是平等的，既包含子女对父母遗产的继承，也包含父母对子女遗产的继承，这种继承权利不因性别不同、年龄大小、婚姻状况而受到影响。

⏱ 法律适用

本条文针对的是法定继承的情形，准确适用本条文需充分理解在法定继承中父母和子女的类别和概念，结合《民法典》第一千一百二十七条第三款、第四款的规定，可知法定继承中作为第一顺位继承人的子女包括婚生子女、非婚生子女、养子女和有扶养关系的继子女；作为第一顺位继承人的父母，包括生父母、养父母和有扶养关系的继父母。为了准确地理解与适用本条中父母和子女的概念，特进行以下分类和解析。

一、生父母与婚生子女及非婚生子女

指的是存在自然血亲关系的父母与子女，生父母对子女的遗产有继承权，既包含对婚生子女的遗产也包含对非婚生子女的遗产，反之亦然。需要注意的是，如果婚生子女或者非婚生子女已经被他人收养的，则伴随着生父母和亲生子女间的权利义务被消除，双方均不再互相享有继承权。收养关系解除后，对于未成年子女可依据《民法典》第一千一百一十七条的

---

① 最高人民法院民法典贯彻实施工作领导小组编著：《中华人民共和国民法典婚姻家庭编继承编理解与适用》人民法院出版社 2020 年版，第 202 页。

规定自行恢复，双方的继承权可再次享有（其实质是为了保护未成年人，在收养关系解除以后，防止其生活陷入困顿，督促生父母履行抚养和教育义务），但对于成年子女而言，基于对被收养人独立人格的保护，其有权选择是否与生父母恢复自然血亲关系，如果成年子女不愿与生父母恢复父母子女关系，则生父母对该子女的遗产无继承权。

二、养父母与养子女

养父母和养子女之间无自然血亲关系，双方系基于收养行为而产生的法律拟制的血亲关系。因此养父母和养子女关系的确立，必须经过法定的程序。即依据《民法典》第一千一百零五条第一款的规定："收养应当向县级以上人民政府民政部门登记。收养关系自登记之日起成立。"收养关系成立以后，养子女和生父母之间的权利义务解除，养父母和养子女之间在法律拟制的血亲关系下互负权利与义务，双方具备互相继承的权利。但是，双方的权利与义务因收养行为而产生，也会因收养关系解除而终止。一旦双方的收养关系解除，养父母和养子女之间也将丧失相互继承的权利。

三、继父母与继子女

继父母一般是指父母一方死亡或者离婚后，抚养子女的一方再婚，被抚养的子女对父母再婚配偶的称呼，可见继父母和继子女关系是基于父亲或者母亲再婚形成的姻亲关系（因婚姻关系派生出来的一种亲属关系）而产生的。双方是否互相享有继承权，关键在于是否在两者之间形成了抚养教育关系。从司法判例来看，父母再婚时，继子女已经成年并独立生活的以及虽未成年但是未与继父母共同生活的，继父母与继子女之间因未形成教育抚养关系而无法相互继承。由此可知，这种抚养教育关系和继父母再婚时子女的年龄以及是否共同生活息息相关。继父母和继子女形成抚养关系的，继父母和继子女之间有相互继承的权利。需要注意的是，这种基于继父母与继子女抚养教育关系而形成的继承权并不阻断继子女与其生父母（或继父母与其亲生子女）之间的法定继承。因此，在继父母和继子女形成抚养教育关系的情况下，可能会涉及双重继承权的问题。

◎ 实务指引

本条是父母子女之间互相继承的法律规定。

首先，实务中应当特别注意发生继承的时间，确定一个自然人有无继承权，应当以继承开始时为准。[①] 如在继承开始时，继承人已经丧失了继承权的资格，则其无权享有被继承人的财产权益。

其次，收养关系往往是本条适用的"重灾区"，在判断收养关系是否成立时，不仅要考虑被继承人死亡时，养父母和养子女间的收养关系是否还存续，还要关注收养关系成立的时间。因我国收养法起步较晚（1992 年 4 月 1 日施行），致使在此之前已经存在大量的民间送养、寄养行为，这些送养和寄养的行为无论在形式上还是实质条件上均与收养法的规定存在诸多差异。不仅未经登记，一些已经成年的人被老年人收养为养子女的问题大量存在。实务中一般基于维护此类养亲家庭的稳定、和睦的立场考量，对收养法颁布前确定的收养关系，依照当时有关规定办理了收养公证或户籍登记手续的收养行为承认其效力。对于未经户籍登记的也可以适用 1984 年最高人民法院颁布的《关于贯彻执行民事政策法律若干问题的意见》（已失效）第二十八条规定，通过亲友、群众、组织公认的方式，按照收养关系对待。

最后，除了上述两点外，实务中基于科学的发展和新技术的推广（如人工体外授精技术），对传统的婚姻制度、继承制度、亲属结构都造成了巨大的冲击。人工体外授精既存在同质体外授精的情况（即所生子女血缘仍来源于夫妻双方），也存在异质体外授精的情况（由第三方提供精子注入妻子的子宫内授精）。最高人民法院在 1991 年《关于夫妻离婚后人工授

[①] 最高人民法院民法典贯彻实施工作领导小组编著：《中华人民共和国民法典婚姻家庭编继承编理解与适用》人民法院出版社 2020 年版，第 207 页。

精所生子女的法律地位如何确定的复函》（已失效）中，规定了在夫妻关系存续期间，双方一致同意进行人工授精的情况下，所生子女视为夫妻双方的婚生子女，父母子女之间权利义务关系适用《婚姻法》的有关规定。相当于通过法律的形式确定了人工体外授精所生子女的法律地位，可以适用本条款使父母与子女之间相互继承。实务中还存在最初丈夫同意授精而之后反悔以及女方隐瞒丈夫进行体外授精的情形，因可供检索的案例有限，法理上的观点认为：同质体外授精的情况，只要子女已经出生，该子女都应当属于父母的婚生子女。异质体外授精的情况下，如果是丈夫一开始同意而后续反悔，在妻子已经怀孕的情况下，则丈夫不能撤销该同意，所生子女按照婚生子女的方式与父母之间相互继承。如果是妻子隐瞒丈夫进行的异质体外授精，有学者认为由于在子女受胎或出生时，夫妻的婚姻关系存在，因而依婚生推定制度，该子女仍属于受婚生推定的婚生子女[1]。但由于缺乏丈夫的同意，丈夫对此可适用婚生否认的规定，在知悉该子女出生后提起否认之诉，以推翻父亲身份的推定[2]。

第一千零七十一条 【非婚生子女的权利】

▷ 案件导入

婚生子女和非婚生子女是否享有同等的权利[3]

原告刘某某与被告徐某系夫妻关系，双方于 2008 年 4 月 15 日登记结婚。被告徐某和尹某某（结婚前同居关系）于 2007 年 9 月 25 日生育被告

---

① 赵学升、黄伟峰：《一方同意人工授精后又反悔不影响受孕子女的法律地位》，载《人民司法·案例》2009 年第 4 期。

② 张玉旺、焦艳玲：《关于异质人工授精子女法律地位的思考》，载《医学与哲学（人文社会医学版）》，2007 年第 10 期。

③ （2015）渝五中法民再终字第 00043 号。本案系非婚生子的亲生父亲提起的变更抚养费数额之诉，要求将对非婚生子的抚养费金额由每月 2 万元变更为每月 2000 元，最终法院基于本条款保护了非婚生子与婚生子同等的法律地位。

尹某某二（非婚生子女）。该事实已经法院生效的（2014）徐少民初字第60号判决书查明，2008年4月28日经司法鉴定科学技术研究所司法鉴定中心鉴定被告徐某与尹某某二之间存在亲生血缘关系。后原告刘某某与徐某的女儿于2008年11月1日出生。2008年5月16日，尹某某与被告徐某签订书面《子女抚养及财产处理协议书》，约定：尹某某二由尹某某抚养，徐某每月支付抚养费2万元，至尹某某二至20周岁时止。2008年8月尹某某二起诉至人民法院，主张徐某在协议签订后仅支付了两个月的抚养费，要求徐某自2007年12月起每月支付抚养费2万元至尹某某二至20周岁。法院经审理于2008年11月20日作出判决：徐某自2007年12月每月支付尹某某二抚养费1万元，至尹某某二至20周岁。此后，徐某又分别于2010年4月12日和2011年10月13日出具承诺，将抚养费调整到每月12000元和每月20000元至上诉人尹某某二至20周岁时止。后徐某现任妻子刘某某起诉至法院，认为徐某向尹某某二支付抚养费的行为侵害了其夫妻共同财产，要求法院调整抚养费由2万元至2000元。

　　法院认为，被告徐某就支付尹某某二抚养费数额和期限作出的承诺，是否侵犯了原告刘某某的夫妻共同财产权。要解决这个问题，首先需要明确父母基于对子女的抚养义务支付抚养费是否会侵犯父或母再婚后的夫妻共同财产权。父母对未成年子女有法定的抚养义务，非婚生子女享有与婚生子女同等的权利，不直接抚养非婚生子女的生父或生母，应负担子女的生活费和教育费，直至子女能独立生活为止。虽然夫妻对共同所有的财产，有平等的处理权，但夫或妻也有合理处分个人收入的权利，不能因未与现任配偶达成一致意见即认定支付的抚养费属于侵犯夫妻共同财产权，除非一方支付的抚养费明显超过其负担能力或者有转移夫妻共同财产的行为。本案中，虽然徐某承诺支付的抚养费数额确实高于一般标准，但在父母经济状况均许可的情况下，都应尽责为子女提供较好的生活、学习条件。徐某承诺支付的抚养费数额一直在其个人收入可承担的范围内，且徐某这几年的收入情况稳中有升，支付尹某某二的抚养费在其收入中的所占比例反而下降，故亦不存在转移夫妻共同财产的行为。因此法院认为，徐某就支付尹某某二抚养费数额和期限作出的承诺，并未侵犯刘某某的夫妻共同财产权，即每月按照 2 万元进行支付，直至尹某某二至 20 周岁为止。

诉讼结果：非婚生子女和婚生子女享有同等的权利，不直接抚养非婚生子女的生父或者生母应当负担子女的生活和教育费，徐某作为尹某某二的生父，应当每月按照 2 万元进行支付，直至尹某某二至 20 周岁为止。

【法律条文】

第一千零七十一条　非婚生子女享有与婚生子女同等的权利，任何组织或者个人不得加以危害和歧视。

不直接抚养非婚生子女的生父或者生母，应当负担未成年子女或者不能独立生活的成年子女的抚养费。

🔅 法条释义

本条规定来源于《婚姻法》第二十五条，与该条款相比，本条规定虽然未作实质性变更，但是在文字表述方面更加强调对非婚生子女的保护，防止子女因是否属于婚内生育的问题而受到危害及歧视。该条规定的主要内容为非婚生子女与父母之间的权利与义务。非婚生子女是指没有婚姻关系的男女所生的子女，在封建社会以及资本主义早期社会，非婚生子女往往会因父母之间非法和不道德的两性关系，而受到社会的歧视。直至 20 世纪初，随着人权思想、平等思想等观念的出现，才开始逐渐改变非婚生子女的法律地位[1]。一方面，从自然血亲的角度来看，无论是婚生子女还是非婚生子女，其与父母之间都存在最直接的血缘关系，两者并无差别，因

---

[1] 最高人民法院民法典贯彻实施工作领导小组编著：《中华人民共和国民法典婚姻家庭编继承编理解与适用》人民法院出版社 2020 年版，第 209 页。

此保障非婚生子女免受歧视，享有与婚生子女同等的法律地位是法律的题中应有之义。另一方面，基于非婚生子女和父母之间的血亲关系，即使是不直接与非婚生子女共同生活的一方（无论生父还是生母），均应当承担起对子女的抚养教育义务，抚养费作为间接抚养义务的履行方式，也体现了对于非婚生子女与婚生子女同等地位的法律保护。

◎ 法律适用

充分地理解与适用本条款，首先应当从条款的立法目的出发。该条款的设立初衷系保障非婚生子女与婚生子女享有同等的法律地位。这种法律地位既是一种权利也是一种义务，既包含了父母对子女抚养教育的权利与义务，也包含了子女成年后对父母赡养扶助的权利与义务，同时根据《民法典》第一千零七十条的规定，生父母和非婚生子女之间还享有相互继承的权利。其次本条款特别强调任何组织和个人不得危害和歧视非婚生子女的法律地位，是基于目前非婚生子女落户难、入学难等问题而进行的特殊保护，虽然对于非婚生子女的落户问题，《国务院办公厅关于解决无户口人员登记户口问题的意见》中已经给出了处理意见，但是实际中各地对于非婚生子女的身份确认问题差异明显，又因为非婚生子女的父母往往各有家庭，致使现实情况并不理想。防止危害和歧视，既是对父母提出的要求，也是对有关单位提出的要求。除此之外，在法律适用上还需要特别注意，本条第二款规定了不直接抚养非婚生子女的父亲或母亲应当负担其抚养费用，这里的抚养费的标准和范围应当结合《婚姻家庭编的解释（一）》，从保护未成年人利益的角度出发，结合父母的实际情况和当地的生活水平予以确认。

◎ 实务指引

虽然我国法律对于非婚生子女的法律地位进行了明确的规定，非婚生子女具有和婚生子女同等的法律地位。但是在司法实践中，非婚生子女的权益保护仍然是一个突出的问题，其中一个最重要的原因便是非婚生子女的亲子关系认定存在难度。非婚生子女与婚生子女最大的不同之处在于婚生子女因是夫妻双方在婚姻关系存续期间出生的子女，一般情况下其父母的身份不存在异议。但是非婚生子女则不同，除了基于出生证明的母亲的身份可以直接确认外，对于父亲权利的主张需要经过亲子关系的认定程序才能够得以实现。如果没有进行亲子鉴定，未办理出生证明或者出生证明中未载明父亲信息，一旦生父过世，非婚生子女想要证明亲子关系的难度将会大大提高。

实务中确定亲子关系的方式主要有两种：一是技术手段鉴定，即通过专业的司法鉴定机构鉴定父母和子女之间是否具备亲子关系的手段；二是法律规则推定，即在一些特殊情形下如父亲或者母亲已经去世不再有 DNA 样本或者鉴定人不配合致使无法通过鉴定的方式确定亲子关系的情况下通过法律和司法解释中规定的亲子关系推定规则来推定亲子关系是否成立的方式。

需要注意的是，通过法律规则推定亲子关系的成立主要依据的是《婚姻家庭编的解释（一）》第三十九条第二款规定的"父或者母以及成年子女起诉请求确认亲子关系，并提供必要证据予以证明，另一方没有相反证据又拒绝做亲子鉴定的，人民法院可以认定确认亲子关系一方的主张成立"。其中对于必要证据的理解，主流的裁判规则是将出生证明作为其中的必要证据，在没有出生证明同时也缺乏鉴定结论的情况下，法院也有一定的自由裁量权可以基于高度盖然性的标准推定父母和非婚生子女之间具备亲子关系。①

---

① 贾明军、袁芳、秦卓瑜：《非婚生子女亲子关系的认定难点和司法规则》，载威科先行法律信息库，发布日期 2020 年 7 月 29 日。

第一千零七十二条　【继父母与继子女间的权利义务关系】

▷ **案件导入**

什么样的继父母和继子女关系才能够相互继承①

被继承人孙某某与邹某某于 1974 年 3 月登记结婚，1974 年 12 月 22 日生育一女名孙某二，后更名邹某二。孙某某与邹某某于 1981 年 9 月 28 日经新疆维吾尔自治区昌吉市人民法院调解离婚。后孙某某与陈某某于 1984 年 12 月 8 日结婚，婚后陈某某与其前夫所生之子陈某二随陈某某、孙某某共同生活在上海市重庆北路某某号，1991 年 10 月 17 日孙某某与陈某某协议离婚，双方于 1991 年 7 月 1 日在民政局登记备案的《自愿离婚协议书》约定："一、子女抚养：女方同前夫所生男孩，陈某二，……仍由女方抚养直至工作，男方不承担其他费用……三、分居住宿安排：女方和子（陈某二）仍迁回原户口所在地居住，男方住户口所在地。离婚后，男方住重庆北路某某号，户口落实重庆北路某某号。女方住周家嘴路某某弄某某号，户口落实周家嘴路某某弄某某号。"后孙某某又与刘某某结婚，婚后未生育子女，并于 2000 年 11 月 16 日协议离婚。2002 年 5 月 16 日孙某某与高某某登记结婚，婚后生育一女名孙某三。孙某某于 2016 年 5 月 3 日死亡，孙某某父母均先于其死亡。孙某某死亡后，陈某某及孙某二起诉分割孙某某遗产。

法院认为，根据《继承法》第十条②的规定，判断继父母子女之间是否享有继承权，以是否形成扶养关系为标准。继承法上的扶养，是一定范

---

① （2017）沪 02 民终 10068 号。根据我国现有的法律规定，可以确定形成抚养教育关系的继父母和继子女之间是有相互继承权利的。但是，在抚养教育关系的形成标准以及继子女和继父母关系解除方面，我国仍存在法律上的薄弱点。本案对继父母和继子女之间抚养关系从形成到解除进行了相对完整的解释，对于理解和适用《民法典》第一千零七十二条中继子女和继父母的权利义务关系具有一定的价值。

② 《继承法》已失效，现相关规定见《民法典》第一千一百二十七条。

围的亲属间相互供养和扶助的法定权利和义务，包括抚养、赡养、扶养，即长辈对晚辈的抚养、晚辈对长辈的赡养和平辈亲属间的扶养。继父母子女在事实上形成了扶养关系，由直系姻亲转化为拟制血亲，从而产生法律拟制的父母子女间的权利义务。确定是否形成扶养关系应以继承实际发生时为节点。本案中，陈某二两岁时，因生母陈某某与被继承人孙某某结婚，确实与孙某某共同生活，形成事实上的继父子关系，孙某某与陈某某共同抚养教育过陈某二，后陈某某与孙某某协议离婚。1993年11月3日公布的《最高人民法院关于人民法院审理离婚案件处理子女抚养问题的若干具体意见》第十三条规定："生父与继母或生母与继父离婚时，对曾受其抚养教育的继子女，继父或继母不同意继续抚养的，仍应由生父母抚养"。对于上述规定，本院认为，继父母与继子女是基于姻亲而发生的一种事实上的抚养关系，这种关系是法律拟制的，离婚后，在继父母不愿意继续抚养的情况下，应视为继父母子女关系的解除，他们之间父母子女的权利义务不复存在。本案中，陈某二由孙某某抚养过，但是在其生母陈某某与孙某某离婚时，陈某二九岁，尚未成年，且孙某某、陈某某在离婚协议中明确约定陈某二由陈某某继续抚养，孙某某不再承担抚养费用。在此情形下，应当认定孙某某不再继续抚养是对原已形成的抚养事实的终止，孙某某与陈某二之间的继父子关系视为解除。而且，自陈某二与孙某某的继父子关系解除至孙某某病故时，期间长达二十余年，双方再无来往。陈某二于1998年出国至今仅回国三次，均为短时间停留，其成年后也不存在赡养孙某某的事实。故而，法院认为，陈某二与被继承人孙某某之间虽存在过抚养事实，但因孙某某与陈某二生母陈某某离婚后不再抚养陈某二，以及陈某二成年后未履行赡养义务，本案继承发生时，陈某二与被继承人孙某某之间继父子关系已解除，双方的权利义务不复存在，陈某二不符合继承法规定的有扶养关系的继子女。综上，陈某二对被继承人孙某某的遗产不享有继承权。

诉讼结果：虽然陈某某和孙某某共同抚养教育了陈某二多年，但双方协议离婚时，陈某二年仅九岁，此后更是由陈某某独自抚养，之后二十余年里陈某二也未再对孙某某履行赡养义务，因此双方的继父母与继子女关系解除，陈某二不再对被继承人孙某某的遗产享有继承权。

【法律条文】

第一千零七十二条　继父母与继子女间，不得虐待或者歧视。

继父或者继母和受其抚养教育的继子女间的权利义务关系，适用本法关于父母子女关系的规定。

💡 法条释义

本条规定来源于《婚姻法》第二十七条的规定，除了文字上做了些许调整外，内容基本相同，主要强调的是继子女和继父母之间的权利义务关系。我国是直到 1980 年的《婚姻法》当中才开始将继父母和继子女之间的权利义务参照生父母子女间的规定予以执行的。继父母与继子女关系是指因父母一方死亡或者离婚后，抚养子女一方再婚，在继父母和继子女之间形成的亲属身份关系，其本质上是一种姻亲关系，基于生母（父）与继母（父）婚姻关系而产生。在继父母和继子女的关系当中，首要的义务是相互之间不得虐待和歧视，特别是继父母对继子女的虐待和歧视。违反这一义务，造成一方损害的构成侵权行为，严重的甚至构成犯罪承担刑事责任[①]。需要注意的是，本条规定中可以参照父母子女关系执行的，不是继父母和继子女的权利义务关系，而是继父母和受其抚养教育的继子女间的权利义务关系。只有受到继父母抚养教育的继子女才能够形成法律拟制的血亲关系，可以适用生父母子女的规定，没有受到继父母抚养教育的，继

---

① 最高人民法院民法典贯彻实施工作领导小组编著：《中华人民共和国民法典婚姻家庭编继承编理解与适用》人民法院出版社 2020 年版，第 215 页。

父母和继子女之间仍旧是姻亲关系，只是称谓上的父母和子女。

◎ 法律适用

准确地理解与适用本条款，需要理解继父母和继子女之间原本仅是一种姻亲关系。从国外的立法通例来看，在继父母没有和继子女形成收养关系的情况下，继父母和继子女之间只是一种基于亲属关系而发生的债的关系。但是我国法律对形成了抚养教育关系的继父母和继子女认可其成立拟制血亲关系①。继父母和继子女之间不得虐待和歧视，不仅针对的是已经形成拟制血亲关系的继父母和继子女，也包含仍属于姻亲关系的继父母和继子女，一般而言，针对本条第一款的继父母和继子女可以做缩小解释，仅指共同生活的继父母子女，这是因为虐待罪的构成要件是特殊主体，要求是在同一个家庭中共同生活的成员才能够构成本罪，而不在同一家庭中共同生活的成员发生的违法犯罪行为也可以基于民事法律侵权制度和其他刑事规定予以维权②。另外，在确定继父母和继子女抚养教育关系形成的问题上，要重点关注父母再婚时子女的年龄，以及和继父母共同生活的时间等因素，但是否共同生活并非认定抚养教育关系成立的必要条件，在一些特殊的家庭环境下，继父母虽未与继子女共同生活但是长期负担继子女的抚养教育费用的，也可以使继父母和继子女之间形成抚养教育关系。

◎ 实务指引

实务中，继父母和继子女是否形成了抚养教育关系是本条款适用的难点问题。其原因在于，对于抚养教育关系的形成我国尚未有明确的法律标准。早在《最高人民法院关于适用〈中华人民共和国婚姻法〉若干问题的解释（三）》（草案）中就曾尝试对此问题进行明确，该草案第十条规定：

---

① 最高人民法院民法典贯彻实施工作领导小组编著：《中华人民共和国民法典婚姻家庭编继承编理解与适用》人民法院出版社 2020 年版，第 215 页。

② 张学军：《试论继父母子女关系》，载《吉林大学社会科学学报》2002 年第 3 期。

"婚姻法第二十七条所称的'继父或继母和受其抚养教育的继子女'应符合下列情形之一：1. 继父（或继母）和享有直接抚养权的生母（或生父）与未成年继子女共同生活三年以上，承担了全部或部分抚育费，付出了必要的劳务，并且履行了教育义务；2. 继父或继母因工作等非主观原因，无法与未成年继子女共同生活，但承担了全部或部分抚育费五年以上；3. 未成年继子女的生父母一方死亡，继父或继母与未成年继子女共同生活两年以上，并承担了本条第一款的相关义务"。但在正式颁行的《最高人民法院关于适用〈中华人民共和国婚姻法〉若干问题的解释（三）》中却并未出现这一条款，《民法典》颁行后也同样未就继父母子女间成立抚养关系的认定给出判断标准①。在司法实践中，各地对于继父母和子女成立抚养教育关系的认定也存在差异，一般情况下父母再婚时子女年龄较小，长期和继父母共同生活的子女被认定成立抚养教育关系的情况相对较多。除继父母和继子女之间形成抚养教育关系以外，随着老年人再婚的现象增多，实务中也开始出现继父母虽然没有抚养教育继子女，但是继子女履行了主要赡养义务的情形。由于这种情形不属于本条第二款规定的抚养教育关系形成的情形，继子女尽管为继父继母提供了物质上的帮助和精神上的照顾，但是却无法参与到继父母的法定继承当中，仅能依据《民法典》第一千一百三十一条的规定，通过对被继承人扶养较多的方式适当地分得遗产。除此之外，实务中因继父母和继子女之间形成的抚养教育关系只需认定，无须登记，也不会对其原本的血亲关系产生影响（继父母可以继承其亲生子女的遗产，继子女也可以继承其亲生父母的遗产，不受继父母子女抚养教育关系是否成立的影响），因此还应当关注继父母子女的双重继承权问题。

---

① 王小成、高天成：《试论继父母和继子女的法定继承权》，载威科先行法律信息库，发布日期2020年8月11日。

第一千零七十三条　【亲子关系异议之诉】

▶ **案件导入**

案例一：非婚生子女可否请求确认亲子关系[①]

2018 年原告吕某的母亲涂某与被告吴某相识相恋，后双方开始同居生活，未办理结婚登记手续，并共同生育非婚生子即原告吕某。原告吕某作为未成年子女依法向作为亲生父亲的被告吴某主张抚养费。但是，被告吴某却拒绝支付抚养费，故引发本案纠纷。

在诉讼过程中，原告吕某向法院提出亲子鉴定的申请。法院依法通知被告吴某在指定时间配合做亲子鉴定，但被告吴某未予以配合。

法院认为，非婚生子女依法享有与婚生子女同等的权利，其父母依法应承担抚养的义务。本案中原告吕某申请做亲子鉴定，来确认其与被告吴某是否存在亲子关系，吴某无正当理由予以拒绝，应推定原告吕某主张的亲子关系成立，被告吴某依法应承担抚养义务。吕某系江西省九江市居民，其抚养费用可参照 2020 年度江西省九江市城镇居民人均消费性支出来计算，由吴某与吕某的母亲各承担一半，被告吴某每年应承担抚养费 11357 元。原告吕某要求被告吴某支付其母生育时的相关费用，因原告诉讼主体不适格，法院不予支持。

案例二：继父母在离婚后可否起诉否认亲子关系[②]

原告吴某某经人介绍与被告吴某的法定监护人李某相识，吴某某于 2008 年 10 月 28 日与李某登记结婚。吴某某与李某相识时，李某已经怀有身孕 5 个多月，吴某于 2009 年 1 月 14 日出生，吴某并非吴某某亲生女儿，后在李某的要求下，吴某某与李某于 2013 年 6 月 20 日离婚。离婚后李某多次以吴某的名义向吴某某索要"好处"，李某曾利用吴某某与吴某父女

[①]　（2021）鄂 1127 民初 1262 号。
[②]　（2021）湘 0104 民初 6858 号。

身份关系为吴某办理独生子女证，让吴某能够享受到独生子女待遇。但吴某某和吴某之间并无血缘关系，现吴某某已再婚，且有了自己的继子女，已无力再承担吴某的任何费用，故引发本案纠纷。

在诉讼过程中，被告吴某的监护人李某答辩称原告吴某某在与其结婚时就已经知道她肚子里怀的是别人的孩子，吴某某与吴某本来就不存在血缘关系和亲子关系。

法院认为，吴某某与李某经人介绍相识，于 2008 年 10 月 28 日登记结婚，登记结婚前李某已怀有身孕，李某于 2009 年 1 月 14 日生育一女，取名吴某，即本案吴某。2013 年 6 月 20 日吴某某与李某协议离婚，离婚协议载明"双方离婚后小孩由女方（即李某）抚养监护"。庭审过程中，吴某某与吴某的法定代理人李某双方均认可吴某某非吴某的亲生父亲。吴某申请证人张某出庭作证，亦证明前述事实。另，吴某某与吴某法定代理人李某双方对吴某非吴某某所亲生，双方无血缘关系的事实均予以认可，故吴某某请求确认其与吴某之间不存在亲子关系，有事实和法律依据，法院依法予以支持。

【法律条文】

第一千零七十三条　对亲子关系有异议且有正当理由的，父或者母可以向人民法院提起诉讼，请求确认或者否认亲子关系。

对亲子关系有异议且有正当理由的，成年子女可以向人民法院提起诉讼，请求确认亲子关系。

法条释义

本条是关于亲子关系异议之诉的规定。[1] 本条亦是新增条款，《最高人

---

[1]　中国审判理论研究会民事审判理论专业委员会编著：《民法典婚姻家庭编条文理解与司法适用》，法律出版社 2020 版，第 120 页。

民法院关于〈中华人民共和国婚姻法〉若干问题的解释（三）》（已失效）中第二条对亲子关系诉讼已经作出了相关规定，而本条规定对其进行了较大幅度的调整和修改。

通过在本法中新增该规定，有助于进一步补充和完善亲子关系内容，对有关未成年的保护、家庭关系的维护和社会稳定也有重要意义。

亲子关系诉讼属于身份关系诉讼，包括亲子关系的确认之诉和否认之诉。本条规定了父、母、成年子女均有提起亲子关系确认之诉的权利。但是，对于亲子关系否认之诉的诉讼主体规定则只能是父或母。同时，本条也规定了不管是提起亲子关系的确认之诉还是否认之诉，均要求诉讼主体提供"正当理由"，避免当事人滥用诉权，也有助于法院作出判决。

🕐 法律适用

以往法院在处理亲子关系诉讼问题时通常依据《最高人民法院关于〈中华人民共和国婚姻法〉若干问题的解释（三）》（已失效）第二条规定："夫妻一方向人民法院起诉请求确认亲子关系不存在，并已提供必要证据予以证明，另一方没有相反证据又拒绝做亲子鉴定的，人民法院可以推定请求确认亲子关系不存在一方的主张成立。当事人一方起诉请求确认亲子关系，并提供必要证据予以证明，另一方没有相反证据又拒绝做亲子鉴定的，人民法院可以推定请求确认亲子关系一方的主张成立。"亲子关系诉讼中直接证据的缺乏和证明责任的高标准，使亲子鉴定成为确认或否认亲子关系的关键性证据。但是，在司法实践中经常出现当事人随意提起亲子关系诉讼，在无法律直接约束力的情况下出于各种原因拒绝做亲子鉴定，人民法院审理相关案件障碍重重。本法关于提起亲子关系诉讼的主体必须具有"正当理由"的规定，与该司法解释的精神一脉相承，便于法院依法作出判决。对于"正当理由"的认定标准，法律对此无具体规定，实践中可以结合家庭伦理、人文关怀以及社会价值取向等因素综合考虑。

在上述案例一中，因被告吴某在诉讼过程中无正当理由拒绝配合做亲子鉴定，法院适用了《民法典》第一千零七十一条、第一千零七十三条等法律规定，依法推定原告吕某与被告吴某存在亲子关系。虽然吕某系非婚生子女，但是其依法享有与婚生子女同等的权利。既然吴某系吕某的生父，那么其依法应当负担吕某的抚养费。故，法院依法支持了吕某要求吴某支付抚养费的诉求。

在上述案例二中，原告吴某某与被告的法定代理人李某的当庭陈述、证人证言、离婚协议书等证实吴某某与被告吴某之间不存在亲子关系。故，法院依法适用了《民法典》第一千零七十三条的规定，确认曾是继父的吴某某与被告吴某之间不存在亲子关系。

实务指引

本条内容进一步明确和具体规范了亲子关系诉讼的内容。

司法实践中，在处理亲子关系诉讼时，我们要把握好本条对亲子关系确认之诉以及否认之诉的诉讼主体的规定，本条赋予了父、母、成年子女均有提起亲子关系确认之诉的权利。但是，对于亲子关系否认之诉的诉讼主体只能是父或母，不包括成年子女。

另外，本法关于提起亲子关系诉讼的主体必须具有"正当理由"。对于"正当理由"的认定标准，法律并无具体规定，但亲子关系之诉对家庭的和谐具有很大的影响。因此，如果仅凭子女外貌与父母相似程度（跨人种外貌特征除外）或怀疑配偶行为不轨等为由提起亲子关系之诉，一般不能够认为是理由正当。此处的理由正当一般应当具备医学证明力的书面材料，如无生育能力的诊断证明或是 DNA 鉴定报告等。[①] 在处理此类纠纷时，对需要进行亲子鉴定才能确定身份关系的，当事人提交给司法鉴定机构的相关检材一定要真实有效且来源合法。如果出现父母一方无正当理由拒绝

① 黄薇主编：《中华人民共和国民法典婚姻家庭编释义》，法律出版社 2020 年版，第 124 页。

做 DNA 鉴定的，法院则会推定亲子关系成立。但若有其他相关证据能够足以证明亲子关系成立与否的，法院也会依据事实进行认定，而不必启用亲子鉴定程序。

最后，亲子关系是自然血亲关系，也会影响监护、抚养、继承等相关民事权利和义务。在亲子关系确认之诉或否认之诉启动之后，应当根据判决结果，变更或维持亲子关系，特别要注意首先保护未成年人的合法权益。

第一千零七十四条　【祖孙之间的抚养、赡养义务】

▷ 案件导入

案例一：祖父母可否主张孙子女履行探望义务和赡养义务①

被上诉人简某系案外人简某 1 的父亲，简某 1 与李某育有一子，名简某 2，现已经成年。2007 年，简某 1 与李某经法院判决离婚，简某 2 随其母李某生活。简某与简某 2 系祖孙关系。简某与其妻常某共育有三名子女，三子女均身体健康且有一定的经济来源。常某于 2013 年去世。简某系公司退休职工，现月退休金 5350 元左右。自 2012 年年初，简某 2 看望过简某后，简某 2 未再进行看望，因简某思念简某 2，故起诉至法院，主张要求简某 2 履行赡养义务和探望义务。

一审法院认为，《婚姻法》第二十八条规定，有负担能力的孙子女、外孙子女，对子女已经死亡或子女无力赡养的祖父母、外祖父母，有赡养的义务。考虑到本案实际情况，简某有三名子女，均健在，身体健康，有两名目前亦有工作，简某目前月退休金为 5350 元，无论从三个有赡养义务人员的情况分析，还是从老人自己的收入分析，均可以认定简某目前生活有保障，现简某主张简某 2 进行赡养，缺乏法律依据。简某主张由简某 2 逢年过节看望简某，审理中，经释明简某对诉讼请求进行明确，简某未予

---

① （2021）陕 01 民终 2430 号。

明确。《婚姻法》第二条第二款规定："保护妇女、儿童和老人的合法权益。"《老年人权益保障法》第十八条规定："家庭成员应当关心老年人的精神需求，不得忽视、冷落老年人。与老年人分开居住的家庭成员，应当经常看望或者问候老年人。用人单位应当按照国家有关规定保障赡养人探亲休假的权利。"故结合本案情况，简某2为简某的孙子，简某思念简某2亦属人之常情，简某2理应经常进行看望；但本案中经释明，简某未明确看望的时间、方式等，故以每年国庆及春节假日期间共看望两次为宜。

据此，法院依照《婚姻法》第二条、第二十八条及《老年人权益保障法》第十八条、《民事诉讼法》第一百四十四条规定，判决被告简某2每年看望简某两次，并驳回简某的其他诉讼请求。后，简某2上诉，二审法院审理后，驳回其上诉，维持原判。

案例二：祖父母可否在父母失踪后主张变更孙子女的抚养权①

原告骆某与被告汪某系婆媳关系。2006年4月，原告的儿子杨某军经人介绍与被告汪某相识，并按照当地习俗举行了结婚仪式，双方于2007年4月3日补办了结婚证。后，双方于某年某月某日生育了儿子杨某。2011年9月20日，被告汪某无故离家出走，经多次寻找仍然下落不明。2014年9月2日，经杨某军起诉到永登县人民法院，永登县人民法院作出（2014）永民初字第264号民事判决书判决双方离婚，孩子杨某判归杨某军抚养。2017年5月30日，杨某军意外身亡，杨某便一直由原告抚养至今。2018年7月14日，经永登县人民法院（2018）甘0121民特4号民事判决书，宣告汪某失踪。综上所述，因被告汪某无故离家外出未归，自2011年9月20日出走，至今下落不明达7年之久。故，为了维护原告合法权益，原告起诉要求孙子杨某的监护权归原告，由原告抚养杨某。

法院认为，对子女抚养问题，从有利于子女身心健康，保障子女的合法权益出发，结合抚养能力和抚养条件等具体情况妥善解决。根据法律规

---

① （2018）甘0121民初1948号。

定，有负担能力的祖父母、外祖父母，对于父母死亡或者父母无力抚养的未成年的孙子女、外孙子女，有抚养义务。本案中，原告骆某系杨某的祖母，因杨某之父已故，其母汪某也已经本院判决宣告失踪，现杨某一直跟随祖母骆某一起生活。综上，原告诉求符合相关法律规定，且与现实条件相符，对原告诉请，本院予以支持。据此，法院依照《婚姻法》第二十八条、《民事诉讼法》第一百四十四条之规定，判决杨某自本判决生效之日起由骆某抚养。

【法律条文】

第一千零七十四条　有负担能力的祖父母、外祖父母，对于父母已经死亡或者父母无力抚养的未成年孙子女、外孙子女，有抚养的义务。

有负担能力的孙子女、外孙子女，对于子女已经死亡或者子女无力赡养的祖父母、外祖父母，有赡养的义务。

法条释义

本条是关于祖父母、外祖父母与孙子女、外孙子女之间抚养和赡养义务的规定。[1] 本条完全继承了《婚姻法》第二十八条的规定，仅在法条表述上略作变动，并无实质变化。

立法者从最初就考虑到亲属关系是最根本的社会关系，除了父母与子女关系之外，祖孙关系则是最近的亲属关系。因此，以法律形式扩大亲属关系主体，赋予祖孙之间的抚养和赡养义务，有助于加强对弱者的保护，稳定家庭关系和社会关系。

本条规定了祖父母、外祖父母、外孙子女的抚养义务包含三个法定条件：一是祖父母、外祖父母有负担能力；二是作为受抚养主体的孙子女、

---

[1]　中国审判理论研究会民事审判理论专业委员会编著：《民法典婚姻家庭编条文理解与司法适用》，法律出版社 2020 年版，第 123 页。

外孙子女是未成年人；三是未成年的孙子女、外孙子女的父母死亡或者不具有抚养能力，包括父母一方死亡，而另一方没有抚养能力。同时，孙子女、外孙子女对祖父母、外祖父母的赡养义务亦包含三个法定条件：一是孙子女、外孙子女有负担能力；二是祖父母、外祖父母需要赡养；三是对祖父母、外祖父母负有赡养义务的父母死亡或者丧失赡养能力。

这里的"祖孙关系"既包括存在血缘关系的亲祖孙关系，也包括法律上拟制血亲关系的养祖孙关系和存在抚养事实的继祖孙关系。

⏱ **法律适用**

在赡养案件的民事审判和执行实践中，关于孙辈能否承担对祖辈的赡养义务是一个常见问题。[①] 法律条文的规定不明导致赡养案件审判实践中做法不一。关于"有负担能力的孙子女、外孙子女，对于子女已经死亡或者子女无力赡养的祖父母、外祖父母，有赡养义务"这一款内容，审判实践中有的认为，有负担能力的孙子女、外孙子女应赡养祖父母、外祖父母，判决由该孙子女、外孙子女承担相应的赡养义务；还有的以老人的子女除故去的之外尚有其他子女健在或未全部丧失赡养能力为由，判决驳回祖辈对孙辈的起诉。

结合我国的民风习俗以及《民法典》婚姻家庭编及继承编的立法理念和相关规定，对该款内容应当理解为"祖父母、外祖父母的子女死亡或者无力赡养的情况下，有负担能力的子女应当承担对祖父母、外祖父母的赡养义务"。该赡养义务不因祖父母、外祖父母尚有其他赡养义务人的存在而消灭。按民法权利义务相一致的理论，享有某种权利就应承担某种义务。孙辈对遗产享有代位继承权，就应该代位承担起父辈相应的赡养义务。虽然在司法实践中法院多是处理未成年子女父母之间发生的变更抚养纠纷案

---

① 中国审判理论研究会民事审判理论专业委员会编著：《民法典婚姻家庭编条文理解与司法适用》，法律出版社 2020 年版，第 124 页。

件，但是也会涉及祖父母、外祖父母与未成年子女父母之间发生的变更抚养纠纷案件。多是因未成年子女一方的父母因故死亡或者下落不明抑或未成年子女一方父母重组家庭等原因，导致祖父母、外祖父母特别想抚养孙子女或者外孙子女。

在上述案例一中，法院在审理过程中查明被上诉人简某的三名子女均健在、身体健康且有一定的赡养能力，加之被上诉人简某有退休金等情形，法院遂驳回了被上诉人简某要求简某 2 履行赡养义务的诉讼请求。但是，法院亦考虑到简某系老年人，从维护祖孙感情、关爱老人的角度出发，依法支持了其要求简某 2 履行探望义务的诉讼请求。

另外，法院通常会依据《婚姻法》第二十八条规定，对具体案件具体分析，从是否有利于孩子健康成长的角度综合考虑是否由祖父母、外祖父母抚养孙子女或者外孙子女。在上述案例二中，未成年子女的父亲因故死亡，其母亲也离家出走长达七年且至今下落不明，当地法院已判决宣告其母亲失踪，在此情况下，为了保护未成年子女的健康成长以及现实情况等因素，法院判决由其祖母抚养，符合法律规定。

◎ 实务指引

祖父母、外祖父母与孙子女、外孙子女之间在具备法律条件的情况下，可以形成抚养和赡养关系[1]。根据本条的规定，祖孙之间抚养和赡养关系的形成应当具备以下条件：第一，被抚养、赡养的父母、子女死亡或者无抚养、赡养能力。主要包括两种情况：其一，子女在未成年时父母双亡，或父母丧失抚养能力；其二，子女在成年后死亡或者丧失扶养能力，无法赡养父母。第二，被抚养、赡养人确实有困难需要被抚养、赡养。第三，承担抚养、赡养义务的人有一定的抚养、赡养能力。

---

[1] 法律出版社专业出版编委会编：《中华人民共和国民法典：实用问题版》，法律出版社 2020 年版，第 507 页。

在实务操作中，当事人应充分把握上述三个限定条件。同时，该类纠纷属于婚姻家庭纠纷，律师在处理此类案件时，要注意提醒当事人应本着互谅互让原则处理双方之间的纠纷，从有利于保护未成年人和老年人的合法权益的角度出发，以人为本，化解纠纷，维护各方当事人之间的亲情关系，促进家庭与社会和谐稳定。

第一千零七十五条　【兄弟姐妹间扶养义务】

▷ 案件导入

案例一：兄、姐在缺乏劳动能力、生活困难时可否主张弟、妹承担扶养义务[①]

原告邱某1和被告邱某2系同胞兄弟关系，双方于1971年3月分家生活。分家后，邱某1与其妻子、儿女单独生活。邱某2随其父母及姐姐共同生活。邱某2的父亲去世后，邱某2与其母亲及姐姐共同生活。邱某2的母亲于1981年去世。被告邱某2在就读高中期间，原告邱某1与其妻子胡某对被告邱某2的生活、学习给予过部分资助和其他帮助。现原告邱某1患有类风湿疾病、邱某1的妻子胡某患有视力残疾。邱某1与其妻子胡某以二人年老多病、生活困难为由要求邱某2履行扶养义务。

本案争议焦点为：（1）原告邱某1及其妻子胡某与被告邱某2是否构成扶养关系；（2）原告邱某1及其妻子胡某是否有权要求被告邱某2履行扶养义务。

法院经审理查明后，依照《民法典》第一千零七十五条和《民事诉讼法》第六十四条、《最高人民法院关于民事诉讼证据的若干规定》第二条的规定，判决驳回原告邱某1及其妻子胡某的诉讼请求。

---

① （2021）渝0231民初392号。

案例二：兄弟姐妹间签订的扶养协议是否对双方具有法律上的约束力①

原告小明（化名）和被告小华（化名）系兄妹关系。2014 年 4 月 19日，原、被告及其父母共同签订了《财产继承遗书》，载明因父母年老病残，一切由小华夫妇护理。父母的房产由小华夫妇继承。小华哥哥小明因病残，由小华夫妇护理到去世。2015 年 9 月 11 日，经龙王镇司法所调解，父亲与小华和小明共同签订《协议书》，载明小明的饮食起居由小华照顾，直到小明儿子小辉成年后，护理期间不得提出任何无理要求，后续的事情以后再商量。父母的房产在领到房产证后，立即过户给小华一人。本协议经双方签字立即生效。如一方违约，则承担违约金 5000 元且赔偿对方一切损失，并承担相应法律责任。2019 年 8 月 26 日，原、被告在龙王镇司法所见证下就原告的扶养和被告代为保管原告的存款事宜进行了协商，原告收到被告代其保管的 94000 元，原告同意被告不再打理原告的生活起居。后，原告称被告未尽到扶养义务，诉至法院。

本案争议焦点为：（1）原、被告之间订立的扶养协议对双方是否具有法律上的约束力？（2）原告是否有权要求被告对其进行扶养？

经法院审理查明后，2019 年 8 月 26 日，原、被告双方自愿达成终止扶养关系的协议，符合法律规定，依法对双方具有法律效力。故，原、被告之间的情况不符合《民法典》第一千零七十五条第二款规定。况且，原告的儿子小辉现已成年，依据《民法典》第二十六条第二款之规定，应当对原告负有赡养、扶助和保护的义务，不存在需要被告递补的特殊情况。故，依法驳回原告的诉讼请求。

---

① （2021）川 0181 民初 1661 号。

【法律条文】

第一千零七十五条　有负担能力的兄、姐，对于父母已经死亡或者父母无力抚养的未成年弟、妹，有扶养的义务。

由兄、姐扶养长大的有负担能力的弟、妹，对于缺乏劳动能力又缺乏生活来源的兄、姐，有扶养的义务。

法条释义

本条是关于兄弟姐妹间扶养义务的规定①。本条源自《婚姻法》第二十九条的规定，几乎完全继承了原法条的内容，仅在法条表述上略作变动，并无实质变化。

兄弟姐妹属于旁系血亲关系，人自出生起便与兄弟姐妹形成特定的亲属关系，这种关系也是社会关系中至为重要的一种。从血缘的角度来看，作为仅次于父母子女关系的兄弟姐妹关系在家庭关系中占有重要地位。

如今我国已经对人口政策内容作出调整，允许一对夫妻生育三个孩子的政策表明兄弟姐妹仍然是个人生活中至关重要的亲属。为此，法律赋予兄弟姐妹之间在特定情形下承担起相互扶养的法定义务，这不仅体现出对人类自然情感的尊重，满足血缘亲情之需，还有助于强化对家庭中弱者的保护，充分利用家庭资源实现社会保障的目的。

兄、姐履行对弟、妹的扶养义务应当满足三个条件：一是兄、姐具有负担能力，即兄、姐在满足自身合理生活需要之外仍然具有扶养弟、妹的能力；二是父母死亡或者没有抚养能力；三是弟、妹是不能独立生活的未成年人，存在扶养需要。

关于弟、妹对兄、姐的抚养义务也包括三个层面的要求：一是弟、妹

---

① 中国审判理论研究会民事审判理论专业委员会编著：《民法典婚姻家庭编条文理解与司法适用》，法律出版社 2020 年版，第 126 页。

有负担能力；二是兄、姐丧失劳动能力又缺乏生活来源；三是兄、姐扶养弟、妹长大成人。

值得注意的是，这里的"兄弟姐妹间的扶养义务"不以共同生活为限，兄弟姐妹既包括全血缘关系的兄弟姐妹和半血缘关系的兄弟姐妹，也包括"养兄弟姐妹"和形成事实扶养关系的继兄弟姐妹。

◎ 法律适用

关于不能尽扶养义务的残疾兄弟姐妹是否具有要求有扶养能力的兄弟姐妹对其履行扶养义务的权利，我国法律尚无明确规定[①]。司法实践中一般是通过《婚姻法》第四条"家庭成员间应当敬老爱幼，互相帮助，维护平等、和睦、文明的婚姻家庭关系"的规定对该种扶养义务予以肯定。

案例一中，法院适用了《民法典》第一千零七十五条第一款规定："有负担能力的兄、姐，对于父母已经死亡或者父母无力抚养的未成年弟、妹，有扶养的义务。"从该条款中可以看出，形成扶养关系需具备三个条件：一是弟、妹未成年；二是父母已经死亡或父母无力抚养；三是兄、姐具备负担能力。在上述案例一中，被告邱某2未跟随原告邱某1及胡某一起生活，而是跟随父母、姐姐一起生活。原告没有举证证明自己有负担能力和父母无力抚养被告邱某2的证据，也没有举证证明自己尽到了完全的扶养义务，应当承担举证不能的法律后果。原告邱某1与胡某在被告读高中时资助、帮助被告的行为，不是法律规定的"扶养"关系。故原、被告之间不存在法律意义上的扶养关系。关于原告是否有权要求被告履行扶养义务的问题，《民法典》第一千零七十五条第二款规定："由兄、姐扶养长大的有负担能力的弟、妹，对于缺乏劳动能力又缺乏生活来源的兄、姐，有扶养的义务。"从该法律规定中可以看出，被扶养人要对扶养人尽扶养

---

① 中国审判理论研究会民事审判理论专业委员会编著：《民法典婚姻家庭编条文理解与司法适用》，法律出版社2020年版，第127页。

义务，必须具备三个条件：一是兄、姐缺乏劳动能力又缺乏生活来源；二是兄、姐无第一顺序的扶养义务人，或者第一顺序的扶养义务人缺乏扶养能力；三是弟、妹由兄、姐扶养长大且具有负担能力。从本案查明的事实来看，原告邱某1与胡某有三个子女，原告没有举证证明三个子女缺乏扶养能力和自己缺乏生活来源。故，原告要求被告承担扶养义务的请求不能成立。

在上述案例二中，原告小明与被告小华系兄妹关系。原、被告双方先后签订了三份有关扶养的协议。法院依法认定最后一份协议即双方自愿解除扶养关系的内容，符合法律规定，对双方具有法律上的约束力。而小明依据前两份协议内容起诉小华对其进行扶养的主张，不符合相关法律规定。同时，小明的儿子小辉已经成年，依法有对原告具有赡养、扶助和保护的义务。为此，法院认为本案不符合《民法典》第一千零七十五条第二款规定的弟、妹对兄、姐有扶养义务的情形，依法驳回了小明的诉讼请求。

◎ 实务指引

本条规定对处理有关兄弟姐妹之间的扶养纠纷案件作出了指引。在司法实践中，对该类纠纷的处理要把握以下两点[1]：

第一，要明确负有扶养义务的兄弟姐妹的范围。兄弟姐妹包括同胞兄弟姐妹、同父异母或者同母异父兄弟姐妹、养兄弟姐妹和继兄弟姐妹。在一般情况下，兄弟姐妹应由他们的父母抚养，因而他们相互之间不发生扶养与被扶养的权利和义务。但是在特定条件和情况下，兄、姐与弟、妹之间会产生有条件的扶养义务。

第二，兄弟姐妹形成扶养义务的条件。兄、姐扶养弟、妹，或者弟、妹扶养兄、姐不是必然发生的法定义务，而是有条件的。简言之，就是应

---

① 法律出版社专业出版编委会编：《中华人民共和国民法典：实用问题版》，法律出版社2020年版，第508页。

尽抚养或者赡养或者扶养义务的父母、子女或者配偶不能尽其抚养、赡养或扶养义务时，由有负担能力的兄弟姐妹来承担扶养义务。

笔者认为，多子女家庭的父母方出现过世或丧失劳动能力、失踪等情形时，要求有负担能力的兄弟姐妹对尚未成年或生活有困难的兄弟姐妹进行扶养，体现了以法律的方式对弱势群体生存权益的保护。另外，我们要注意兄弟姐妹之间履行扶养义务应满足一定的前提条件，属于第二顺序的，具有递补性质。但兄弟姐妹间一旦形成扶养义务，该义务就是不可推卸的法定义务，义务人应当自觉履行。[①] 在实务操作中，不仅要综合考虑兄弟姐妹的实际情况，还要尊重兄弟姐妹之间自愿达成的扶养协议，尤其要注意审查扶养协议内容是否违反法律规定以及公序良俗。

---

① 黄薇主编：《中华人民共和国民法典婚姻家庭编释义》，法律出版社 2020 年版，第 167 页。

第四章　离　　婚

第一千零七十六条　【协议离婚】

▶ **案件导入**

陈某、钱某协议离婚后财产纠纷案[①]

原告陈某与被告钱某于 2011 年登记结婚，于 2012 年生育婚生子。原告诉称因被告钱某无家庭责任心，且对原告态度恶劣，双方性格不合，于 2019 年 2 月至民政局协议离婚。因原告系远嫁至被告处，离婚后为了使婚生子有稳定的成长环境，且在被告承诺随时可探望孩子情况下，对于孩子抚养权及财产分割作出妥协让步。但离婚后被告违背离婚协议承诺，粗暴阻止原告探望孩子。被告不顾孩子身心健康，以虐待儿子来达到折磨原告的目的。对此，原告已经另案诉请变更婚生子抚养权。因离婚时情绪激动，协议中仅对动产一项分割补偿款作了约定，共 16 万元，被告仅支付 6 万元，余款 10 万元仍未支付。对于不动产仅约定所有权归被告所有，未能具体谈妥分割补偿方案。原告多次催讨被拒，故诉至法院，要求被告支付余款 10 万元及其逾期利息，房屋补偿款 50 万元。被告辩称，根据离婚协议尚有 10 万元未支付，对此无异议，但因经济困难无力支付；对该补偿款双方当时未约定利息，不同意承担利息；离婚协议中约定房屋产权归被告，不应再向原告支付补偿款。

[①]　（2020）苏 0507 民初 3471 号。

法院认为，离婚协议中关于财产分割的条款或者当事人因离婚就财产分割达成的协议，对男女双方具有法律约束力，离婚协议书中约定，被告应支付原告 16 万元，该款尚欠 10 万元未予支付，双方均无异议，可予认定，被告理应支付。双方对此款项付款时间约定不明，原告可随时要求被告履行，但应当给被告必要准备时间；离婚协议书签订后，原告一直向被告催讨支付，酌情给予被告履行的准备期限，认定被告应当于 2019 年 3 月 6 日前支付全部 16 万元。现原告主张计算逾期利息，符合法律规定，应予酌情以 10 万元为本金，并按照中国人民银行发布的同期同类贷款利率，和全国银行间同业拆借中心公布的贷款市场报价利率支付至被告实际支付之日止的利息。原告要求支付房屋补偿款 50 万元与双方签订的离婚协议约定不符，无事实和法律依据，对原告的该主张不予支持。

【法律条文】

第一千零七十六条　夫妻双方自愿离婚的，应当签订书面离婚协议，并亲自到婚姻登记机关申请离婚登记。

离婚协议应当载明双方自愿离婚的意思表示和对子女抚养、财产以及债务处理等事项协商一致的意见。

法条释义

在我国，解除婚姻关系有两种途径，即通过民政局登记协议离婚或向人民法院诉讼离婚。本条是关于通过协议解除婚姻关系的法律规定。协议离婚因着眼于婚姻关系当事人的主观意愿，在一定程度上将离婚的决定权交给了当事人。因其具有保障离婚自由、降低离婚成本和维护个人隐私的功能，为大多数国家婚姻法所采纳，成为婚姻家庭法律制度的重要组成部分。

本条有两款，第一款主要指协议离婚这一法律行为，必须夫妻双方自愿离婚，并签订书面离婚协议，亲自到婚姻登记机关申请离婚登记，才能合法解除婚姻关系。第二款进一步对离婚协议作具体要求：协议中首先要表明系自愿离婚；其次有未成年子女或者需要照顾的无民事行为能力的成年子女的，必须对子女抚养、教育、照顾、探望等作出妥善安排；最后如有财产和债务的，就财产和债务也应一并作出相关约定。因为离婚首先解决身份问题，其他人无法代理，必须亲自到场。夫妻关系解除，但父母子女关系不因离婚而解除，夫妻双方即使离婚，其对未成年子女仍然有抚养教育和照顾的义务。因此，对于子女抚养必须妥善安排，不能以离婚为由逃避教育抚养之义务。至于财产和债权债务也应约定清楚。如约定不明，会有纠纷隐患。现实中大量的离婚后财产纠纷诉讼案件往往是因财产约定不清晰所致。根据《婚姻登记条例》第十二条第一项的规定，办理离婚登记的当事人未达成离婚协议的，婚姻登记机关不予受理。

符合以上协议离婚条件的，婚姻登记机关才受理当事人协议离婚的申请。这只是协议离婚的第一步，最终是否可以通过协议达到离婚的目的，还要看是否符合《民法典》第一千零七十七条、第一千零七十八条的规定。

法律适用

根据本条规定，申请登记离婚必须具备以下条件：

一、主体条件

其一，只有依法办理了结婚登记的婚姻关系当事人才能作为登记离婚的主体向行政机关提出离婚登记申请。其二，夫妻双方必须事先达成离婚合意、拟定离婚协议。其三，双方必须是完全民事行为能力人，才能真实表达自己的意愿。

二、自愿条件

登记离婚能够发生法律效力的前提是双方当事人自愿达成真实的离婚合意。根据本条规定，夫妻双方自愿离婚不仅体现在共同向婚姻登记机关提起离婚登记申请，而且要在离婚协议中明确载明自愿离婚的意思表示。

婚姻登记机关认定夫妻双方并非自愿离婚的，不得为其颁发离婚证。

三、内容条件

登记离婚不仅要求当事人双方就离婚达成合意，还要求当事人双方就离婚后子女抚养、财产分配和债务负担等问题进行适当的处理。首先，子女抚养问题的处理，主要是指妥当安排未成年子女和不具备独立生活能力的子女的所有问题，包括但不限于子女由哪一方直接抚养、子女的抚养费用和教育费用如何负担、未直接抚养子女一方对子女探视权的行使等。其次，财产问题的处理，主要指双方对夫妻共同财产进行合理分割，并就一方是否对有生活困难的另一方给予经济帮助或对因抚养子女、照顾老人等家庭事务付出较多的一方给予一定的补偿、隐匿财产如何处理等内容作出安排。最后，债务问题的处理。由于近年来民间借贷活动日益频繁，夫妻债务案件层出不穷，《民法典》编纂时特别要求离婚当事人在离婚协议中明确对债务的处理，即夫妻双方对婚姻关系存续期间夫妻共同债务、个人债务予以明确，并就如何清偿作出安排。

四、程序条件

一方面，离婚登记应当向有管辖权的婚姻登记管理机关提出申请。另一方面，夫妻双方必须共同亲自到场，不得委托他人办理。鉴于离婚与否是涉及人身权利的重大问题，只有本人才有权对身份关系方面的权利进行处分。

◎ 实务指引

一、离婚协议一定要经慎重思考并准确描述

前述案件系笔者亲自办理的一个案件。现实中，笔者发现往往女性比较感性，容易冲动，一旦对对方在感情上失望，就只顾着早日解除婚姻，对于财产方面的处理易不理性，离婚后冷静下来或者当对方违反约定后，才发现在财产分割方面不公平，想推翻通过民政部门备案的离婚协议中有关财产的约定。但人民法院不会轻易否定双方在民政局备案的离婚协议。

《婚姻家庭编的解释（一）》第七十条规定："夫妻双方协议离婚后就财产分割问题反悔，请求撤销财产分割协议的，人民法院应当受理。人民法院审理后，未发现订立财产分割协议时存在欺诈、胁迫等情形的，应当依法驳回当事人的诉讼请求。"《民法典》总则编第一百五十二条规定："有下列情形之一的，撤销权消灭：（一）当事人自知道或者应当知道撤销事由之日起一年内、重大误解的当事人自知道或者应当知道撤销事由之日起九十日内没有行使撤销权；（二）当事人受胁迫，自胁迫行为终止之日起一年内没有行使撤销权；（三）当事人知道撤销事由后明确表示或者以自己的行为表明放弃撤销权。当事人自民事法律行为发生之日起五年内没有行使撤销权的，撤销权消灭。"

可见，除非一方有证据证明当时受到对方的欺诈、胁迫，但这往往难以举证证明。而且还要在法律规定的期限内主张权利。另外，必须强调，即使约定将财产全部给予一方，也难以说明一定是显失公平，因为人民法院是将离婚协议作为一个整体来评判，离婚协议是男女双方对离婚问题、孩子抚养权、有无过错、离婚补偿、困难帮助等进行整体考虑后作的决定。有时一方为达到早日离婚目的，往往愿意在财产方面作出大幅让步，离婚后不能再以显失公平为由反悔。即不能单纯看离婚协议中财产分割平均与否来认定协议公平与否。因此，该案例中即使有证据证明男方违反约定阻挠女方探望孩子，仍然难以推翻离婚协议对财产的约定。反过来说，在拟定离婚协议时一定要慎重，且描述尽可能的准确无歧义。

二、认清"假离婚"的真面目，以防一方假戏真做

恶意申请登记离婚，是指夫妻双方在不符合法定登记离婚条件的情况下，为实现某种特定的目的，采用不正当手段向婚姻登记机关提起离婚登记申请的行为，俗称"假离婚"。

主要情形包括：其一，为了逃避债务而通谋离婚，主要表现为夫妻一方对外欠债难以清偿，为逃避债务，夫妻双方恶意离婚，协议将全部财产归一方，全部债务归另一方。其二，为了获得买房利益而通谋离婚，主要表现为夫妻双方为了特定的买房资格或者规避购房政策而串通虚假离婚的情形。其三，为了骗取更多拆迁款而通谋离婚，主要表现为通过离婚的方式来达到当地拆迁政策，以获得更多的拆迁赔款。其四，为骗取低保费用，为出国留学等而虚假登记离婚。

司法实践中，此类恶意申请登记离婚，无论男女双方离婚时出于什么目的，一旦至婚姻登记机关登记离婚，则夫妻身份关系解除，不得以其恶意登记离婚为由否定离婚的效力。也就是说，协议离婚登记行为系严肃的行政行为，一旦登记就产生效力，不存在"假离婚"的说法。当事人双方对后果一定要有清醒的认识。

三、不履行离婚协议不能直接申请人民法院强制执行

由于离婚协议本质上是一份民事协议，不属于由法院直接强制执行的法律文书，故另一方当事人不能依据离婚协议直接向人民法院申请强制执行。实践中，对夫妻双方协议离婚后一年内就财产分割问题反悔的，最高人民法院已经通过司法解释的形式给出解决方式，即离婚当事人可以向人民法院提起民事诉讼请求变更或者撤销财产分割协议。另外，一方不履行离婚协议约定义务的，另一方向人民法院起诉形成生效法律文书以后对方仍不履行的，此时另一方才能向人民法院申请强制执行。因此，如果预判到对方信誉差，要考虑诉讼方式离婚。

第一千零七十七条　【离婚冷静期】

◎ 案件导入

准确适用"离婚冷静期"促使仍有感情的夫妻重归于好[①]

甯某与钟某于 1986 年登记结婚，育有一女。由于钟某养成了酗酒与打

———————
① 2018 年度中国十大影响性诉讼之六。

牌的不良嗜好，双方缺乏交流和沟通，常为生活琐事发生争吵，导致夫妻感情产生裂痕。为此，甯某曾两次向四川省彭州市人民法院提起离婚诉讼，经法院调解，两案均由甯某撤诉结案。2018 年 7 月 31 日，甯某因不满钟某谩骂，再次向彭州市人民法院提起离婚之诉。此时，甯某已 53 岁，钟某已 55 岁，二人的女儿也即将为人母。

彭州市人民法院经庭前"问诊"认为，夫妻二人之间仍有感情，不属于死亡婚姻。综合全案情况，根据《最高人民法院关于进一步深化家事审判方式和工作机制改革的意见（试行）》第四十条规定，向双方当事人发出个性化订制的《离婚冷静期通知书》，给予双方当事人冷静期。冷静期内，法官联合家事调查员多次走访、调解并动员当事人女儿居中调和，最终夫妻关系重归于好。

> ## 【法律条文】
>
> 　　第一千零七十七条　自婚姻登记机关收到离婚登记申请之日起三十日内，任何一方不愿意离婚的，可以向婚姻登记机关撤回离婚登记申请。
>
> 　　前款规定期限届满后三十日内，双方应当亲自到婚姻登记机关申请发给离婚证；未申请的，视为撤回离婚登记申请。

法条释义

本条即关于俗称的协议离婚冷静期。自 2001 年婚姻法修正案颁布实施以来，我国的协议离婚问题突出，主要表现有：一是离婚率呈持续上升趋势；二是协议离婚比例逐渐提高；三是离婚当事人婚龄短，冲动型、轻率、草率型离婚屡见不鲜，数量增加。2003 年《婚姻登记条例》的修改，进一步简化了当事人在民政部门办理离婚登记的条件和审查程序，婚姻登记部门缺乏必要的调解和限制措施，导致冲动型、轻率、草率型离婚的数量增加，由此出现新中国成立以来第三次离婚高峰。

离婚冷静期的立法旨在有效抑制离婚率快速增长、维护社会稳定。2019 年国家民政部公布的大数据显示，2019 结婚登记 947.1 万对，离婚登记 415.4 万对，离婚率达到 40% 以上，这个比例体现出很多人把婚姻看成儿戏。很多时候，一些离婚行为并没有经过深思熟虑，而是出于赌气或是一时冲动下的选择，夫妻感情并没有达到破裂程度。在此情况下，设置离婚冷静期，可让夫妻双方在冷静期内进行情绪调整、婚姻救治和理性选择，从而有效避免冲动离婚情况的出现。另外，设置离婚冷静期也有利于对未成年子女利益的保护。事实上，很多国家都有"离婚冷静期"的规定，只是名称有所不同，如英国的"离婚反省期"、法国的"离婚考虑期"等。

⏱ 法律适用

我国的离婚冷静期为 30 天，自婚姻登记机关收到离婚登记申请之日起 30 日内，任何一方不愿意离婚的，都可以向婚姻登记机关撤回离婚登记申请。在 30 日冷静期届满后的 30 日内，双方应当亲自到婚姻登记机关申请发给离婚证，婚姻登记机关应当发给离婚证，即解除婚姻关系。在 30 日内，当事人未到婚姻登记机关申请离婚证的，视为撤回离婚登记申请，不发生离婚的后果。本条规定主要强调离婚登记程序时间，即要求离婚的夫妻双方首先要经过"第一个 30 日"，在"第一个 30 日"期满后，如果双方仍坚持离婚，必须在期满后的 30 日内，共同到民政局申请发给离婚证，双方才能正式解除婚姻关系，这就是"第二个 30 日"。这里要注意的是，最初去民政局申请离婚登记，必须双方同时到场。在"第一个 30 日"内，一方反悔不想离婚了，只需要一方到民政局撤回离婚申请即可，不要求双方同时到场。在"第二个 30 日"内，如果双方还坚持离婚，必须同时到场申请发给离婚证，不能只有一人到场。

◯ **实务指引**

一、冷静期内，一方强行发生关系，是否涉嫌强奸

离婚冷静期仍然属于夫妻关系存续期间，双方的婚姻关系在此时并未实际解除。但这并不代表一方可以违背另一方的意愿与之发生两性关系。离婚冷静期内发生两性关系以双方意愿为前提。若违背妇女意愿，以暴力、胁迫或者其他手段强奸妇女，有充分证据能够证明的，则可能构成强奸罪。

二、冷静期内，一方转移或者挥霍财产怎么办

无论一方转移、挥霍财产发生在何时，另一方都可以依照《民法典》第一千零六十六条、第一千零九十二条的规定处理。

三、冷静期内，如若夫妻一方产生新的债务或增添新的财产，是否属于夫妻共有债务、共有财产

离婚冷静期内，新增的债务或财产，并不能一概认定属于或不属于夫妻共同债务、夫妻共同财产，而是应当以是否符合法定条件为判断依据。离婚冷静期与夫妻共同财产、夫妻共同债务的认定并没有必然的联系。因此，如双方就财产部分尚有协商余地的，建议签署婚内财产协议。

四、婚姻冷静期与婚姻自由是否存在冲突

是否提出离婚申请、是在冷静期内撤回申请还是在冷静期届满后再次申请离婚，主动权均掌握在婚姻当事人手中，这恰恰体现了对其自我决定权的尊重。所以，离婚冷静期不是对离婚自由的限制，而是对离婚过度自由的修正。真正希望解除婚姻关系的人不会因为多了 30 天冷静期就选择不离婚，离婚冷静期只可能约束或阻止那些草率、冲动离婚的婚姻当事人。

五、家暴当事人也适用婚姻冷静期的话，那么弱者权益如何保障

如果当事人一方遇到家庭暴力或者面临家庭暴力危险的，有权向人民法院申请人身安全保护令，法院将在 72 小时内作出决定；紧急情形下，相关当事人有权申请紧急保护令，法院会在 24 小时内作出决定。

第一千零七十八条　【婚姻登记机关对协议离婚的查明】

▶ 案件导入

郝某与王某离婚后财产纠纷①

原告郝某与被告王某在徐州市铜山区民政局婚姻登记处登记结婚，婚后未生育子女，于 2019 年 12 月 3 日登记离婚，离婚协议第三条约定：双方婚前各自财产归各自所有。位于徐州市云龙区的住房离婚后归女方所有（此住房余下贷款全部由女方偿还）。原告要求被告协助办理房产手续，被告拒不配合。被告认为自己是基于信任签了离婚协议书，离婚后原、被告的生活与之前无异，被告被原告所欺骗，原告诉求不应得到支持。

法院认为，原告郝某与被告王某是自愿到婚姻登记处达成的离婚协议，是双方离婚就财产分割的真实意思表示，双方当事人签订的离婚协议应当遵照执行。人民法院审理后，未发现订立财产分割协议时存在欺诈、胁迫等情形的，应当依法驳回当事人的诉讼请求。双方自 2019 年达成离婚协议至起诉时已超过一年，双方当事人在一年内未就离婚协议提出变更或撤销要求，原告郝某提出的离婚协议有效，要求被告王某协助办理过户的主张有事实和法律依据，法院予以支持。

【法律条文】

第一千零七十八条　婚姻登记机关查明双方确实是自愿离婚，并已经对子女抚养、财产以及债务处理等事项协商一致的，予以登记，发给离婚证。

---

① （2021）苏 0312 民初 2832 号。

⏻ 法条释义

本条是对婚姻登记机关离婚审查、登记的规定。

离婚无小事，自然人解除婚姻关系不仅仅是个人行为更是一种社会行为，会涉及他人、社会甚至国家的利益。《民法典》关于当事人协商一致的离婚合意只有向法定部门提出离婚申请，经审查登记之后才能发生法律效力的规定，保证了国家公权力对离婚的适当干预，有利于更进一步规范登记离婚制度。从婚姻登记机关的审查职责来看，婚姻登记机关应当承担好审查职责，发挥其维护当事人婚姻关系的最后一道屏障作用。

⏱ 法律适用

本条文主要涉及离婚审查和登记两部分内容。

一、审查

一是查明当事人双方是不是自愿离婚，查明离婚是否存在被胁迫的情形；查明是否因重大误解而导致的离婚。

二是查明双方当事人是否已对子女抚养问题协商一致。例如，审查离婚后对子女抚养、教育、探望等问题是如何约定的；对不直接抚养子女一方的子女探望权利如何行使，探望的方式、时间、地点等是否协商确定。

三是审查对财产及债务处理的事项是否协商一致。例如，对夫妻共同财产是如何作出合理分割的；一方当事人对有生活困难的另一方当事人是否给予了必要的经济帮助；是否对共同债务的清偿作出清晰、明确、负责的处理。

二、登记

经过婚姻登记机关审查，对于符合登记离婚条件的当事人，应当准予登记，发给离婚证。另外，根据《民政部关于贯彻落实〈中华人民共和国民法典〉中有关婚姻登记规定的通知》第二条的规定，离婚登记按如下程序办理：

（一）申请

夫妻双方自愿离婚的，应当签订书面离婚协议，共同到有管辖权的婚姻登记机关提出申请。

（二）受理

婚姻登记员按照《婚姻登记工作规范》有关规定对当事人提交的材料进行初审。婚姻登记员对当事人提交的证件和证明材料初审无误后，发给《离婚登记申请受理回执单》。不符合离婚登记申请条件的，不予受理。当事人要求出具《不予受理离婚登记申请告知书》的，应当出具。

（三）冷静期

自婚姻登记机关收到离婚登记申请并向当事人发放《离婚登记申请受理回执单》之日起30日内，任何一方不愿意离婚的，可以持本人有效身份证件和《离婚登记申请受理回执单》（遗失的可不提供，但需书面说明情况），向受理离婚登记申请的婚姻登记机关撤回离婚登记申请，并亲自填写《撤回离婚登记申请书》。经婚姻登记机关核实无误后，发给《撤回离婚登记申请确认单》，并将《离婚登记申请书》《撤回离婚登记申请书》与《撤回离婚登记申请确认单（存根联）》一并存档。

自离婚冷静期届满后30日内，双方未共同到婚姻登记机关申请发给离婚证的，视为撤回离婚登记申请。

（四）审查

自离婚冷静期届满后30日内（期间届满的最后一日是节假日的，以节假日后的第一日为期限届满的日期），双方当事人应当持《婚姻登记工作规范》第五十五条第四项至第七项规定的证件和材料，共同到婚姻登记机关申请发给离婚证。

婚姻登记机关按照《婚姻登记工作规范》第五十六条和第五十七条规

定的程序和条件执行和审查。婚姻登记机关对不符合离婚登记条件的，不予办理。当事人要求出具《不予办理离婚登记告知书》的，应当出具。

（五）登记（发证）

婚姻登记机关按照《婚姻登记工作规范》第五十八条至第六十条规定，予以登记，发给离婚证。

◎ **实务指引**

一、婚姻登记机关在办理离婚登记时应尽到审慎审查义务

实践中，夫妻一方为欠缺民事行为能力人的离婚登记是当前离婚登记行政诉讼案件的常见情形。若婚姻登记机关受理了夫妻一方为无民事行为能力人或者限制民事行为能力人的离婚申请，应按照何种审查标准在行政诉讼中确认该婚姻登记行为的合法性存在较大争议，存在形式审查标准和实质审查标准两种意见。我们认为，因法律未明确婚姻登记机关的审查标准，故不能要求婚姻登记机关进行实质审查，但结合司法实践经验，婚姻登记机关的形式审查也需对当事人提交的材料是否真实、是否合法尽到审慎审查义务，以避免将来产生纠纷。

二、夫妻双方对离婚登记不服的司法救济只能通过行政诉讼来解决

《民法典》关于结婚规定了无效婚姻和可撤销婚姻，并无无效离婚或可撤销离婚的规定。因此，离婚登记作为一种行政确认具体行政行为应纳入行政诉讼受案范围，在婚姻当事人不服离婚登记时，可提出行政诉讼。但是，若与离婚当事人有财产争议的人，认为婚姻登记机关对他人离婚登记侵犯了其财产权利而要求撤销离婚登记提起行政诉讼的，因其与离婚登记行政行为无行政法上的利害关系，人民法院可告知其以民事侵权提起诉讼。若坚持提起行政诉讼的，应以原告无主体资格而裁定驳回起诉。

第一千零七十九条 【诉讼离婚】

▷ 案件导入

案例一：违法犯罪行为是毁灭家庭的腐蚀剂[①]

程某、刘某 1 于××××年××月××日在武汉市×××民政局登记结婚，××××年××月××日生育一女刘某 3，××××年××月××日生育刘某 2，双方婚后因家庭琐事时有争吵。自××××年××月起至××××年××月，刘某 1 曾多次吸食毒品和违法犯罪被政法机关惩处，后又于××××年××月××日因涉嫌盗窃罪被刑事拘留，同年××月××日被逮捕，现羁押于武汉市某某区看守所。

原告诉求：1. 判决程某、刘某 1 离婚；2. 婚生女刘某 3、婚生子刘某 2 由程某抚养至独立生活时止，刘某 1 每月支付抚养费 3000 元。

法院判决：一、程某与刘某 1 离婚。二、婚生女刘某 3、婚生子刘某 2 由程某抚养至独立生活时止，刘某 1 于本判决生效之日起，每月 20 日前支付抚养费 2000 元至 2031 年 7 月止……

法院认为，程某、刘某 1 系自由恋爱后登记结婚，婚姻关系合法有效。刘某 1 婚前多次因吸食毒品被行政处罚，多次因盗窃罪被刑事处罚，婚后未完全改正上述违法行为。现再次因涉嫌盗窃罪被羁押，其上述行为严重影响了夫妻感情和家庭关系的和睦。刘某 1 在家庭中没有尽到作为丈夫和父亲的责任，对子女的教育没有起到正确的示范作用，是造成程某提起离婚诉讼的主要原因，本院对程某要求离婚的诉请依法予以支持。婚生女刘某 3、婚生子刘某 2 长期与程某共同生活，本案从有利于未成年人身心健康、不改变其目前生活及成长环境的角度综合考量，结合刘某 1 因涉嫌盗窃罪被羁押的事实，刘某 3、刘某 2 由程某抚养更为适宜，刘某 1 应每月支付每个子女抚养费 1000 元，遂作出如上判决。

[①] （2020）鄂 0115 民初 5381 号。

案例二：幸福的婚姻要有深厚的感情基础①

原、被告结婚前，原告刀某离异育有一女，被告白某丧偶育有一女。1991 年 11 月，原、被告双方经人介绍认识，于××××年××月××日到×××登记结婚，婚后夫妻感情一般，2011 年被告女儿怀孕产子期间，被告到××县照顾女儿生产并看护外孙。2015 年被告女儿携儿子迁往×××区工作生活，被告以××县住所内的家畜需要饲养为由，独居于××县住所内，原告前往××区与继女及外孙共同生活，原告曾劝被告前往×××区与家人一起生活，被告予以回绝。2019 年 11 月被告搬往老家×××小组独自生活。原、被告性格不合，常因家庭琐事发生争吵，常年分居生活，2020 年 4 月 27 日，原告刀某起诉法院要求与被告白某离婚，法院认为原、被告夫妻矛盾源于双方沟通较少，夫妻感情并未破裂。于 2020 年 7 月 20 日作出（2020）云 0828 民初 881 号民事判决书，不准原、被告离婚。判决后原、被告继续分居生活，2021 年 3 月 3 日，原告再次诉至本院，请求支持其诉讼请求。

法院认为，原、被告经人介绍认识，双方相处了三个月便进行了结婚登记，彼此缺乏了解，感情基础薄弱，加之婚后家庭琐事复杂，双方常因性格不合发生矛盾，2011 年被告前往××县陪护女儿产子、照看外孙。原、被告开始分居生活，此次分居并非双方感情不合所致，而是被告基于为人母亲的职责和对女儿的疼惜怜爱所作出的选择，其行为符合道德情理。2011 年被告女儿举家迁往×××区生活，被告白某独居生活于××县住所内，不与家人团聚生活，原、被告往来较少、缺乏感情联络，2019 年被告搬至老家×××小组独居生活，原、被告基本无联络，2020 年原告起诉与被告离婚，法院作出不准予双方离婚的判决后，双方继续分居生活，淡漠的感情并未得到修复，无任何缓和迹象，没有和好的可能，故法院认定双方感情不合，分居已满两年，夫妻感情确已破裂，对原告提出的离婚诉讼请求，法院予以支持。

① （2021）云 0828 民初 524 号。

【法律条文】

第一千零七十九条　夫妻一方要求离婚的，可以由有关组织进行调解或者直接向人民法院提起离婚诉讼。

人民法院审理离婚案件，应当进行调解；如果感情确已破裂，调解无效的，应当准予离婚。

有下列情形之一，调解无效的，应当准予离婚：

（一）重婚或者与他人同居；

（二）实施家庭暴力或者虐待、遗弃家庭成员；

（三）有赌博、吸毒等恶习屡教不改；

（四）因感情不和分居满二年；

（五）其他导致夫妻感情破裂的情形。

一方被宣告失踪，另一方提起离婚诉讼的，应当准予离婚。

经人民法院判决不准离婚后，双方又分居满一年，一方再次提起离婚诉讼的，应当准予离婚。

法条释义

本条是关于诉讼外调解离婚和诉讼离婚条件的规定，共包括五款内容。

一、第一款是关于离婚纠纷处理方式的规定

离婚纠纷处理方式包括两种：

第一，诉讼外调解。夫妻双方有可能就子女抚养、财产分割达成一致意见，要求离婚的一方，可以请求有关组织进行调解。有关组织一般是指夫妻双方的工作单位、群众团体、人民调解委员会等，此种方式也称为诉讼外调解。一般包括以下程序：首先，调解申请，即由提出离婚方当事人向有关组织提出调解申请；其次，审查和受理，即接受申请的有关组织进行审查和受理；再次，调解，即由有关组织对夫妻双方就是否自愿同意离婚、子女抚养、夫妻财产分割以及夫妻共同债权、债务的处理进行调解。此处的调解应注意自愿和合法两个原则；最后，调解结果的处理，经调解夫妻双方自愿同意离婚，且对子女抚养、夫妻财产分割以及夫妻共同债权债务处理达成一致的制作调解协议，由夫妻双方送婚姻登记机关进行离婚登记。经调解双方无法就上述事项达成一致的，可告知其到法院起诉。调解和好的可劝其珍惜夫妻感情，回家生活。

第二，诉讼离婚。要求离婚的一方当事人不愿意由有关组织进行调解，或者经有关组织调解无法达成一致意见，直接向人民法院起诉离婚的，由人民法院调解或判决解决离婚纠纷的一种方式。在此种情况下，夫妻双方就离婚问题分歧较大，包括一方要求离婚，而另一方不同意离婚，也包括双方均同意离婚，但在子女抚养、财产分割及夫妻共同债权债务等问题上无法达成一致意见的情形。

二、第二款关于人民法院在审理离婚案件时，适用调解制度的规定

本款规定了诉讼中调解的原则：

第一，调解是判决离婚的法定前提和必经程序（当然一方失踪或因其他原因不到庭参加诉讼的除外），调解活动可以适用专门的调解程序，也可以在庭审程序中进行。离婚案件是婚姻家事纠纷中占比较大的传统案件，是由于夫妻感情不和产生的纠纷。导致夫妻感情不和的原因非常复杂，很多离婚纠纷是因为夫妻偶尔发生矛盾或者夫妻双方因生活中的误解产生纠纷，通过人民法院主持调解，大量的夫妻纠纷可以得到化解，使社会更加和谐稳定。因此我国的调解制度，在国际上有"东方经验"的美称。即便经过调解夫妻双方仍然无法达成一致的，审判人员也能够从中发现问题，了解双方争议的焦点，便于审判工作的顺利进行。

第二，调解的方式和原则。调解的方式有两种：一种是"面对面"式调解，即夫妻双方均在场由法官主持调解的工作方式，这种调解方式的优点是，双方可以畅所欲言，法官便于协调，也可以迅速辨明双方争议点，缺点就是双方容易发生激烈争吵，不利于法官控制双方情绪，从而降低调解成功率。另一种是"背对背"式，这种方式的优点是，当事人便于和法官沟通，有些不好当对方面说的话，可以和法官讲，缺点是不利于双方直接沟通，从而减缓调解节奏，费时费力。调解要坚持两个原则：一是合法性原则，包括调解程序合法和调解达成一致的内容合法。二是自愿性原则即审判人员要因势利导，不得强拉硬拽，不得胁迫当事人调解。

第三，调解结果的处理。第一种是经过调解和好的，根据《民事诉讼法》第九十八条的规定，人民法院可以不制作调解书，但人民法院应将和好情况记入笔录，或由原告撤诉。第二种是双方达成全面的离婚协议及双方同意离婚，并且就子女抚养、夫妻财产分割以及共同债权、债务的处理均达成一致的，由人民法院按照双方达成协议的内容制作调解书。调解书应写明诉讼请求、案件的事实和调解结果，并由审判员、书记员署名，加盖人民法院印章。离婚调解书经双方当事人签收后即具有法律效力。第三种是调解无效，包括双方在是否离婚或者子女抚养、财产分割及债务处理等事项上达不成协议，在这种情况下，离婚诉讼程序继续进行。

第四，判决离婚的法定条件。我国婚姻法坚持将感情破裂作为判决离婚的法定条件（或称基本标准）。因为夫妻婚姻关系的基础是男女双方的感情，离婚争议的产生归根结底都是感情变化的结果。准予或不准予离婚，只能以夫妻感情是否破裂为依据。1989年《最高人民法院关于人民法院审理离婚案件如何认定夫妻感情确已破裂的若干具体意见》（已失效）中明确指出，人民法院审理离婚案件，准予或不准予离婚应以夫妻感情是否破裂作为区分的界限。判断夫妻感情是否确已破裂，应当从婚姻基础、婚后感情、离婚原因、夫妻关系的现状和有无和好的可能等方面综合分析。

有人提出以婚姻破裂作为判决离婚的标准，没有被立法机关采纳。我国坚持婚姻自主、恋爱自由的基本原则，必然要求婚姻的基础只能是感情。

第五，调解无效是判决离婚的前提条件，除极少数诸如本条第五款规定的特殊情形以外的，均应该在调解无效的情况下才能判决离婚。

三、第三款是关于离婚具体条件的规定

符合本款规定条件的经调解无效方可判决准予离婚，不经过调解不能判决离婚。

第一，重婚或者与他人同居。重婚是指有配偶者又与他人结婚的违法行为。包括法律上的重婚和事实上的重婚。法律上的重婚是指有配偶者又与他人登记结婚，事实上的重婚是指有配偶者与他人以夫妻名义同居生活。重婚与非法同居的区别是：重婚存在双重夫妻关系，而非法同居是指男女双方不以夫妻名义在一起同居生活，其目的并无永久生活之意。重婚或与他人同居的行为，严重危害了我国一夫一妻的婚姻制度，破坏了正常婚姻的实质条件，极度伤害了夫妻感情，经调解无效的，应当判决准予离婚。

第二，实施家庭暴力或者虐待、遗弃家庭成员。实施家庭暴力是指家庭成员之间用殴打、捆绑、残害身体、禁闭、冻饿、暴晒、凌辱人格、精神恐吓、性暴虐等手段，对家庭成员从肉体上、精神上进行伤害、折磨的行为。长期或多次的家庭暴力构成虐待。遗弃是指负有抚养义务的家庭成员，长期拒绝抚养的行为。根据其情节的严重程度，可以分为一般性的违法行为和伤害、虐待、遗弃等犯罪行为。需要注意的是实施家庭暴力或者虐待、遗弃家庭成员的行为，无论其是否构成犯罪，经调解无效的均可以判决准予离婚。

第三，有赌博、吸毒、酗酒等恶习屡教不改的。赌博、吸毒、酗酒等恶习往往能使人不务正业、不履行家庭义务，甚至引发家庭暴力，如屡教不改必然会严重影响夫妻感情和共同生活，使夫妻感情破裂。

第四，因夫妻感情不和分居满两年。分居是指夫妻双方互不履行夫妻义务，不再共同生活的行为。一般理解以停止性生活为本质的特征，以分开居住为常见的表现形式。夫妻双方因感情不和而分居，表明其中一方对对方已经非常厌恶，夫妻关系已经名存实亡，夫妻感情已经冷漠。如果分

居的时间达到两年，足以说明夫妻感情确已破裂，应该判决离婚。

第五，其他导致夫妻感情破裂的情形。因为现实生活很复杂，导致夫妻感情破裂的情形也很复杂，这是法律上为防止挂一漏万而设置的兜底性条款。

四、第四款是关于被宣告失踪的离婚条款

一方被宣告失踪，表明其下落不明已满两年或虽不满两年但有其他特殊情形，且经法定程序已被认定为失踪人，在事实上夫妻双方已无法共同生活，而且其失踪状态有可能持续，应属于夫妻感情破裂的情形。

五、第五款是《民法典》新增条款

本款是关于多次起诉离婚和分居情形并存时处理的具体规定。在现实生活中往往存在原告多次起诉离婚，又存在分居的情形，有必要为此作出明确的界定，以利于人民法院准确把握夫妻感情破裂的条件。在人民法院判决不准离婚后，双方又分居满一年，一方再次提起离婚诉讼，表明夫妻双方感情并未得到改善，夫妻感情已经无法维持，应该判决准予离婚。此处的经"人民法院判决不准离婚"既可能是首次起诉离婚，也可能不是首次起诉离婚。

法律适用

上述案例一中，人民法院在审理过程中适用了本条规定。法院依照本条第三款第三项之规定判决准予程某与刘某1离婚，于法有据。刘某1婚前多次因吸食毒品被行政处罚，多次因盗窃罪被刑事处罚，婚后未完全改正上述违法行为，再次涉嫌盗窃，属于本条第三款第三项规定的情形。上述案例二中，刀某与白某婚前感情基础薄弱，仅认识三个多月就结婚了，而且双方均系再婚，与其前配偶均育有子女，且分居满两年，法院依据本条第三款第四项之规定判决准予离婚符合法律规定。

◎ 实务指引

一、调解时要注意的问题

在调解时要注意把握调解的方向，善于观察双方当事人是否有调解和好的可能，如果有调解和好可能的，应该把调解方向定为夫妻和好；如果双方当事人难以和好的，应该把调解方向定为离婚。对于存在家庭暴力的离婚案件，如果受害方坚决要求离婚的，为保护受害方权益，一般不得调解和好。另外，依据《最高人民法院关于适用〈中华人民共和国民事诉讼法〉的解释》第一百四十七条规定："人民法院调解案件时，当事人不能出庭的，经其特别授权，可由其委托代理人参加调解，达成的调解协议，可由委托代理人签名。离婚案件当事人确因特殊情况无法出庭参加调解的，除本人不能表达意志的以外，应当出具书面意见。"

二、人民法院在审理离婚案件时，应当从婚姻基础、婚后感情、离婚原因、夫妻关系的现状和有无和好的可能等方面综合考量、判断夫妻感情是否破裂

（一）婚姻基础

婚姻基础是指双方结婚时的感情基础、状态及相关情形，主要考量婚前交往时间长短、结合方式（是经人介绍还是自由恋爱的）、相互了解程度、结合目的或动机等情形，以及双方是否自主自愿（是否存在胁迫、欺骗、包办、买卖婚姻等情形）、是初婚还是再婚等因素予以考量。

（二）婚后感情

婚后感情是指婚后双方是否建立了感情及其感情状态。生活环境、生活经历、工作状况、经济条件等因素都会影响夫妻感情的变化和发展，因此，此项内容是判断夫妻双方感情是否破裂的核心内容。

（三）离婚原因

离婚的具体原因，既要分析原告诉称和被告辩称之间的关系，又要查

清相关事实，准确适用法律。正确考量离婚原因与夫妻感情是否破裂的关联度，判断其是否符合本条规定。

（四）夫妻关系的现状和有无和好的可能

全面了解夫妻生活的现实状况，双方当事人的主观态度，积极分析夫妻双方感情发展的前景，判断其是否有和好的可能。

三、关于无民事行为能力人起诉离婚的问题，应该先变更其监护人

适用本条第四款时，一方宣告失踪应经人民法院特别审判程序进行确认。有过错方提出离婚，无过错方不同意的，人民法院也应当依法查明夫妻双方感情是否确已破裂，如果确已破裂的，应当判决离婚。依据《民法典》第一千零九十一条的规定，对无过错方可以给予补偿。

第一千零八十条　【婚姻关系的解除时间】

▷ **案件导入**

登记离婚，夫妻关系何时了①

原告诉称：××××年××月××日，原告与被告在×××民政局办理结婚登记手续。××××年××月××日生育一女张某甲。××××年××月××日，因性格不合，夫妻感情破裂，双方自愿达成离婚协议，在×××民政局办理离婚登记手续，领取离婚证。原告与被告的离婚协议书第二条约定"离婚后女儿张某甲归女方抚养，抚养费由男方每月支付 2000 元"。离婚后，原告本计划接女儿直接离家，但考虑到被告家人感受，怕家中一下子走两个人老人受不了。原告就与被告母亲贾某其协商，由被告母亲贾某某照看女儿几日，2021 年元旦原告再将女儿接走。2021 年元旦，原告去接女儿时，被告母亲贾某某却带着张某甲外出并将张某甲藏起来不让原告将其接走。原告认为，原、被告离婚协议约定女儿由原告抚养，被告就应该说服其母亲，将女儿

---

① （2021）晋 0525 民初 141 号。

交给原告。请求判令原、被告女儿张某甲归原告抚养。

被告辩称：原告起诉依据的离婚协议书的协议内容并非被告真实意思表示，被告是在原告的胁迫下签订的。原告未尽到母亲的相应责任。被告现在收入较原告来讲相对较高且比较稳定。被告抚养女儿比原告抚养更加有利于孩子的身心健康成长。故此，请求判令女儿由被告抚养，原告支付抚养费。

经审理查明：原告靳某与被告张某于××××年××月××日在×××民政局办理结婚登记手续，××××年××月××日生育一女张某甲。原告靳某在女儿张某甲出生约半年后独自到河南省打工至今。××××年××月××日原、被告双方签署离婚协议书一份，并共同在×××民政局办理了离婚登记手续，领取了离婚证。双方达成的离婚协议书商定："……现因双方性格不合致夫妻双方感情破裂。已无和好的可能，现经夫妻双方自愿达成一致意见，订立离婚协议如下：一、男女双方自愿离婚。二、男女双方婚后于××××年××月××日生育一女儿，名叫张某甲，离婚后女儿张某甲归女方抚养，抚养费由男方每月支付 2000 元……"离婚后，原告靳某去被告张某家欲接走婚生女张某甲未果，遂将被告张某诉至法院。

法院认为，原、被告完成离婚登记即解除了彼此的婚姻关系。被告张某未按离婚协议书约定将婚生女张某甲交由原告靳某抚养违背诚实原则，其现要求抚养婚生女张某甲未向法院提供原告靳某不宜抚养的正当理由，法院对其请求不予支持，婚生女张某甲仍应由原告靳某抚养。被告张某于本判决生效之日起 30 日内将婚生女张某甲交由原告靳某抚养。

【法律条文】

第一千零八十条　完成离婚登记，或者离婚判决书、调解书生效，即解除婚姻关系。

💡 法条释义

本条是关于解除婚姻关系时间点和方式的规定。

一、解除婚姻关系方式

（一）登记离婚

登记离婚是指夫妻双方就是否离婚、子女抚养、夫妻共同财产分割及债权债务的处理等问题，通过协商达成一致，订立书面离婚协议，并亲自到婚姻登记部门办理离婚登记的离婚方式。也叫和解离婚，双方解除夫妻关系，随之解除基于配偶身份而产生的人身关系和财产关系。

（二）诉讼离婚

诉讼离婚是指夫妻双方无法就是否离婚、子女抚养、夫妻共同财产分割以及夫妻共同债权债务的处理达成一致，其中要求离婚的一方向有管辖权的人民法院起诉要求离婚，由人民法院调解或判决而实现解除婚姻关系的方式。其中又包括两种，一种是调解离婚。即由法官主持原、被告双方调解，通过法官调解，双方达成一致。由人民法院根据双方一致的意见制作调解书，调解书和判决书具有同等法律效力。另一种是法官主持调解，双方无法就是否离婚、子女抚养及相关财产分割、债权债务的处理达成一致，或者在法官无法主持调解的情况下，通过审理确认夫妻感情确已破裂的即行判决离婚的方式。

二、解除婚姻关系时间点

（一）完成离婚登记时

《民法典》实施以后新增了冷静期制度，即自婚姻登记机关收到离婚登记申请之日起三十日内，任何一方不愿意离婚的，可以向婚姻登记机关撤回离婚登记申请。该三十日届满后夫妻双方仍然坚持离婚的，双方应当亲自到婚姻登记机关申请发给离婚证。婚姻登记机关查明双方确实是自愿离婚，并已对子女抚养、夫妻财产分割及债权债务处理等事项协商一致的，予以登记，发给离婚证，婚姻关系即予解除。

（二）离婚调解书、判决书生效时

离婚调解书应当写明诉讼请求、案件事实和调解结果，调解书由审判人员、书记员署名，加盖人民法院印章，送达双方当事人。调解书经双方当事人签收后即具有法律效力，婚姻关系即告解除。

判决书经双方当事人签收后或者经公告送达，公告期届满后，再经过十五天上诉期，双方均未上诉，一审判决书即发生法律效力，双方婚姻关系即告解除。如果一方或双方在上诉期内上诉的，二审判决作出后离婚判决书才能产生相应的法律效力。

⏱ 法律适用

张某抚养纠纷一案，审理法院依据本条及《民法典》第一千零八十五条、《婚姻家庭编的解释（一）》第四十九条第二款、《民事诉讼法》第六十四条规定判决婚生女张某甲由原告靳某抚养是正确的。

◎ 实务指引

第一，夫妻双方在婚姻登记机关办理离婚登记后，不得再向人民法院就离婚进行起诉。

第二，在人民法院调解或判决不准离婚后，当事人依然享有选择登记离婚的权利，在人民法院调解或判决离婚后，当事人如果就子女抚养、财产分割等问题产生新的纠纷，可以向人民法院另行起诉。

第三，在登记离婚后，当事人一方不履行协议的内容或者就子女抚养、财产分割产生新的纠纷的，可以依法向人民法院起诉。

第四，在《民法典》规定的冷静期内双方或其中任何一方在冷静期届满没有到婚姻登记机关办理离婚登记手续的视为撤回离婚申请。

第一千零八十一条 【现役军人离婚】

▷ **案件导入**

军婚，不是想离就能离①

原告诉称：原、被告于××××年经亲戚介绍认识后相恋，并于××××年××月××日在安徽省×××民政局办理结婚登记手续。婚后，双方于××××年××月××日育有一女吴某2。由于婚前双方了解不深便仓促结婚，为婚后双方感情稳定埋下隐患。婚后双方共同生活一段时间后，原告发现被告自私、粗暴、多疑、重男轻女。双方因性格不合经常发生争吵，被告经常对原告使用暴力，××××年××月，原告再次怀孕，被告经查发现胎儿性别是女孩后，便多次要求原告进行人流。原告于××××年××月做完人流手术后，不堪忍受被告的折磨，带女儿吴某2前往上海投靠父母。××××年××月之后，原告大部分时间在上海生活、工作，而被告则一直在汕头工作，已处于事实上分居状态。在此期间，原、被告双方对离婚一事一再进行协商，被告口头上同意离婚，但对于财产分割无法达成一致意见。请求判决原告与被告离婚。

被告辩称：被告不同意离婚。原、被告夫妻感情基础好，被告不存在家庭暴力。被告是现役军人，因工作关系需在汕头工作，原告现在虽在上海工作，但是双方利用周末、节假日、探亲假等时间相互往来，不存在因感情不和分居的问题。原、被告虽然在生活中偶尔有小吵小闹，但被告没有重大过错，双方完全有和好的可能性。因为被告为现役军人，不同意离婚，故在其无重大过错的前提下，不得判决原、被告离婚。

法院审理认定事实：原、被告于××××年经人介绍后恋爱，并于××××年××月××日在安徽省×××民政局办理登记结婚手续。婚后，双方于××××年××月××日育有一女吴某2。被告系现役军人，工作单位在广东省×××区，婚后，原告到部队探亲与被告共同生活，双方感情尚好。××××年××月之

---

① （2018）粤 0512 民初 101 号。

后，原告前往上海工作，女儿吴某2跟随原告一起生活，被告也经常利用假期到上海探望原告及其女儿。××××年初，原、被告因购房问题发生纠纷，并致原告对被告产生积怨，夫妻感情开始受到影响。近期，被告前往上海探望原告及其女儿时，双方又因家庭生活琐事发生争吵。

××××年××月××日，原告以夫妻感情破裂为由诉至法院请求判令双方离婚。在案件审理过程中，本院主持为原、被告进行调解，双方无法达成一致意见。

【法律条文】

第一千零八十一条　现役军人的配偶要求离婚，应当征得军人同意，但是军人一方有重大过错的除外。

🔆 法条释义

本条是关于保护军人婚姻的特殊规定。

一、保护军人婚姻的重要意义

保护军人婚姻是我国的一项基本政策，军人作为从事军事工作的特殊群体理应得到特殊保护。人民解放军是国家的钢铁长城，保护军人婚姻有着重要意义。

第一，保护军婚是由军人生活的特点决定的，因为军人无法时常和配偶生活在一起，军婚两地分居是正常现象。对军人婚姻进行特别保护，有利于维护军人家庭的稳定，保护广大军人的切身利益。

第二，保护军婚是加强国防建设，增强军队战斗力的需要。国防建设从某种程度上说，就是军队建设，而军队建设关键是军心建设。只有广大军人无后顾之忧，才能在战场上奋勇杀敌，保家卫国。如果军心涣散将会削弱我军的战斗力。

第三，保护军婚是我国拥军优属工作的重要内容和长期优良传统。早在第二次国内革命战争时期，1934年正式颁布的《中华苏维埃共和国婚姻法》就规定："红军战士之妻要求离婚，须得其夫同意。"抗日战争时期颁布的《晋察冀边区婚姻条例》规定："抗日军人之配偶，非于抗日军人生死不明逾四年后，不得为离婚之请求。"1950年中华人民共和国成立后颁布的第一部《婚姻法》第十九条明确规定："现役革命军人与家庭有通讯关系的，其配偶提出离婚，须得革命军人的同意。"1980年公布的《婚姻法》在确立婚姻自由原则的同时，再次规定："现役军人的配偶要求离婚，须得军人同意。"1997年公布的《刑法》对破坏军婚罪作了规定，这充分说明，对军人婚姻实行特别保护，是党和国家的一贯政策，也是有关军人婚姻立法基础的重要原则，这项政策和原则至今没有改变。在2001年《婚姻法》修改时，以及之后的司法实践中，有的部门和一些法律专家提出这一项规定不符合婚姻自由原则。实践中，也出现了军人一方有家庭暴力等重大过错时，其配偶要求离婚，但是军人一方拒不同意，最终导致夫妻关系急剧恶化，对双方尤其是非军人一方造成极大伤害的情形。因此，立法机关综合各方面意见。在2001年《婚姻法》第三十三条规定："现役军人的配偶要求离婚，须得军人同意"之后增加规定"但军人一方有重大过错的除外。"《民法典》第一千零八十一条沿袭了2001年《婚姻法》第三十三条的规定。

二、现役军人的配偶作为离婚案件原告的处理原则

现役军人配偶要求离婚的，应当征得军人同意，这是现役军人配偶作为原告的离婚案件处理原则，也就是说现役军人配偶起诉要求和现役军人离婚的，在一般情况下都要征得军人的同意，如果军人不同意，法院不得判决准予离婚。

第一，本条适用的主体是现役军人和现役军人的配偶，根据《兵役法》第五条之规定，现役军人是指有军籍的人，包括中国人民解放军现役、具有军籍和军衔的军官、士兵。具体包括，一是现役军官：被任命为排级以上职务或者初级以上专业技术职务，并授予相应军衔的现役军人。二是军士长、专业军士：均属士官、志愿兵役制士兵。军士长是指被任命为基层行政或者专业技术领导管理职务的现役士兵。专业军士是指服现役满5年，自愿继续服现役，经批准担任专业技术工作的现役士兵。三是军士：在中国人民解放军被授予上士、中士、下士，以及上等兵、列兵军衔的义务兵役制士兵。

中国人民武装警察部队虽然不属于中国人民解放军的编制序列，但是在婚姻问题上仍然按现役军人婚姻问题处理。

现役军人的配偶是指与现役军人履行了结婚登记手续，并领取结婚证的非军人一方。

第二，适用案件：本条规定仅适用于现役军人的配偶起诉军人要求离婚的案件，不包括双方都是现役军人的案件，以及现役军人作为原告的离婚案件。

三、须征得军人同意的例外情况

在本类案件中，如果军人一方有重大过错，则无须军人同意，法院亦可判决准予离婚。本条所说的重大过错一般是指：军人一方重婚或者与他人同居的；实施家庭暴力或虐待、遗弃家庭成员的；有赌博、吸毒等恶习屡教不改的；以及违背社会公德，并对夫妻感情造成严重伤害的，诸如性犯罪、性违法等行为。

四、正确理解本条规定与《民法典》第一千零七十九条的关系

《民法典》第一千零七十九条规定和本条规定是一般和特殊的关系，本条规定属于特殊规定，并不违反我国婚姻自由的基本原则。

◎ 法律适用

法院在适用本条规定处理涉及军人的离婚案件时要注意与军人所在政治机关沟通和联系，无论是判决准予离婚还是不准予离婚都要积极做好军

人的思想工作，稳定军心，以利于国家的国防建设。

在审判工作中发现有破坏军人婚姻的犯罪行为时，应主动移交公安机关处理，有关部门应当依照《刑法》第二百五十九条规定处理："明知是现役军人的配偶而与之同居或者结婚的，处三年以下有期徒刑或者拘役。利用职权、从属关系，以胁迫手段奸淫现役军人的妻子的，依照本法第二百三十六条的规定定罪处罚。"

◎ 实务指引

案例中的被告作为现役军人不同意离婚，而原告无充分证据证明被告存在法定的重大过错导致夫妻感情破裂的情形，法院对原告离婚诉讼请求不予准许。本案例审理法院适用《婚姻法》第三十二条第二款、第三款及第三十三条之规定判决不准离婚与《民法典》第一千零八十一条规定的精神一致。

第一千零八十二条 【男方提出离婚的限制情形】

▷ 案件导入

案例一：男方在女方终止妊娠后六个月内能否提出离婚①

原告王某 1 与被告王某 2 于 2020 年 2 月相识，同年 8 月登记结婚。婚后未共同生活，也未生育。双方于 2020 年 10 月举行婚礼，原告向被告支付彩礼 82000 元，被告提出要购买一辆小轿车登记在被告名下，同时增加彩礼 80000 元。原告无法承受昂贵彩礼，导致双方不能举行婚礼。原告认为，双方婚姻关系名存实亡，向法院起诉离婚。

被告王某 2 辩称，被告于 2020 年 10 月发现自己怀孕。2020 年 11 月原、被告因办酒席、婚后工作等事情发生争吵，原告提出离婚，被告慎重考虑后于 2020 年 12 月 1 日至 5 日到××市妇保院进行了流产手术。根据

---

① （2021）浙 0822 民初 501 号。

《民法典》第一千零八十二条规定，"女方在怀孕期间、分娩后一年内或者终止妊娠后 6 个月内，男方不得提出离婚"。被告于 12 月 5 日终止妊娠，原告现起诉离婚不符合法律规定，请法院驳回原告的起诉。

法院认为，《民法典》第一千零八十二条规定，男方在女方终止妊娠后 6 个月内不得提出离婚，本案被告王某 2 终止妊娠的事实有证据证明，因此男方王某 1 在女方王某 2 终止妊娠后 6 个月内不得提出离婚。原告王某 1 现起诉离婚，不符合法律规定，应予以驳回。

案例二：同居关系能否适用《民法典》第一千零八十二条的规定①

吴某与谢某 2 于 2020 年 3 月经人介绍认识，2020 年 5 月 8 日，吴某按照农村习俗邀请李某 1、朱某作为媒人，到谢某 2 家过彩礼：给付礼金 68000 元、礼物酒肉折价 5200 元，给谢某 2 父母谢某 1、杨某购买衣物钱 2600 元，谢某 1 按照农村习俗回礼给吴某 3600 元。2020 年 7 月 30 日，吴某与谢某 2 按照农村习俗举行婚礼并以夫妻名义同居生活。2020 年 10 月 15 日，谢某 2 到××县人民医院进行流产手术，终止妊娠。同居期间未办理结婚登记。后吴某向法院提出诉讼请求：一、请求人民法院依法判决谢某 1、杨某、谢某 2 及时返还吴某彩礼人民币 95438 元；二、诉讼费由谢某 1、杨某、谢某 2 负担。

法院认为，关于吴某是否有诉权的问题，根据《民法典》第一千零八十二条的规定，女方在怀孕期间、分娩后一年内或者终止妊娠后 6 个月内，男方不得提出离婚；但是，女方提出离婚或者人民法院认为确有必要受理男方离婚请求的除外。该规定是为了保护妇女、胎儿、幼儿的身心健康，前提条件是男方提出离婚，只适用于具有婚姻关系的当事人，而同居关系与合法婚姻关系性质不同，同居关系不适用该条款的规定，故谢某 1、杨某、谢某 2 主张谢某 2 终止妊娠未满 6 个月，吴某不能起诉的主张，本院不予支持。

----

① （2021）云 2626 民初 238 号。

【法律条文】

第一千零八十二条　女方在怀孕期间、分娩后一年内或者终止妊娠后六个月内，男方不得提出离婚；但是，女方提出离婚或者人民法院认为确有必要受理男方离婚请求的除外。

法条释义

本条是关于限制男方提出离婚的规定，罗列了在婚姻关系存续期间男方不得提出离婚的几种情况，即女方怀孕期间、分娩后一年内、终止妊娠后6个月内。当然，上述规定也不是绝对的，如果女方主动提出离婚或人民法院认为确有必要的是可以受理离婚请求的。虽然《民法典》第一千零七十九条规定了夫妻任何一方均可以提起离婚诉讼，但第一千零八十二条对男方提出离婚进行了限制，该限制条款的目的主要是保护女方和胎儿、幼儿的合法权益，体现了法律对妇女、儿童等弱势群体的特殊保护。

法律适用

本条规定是对于诉讼离婚中男方诉权的限制。女方在怀孕期间、分娩后一年内或者终止妊娠后6个月内，男方不得提出离婚。导入的案件一符合上述法条规定，因此受理法院裁定驳回了原告王某1的起诉。

本条中对人民法院认为确有必要受理男方离婚请求的情形未进行具体列举，实践中包括女方具有重大过错，如重婚、与他人同居导致怀孕、女方实施家庭暴力、男方人身受到严重威胁等情况，法院可受理男方的起诉并作实体处理。

在导入的案件二中可以看出，本条规定只适用于具有婚姻关系的当事人。同居关系在本质上与婚姻关系不同，因此原、被告因未办理结婚登记而不适用该条款的规定。故法院做了实质审理，支持了原告部分诉请。

🔄 **实务指引**

　　司法实践中，法院立案程序的差异，导致相似案情下达裁定书的时间大相径庭：部分案件于立案阶段发现原告不具有诉权下达不予受理裁定书，部分案件于审理过程中发现原告不具有诉权下达驳回起诉裁定书，后者如能在立案程序上进行优化，则可大大提高诉讼效率。再者，女方处于怀孕期间、分娩后一年内或者终止妊娠后 6 个月的事实具有清晰的时间标准，但是对人民法院认为确有必要受理男方离婚请求的情形则没有具体罗列，需要经过实质审理，法官具有较大自由裁量权，笔者认为，在今后的司法适用中应对上述情形有进一步的阐述及说明。

第一千零八十三条　【复婚】

▶ **案件导入**

男女同居期间的财产如何进行分割①

　　董某于 1997 年至 2002 年在职期间由公司分配××路房屋一套。2014 年 6 月，董某与刘某进行离婚登记，离婚后继续保持同居关系。2017 年 7 月，××路房屋拆迁，董某分得拆迁费用合计 280421 元。2018 年 2 月，董某购买位于 A 小区的房屋一套，总价为 487053 元。2018 年 4 月，董某用公积金贷款 160000 元支付购房款。2018 年 5 月，董某支付了 50800 元付清全部购房款 491221 元。2019 年 1 月，A 小区房屋登记为董某单独所有。2017 年 9 月，董某为取得××路房屋的完全所有权向公司支付房改费 6213.48 元。该款系董某向刘某转账 6400 元后，由刘某代为交纳。后双方闹翻，刘某起诉要求平均分割双方于同居期间取得的财产。

　　法院认为，对于购买位于 A 小区安置房的购房款中房屋拆迁款 280421

---

① （2021）鄂 05 民终 733 号。

元，因该被拆迁房屋系董某基于其公司职工的身份而获得的位于××路的房改房。该房改房虽然于 2017 年 9 月由刘某支付 6213.48 元房改费之后才由董某取得完全产权，但因该房屋房改房的性质使得其房价远低于市场价，故该房屋仍然是因董某的婚前个人福利而取得，应为董某的婚前财产，刘某所支付的 6213.48 元应作为其购买房屋的出资，而不应按比例享有××路房改房的相关权益。对于董某的公积金贷款 160000 元，董某虽然与刘某成立同居关系，但同居关系不同于夫妻关系，基于同居关系仅仅能对其因共同生活而混同的财产进行分割，而董某的公积金贷款系董某离婚后的个人财产，基于公积金的性质其也无法取出用于同居时的日常生活，故其公积金系未用于同居生活的个人财产，该 160000 元公积金贷款亦应为董某的个人财产而非董某与刘某的共同财产，不应予以分割。对于董某用购买 A 小区房屋的 50800 元现金，因董某系同居期间支付，且同居期间其与刘某经济来往密切，现金财产处于混同状态，故该 50800 元应作为同居期间的共同财产予以分割。

【法律条文】

第一千零八十三条　离婚后，男女双方自愿恢复婚姻关系的，应当到婚姻登记机关重新进行结婚登记。

🔅 法条释义

本条是关于离婚后男女双方自愿恢复婚姻关系重新进行结婚登记的程序规定。与 2001 年《婚姻法》第三十五条相比，本条将"自愿恢复夫妻关系"修改为"自愿恢复婚姻关系"，将"必须到婚姻登记机关进行复婚登记"修改为"应当到婚姻登记机关重新进行结婚登记"的规定。其中，将"必须"修改为"应当"、将"复婚登记"修改为"重新进行结婚登记"，用语更加准确规范。

⏱ **法律适用**

离婚后，作为夫妻双方的权利与义务不复存在。离婚后男女双方自愿恢复婚姻关系又叫作复婚。复婚具有再次建立婚姻关系的意思，但在本质上是一种结婚行为，只是在结婚主体上具有特殊性，即结婚的主体之前有过婚姻关系，因此其适用结婚的一般规定，又具有特殊性。

⟳ **实务指引**

复婚需要去婚姻登记机关重新申领结婚证，但在现实生活中，有相当一部分离婚的男女不去重新申领结婚证而直接生活在一起，"无夫妻之名，有夫妻之实"，从法律角度来说，该种关系不受到法律的保护。在导入的案件中，刘某也是因为在离婚后未复婚而是选择与董某以同居的方式继续共同生活，导致无法分割董某在离婚后形成的绝大部分财产，因此在实务中，"有结婚证才有保障"的说法不无道理。

第一千零八十四条　【离婚后子女的抚养】

▶ **案件导入**

案例一：离婚后男女双方对孩子是否都有抚养义务[①]

被告徐某在未申办营业执照的情况下经营一间美容工作室。2019 年 3 月起原告多次到被告处打美容针，其间原告面部皮肤不适到某中医诊所和皮肤医院多次进行治疗。后原告以侵权责任纠纷向法院提起诉讼。案件审理过程中，原告经鉴定构成十级伤残，诉讼中请求判令被告赔偿原告各项损失共计 241952.16 元。

法院认为，本案为侵权责任纠纷，原告在美容服务中受到损害，应推

---

① （2021）赣 0202 民初 408 号。

定被告有过错。费用核定如下：1. 损失 15400 元；2. 医疗费 834.66 元；3. 营养费 350 元；4. 交通费 664.5 元；5. 护理费 100 元/天×7 天 = 700 元；6. 误工费 3169 元；7. 残疾赔偿金（含被扶养人生活费）77112 元（残疾赔偿金）+2839.3 元（原告父亲被扶养人生活费）+12492.7 元（原告两女儿被扶养人生活费）；8. 后续治疗费实际产生予以计算；9. 鉴定费 2800 元；10. 精神抚慰金 5000 元；11. 住宿费 303 元。综上所述，原告财产损失、医疗费、营养费、交通费、护理费、误工费、残疾赔偿金（含被扶养人生活费）、鉴定费、精神抚慰金、住宿费等各项损失合计 121665.16 元，由被告徐某赔偿。其中关于原告两女儿的抚养费，被告主张原告两次离婚协议书中均约定由男方抚养小孩，原告不存在抚养费损失。原告虽然在两次离婚协议书中约定抚养费由男方承担，但夫妻离婚后，原告还是孩子的法定监护人，仍有抚养子女的义务，故法院支持原告两个女儿被扶养人生活费的诉讼请求。

案例二：不直接和孩子生活的一方是否有抚养孩子的义务[①]

原、被告经亲友介绍相识，2007 年生长女颜某 2，后在民政部门补办结婚登记手续，2009 年生次女颜某 3，2011 年生儿子颜某 4。2017 年 5 月，原告魏某起诉要求与被告颜某 1 离婚，后撤诉。2020 年 1 月，原告再次诉至法院要求离婚，后被驳回诉讼请求。2021 年 2 月，原告以夫妻关系仍未和好为由，第三次起诉请求离婚。

法院认为，现原告魏某第三次起诉要求与被告颜某 1 离婚，应视为夫妻感情确已破裂。关于子女抚养问题。原、被告三个婚生子女现均随原告魏某生活，三个孩子均已满八周岁，在征求三个小孩本人意愿和从方便照顾小孩生活及有利于小孩健康成长等因素综合考虑，原、被告的三个小孩均随原告魏某生活为宜。关于抚养费的标准，根据原、被告双方的收入情况及小孩生活所在地的消费水平等因素，本院确定被告颜某 1 按每个小孩

---

① （2021）苏 0922 民初 750 号。

每月人民币 700 元的标准承担生活费，并承担一半教育费及医疗费（凭有效票据），但不妨碍子女在必要时提出超过本判决确定数额的合理要求。被告颜某 1 在探望小孩时，原告魏某应当予以协助。

【法律条文】

第一千零八十四条　父母与子女间的关系，不因父母离婚而消除。离婚后，子女无论由父或者母直接抚养，仍是父母双方的子女。

离婚后，父母对于子女仍有抚养、教育、保护的权利和义务。

离婚后，不满两周岁的子女，以由母亲直接抚养为原则。已满两周岁的子女，父母双方对抚养问题协议不成的，由人民法院根据双方的具体情况，按照最有利于未成年子女的原则判决。子女已满八周岁的，应当尊重其真实意愿。

法条释义

本条第一款、第二款是关于离婚后父母与子女关系及父母与子女之间的权利和义务仍然存续。子女与父母之间的血缘关系不因父母婚姻的解除而消灭。

本条第三款是一个修改条款，《婚姻法》对于离婚后子女跟随哪一方生活的规定为，离婚后哺乳期内的子女，以随哺乳的母亲抚养为原则。哺乳期后的子女，如双方因抚养问题发生争执不能达成协议的，由人民法院根据子女的权益和双方的具体情况判决。修改后的条款，将哺乳期具体为 2 周岁，抚养细化到直接抚养，并充分尊重子女的意愿，一切从有利于子女健康成长的角度出发考虑离婚后子女的抚养问题，可以说兼顾法理和情理。

法律适用

本条第一款、第二款的立法目的在于明确父母对子女的监护职责，从而使子女的权利不因父母的离婚而受到损害。在上述导入的案例一中，法院在审理过程中，正是考虑到子女与父母关系的不可割裂性，在原告离婚的前提下，即使子女跟随原告前夫生活，原告对子女的抚养、教育、保护义务仍然存在。

本条第三款内容概括起来是：原则优先，综合考虑。在上述导入的案例二中，法院在审理过程中，充分听取子女的真实意愿，结合子女实际生活的具体情况，判决双方离婚时子女跟随原告生活，在法条规定的限度内最大限度地给予未成年人保护。

◎ 实务指引

本条所称的子女不仅包括婚生子女，还包括非婚生子女、养子女、有抚养关系的继子女、夫妻双方一致同意通过人工授精所生的子女。

本条第三款中的有利、优先抚养条件一般包括经济状况、教育条件、健康状况等。具体可分为两种：一种是绝对的情形，即父母本身的抚养条件，如难以明确判断优劣的；另一种是相对的情形，即祖父母、外祖父母的抚养条件。在处理案件过程中，应注意收集上述证据。

第一千零八十五条 【夫妻双方离婚后子女抚养费负担的规定】

▷ 案件导入

案例一：协议离婚约定抚养费由直接抚养子女一方独立承担，子女在父母离婚后起诉要求不直接抚养子女的一方支付抚养费能否获得支持[①]

2016 年 1 月 14 日，A（C 之母）与 B（C 之父）签订《离婚协议书》

---

① （2021）陕 0112 民初 1440 号。

约定："婚生子 C 由 A 直接抚养，随 A 共同生活，抚养费由 A 独立承担，B 依据个人收入情况可自主决定给付儿子抚养费的数额和期限。"2021 年，C 以 A 没有收入来源，无力承担 C 上学、生活、看病费用，起诉至法院。

2021 年 4 月，人民法院依据《民法典》第一千零八十四条、第一千零八十五条等法律规定，判决 B 自 2021 年 4 月起每年支付 C 抚养费 6000 元至其 18 周岁止；并支付 C 每年产生的医疗费、教育费用的一半（凭国家正式票据）。

案例二：离婚调解书约定抚养费给付标准后，子女在父母离婚后起诉要求不直接抚养的一方支付起诉前、起诉后的相关抚养费能否获得支持[1]

2010 年 10 月，甲（丙之母）与乙（丙之父）离婚纠纷经人民法院民事调解书确定：婚生女丙由甲抚养，乙每月支付抚养费 1000 元，自 2010 年 10 月起支付，每半年支付一次。2021 年，丙向人民法院起诉乙，请求判决乙向丙支付自 2014 年 9 月至 2020 年 7 月期间教育支出共计 51000 元；支付生活费每月 3000 元，并承担教育、医疗支出实际花费的一半（自 2020 年 10 月起，至原告年满 18 周岁之日止）；后增加诉讼请求要求被告支付 2020 年 10 月至 2020 年 11 月底产生的教育费、医疗费合计 32204 元。

人民法院依照《民法典》第一千零八十五条等相关法律规定，于 2021 年 4 月判决：乙于判决生效之日起十五日内支付丙医疗费 18800 元；乙自 2021 年 4 月起每月支付丙抚养费 1500 元至原告 18 周岁止；驳回原告其他诉讼请求。

---

① （2021）陕 0112 民初 1384 号。

【法律条文】

第一千零八十五条　离婚后，子女由一方直接抚养的，另一方应当负担部分或者全部抚养费。负担费用的多少和期限的长短，由双方协议；协商不成的，由人民法院判决。

前款规定的协议或者判决，不妨碍子女在必要时向父母任何一方提出超过协议或者判决原定数额的合理要求。

💡 法条释义

本条是关于夫妻离婚后子女抚养费的规定。正确理解本条，需要注意以下几点：

第一，本条第一款规定的是离婚后子女抚养费负担的问题，但这并不表示夫妻关系存续期间就不存在对子女抚养费负担的问题。《婚姻家庭编的解释（一）》第四十三条规定："婚姻关系存续期间，父母双方或者一方拒不履行抚养子女义务，未成年子女或者不能独立生活的成年子女请求支付抚养费的，人民法院应予支持。"

第二，夫妻双方离婚后，负担子女抚养费不仅仅是不直接抚养子女一方的单方面义务，只是以协议或判决条款表现为由不直接抚养子女的一方向直接抚养子女的一方给付子女抚养费的一部分或全部。双方对负担子女抚养费问题通过协议确定的，可以自由商定承担的比例、金额、期间等。如果协商不成，在提起离婚诉讼时，主张直接抚养子女的一方可在诉讼中一并向对方提出负担子女抚养费的相关请求，调解不成的，由法院依法判决。

第三，夫妻双方离婚后，随着时间的推移，子女对抚养费的实际需求往往会因客观情况而发生变化。因此，法律允许子女在必要时可以自己的名义向父母任何一方提出超过协议或司法文书中确定的抚养费数额的合理要求。但前提是，该请求应当是必要的、合理的。

⏱ 法律适用

一、关于抚养费负担金额的标准

《婚姻家庭编的解释（一）》第四十九条规定："抚养费的数额，可以根据子女的实际需要、父母双方的负担能力和当地的实际生活水平确定。有固定收入的，抚养费一般可以按其月总收入的百分之二十至三十的比例给付。负担两个以上子女抚养费的，比例可以适当提高，但一般不得超过月总收入的百分之五十。无固定收入的，抚养费的数额可以依据当年总收入或者同行业平均收入，参照上述比例确定。有特殊情况的，可以适当提高或者降低上述比例。"

二、关于不直接抚养子女的一方负担的抚养费占子女抚养费的比例

本条第一款规定了可以是部分或全部。对于双方可否以协议或诉讼中明确表态的方式确认不直接抚养子女的一方完全不承担抚养费的问题，《婚姻家庭编的解释（一）》第五十二条对该问题作出了规定，父母双方可以协议由一方直接抚养子女并由直接抚养方负担子女全部抚养费。但是，直接抚养方的抚养能力明显不能保障子女所需费用，影响子女健康成长的，人民法院不予支持。由此看来，如涉及诉讼，上述问题并不能任由双方决定，人民法院有审查决定权。

三、关于抚养费的给付方式

《婚姻家庭编的解释（一）》第五十条规定："抚养费应当定期给付，有条件的可以一次性给付。"诉讼中，生活费一般判决按月给付或每半年给付等。教育费和生活费有一起要求定期给付的，也有规定按实际发生的费用由双方各半承担并凭正式票据定期结算的。《民法典》施行以来，部分地方法院倾向于将生活费、教育费一并判令按固定金额定期给付，这也避免了双方今后结算的烦琐和不必要的争议。值得注意的是，就抚养费的

给付方式，除金钱给付外，对于父母一方无经济收入或者下落不明的，《婚姻家庭编的解释（一）》第五十一条还规定："父母一方无经济收入或者下落不明的，可以用其财物折抵抚养费。"基于此，在离婚诉讼中主张以另一方应分得的财物折抵抚养费就有了法律依据，这也是在办理此类案件过程中可能容易忽略的一项主张和权利。

四、关于抚养费的给付期限

《婚姻家庭编的解释（一）》第四十一条规定："尚在校接受高中及其以下学历教育，或者丧失、部分丧失劳动能力等非因主观原因而无法维持正常生活的成年子女，可以认定为民法典第一千零六十七条规定的'不能独立生活的成年子女'。"第五十三条规定："抚养费的给付期限，一般至子女十八周岁为止。十六周岁以上不满十八周岁，以其劳动收入为主要生活来源，并能维持当地一般生活水平的，父母可以停止给付抚养费。"司法实践中，随着生活水平的提高，尤其在经济较发达且对子女教育较重视的地区，往往很多子女在年满18周岁时刚上大学或仍在校接受教育，由于离家求学，其所需生活费、教育费较年幼时往往不减反增，在实务中应注意到该现实问题。

五、关于抚养费的变更

《婚姻家庭编的解释（一）》第五十八条规定："具有下列情形之一，子女要求有负担能力的父或者母增加抚养费的，人民法院应予支持：（一）原定抚养费数额不足以维持当地实际生活水平；（二）因子女患病、上学，实际需要已超过原定数额；（三）有其他正当理由应当增加。"

六、关于子女向离婚后不直接抚养自己的父或母另诉抚养费

父母协议或者判决离婚，不妨碍子女在必要时向父母任何一方提出超过协议或者判决原定数额的合理要求。

在案例一中，人民法院裁判文书的说理部分认为：A与B签订离婚协议书，其中约定抚养费由A独立承担。该离婚协议合法有效，双方应按协议内容履行。现 A、B 之子 C 要求 B 支付 2014 年 2 月 20 日至 2020 年 9 月 8 日的抚养费 42000 元人民币（每个月 500 元抚养费）的请求，与法相悖，不予支持。考虑到 C 现处于学习阶段，其生活费和教育费逐年增加，结合 C 住所地实际生活水平、教育费用以及 B 在离婚后曾给付 C 每月抚养费 500 元的事实，C 现要求被告每年支付 6000 元抚养费至年满 18 周岁的请求，于法有据，予以支持。C 请求判决 B 负担今后医疗费、教育费的一半的请求，从保护未成年人最大合法利益出发，并考虑到 B 应支付的抚养费较低，依法予以支持。

在案例二中，人民法院裁判文书的说理部分认为：原告主张被告支付教育支出并不能证明其实际教育支出情况，故对该项诉讼请求不予支持；原告主张被告支付医疗费 18800 元，因被告知道原告牙齿要进行矫正，该费用虽不属于医疗费，但考虑到为原告今后更好的生活，应予以支持。关于原告主张被告每月向其支付生活费 3000 元（自 2020 年 10 月起）的请求，因原告未向法院提供相关证据，故不予支持。但原告现处于学习阶段，其生活费和教育费不断增加，结合当地实际生活水平、被告支付能力，可酌情由被告自 2021 年 4 月起以每月支付原告抚养费 1500 元为宜。因抚养费包含生活费、教育费、医疗费，故对原告主张被告承担其教育、医疗支出实际花费的一半的请求，不予支持。

◎ 实务指引

一、几类与抚养费负担有关的诉讼及其区别，以及办理此类案件的注意事项

第一，夫妻离婚时，要求直接抚养子女的一方将离婚后子女抚养费负担问题明确作为一项诉讼请求由人民法院在离婚纠纷中一并处理。此类案件，夫妻双方为诉讼主体。需要注意的是，离婚案件中，无论作为原告还是被告，无论是否要求直接抚养子女，应注意适时提出关于子女抚养费负

担问题的请求或抗辩，并注意证据的收集和列举，做好庭前准备。

第二，夫妻双方已经自愿登记离婚，因协议中有关抚养费负担或履行问题约定不明或发生争议的，子女请求人民法院依法裁判父母离婚后对子女的抚养费负担问题。此类案件，未成年子女或无独立生活能力的成年子女为原告，离婚协议中负有支付抚养费义务的父或母为被告。

第三，夫妻双方自愿登记离婚或诉讼离婚，并以协议或者裁判文书确定了子女抚养费问题。离婚后，子女在必要时向不直接抚养子女的父或母提出超过协议或者判决原定数额的诉讼。结合案例一、案例二，鉴于原协议和裁判对抚养费已有约定或确定标准，如无特殊情形，人民法院对子女要求增加或给付抚养费变更诉讼前的相关请求一般不予支持，鉴于此，增加抚养费给付标准的诉讼在实践中应注意及时提出。

第四，夫妻离婚后，协议或法律文书确定应直接抚养子女的一方并未实际履行抚养照料义务，实际抚养照料子女的一方要求另一方返还已提前给付的相应期间内的抚养费，或子女起诉要求具有直接抚养义务的一方支付并未实际履行抚养义务期间的抚养费。

第五，祖父母、外祖父母等近亲属对父母离婚的未成年人出于亲情实际照料并尽到抚养责任，要求具有抚养义务的一方支付因抚养照看而支出的必要费用。人民法院依据查明的事实，结合当地生活水平等，结合《民法典》第二十六条、第九百七十九条之规定，可以酌定判决支持支付抚养费用。

第六，不直接抚养子女的一方，因离婚协议中约定的抚养费支付标准过高而无力承受，或因生活境遇发生重大变故，如罹患重大疾病、因违法犯罪等丧失经济来源、收入大幅度降低等，可向人民法院提起诉讼，请求减少或免除抚养费支付义务。

二、关于夫妻离婚前长期分居期间的子女抚养费问题

依据《民法典》第一千零六十七条、《婚姻家庭编的解释（一）》第四十三条的规定，即便父母尚未离婚，子女也是可以作为原告要求不履行抚养义务的父母支付抚养费的。如经综合分析案情，并与夫妻一方及年满8周岁子女的沟通，均有较强意愿和需求提起诉讼的，可在父母夫妻关系存续期间以子女名义起诉要求不承担抚养义务的父或母支付抚养费。提起该诉讼，一方面有利于维护子女权益和减少履行抚养义务一方的损失；另一方面能促进对方在诉讼压力下承担抚养费给付义务或尽早出面协商离婚，同时也能为离婚诉讼中有关抚养权、抚养费的诉求奠定良好的事实审查和证据基础。

实践中也有夫妻一方在离婚诉讼中要求另一方返还分居期间代付的子女抚养费的诉讼请求，由于个案情形不同，实践中的裁判标准尚不统一。笔者认为，在离婚诉讼中，夫妻关系存续期间有关抚养费的支出，如果不构成夫妻之间的债务或对外共同债务，可能难以获得支持。诉求一方不妨先在离婚诉讼中主张返还分居期间由一方代为承担的抚养费，同时列举相关证据，如未能得到裁判支持，也可另行以子女名义要求父或母支付离婚前分居期间未承担的相应抚养费。

上述相关诉讼应重点收集的证据或在庭审时陈述和确认的事实有：夫妻分居的事实和时间、抚养子女一方实际支出抚养费的事实情况、一方从何时起未承担过抚养费、夫妻对家庭财产和支出的特别约定、因抚养子女发生的对外债务等。

三、如何尽量维护和保障离婚后直接抚养子女一方及子女的有关抚养费权益

根据法律规定，即便父母离婚时对抚养费已有约定或裁判，也不妨碍子女在必要时可另诉要求增加抚养费。但另诉要求增加抚养费，尤其是要求增加司法文书已确定的抚养费标准，存在举证和讼累问题，且增加的数额也较有限。作为直接抚养子女的一方，如何争取更高的抚养费支付标准，又如何避免争议、保障履行？对此，有以下几点提示：

第一，协议离婚时，如子女年龄幼小，建议双方约定每月支付一定金额的生活费，且逐年按比例递增，教育费、医疗费和大额开支则可另行约定按照实际发生金额分担并凭正式票据定期结算，避免以抚养费而一概论之。非公办学校教育费用、课外培训辅导费等应通过协议明确或在日后实际支出发生前取得对方的书面同意，否则法院不予支持。总之，关于子女抚养费负担的问题应尽可能明确、清晰，避免争议。

第二，抚养费的负担是双方的义务，一方向不直接抚养子女的一方提出负担数额时，过高的要求并不利于纠纷的解决，也会影响今后的如约履行或引发矛盾，反而不利于己方和子女利益。如果因此导致离婚协商不成，法院的裁判往往低于对方原本同意的标准，得不偿失。

第三，对离婚前子女已在民办学校就读或孩子确实存在较大额校外培训费用的，一般不太可能因为离婚而影响子女教育支出的现状。如协议不成，在诉讼中建议要求判令另一方就生活费、教育费一并支付固定金额，同时应梳理准备有关合同、票据等作为证据向法庭提交，以尽可能提高支付标准并获法院支持。同时，可通过申请调查或自行收集对方工资明细、公积金、股权等证据，来证明对己方有利的对方收入和支付能力。

第四，鉴于《婚姻家庭编的解释（一）》第四十一条的规定，尚在校接受高等教育无收入的成年子女另诉抚养费非常困难。因此，协议或诉讼中，尤其是调解时，抚养费负担期间应争取延长界定到年满18周岁且完成可能发生的大学高等教育，以方便今后依协议要求对方按约履行或依司法文书申请执行。

第五，尽管父母双方可协议由直接抚养方负担子女全部抚养费，但根据《婚姻家庭编的解释（一）》第五十二条规定，作为不直接抚养子女的一方，在离婚协议关于抚养费负担条款拟定时，应注意审查或在协议上注明直接抚养子女一方具有抚养能力。同时，要避免因不支付抚养费而改以财产分割利益让渡或因此放弃抚养权，因为即便如此，子女今后照样可提起要求支付抚养费的诉讼。如果对方为争取抚养权主动提出放弃本方的抚养费给付义务，建议双方折算成款项以离婚财产补偿的形式约定，而抚养费支付条款仍正常约定。

第六，一方再婚后不履行裁判文书的抚养费义务又没有履行能力的，可以申请追加执行再婚另一方名下的夫妻共同财产中的相应份额支付抚养费。

四、关于请求支付抚养费的时效问题

根据《民法典》第一百九十六条的规定，请求支付抚养费不适用诉讼时效的规定。结合《民法典》第一千零六十七条的规定，要求父母给付抚养费的权利主体是未成年子女或者不能独立生活的成年子女。上述两类主体请求抚养费不受诉讼时效的限制。因此，如有父母欠付未成年子女抚养费的情形，子女一般应在成年前及时提起此类诉讼。笔者认为，如成年后有独立生活能力的子女再要求父母给付未成年时期欠付的抚养费，该欠付费用在一定意义上已经转化为债务性质，仍应受到一般诉讼时效的约束。

第一千零八十六条　【夫妻双方离婚时对子女探望权的规定】

▷ 案件导入

案例一：林某与童某协议离婚后另诉探望权一案[①]

2019 年 8 月，林某与童某签订《离婚协议书》，约定："女方每个月可以在不影响女儿学习、生活的情况下，探望女儿两次，一定要在男方的陪同下。"离婚后，童某拒不协助林某探望。2021 年 3 月，林某诉至法院并提出诉讼请求：责令被告协助原告探望女儿，具体时间和方式为每月第一周和第三周的周五下午 4 时 50 分，由被告将女儿送到原告家中，于次周周

---

① （2021）浙 1021 民初 1041 号。

一上午由原告将女儿送回学校；小学期间，每年暑假 7 月 1 日至 7 月 30 日或者 8 月 1 日至 8 月 30 日随原告生活一个月，寒假每隔一年除夕和春节随原告生活两周。裁判结果：依照《民法典》第一千零八十六条之规定，判决如下，一、原告林某享有探望婚生女童某的权利。具体时间和方式为自本判决生效后每月第一周、第三周的周日上午 8 时由原告到被告处接走婚生女，并于次日上午 8 时由原告送回被告处或学校。被告予以协助。二、驳回原告的其余诉讼请求。

案例二：谢某 1 与李某调解离婚后对探望权申请强制执行一案①

2019 年 3 月，谢某 1 与李某婚姻家庭纠纷一案经人民法院民事调解书确定：离婚后，婚生女谢某 2 由李某直接抚养，离婚后，不直接抚养子女的一方有探视子女的权利，另一方有协助的义务。在该民事调解书履行过程中，谢某 1 认为李某未按调解书的内容协助其探望子女，申请至人民法院，要求强制执行。

人民法院经审查后认为，本案因双方当事人没有约定探视的方式、时间，故探望方式、时间不明确，且在执行过程中双方无法就探望的方式、时间等达成一致，致使本案无法强制执行，依法应当驳回申请执行人的申请。本案驳回执行申请后，谢某 1 如行使探望权，可就探望方式、时间与李某进行协商，如协商不成可向法院提起诉讼。

裁定结果：依法裁定驳回谢某 1 的执行申请。

案例三：王某与张某签订离婚调解书后，王某另诉张某请求中止探望权一案②

2019 年 3 月，王某与张某离婚纠纷经人民法院民事调解书确认：婚生子王某 2 由王某抚养，张某每月可探视王某 2 三次。2021 年 5 月，王某向一审法院提出诉讼请求：中止张某对婚生子的探望权。主要理由是张某在行使探望权时的方式和行为有损孩子身体健康，影响其正常上学等。同时

---

① （2021）湘 1202 执 1773 号。
② （2021）京 01 民终 4461 号。

认为上述事实是离婚调解协议生效后关于探视权发生的新的事实，当事人有权再次提起诉讼并由法院进行实质审理。

一审法院经审查认为，本案中王某在履行生效调解书的过程中，请求中止探望，不应作为一个独立的新的诉讼，而是属于履行已生效的裁判文书过程中发生的情况。故王某起诉要求中止张某的探望权，不属于受理民事诉讼的范围，应裁定驳回其起诉。

二审裁定：驳回上诉，维持原裁定。

【法律条文】

第一千零八十六条　离婚后，不直接抚养子女的父或者母，有探望子女的权利，另一方有协助的义务。

行使探望权利的方式、时间由当事人协议；协议不成的，由人民法院判决。

父或者母探望子女，不利于子女身心健康的，由人民法院依法中止探望；中止的事由消失后，应当恢复探望。

💡 法条释义

探望权，是指父母离婚后，不直接抚养子女的父或母依法享有的对子女进行探视、看望、交往的权利。探视权是法定权利。探望权制度是保障亲情交流和维系的一种法律形式。

本条第一款规定离婚后不直接抚养子女的父或母，对子女有探望的权利，另一方有协助的义务。另一方不履行协助义务的，探望权受阻的一方可以依法提起探望权诉讼，或依据生效的法律文书申请强制执行。

本条第二款规定了如何行使探望权。探望权可由离婚双方以协议约定探望的方式、时间等，如协议未约定、约定不明，或虽有约定，但双方协议离婚后因探望权的履行发生争议的，可以单独就探望权问题向人民法院提起诉讼。在离婚诉讼中，涉及子女探望权的，可以一并要求处理，人民法院一般应就不直接抚养子女一方对子女的探望权及探望权行使的方式、另一方的协助义务一并作出调解或判决。

本条第三款是有关中止探望权的规定。探望的中止并非对探望权进行实体处分，只是当出现某些不利于子女身心健康的情形时，探望权的实际行使受到限制，待中止事由消失后，即可根据当事人的申请而重新恢复行使。

⏱ 法律适用

根据《婚姻家庭编的解释（一）》第六十五条的规定，人民法院关于离婚纠纷作出的生效判决书中未涉及子女探望权，当事人就探望权问题单独提起诉讼的，人民法院应予受理。实践中，如人民法院生效法律文书已对子女探望权作出处理，但另一方不协助的，一般是依据生效的法律文书申请强制执行。

《婚姻家庭编的解释（一）》第六十六条规定，当事人在履行生效判决、裁定或调解书的过程中，一方请求中止探望权的，人民法院在征询双方当事人的意见后，认为需要中止探望的，依法作出裁定；中止探望的情形消失后，人民法院应当根据当事人的请求书面通知其恢复探望。结合上述案例三，在履行生效法律文书关于探望权的规定时，一方请求中止探望权的，一般不能提起新的探望权诉讼，而是在探望权执行程序中书面提出请求中止另一方的探望权，人民法院根据书面申请进行审查作出裁定。

《婚姻家庭编的解释（一）》第六十七条规定，未成年子女、直接抚养子女的父或者母以及其他对未成年子女负担抚养、教育、保护义务的法定监护人，有权向人民法院提出中止探望的请求。也就是说，申请中止探望权的主体，除直接抚养子女的父或者母外，未成年子女、其他对未成年子女负担抚养、教育、保护义务的法定监护人，也有权向人民法院提出中止探望的请求。

《婚姻家庭编的解释（一）》第六十八条规定，对于拒不协助另一方行使探望权的有关个人或者组织，可以由人民法院依法采取拘留、罚款等强制措施，但是不能对子女的人身、探望行为进行强制执行。由此，申请执行时，执行请求除可以要求另一方协助申请人以特定方式行使探望权外，如对方拒不协助，也可以同时申请人民法院对被执行人采取拘留、罚款等强制措施。

实务指引

一、双方通过婚姻登记机关自愿登记离婚后，就子女探望权问题发生纠纷

双方通过婚姻登记机关自愿登记离婚后，离婚协议书中对子女探望权及行使方式未约定、约定不明，或虽有约定，但直接抚养子女一方不按约定履行协助探望义务的，由于上述协议并不能直接作为申请人民法院强制执行的依据，双方就探望权发生争议，导致一方探望权受阻的，须另行提起探望权诉讼。上述案例一中，人民法院在裁判文书说理部分陈述：结合双方离婚协议书、微信聊天记录、通话记录、庭审陈述等，本案中双方虽约定原告可探望女儿，但因被告拒不协助探望，并多次谩骂，造成双方之间的关系出现巨大裂痕，再继续使用该条款已明显缺乏现实可操作性。现原告要求接婚生女到原告家中，应属合情合理。关于具体探望的时间和方式，由人民法院根据原、被告双方及婚生女的实际情况来确定。

实务操作中，协议离婚时应在协议中对子女探望权及行使方式作出具体、清晰且便于操作的约定，尽量避免日后产生争议和另诉讼累。虽然双方达成的探望权约定协议不能作为执行依据，但我们也应注意到，在提起探望权诉讼时，如双方离婚协议书就探望权行使方式已有约定，符合双方真实意思表示，人民法院一般认为该约定对双方具有约束力，除非一方证

明诉讼时与协议当时的客观情况发生了重大变化。

二、在离婚诉讼程序中以调解或判决方式处理了子女探望权，双方就探望权的履行发生争议

离婚后，一方不协助另一方行使生效法律文书规定的探望权的，不直接抚养子女的一方可依据生效法律文书的内容申请人民法院强制执行，以强制要求直接抚养子女的一方按法律文书的规定协助履行探望权。

实践中有一种情形是：人民法院作出的生效法律文书虽涉及了子女探望权，但未就探望权行使的方式、时间作出具体规定。离婚双方此后就探望权行使发生争议，且无法协商一致并导致探望权行使受阻，该情形下可否另行提起探望权诉讼，是实践中遇到的难点。

在上述案例二中，谢某1与李某离婚纠纷民事调解书只确定谢某1有探望子女的权利，李某应予配合，但关于对子女探望的具体时间、方式未进行确定。因约定不明，人民法院无法依据生效法律文书强制执行，申请执行人在执行程序中被裁定驳回执行申请。但是，应同时注意到，人民法院虽然裁定驳回了执行申请，但同时也告知申请方：如行使探望权，可就探望方式、时间与另一方进行协商，如协商不成可向法院提起诉讼。由此看来，上述情况下，为避免另诉探望权可能涉及一事不再理，而被裁定不予受理的情况发生，比较稳妥的做法是可先行通过执行程序申请探望权的履行，并提供相应证据证明相当一段时间内无法行使探望权。如执行程序中双方通过执行谈话、听证等仍无法就探望权行使方式和履行问题达成一致意见，申请执行人可主动提出审查事项和裁定请求，要求人民法院以执行裁定的方式明确交代关于探望权行使方式的另诉权，此时再结合执行裁定书另行提起诉讼，诉求确认探望权行使的具体方式。

在离婚诉讼中，虽对子女由谁直接抚养一时未有定论，但随着庭审进程的推进，诉讼双方（尤其是可能不直接抚养子女的一方）应在庭审、调解时充分表达对子女探望权的要求、行使方式，并说明事实理由。当事人也可明确提出请求，要求人民法院在法律文书中载明探望权的具体行使方式，以防履行探望权的争议或执行困难，也避免再诉讼累。

三、几类探望权纠纷在处理时需要重点注意的事项

第一，确认探望权及行使方式的纠纷。不直接抚养子女的一方提起诉讼，请求确认探望权及行使方式的，除需要提供离婚协议书、司法文书等证明双方在离婚时对于探望权的处理情况外，还应向法庭列举双方在离婚后就探望权行使方式无法达成一致，或在相当一段期间内经探望权人发出明确请求仍无法正常行使探望权的相关事实。

第二，请求裁定中止探望权的纠纷。该类纠纷应在书面申请中止探望权前收集探望权人不利于、不适宜继续行使探望权的相关证据。比如，探望权人行为能力发生变化；探望权人患有严重疾病可能危及子女健康；探望权人与子女感情恶化，子女明确拒绝、抗拒探望；探望权人有不良恶习，探望子女期间的行为不利于子女身心健康的情况等。必要时，可以申请 8 周岁以上的子女到人民法院向承办人员表达自己的意愿和说明理由。上述案例三中，二审人民法院审查后认为，当事人在履行生效判决、裁定或者调解书的过程中，一方请求中止探望的，人民法院在征询双方当事人意见后，认为需要中止探望的，依法作出裁定。在生效的调解书就探望权确认后，王某以张某继续行使探望权不利于孩子身心健康为由，单独起诉要求中止张某的探望权，应当不予受理；已经受理的，应当裁定驳回起诉。当事人可在有关探望权的生效法律文书进入执行程序后，向人民法院申请中止执行。

第三，要求变更探望权行使方式的纠纷。该类纠纷应着重说明探望权人、协助探望权人、子女中一方或多方因生活环境等客观情况发生重大变化。比如，父母居住地或工作地、子女就读地发生远距离迁移等，不能再按原定方式正常行使探望权，而双方又无法通过协商达成变更探望权行使方式的一致意见导致探望权受阻。

第四，不直接抚养子女的一方因长期不探望子女引发的纠纷。该类诉讼并不多见，也尚无直接的法律条文或司法解释规定子女可另诉不直接抚养子女的一方履行探视义务，或由离婚一方依据生效的法律文书申请强制执行，要求不直接抚养子女的一方进行探视，但值得我们在实务中思考和探索。笔者认为，探望权属于亲权，可作为权利主张的同时，也应是法律义务，参照不直接抚养子女的离异父或母在其病重、年迈时，亦有权要求成年子女履行赡养义务中的探望义务，未成年子女理应得到不直接抚养的父或母的定期探望和亲情互动，也有权要求父或母履行该项探望义务，该问题在诉讼权利和程序层面的具体规定有待相关司法解释等进一步明确。

四、探望权履行和强制执行程序中应注意的问题

为便于探望权的行使，双方在离婚协议书或庭审笔录或调解书中，可以确认双方履行或协助履行子女探望权时的联系电话、具体地址，并约定在联系方式和地址发生变更时有及时告知义务。值得我们关注的是，探望权的行使过程中可能会发生强行抢夺孩子等事件，离婚后直接抚养子女的一方应以孩子的身心健康为重，抛弃个人恩怨，履行探望权协助义务，同时也应注意防范对方的不理智行为。行使探望权的一方，更要注意方式方法，即便遇到探望权受阻的情况，也应冷静理智处理，借助多种形式和途径设法增进亲子沟通，同时注重证据的收集，必要时提起诉讼或执行程序依法维权。

由于探望权涉及人身行为、子女意愿等，申请执行方在执行程序中遇到的实际困难较多。比如，被执行人在执行程序中并未表露出拒不协助，而是陈述某种客观原因等，在此情况下，如申请执行人提供的有关探望权长期实际受阻的证据不够充分，就可能被裁定驳回执行请求。因此，申请执行一方一定要注意在前期收集准备好相对充分的证据，如探望权一方按规定方式多次明示、明确地发出探望要求，但另一方存在拒接电话、不回信息、不提供地址等不履行协助探望义务的行为，且该行为长期、多次发生。探望权人可以借助手机短信、微信、电话拨打和录音记录、报警记录、音像资料等方式收集证据，必要时也可以借助公证程序。

此外，如执行部门经查明系年满 8 周岁的子女明确拒绝和抗拒被探望，而非另一方拒不协助时，鉴于《婚姻家庭编的解释（一）》第六十八条规定，不能对子女的人身、探望行为进行强制执行，如果探望履行问题经各方沟通仍无法在执行程序中协商一致解决，在此情形下，人民法院往往也只能依法终结执行。但是，若非子女原因，而是另一方在执行程序中仍旧表示不愿协助探望的，申请执行人可依据《婚姻家庭编的解释（一）》第六十八条规定，向人民法院请求对被执行人采取罚款、限制高消费等强制措施，以促使对方协助履行探望权。

第一千零八十七条　【夫妻离婚后，夫妻共同财产处理的基本方式和原则】

▶ 案件导入

案例一：当事人达成的以离婚为条件的财产、债务处理协议，双方离婚未成，一方在离婚诉讼中反悔，该协议自一方提起离婚诉讼起不再生效[①]

徐某与周某 1 离婚协议书主要约定：A 房产归徐某所有，剩余房贷由周某 1 支付；B 房产归徐某和婚生子周某 2 按份所有，其中周某 2 占 99%，徐某占 1%，房贷由周某 1 负担等；C 房产、D 车辆及剩余贷款、E 公司股份及资产、债权债务均归周某 1 所有和承担。协议书还约定，鉴于周某 1 对离婚存在过错，周某 1 同意在本协议签订后 5 日内一次性向徐某支付 28 万元。后因周某 1 爽约，双方协议离婚未成，徐某对被告周某 1 提起离婚诉讼，并提出由周某 1 向其支付过错损害赔偿金人民币 18 万元在内的各项诉求。

裁判结果：有关夫妻共同财产的判决主要内容：A 房产、B 房产均归

---

① （2020）粤 0106 民初 17015 号。

徐某所有，房屋剩余贷款、过户费用由徐某偿还和承担；C 房产、D 汽车及剩余贷款、E 公司的股权均归被告周某 1 所有；原、被告各自名下存款及现金归各自所有。被告向原告支付过错损害赔偿金人民币 18 万元。

案例二：夫妻一方作为村集体经济组织成员，离婚后户口未迁出该村且没有分得其他承包地，离婚后仍享有相应份额的承包经营权①

2018 年 5 月，吴某与谢某（女儿均已成年）在民政部门签署备案的离婚协议书约定"……二、关于财产处理事项：水田 150 亩和旱田 39 亩归谢某所有……"。离婚后，吴某、谢某原家庭土地旱田经确权为 70 亩。2021 年 4 月，吴某提起诉讼，请求判令谢某返还应分土地旱田 31 亩。谢某认为，家庭四口人应分土地旱田 39 亩，现确权 70 亩是因为其他原因，按照离婚协议约定，全部共同债务均由谢某偿还，全部土地和其他财产应归谢某所有。

裁判结果：谢某将 17.5 亩旱田土地返还给吴某。

【法律条文】

第一千零八十七条　离婚时，夫妻的共同财产由双方协议处理；协议不成的，由人民法院根据财产的具体情况，按照照顾子女、女方和无过错方权益的原则判决。

对夫或者妻在家庭土地承包经营中享有的权益等，应当依法予以保护。

💡 **法条释义**

本条第一款规定了夫妻离婚时，处理夫妻共同财产的途径和方式，以及人民法院处理夫妻共同财产分割纠纷时应遵循的原则和方式。夫妻共同财产的处理绝大多数发生在夫妻离婚时，虽夫妻关系存续期间符合《民法典》第一千零六十六条规定的情形的，也涉及夫妻共同财产的分割问题，

---

① （2021）黑 0224 民初 1220 号。

但夫妻关系存续期间分割夫妻共同财产不适用本条的规定。同样，虽在婚姻关系存续期间已经进行过共同财产分割的夫妻，如离婚时仍有分割夫妻共同财产必要的，也可以适用本条的相关规定。

根据财产的具体情况，按照照顾子女、女方和无过错方的原则处理离婚双方的夫妻共同财产，与《民法典》第一千零六十二条关于夫妻共同财产归夫妻共同所有的一般规定并不矛盾，而是在确认夫妻共同财产共同所有的前提下，对人民法院在具体分割处理时的指导性、原则性的规定，这种照顾可以是分割比例、金额的量上的照顾，也可以是分配方案和方式上的照顾，应具体案件具体分析。

本条第二款是对夫妻一方在家庭土地承包经营中享有的权益在夫妻共同财产处理时也应当依法予以保护的规定。我国《农村土地承包法》第十六条第一款规定，家庭承包的承包方是本集体经济组织的农户。也就是说农村土地是以家庭为单位进行承包经营的，而不是承包给农户内部的某一具体家庭成员。根据《农村土地承包法》第三十一条的规定，妇女离婚，仍在原居住地生活或者不在原居住地生活但在新居住地未取得承包地的，发包方不得收回其原承包地。家庭土地承包经营权是农村集体经济组织成员人人享有的最低生活保障权，不能使在家庭关系中分离出去的一方的权利受到损害。家庭土地承包经营权的承包方依法享有承包地使用、收益和土地承包经营权流转的权利，自主组织生产经营和处置产品的权利。承包地被依法征用、占用时获得相应的补偿的权利等。如果家庭土地承包经营权中涉及属于夫妻共同财产的部分，就应该在离婚处理夫妻共同财产时依法得到权益的保护和利益分配。

⏱ **法律适用**

本条第一款虽然规定离婚时夫妻共同财产可由双方协议处理。但是，根据《婚姻家庭编的解释（一）》第六十九条第一款规定："当事人达成的以协议离婚或者到人民法院调解离婚为条件的财产以及债务处理协议，如果双方离婚未成，一方在离婚诉讼中反悔的，人民法院应当认定该财产以及债务处理协议没有生效，并根据实际情况依照民法典第一千零八十七条和第一千零八十九条的规定判决。"可见，对离婚双方关于夫妻共同财产处理的协议内容，如果没有经过婚姻登记机关审核备案并最终办理离婚登记领取离婚证，即便双方已经签署了协议，只要一方在离婚诉讼中反悔，该协议有关处理共同财产的约定就未生效，人民法院仍应该按照实际情况依法处理夫妻共同财产。

以协议方式处理夫妻共同财产后，如双方在后期履行中产生纠纷，《婚姻家庭编的解释（一）》第六十九条第二款规定："当事人依照民法典第一千零七十六条签订的离婚协议中关于财产以及债务处理的条款，对男女双方具有法律约束力。登记离婚后当事人因履行上述协议发生纠纷提起诉讼的，人民法院应当受理。"因此，如果夫妻共同财产的处理协议已经在离婚登记机关备案并领取离婚证的，一方不履行协议约定，或双方就协议约定产生争议纠纷的，可以向人民法院另行提起离婚后财产纠纷的诉讼。但是，上述离婚协议中的约定对双方具有法律约束力，人民法院一般按照协议约定处理夫妻共同财产。对于协议未约定或约定不明的夫妻共同财产，也可以另行提起离婚后财产纠纷的诉讼，人民法院根据实际情况处理。

对于处理夫妻共同财产协议的效力认定问题，《婚姻家庭编的解释（一）》第七十条规定："夫妻双方协议离婚后就财产分割问题反悔，请求撤销财产分割协议的，人民法院应当受理。人民法院审理后，未发现订立财产分割协议时存在欺诈、胁迫等情形的，应当依法驳回当事人的诉讼请求。"处理夫妻共同财产的协议虽然离婚登记备案已经生效，但如当事人反悔，仍可以就协议相关内容提起撤销之诉，但须证明在订立财产分割协议时存在欺诈、胁迫等特殊情形，否则不予支持撤销。

夫或者妻在家庭土地承包经营中享有的权益不因婚姻关系解除而丧失。

在案例二中，人民法院经审查认为，吴某在与谢某离婚之前和其两个女儿作为一个农户承包土地，2020 年土地确权亦确认吴某、谢某及其两个女儿享有 70 亩旱田土地的承包经营权，离婚协议并没有约定 70 亩旱田土地全部归谢某，即便约定所有田地都归谢某，因土地承包经营权是农村集体经济组织成员人人享有的最低生活保障权，是农民安身立命的根本，吴某作为村集体经济组织成员，离婚后户口并没有迁出该村，且没有分得其他承包地，故吴某与谢某离婚后，吴某仍享有 70 亩的四分之一份额，即 17.5 亩土地的承包经营权。

◎ 实务指引

一、在处理离婚夫妻的共同财产分割案件时，除查清和正确界定夫妻共同财产的范围并遵循共同财产分割的一般原则和规定外，也应同样充分关注本条第一款关于夫妻共同财产"照顾性"非均等分割的事实审查和法律适用

照顾子女、女方、无过错方权益原则，应注意将三种情形融合考虑，如果一方同时具有两种以上照顾情形的，在分割夫妻共同财产时，对主张适用非均等分割的原则应更加予以重视，以充分维护子女、女方、无过错方的合法权益。

《民法典》第一千零八十七条在《婚姻法》第三十九条的基础上就照顾无过错方新增了相关内容，应予以充分关注。基于此，婚姻无过错一方应更加重视对另一方具有过错的证据的调查和收集，以切实维护无过错一方的财产利益。需要注意的是，本条规定的是离婚时夫妻共同财产的分割，根据《民法典》第一千零五十四条的规定，无效的或被撤销的婚姻自始没有法律约束力，双方对同居期间所得的财产处理协议不成的，由人民法院根据照顾无过错方的原则判决。但是，这里并不能当然比照适用本条第一款的其他规定。适用照顾女方原则的规定，在个案处理时应注意区分地域状况、女方受教育程度、劳动创收能力、对家庭和子女的付出、离婚后双方的经济差距等，同时也应结合考虑女方是否为无过错方、是否为直接抚养子女的一方。照顾子女是夫妻共同财产处理时的传统规定，该照顾既有分割方式上的照顾，也有财产分割比例上的照顾。实务中，应更多地关注和主张照顾子女利益，处理离婚分割夫妻共同财产应根据个案灵活适用和充分落实该条款。

二、处理分割夫妻共同财产的协议未生效并不当然表示协议所有条款对双方不具有约束力

结合案例一，双方在协议中对某些事实和财产处理方式的确认，如房产分配归属的处理方式、离婚过错赔偿金等，人民法院在裁判时会有所参照和考虑，部分财产的分割处理方式亦可能被采纳适用。因此，《婚姻家庭编的解释（一）》第六十九条第一款虽规定"当事人达成的以协议离婚或者到人民法院调解离婚为条件的财产以及债务处理协议，如果双方离婚未成，一方在离婚诉讼中反悔的，人民法院应当认定该财产以及债务处理协议没有生效，并根据实际情况依照民法典第一千零八十七条和第一千零八十九条的规定判决"，但并不必然表明协议所有约定的内容均没有法律约束力。因此，在商讨和签署离婚协议书内容时，无论最终能否顺利登记离婚，对本方较为有利的财产处理协议可以尽量先行签署。

三、应注意对离婚协议中处理夫妻共同财产的内容行使撤销权的期间和提起离婚后财产分割诉讼的诉讼时效，及时行使权利

对夫妻共同财产处理的协议内容请求撤销的，撤销理由除本条款相关司法解释明确规定的欺诈、胁迫事由外，符合《民法典》第一百四十七条至第一百五十一条关于民事法律行为可以撤销情形的规定，如签订的夫妻共同财产协议存在显失公平、重大误解等情形的，也可以提起撤销之诉。

关于行使撤销权的期间，《民法典》第一百五十二条对撤销权消灭的情形作了具体规定。

离婚后，确有未在离婚协议或生效法律文书中分割处理的夫妻共同财产，或存在《民法典》第一千零九十二条的情形的，可以向人民法院另行提起诉讼请求分割处理，但应当注意提起诉讼的诉讼时效。

四、照顾无过错方的原则与离婚无过错方的损害赔偿请求权可以同时适用，但具体主张和适用方式应有所区分

除本条第一款关于照顾离婚无过错方权益的规定，《民法典》第一千零九十一条还有关于无过错方有权请求损害赔偿的规定，前者是对人民法院处理夫妻共同财产分割纠纷时应主动遵循和适用的原则，而无须以当事人提出该项诉讼请求为前提，后者是在夫妻共同财产处理之外，无过错方可以另行要求支付损害赔偿金的规定，须以诉讼一方明确提出该项诉讼请求为裁判是否支持的前提。

司法实践中，人民法院适用照顾子女和女方、无过错方权益的规定还是比较保守，由于"照顾"的幅度比较难掌握，在分割时多数还是按各半比例。我们应该注意到，虽然法律条款有所规定，但是如何让人民法院在具体的案件中充分适用本条规定的原则并落实到具体的财产分割方案上，作为直接抚养子女的一方、女方、无过错方应注意尽到自己的举证责任，融合情理法充分表达有利于自己的理由和主张，向人民法院提出明确的予以照顾己方的可行、合理的具体方案、比例、金额等。

五、夫妻共同财产涉及类型种类繁多、情况复杂，要做好前期调查分析工作，并根据财产的性质、状况和个案特点具体分析和处理

夫妻共同财产除传统的银行存款、房产、车辆、股权外，还有公积金余额、各种类型的金融资产账户、夫妻在各类经营主体中的共同财产份额等。针对不同类型的财产，人民法院在处理时有其审查和考量的重点。对此，《婚姻家庭编的解释（一）》中的第七十一条至第八十二条在法律适用方面作了较为详细的规定。共同财产比较复杂的，在商谈草拟离婚协议或提起离婚诉讼前，应首先查齐、查清夫妻共同财产及其性质、状态，涉及经营权、股权的，还应对企业资产状况、控制权等做好前期调查和准备工作，在此基础上，可以拟定出初步的处理方案或意见，以便在谈判时、诉讼中供对方或人民法院参考，而不是一概以"请求人民法院依法分割"作为诉讼请求。必要时，可以通过依法申请调查取证、财产保全等程序性措施查询和保全共同财产，避免因己方疏漏、对方转移等导致财产损失或再诉的讼累。需要注意的是，涉及第三人利益或离婚双方无完全处分权的财产（如第三方股东、合伙人、家庭土地承包经营权益的其他家庭成员、财产的其他共有人或权益人）应避免仅仅以离婚协议的方式进行处理，可在离婚协议签署前，就有关财产处理条款取得相关权利人的书面确认。通过诉讼方式离婚的，应提前征求有关权利人的处分意见并提交法庭审查，必要时应该申请其本人到庭说明情况，或对该类财产另行及时提起离婚后财产分割诉讼。

第一千零八十八条 【离婚经济补偿】

▷ 案件导入

江某1与王某离婚纠纷案①

1984年农历十月初六，原告江某1与被告王某按照民间习俗举办婚礼，未办理结婚登记。二人之间系事实婚姻关系，婚后共生育两名子女。1995年江某1与王某开始分居，2021年3月2日，江某1以双方感情不和分居26年为由，起诉要求与王某离婚。庭审中王某表示分居26年是事实，同意离婚，但表示分居期间二人生育的儿子江某2、江某3均由王某抚养，王某对江某1的父母也尽到了赡养义务，江某1应给予补偿。王某申请江某2出庭对其主张的事实进行了做证。

法院认为，江某1与王某系事实婚姻，二人共生育两名子女，夫妻之间应互相忠实，互相尊重，现江某1以双方感情不和分居26年为由，起诉

---

① （2021）皖1621民初1895号。

要求与王某离婚，王某表示分居 26 年是事实，同意离婚，因此应视为双方夫妻感情确已破裂。故对于江某 1 请求解除双方之间事实婚姻关系的诉讼请求，予以支持。家庭成员间应当敬老爱幼，互相帮助，维护平等、和睦、文明的婚姻家庭关系。关于王某称其对子女及江某 1 的父母尽到了抚养和赡养的义务，江某 1 应给予补偿的诉讼请求，根据《民法典》第一千零八十八条的规定，"夫妻一方因抚育子女、照料老年人、协助另一方工作等负担较多义务的，离婚时有权向另一方请求补偿，另一方应当给予补偿。具体办法由双方协议；协议不成的，由人民法院判决。"江某 1 自 1995 年外出，两名子女均随王某生活至成家，江某 1 父母生前和王某一起生活，结合双方结婚时间、子女大小、婚姻关系存续期间在子女抚养教育、对老人的照料方面的投入情况及双方的经济收入等因素，酌定江某 1 给予王某离婚经济补偿 15000 元。

【法律条文】

第一千零八十八条　夫妻一方因抚育子女、照料老年人、协助另一方工作等负担较多义务的，离婚时有权向另一方请求补偿，另一方应当给予补偿。具体办法由双方协议；协议不成的，由人民法院判决。

法条释义

本条是关于离婚经济补偿的规定。本条在《婚姻法》第四十条的基础上进行了修改。《婚姻法》第四十条规定，"夫妻书面约定婚姻关系存续期间所得的财产归各自所有，一方因抚育子女、照料老人、协助另一方工作等付出较多义务的，离婚时有权向另一方请求补偿，另一方应当予以补偿。"本条将原先的"约定"条件删除，使离婚经济补偿制度在约定及法定情形下均可以适用，进一步保障了因抚育子女、照料老年人、协助另一方工作等负担较多义务一方的权益。但补偿的具体办法以双方协议为先，双方协议不成的，才由人民法院判决。

向另一方请求补偿需要满足以下前提：第一，经济补偿以一方负担较多义务为前提，本条列举了抚育子女、照料老年人、协助另一方工作的情况，但不局限于上述三种情况，为家庭利益而负担较多义务主要表现为家务劳动。第二，经济补偿请求需一方主动提出，法院不得主动适用。《民法典》第一千零八十八条规定，"负担较多义务的，离婚时有权向另一方请求补偿"，即经济补偿以负担较多义务一方提起补偿请求为前提，否则法院不能主动就离婚经济补偿作出判决。第三，经济补偿请求必须在离婚时提出。该权利可以行使，也可以不行使，不存在有客观障碍导致对该权利享有状态不明的情况。婚姻关系存续期间或者离婚后再行使不利于婚姻和谐，也不利于双方尽快解决争议，开始新生活，故离婚经济补偿请求只能在协议离婚或者离婚诉讼中提出。[①]

法律适用

上述导入案件中江某1与王某分居26年，江某1未履行夫妻义务，自1995年外出，王某独自抚育两名子女至成年，并照顾江某1父母。王某在子女抚养教育方面及对老人的照料方面投入较多。王某有权向江某1请求补偿，同时王某也在离婚诉讼中主动提出了补偿请求。故法院酌定江某1给予王某离婚经济补偿15000元。

实务指引

本条规定对如何处理有关离婚经济补偿纠纷作出指引。法律对于抚育子女、照料老年人、协助另一方工作等负担较多义务如何量化，价值如何计算并没有具体的规定，但在司法实践中，可以从负担义务种类、持续时

[①] 最高人民法院民法典贯彻实施工作领导小组主编：《中华人民共和国民法典婚姻家庭编继承编理解与适用》，人民法院出版社2020年版，第315页。

间长短、付出多少精力、负担义务产生多少效益、另一方经济收入状况等方面综合考虑，尽量使经济补偿数额与负担较多一方付出的劳动、产出的价值得以匹配。同时经济补偿应在分割夫妻共同财产之后从承担支付义务一方的个人财产或分得的共同财产中支取，不能在夫妻共同财产分割前就扣除经济补偿，再对剩余共同财产进行分割，否则将降低经济补偿的力度。①

第一千零八十九条　【离婚时夫妻共同债务的清偿】

▶ 案件导入

佟某与王某离婚后分割夫妻共同债务纠纷案②

原、被告于 2020 年 9 月 30 日经法院调解离婚后，原告佟某诉至法院请求分割夫妻共同财产，判令夫妻共同债务平均承担。其中，佟某主张的夫妻共同债务中争议比较大的是：借款共计 571500 元用于购买房屋 [含 2016 年 8 月 16 日向钱某江借款 35 万元（转账）、2016 年 8 月 18 日向刘某借款 5 万元（转账）]。在案件审理过程中，佟某又主张向钱某江借款 35 万元后，因钱某江急用钱，其用公积金贷款 30 万元，偿还了钱某江的借款 17 万元，剩余 19 万元系借款。王某对佟某主张借款 19 万元用于偿还钱某江借款不予认可。

法院认为，原、被告均认可，2016 年 8 月 23 日向原房主转账 67 万元用于购买房屋。佟某主张该房款的来源有借款 571500 元、王某借款 4 万元及夫妻共同财产。王某主张有夫妻共同财产 20 万元，其他是借款。原、被告均认可 2016 年 8 月 16 日向钱某江借款 35 万元、2016 年 8 月 18 日向刘

---

① 最高人民法院民法典贯彻实施工作领导小组主编：《中华人民共和国民法典婚姻家庭编继承编理解与适用》，人民法院出版社 2020 年版，第 316、317 页。

② （2021）冀 0921 民初 593 号。

某借款 5 万元用于购买涉案楼房，故本院予以认定。原、被告也认可被告于 2016 年 10 月 22 日已经偿还刘某 5 万元及用公积金贷款偿还钱某江 17 万元的事实，故法院予以认定。关于原、被告争议的用于购买涉案房屋的其他借款（不含钱某江借款 35 万元、刘某借款 5 万元）问题。经法院审查王某名下银行账户于 2016 年 8 月 19 日向佟某转账 12 万元。根据原、被告的陈述和经审查确认的证据，王某陈述和提交的证据已经达到确信该待证事实的存在，具有更高的可能性。故法院对佟某的主张不予支持。关于原、被告争议的偿还钱某江借款 19 万元的问题。经法院审查：2017 年 4 月 3 日佟某向钱某江汇款 5 万元，2017 年 3 月 25 日佟某收入冷某网转 3 万元，佟某陈述 2017 年 4 月 3 日向佟某立借款 2 万元，该借款以现存方式存入账户，故法院对 2017 年 3 月 25 日向冷某借款 3 万元，予以确认。2018 年 2 月 18 日佟某向钱某江转账 14 万元，2017 年 8 月 5 日佟某收入刘某 2 万元，2018 年 2 月 18 日收入孙某 2 万元，其他均以现存方式收入，没有对方户名，也没有对方账号，在佟某不能提交其他证据加以佐证的情况下，不能证明为借款。故法院对 2017 年 8 月 5 日向刘某借款 2 万元、2018 年 2 月 18 日向孙某借款 2 万元予以认定。综上，法院认定原、被告夫妻共同债务为 7 万元，由原、被告共同承担。

【法律条文】

第一千零八十九条　离婚时，夫妻共同债务应当共同偿还。共同财产不足清偿或者财产归各自所有的，由双方协议清偿；协议不成的，由人民法院判决。

💡 法条释义

本条是关于离婚时夫妻共同债务清偿的规定。本条规定基本未对《婚姻法》第四十一条进行改动。《民法典》第一千零六十四条对应当认定为夫妻共同债务的情形作出了明确的规定。夫妻共同债务的形成基于夫妻双方共同的意思表示，或共同生活或夫妻共同的生产经营活动。

夫妻共同债务首先应当以夫妻共同财产偿还，当夫妻共同财产不足以清偿夫妻共同债务的，或者夫妻双方原先就约定财产归各自所有的，夫妻双方应当以其个人财产偿还共同债务。与以共同财产清偿不同，以个人财产偿还时需要注意具体的偿还比例等，偿还办法由双方先协议，协议不成的，由人民法院判决。此处需要注意，夫妻双方协议或法院判决的比例仅对夫妻双方有约束力，债权人仍然有权要求夫妻共同偿还债务。此外夫妻一方承担了超过其应当偿还数额的，有权向另一方追偿，追偿数额以实际偿还数额与应当偿还数额之差计算。①

🕐 法律适用

上述导入案件中原告佟某主张了一系列共同债务，法院围绕共同债务产生的原因——购置房屋进行调查，通过原、被告双方自认债务金额，结合原、被告自有存款状况，排除与事实差异较大一方的陈述，支持证据与事实比较吻合一方的主张来认定共同债务，并且确认由原、被告共同承担。

◎ 实务指引

《民法典》第一千零八十七条对夫妻共同财产的分割进行了明确的规定，较多学者提出，夫妻共同债务为消极的夫妻共同财产，可以参照第一千零八十七条的规定，进行夫妻共同债务的分割。在确定共同债务分担比例时应当遵循照顾子女、女方和无过错方权益的原则，同时根据案件实际情况将双方的经济能力，对债务形成、支配或收益的参与情况等因素纳入考虑范围。

---

① 最高人民法院民法典贯彻实施工作领导小组主编：《中华人民共和国民法典婚姻家庭编继承编理解与适用》，人民法院出版社 2020 年版，第 321 页。

第一千零九十条　【离婚经济帮助】

▷ **案件导入**

宦某入赘多年对张某家有贡献但自身困难，法院判决张某给予宦某经济帮助[①]

2010 年 2 月，原告张某与被告宦某经媒人介绍相识、恋爱，后双方依法登记结婚，婚后宦某入赘原告张某家生活，宦某与张某父母出资，用于加盖厨房及正屋装修。2015 年 11 月 15 日，宦某经湖北省十堰市人民医院诊断为男性不育症：隐匿性精子症。原、被告婚后无子女。2018 年至 2019 年，宦某将其收入 4 万余元交张某使用。2019 年 9 月 9 日，张某起诉至保康县人民法院，要求与宦某离婚。同年 9 月 25 日，法院作出了（2019）鄂 0626 民初 1695 号民事判决书，驳回张某离婚的诉讼请求。后宦某回家，张某及其父母均拒绝让宦某入住。宦某目前居无定所，又有多笔欠债，常年在外务工。

法院认为，《民法典》第一千零九十条规定："离婚时，如果一方生活困难，有负担能力的另一方应当给予适当帮助。具体办法由双方协议；协议不成的，由人民法院判决。"考虑到宦某暂无住所的困难和实际需要，及宦某入赘原告张某家生活多年、双方当事人收入等情况，张某应当给予宦某适当经济帮助，法院酌定为经济帮助费 20000 元。

【法律条文】

第一千零九十条　离婚时，如果一方生活困难，有负担能力的另一方应当给予适当帮助。具体办法由双方协议；协议不成的，由人民法院判决。

[①] （2021）鄂 0626 民初 97 号。

💡 **法条释义**

本条是关于离婚经济帮助的规定。本条在《婚姻法》第四十二条规定的基础上增加了另一方给予适当帮助的前提，即另一方须"有负担能力"，如果无负担能力，则无须对另一方予以适当帮助，同时该条删除"从其住房等个人财产中"这一表述，取消了经济帮助的形式限制，经济帮助的形式更加灵活。

一方请求离婚经济帮助的前提：一是要求被适当帮助的一方确有困难；二是离婚经济帮助仅可在离婚时提出，生活困难的认定以离婚时的实际情况为准，离婚后生活困难，另一方不负有给予经济帮助的义务；三是提供经济帮助的一方应当有经济负担能力，不仅指实际生活水平，而且包括住房条件等。

🕐 **法律适用**

上述导入案件中宦某婚后入赘张某家，对张某的居住环境方面有所投入。自己却常年在外务工，居无定所，且婚姻关系存续期间又将自己的所有收入都交给了张某，自身患有生育疾病需要治疗，宦某相对张某来讲生活困难，法院酌定张某给予宦某经济帮助 20000 元，相较于宦某交付张某的收入，也是原告能负担的金额。

⚙ **实务指引**

本条规定的一方生活困难如何认定？参照《最高人民法院关于适用〈中华人民共和国婚姻法〉若干问题的解释（一）》第二十七条第一款和第二款规定："婚姻法第四十二条所称'一方生活困难'，是指依靠个人财产和离婚时分得的财产无法维持当地基本生活水平。一方离婚后没有住处的，属于生活困难。"即只有在一方依靠个人财产和离婚时分得的财产无法维持当地基本生活水平，或者没有住房的情况下，才能被认定为生活困难，可以适用离婚经济帮助制度，否则不得适用。[1] 以下情形可以认定为生活困难：其一，一方缺乏或丧失劳动能力，没有收入来源或收入来源有限，以其个人财产和分得的财产，无法维持当地一般生活水平的。其二，一方因患病，个人财产和分得的财产不足以覆盖其基本医疗需要，维持当地一般生活水平的。其三，一方没有住处的。此处的"住处"，既包括该方自己享有所有权的房屋，也包括其租住或享有居住权的房屋。对于可以自己的个人财产或分得的财产承租房屋用于居住，且足以维持当地一般生活水平的，应当结合具体情况判断，不宜简单认定为生活困难。[2]

关于离婚经济帮助的标准及方式，应先由双方协商，协商不成由法院判决。经济帮助的标准可以参考双方的财产状况、经济能力、当地生活水平等，帮助生活困难一方实现基本生存权益即可，不能无底线地帮助。帮助的形式可以采取现金、劳务、实物、住房，等等。如果受助方年龄较轻且有劳动能力，只是存在暂时性困难的，多采取一次性支付帮助费用的方式；如果受助方年老体弱，失去劳动能力，无生活来源的，一般给予长期或者定期帮助。[3]

第一千零九十一条　【离婚损害赔偿】

▷ **案件导入**

婚姻存续期间配偶与他人生育子女是否可以主张离婚损害赔偿[4]

2003 年王某（女）和李某（男）经人介绍相识后迅速坠入爱河并于

---

[1]　最高人民法院民法典贯彻实施工作领导小组主编：《中华人民共和国民法典婚姻家庭编继承编理解与适用》，人民法院出版社 2020 年版，第 324 页。

[2]　最高人民法院民法典贯彻实施工作领导小组主编：《中华人民共和国民法典婚姻家庭编继承编理解与适用》，人民法院出版社 2020 年版，第 325 页。

[3]　最高人民法院民法典贯彻实施工作领导小组主编：《中华人民共和国民法典婚姻家庭编继承编理解与适用》，人民法院出版社 2020 年版，第 327 页。

[4]　案例来源于东海县法院微信公众号：https://mp.weixin.qq.com/s/GSxGQcqsH6j_ cjGAJwlrbA，发布时间 2021 年 3 月 3 日。

2005 年登记结婚。婚后生活幸福美满，尤其在 2007 年和 2008 年随着儿女的出生，小日子过得更是如蜜里调油、鲜花着锦。然而婚后的柴米油盐等琐事逐渐开始消磨当初的激情，从开始的无端指责、恶语相向到偶尔的拳脚相加，爱情的火焰在双方不懂得维护与珍惜的日复一日中消失殆尽。后李某发现王某在婚姻关系存续期间和他人有不正当关系并已怀孕，至此双方关系更是雪上加霜。

2018 年王某在生产前以与李某感情彻底破裂为由向本院提起离婚诉讼，李某考虑到子女年幼等情况表示愿意包容王某对婚姻和家庭的不忠，希望王某能回心转意并共同经营好家庭生活，王某撤回起诉。然而冰冻三尺非一日之寒，撤诉后双方一直分居生活。2019 年王某再次提起离婚诉讼，李某再次表示愿意和好并拒绝离婚，本院判决不准离婚。但在接下来的一年中，双方仍然分居生活，关系并未改观。2021 年年初，王某根据《民法典》婚姻家庭编第一千零七十九条第五款之规定，又一次向本院提起离婚诉讼。

经开庭审理，王某、李某对婚姻中的其他事实均无异议。但对 2018 年出生的子女，王某陈述与李某存在血缘关系且未办理户口及出生医学证明，而李某坚决否认与该子有亲子关系并申请法庭开具调查令调取王某生产时相关住院病历及生产材料。庭审后，王某又主动承认其庭审中关于子女与李某的关系存在虚假陈述。就王某的虚假陈述，本院依法对其作出罚款 5000 元的处罚决定。该次诉讼中李某虽然仍不同意离婚，但亦表示如果法院判决离婚，要求王某承担 30 万元的精神损害赔偿。

经过法庭多次调解，双方在离婚和子女抚养、财产分割方面最终达成一致意见，并且王某也同意支付李某离婚损害赔偿人民币 4 万元，至此，双方的婚姻关系结束。

《民法典》第一千零七十九条第五款相较《婚姻法》系新增内容，该款规定："经人民法院判决不准离婚后，双方又分居满一年，一方再次提起离婚诉讼的，应当准予离婚。"本案原告王某于 2019 年提起离婚诉讼被法院判决不准离婚后，双方一直处于分居状态，2021 年年初王某再次提起离婚诉讼，且其又涉婚外生子情况，应当认定双方感情彻底破裂，成就法律规定的离婚条件。

在《民法典》生效前，司法实践中对婚姻关系存续期间夫妻一方与他人生育子女问题，有的判决认定是夫妻感情破裂的要件，但不判决过错方承担损害赔偿责任，有的判决承担过错责任，但损害赔偿又于法无据。基于此，《民法典》第一千零九十一条新增兜底条款，使离婚损害赔偿于法有据。本案王某经过法院释法明理，充分认识到自己在婚姻中的过错，主动赔偿男方 4 万元作为离婚损害赔偿，系法律对婚姻中无过错一方权益的维护，亦是对有过错一方过错行为的否定评价。

【法律条文】

第一千零九十一条 有下列情形之一，导致离婚的，无过错方有权请求损害赔偿：

（一）重婚；

（二）与他人同居；

（三）实施家庭暴力；

（四）虐待、遗弃家庭成员；

（五）有其他重大过错。

法条释义

离婚损害赔偿是指因夫妻一方的重大过错致使婚姻关系破裂的，过错方应对无过错方的损失予以赔偿的法律制度。离婚损害赔偿制度是我国三大离婚救济制度之一，也是侵权责任在婚姻法领域的延伸体现。本条在内容上继承了《婚姻法》第四十六条的规定，在用语上作了些许改动，并新增了一种兜底情形："有其他重大过错"。

近年来，我国由于一方配偶的过错如重婚、与他人同居、实施家庭暴力、虐待或遗弃家庭成员等导致家庭破裂的离婚案件占有相当的比例。由于一方的过错导致家庭矛盾激化，引发家庭暴力、伤害、凶杀等恶性案件的发生，影响着社会的安定、团结与稳定。离婚损害赔偿制度，是依法治国、完善社会主义法治的要求。离婚损害赔偿制度，可以在一定程度上弥补无过错方的损害。通过补偿损害，使无过错方得到救济和慰藉，维护其合法权益。损害赔偿作为侵权者应当承担的一种民事责任，还具有制裁实施重婚、有配偶者与他人同居、家庭暴力、虐待或遗弃家庭成员的当事人和预防违法行为的功能。

关于离婚损害赔偿，境外也有类似的规定，如法国、日本、瑞士、墨西哥等。法国、瑞士相关法律规定，因夫妻一方的重大过错致使婚姻关系破裂的，无过错有权要求过错方赔偿损害。赔偿范围包括财产损害和精神损害。《法国民法典》规定，如果离婚的过错全在夫或妻的一方，则该方得被判赔偿损害，以补偿他方因解除婚姻而遭受的物质或精神损失；还规定，赔偿额依据无过错方的需要和过错方的经济状况以及将来可能发生的变化确定。离婚损害赔偿制度通过填补损害，抚慰受害方、惩罚过错方的方式发挥伸张正义、明辨是非的警示和预防作用。

一、根据本条的规定，离婚损害赔偿的适用有以下五个条件

（一）夫妻中的一方对离婚存在过错

这里包含两种意思：一是离婚损害赔偿要求行为人主观上必须存在过错，如果行为人实施了损害行为，但主观上不存在过错的，不适用离婚损害赔偿；二是该种过错必须是导致离婚的原因，如果存在过错行为，但并未导致离婚的结果，或虽然离婚，但导致离婚的原因并非过错方的过错行为的，均不能适用离婚损害赔偿。

（二）过错方实施了妨害婚姻家庭关系的违法行为

原来的《婚姻法》规定了离婚损害赔偿的四种情形：

1. 重婚

有配偶而又与他人结婚的，构成重婚。重婚行为严重违反一夫一妻的婚姻制度，侵犯了夫妻中另一方的配偶权，同时构成刑事犯罪。

2. 有配偶者与他人同居

有配偶者与他人同居，是指有配偶者与婚外异性，不以夫妻名义，持续、稳定地共同居住。重婚行为以外的有配偶者与他人不以夫妻名义同居的行为，同样违反一夫一妻制，构成对配偶权的侵犯。

3. 实施家庭暴力

家庭暴力，是指家庭成员之间以殴打、捆绑、残害、限制人身自由以及经常性谩骂、恐吓等方式实施的身体、精神等侵害行为。家庭暴力既包括身体暴力，如殴打、捆绑、残害、限制人身自由，以饿冻、有病不给治疗等方式虐待、遗弃没有独立生活能力的儿童、老人、残疾人、重病患者，在家庭教育中以暴力方式管教儿童等；也包括精神暴力，主要表现为对受害人进行侮辱、谩骂、诽谤、宣扬隐私、无端指责、人格贬损、恐吓、威胁、跟踪、骚扰等。

4. 虐待、遗弃家庭成员

持续性、经常性的家庭暴力，构成虐待。遗弃，是指对于年老、年幼、患病或者其他没有独立生活能力的人，负有扶养义务而拒绝扶养的行为。虐待、遗弃家庭成员情节恶劣的，都将构成刑事犯罪。

而在《民法典》婚姻家庭编征求意见时，有的意见提出，鉴于目前我国因过错方导致家庭破裂的离婚案件增多，婚姻关系中的过错行为远不止上面所列举的几种情形，当一方存在如通奸、卖淫、嫖娼、赌博、吸毒等其他过错行为时，非过错方不能通过离婚损害赔偿制度得到相应的补偿和救济，有失公平。法律应当扩大离婚损害赔偿的情形，更好地发挥离婚损害赔偿制度的制裁、预防作用，促进婚姻关系的稳定；建议采取列举性规定与概括性规定相结合的立法方式规定离婚损害赔偿制度。立法部门采纳了这一建议，在本条中增加了离婚损害赔偿的兜底条款，即第五项"有其他重大过错的情形"，将其他一些确实给无过错方造成严重损害的情形纳入损害赔偿范围，完善了离婚赔偿制度。

（三）另一方没有过错

《婚姻家庭编的解释（一）》第九十条规定："夫妻双方均有民法典第一千零九十一条规定的过错情形，一方或者双方向对方提出离婚损害赔偿请求的，人民法院不予支持。"在夫妻双方中，只有不存在本条规定的导致离婚事实的过错的一方，才有权请求离婚损害赔偿。离婚损害赔偿制度的目的，是对无过错方受到损害的合法权益予以补偿和救济，让过错方受到应有的惩罚。夫妻双方均有违反婚姻义务或家庭义务行为的，不符合离婚损害赔偿的主体要求，无权请求获得补偿或救济。

（四）过错方的损害行为造成了损害结果

只有过错方的损害行为给无过错方实际造成了损害结果的，无过错方才能要求赔偿。未造成损害结果的，过错方的损害行为不构成对无过错方合法权益的侵犯，因而也无须赔偿。损害赔偿包括物质损害赔偿和精神损害赔偿。无论过错方的过错行为给无过错方造成了物质损害还是精神损害，无过错方都有权要求赔偿。

物质损害赔偿，主要是指过错方给无过错方造成的财产损失，这种损失不以损害行为直接作用于财产为条件，只要过错行为导致了财产损失损害后果即可，包括积极财产的减少和消极财产的增加，但不包括期待利益损失。

精神损害赔偿，因过错方对受害者人身进行伤害导致的精神损害及纯粹因过错方的行为导致的精神创伤、精神痛苦等，无过错方均可请求赔偿。

（五）过错行为与损害结果之间存在因果关系

损害结果必须是因过错方的损害行为导致，此种情况下，无过错方才享有对过错方的离婚损害赔偿请求权。虽有损害结果，但该结果并非由过错方的损害行为导致的，无过错方不能以此为由要求过错方承担损害赔偿责任。因过错方的行为导致离婚这一结果的，方可产生离婚损害赔偿请求权。

二、离婚损害赔偿的权利主体和义务主体

离婚损害赔偿的权利主体，以夫妻双方中的无过错一方为限。根据本条规定，过错方实施的重婚、与他人同居等行为，侵犯的是夫妻中另一方的配偶权，作为权利被侵犯的主体，无过错方自然有权就其受到损害的权利主张损害赔偿。但在过错方实施的是家庭暴力、虐待、遗弃等行为时，损害行为的直接受害者既可能是配偶，也可能是老人、子女等其他家庭成员。需要注意的是，此时，受到侵害的其他家庭成员无权向过错方提起离婚损害赔偿。其原因在于，离婚损害赔偿是为了给夫妻双方中的无过错方因对方的过错行为导致离婚的后果而受到的损害以救济而设立的制度，离婚损害赔偿请求权只能由夫妻双方中的无过错方享有，其他家庭成员不存在离婚导致的损害结果，因而不能成为离婚损害赔偿的权利主体，其损害可通过其他途径予以救济。

而离婚损害赔偿的义务主体，根据《婚姻家庭编的解释（一）》第八十七条规定："承担民法典第一千零九十一条规定的损害赔偿责任的主体，为离婚诉讼当事人中无过错方的配偶。人民法院判决不准离婚的案件，对于当事人基于民法典第一千零九十一条提出的损害赔偿请求，不予支持。在婚姻关系存续期间，当事人不起诉离婚而单独依据民法典第一千零九十一条提起损害赔偿请求的，人民法院不予受理。"

三、离婚损害赔偿的时间要求

（一）诉讼离婚的

《婚姻家庭编的解释（一）》第八十八条规定："人民法院受理离婚案件时，应当将民法典第一千零九十一条等规定中当事人的有关权利义务，书面告知当事人。在适用民法典第一千零九十一条时，应当区分以下不同情况：（一）符合民法典第一千零九十一条规定的无过错方作为原告基于该条规定向人民法院提起损害赔偿请求的，必须在离婚诉讼的同时提出。（二）符合民法典第一千零九十一条规定的无过错方作为被告的离婚诉讼案件，如果被告不同意离婚也不基于该条规定提起损害赔偿请求的，可以就此单独提起诉讼。（三）无过错方作为被告的离婚诉讼案件，一审时被告未基于民法典第一千零九十一条规定提出损害赔偿请求，二审期间提出的，人民法院应当进行调解；调解不成的，告知当事人另行起诉。双方当事人同意由第二审人民法院一并审理的，第二审人民法院可以一并裁判。"

（二）协议离婚的

《婚姻家庭编的解释（一）》第八十九条规定："当事人在婚姻登记机关办理离婚登记手续后，以民法典第一千零九十一条规定为由向人民法院提出损害赔偿请求的，人民法院应当受理。但当事人在协议离婚时已经明确表示放弃该项请求的，人民法院不予支持。"

四、法院不能依职权判决离婚损害赔偿

本条虽然规定了离婚损害赔偿制度，但并不是说法院在审理离婚案件时必须判决过错方对无过错方予以赔偿。在离婚案件中无过错方对确实有过错的另一方是否行使赔偿请求权，由受损害的无过错方自行决定，法院不能主动判决离婚损害赔偿。

五、离婚损害赔偿的范围

离婚损害赔偿既应当包括过错方给无过错方造成的财产损害的赔偿，也应当包括过错方给无过错方造成的人身损害、精神损害的赔偿。人民法院应当根据过错方对无过错方造成的损害程度以及婚姻当事人的经济状况等判定赔偿数额。《婚姻家庭编的解释（一）》第八十六条规定："民法典第一千零九十一条规定的'损害赔偿'，包括物质损害赔偿和精神损害赔偿。涉及精神损害赔偿的，适用《最高人民法院关于确定民事侵权精神损害赔偿责任若干问题的解释》的有关规定。"

⏱ 法律适用

由于《民法典》第一千零九十一条规定的"其他重大过错"属于不确定法律概念，具有开放性、抽象性、模糊性特征，需要对其进行法律解释和具体化处理，然后才能适用于案件审理。

从检索的裁判文书分析，原告主张被告"其他重大过错"情形较多，包括：（1）与他人发生不正当男女（含同性）关系，包括通奸（一夜情、多次出轨）、裸聊、与他人怀孕或生育子女等；（2）猥亵家庭成员；（3）诽谤家庭成员；（4）有赌博、吸毒恶习；（5）未对配偶关心照顾；（6）不愿生育子女，流产、人工受孕未经另一方同意；（7）无能力或不愿意过性生活；（8）失踪（离家出走），对家庭未提供帮助。

对此，应结合公序良俗和日常生活经验法则，对离婚损害赔偿制度中的"重大过错"的判断标准进行明确：一是夫妻一方具有主观上的过错；二是过错一方实施了违反公序良俗和家庭义务的行为；三是该行为严重影响夫妻关系维系和侵犯配偶合法权利，导致感情破裂。上述第（5）、（6）、（7）、（8）种情形，一般难以认定过错方为"重大过错"。而其中第（2）种情形可归入违法犯罪行为严重伤害夫妻感情一类。

由于《民法典》中新增加了婚姻无效或被撤销时无过错一方可主张赔偿的新规定，因此离婚损害赔偿制度中的"其他重大过错"应包括以下类型：（1）与他人发生不正当男女关系、与他人怀孕或生育子女；（2）有赌博、吸毒等恶习，不履行家庭义务；（3）有违法、犯罪行为，严重伤害夫妻感情；（4）直接导致婚姻无效或被撤销的行为；（5）诽谤等严重侵权行为；（6）其他严重过错行为。关于离婚损害赔偿制度中的"其他重大过错"，有待于在司法实践中进一步总结并形成类型化的具体认定标准。

◎**实务指引**

一、离婚损害赔偿制度目前存在的问题

（一）主体范围问题

根据我国《民法典》的规定，离婚损害赔偿制度的责任主体为合法婚姻关系当事人。目前理论界和实务界对是否应当扩大离婚损害赔偿的权利与义务主体范围存在较大争议。其中，争议最大的话题为过错损害赔偿的义务主体是否应当包括插足婚姻的第三人；因实施家庭暴力、虐待或者遗弃家庭成员的行为而导致离婚的诉讼案件中，作为受害方的家庭成员，是否有权提出损害赔偿等。

（二）举证困难

通过分析一些涉及离婚损害赔偿制度的案例可以发现，该类案件在司法实践中往往存在举证困难的现象。重婚、与他人同居、实施家庭暴力、虐待等法定的过错行为在实际生活中往往具有很大的隐蔽性，无过错方进行取证往往非常困难，即使搜集到证据，也可能因为是证人证言、视听资料等属于间接证据，或者属于不合法证据而难以为法院所认定。

（三）赔偿标准的法律规定不明确

离婚损害赔偿的范围主要包括物质损害和精神损害，但是我国在立法上对于如何确定离婚损害赔偿金并没有制定统一的标准。这也导致在实务中，对于当事人提起的精神损害赔偿，人民法院要么以没有引起严重后果为由不予支持；要么根据过错方的过错程度、当地经济水平、过错方的经济负担能力等进行酌情考虑。通过搜索法院判决结果，各地区法院支持的损害赔偿数额一般仅在数万元不等。

（四）自由裁量权范围不明确

《民法典》扩大了离婚损害赔偿制度配偶一方法定的过错范围，使列举性规定与概括性规定相结合。但是司法实践表明，婚姻关系中夫妻一方

的过错行为不仅复杂多样，而且严重程度不一。例如，婚内与他人保持不正当男女关系等通奸行为、男方婚外与他人生育子女、女方婚内生育他人子女、夫妻一方卖淫嫖娼、一方有导致离婚的犯罪行为等，这些过错行为都有违夫妻应当互相忠实的法律义务，在不同程度上伤害了夫妻感情，特别是一些严重的过错行为与法定过错的严重程度相当，并且对于婚姻关系的破裂负有不可推卸的责任。兜底条款在提高离婚损害赔偿司法适用率的同时，也可能会使全国各地法官的自由裁量权范围不明确，大大增加了司法实践的随意性。

二、完善我国离婚损害赔偿制度的思考

（一）不宜扩大损害赔偿的范围

关于婚姻中的"第三者"是否应当向无过错的配偶一方承担损害赔偿责任。有学者认为，第三者的插足不仅侵犯了婚姻无过错方的配偶权，影响了夫妻间感情和睦，也冲击了法律制度所保护的婚姻。因此在因"第三者"而离婚的离婚损害赔偿诉讼中，应当将"第三者"与有过错的配偶一方列为共同被告。但是，笔者认为，《民法典》婚姻家庭编所调整的是家庭成员内部的关系问题，不应当对婚姻关系主体以外的人有任何的法律义务的规定。当"第三者"的过错行为足够严重时，婚姻关系中的无过错方有权另行提起侵权之诉。此外，《民法典》第一千零九十一条规定的"家庭暴力、虐待或遗弃的行为"虽然可以针对任何一个家庭成员实施，但若家庭成员遭受上述侵害时，也可以根据《民法典》侵权编的相关规定另行起诉。

（二）合理分配举证责任

在离婚损害赔偿案件中，无过错方掌握的证据往往都是非法证据或者证人证言、视听资料等间接证据，这些证据均不能单独、直接证明，需要与其他证据结合才能证明待证事实。考虑到在离婚损害赔偿案件中，无过错方获取直接证据往往十分困难，甚至在获取直接证据的同时必须承担侵犯他人隐私权的风险，这给处于弱势地位的无过错方造成重重困境。故笔者认为，裁判者在离婚损害赔偿案件的证据审查中，应当引入利益衡量原则，比如将利益衡量具体运用到非法取证的场合，就是要将非法取证行为所要保护的合法权益，与非法取证行为造成的危害、造成对方当事人或第三人合法权益的损害进行对照比较，将违法取证行为的严重程度、案件的重要程度、证据的重要程度进行对照，以确定哪一种权益更值得优先保护。

（三）明确离婚损害赔偿相关标准

《最高人民法院关于确定民事侵权精神损害赔偿责任若干问题的解释》第五条规定："精神损害的赔偿数额根据以下因素确定：（一）侵权人的过错程度，但是法律另有规定的除外；（二）侵权行为的目的、方式、场合等具体情节；（三）侵权行为所造成的后果；（四）侵权人的获利情况；（五）侵权人承担责任的经济能力；（六）受理诉讼法院所在地的平均生活水平。"目前我国对离婚损害赔偿金额的标准并没有明确的规定，裁判者可以参照上述解释进行酌情确定。同时，我国也应尽快制定关于离婚损害赔偿标准的相关司法解释，使裁判者在确定赔偿金额时，统一标准，避免各地区尺度不一。

（四）对"兜底性"规定进行限制性解释

总的来说，《民法典》第一千零九十一条对离婚损害赔偿制度的使用范围作出了重大改变，通过列举加概括的立法模式，进一步提高了离婚损害赔偿制度适用的可操作性，也可以避免机械地套用法律规定造成实质上的不公。但是"兜底性"的规定给裁判者留了一个可以自由裁量的区域。所以，裁判者在适用该"兜底性"规定时也应当做一定的限制性解释，将"有其他重大过错"的情形严格限定在违反夫妻之间的忠实义务和其他严重侵犯无过错方的人身权益范围内。

综上，《民法典》"兜底性"规定的加入有助于改善离婚损害赔偿法定情形不足的窘境，但对"兜底性"规定的解释仍需进行学理和实践的探究。我国离婚损害赔偿制度仍然存在一些缺陷，亟待不断地完善。

三、律师在实务操作中，需要关注的问题

第一，过错行为的证据如何收集。

第二，如何证明过错行为与离婚之间存在因果关系。如果起诉离婚的时间距离发现过错行为的时间过久，就很难证明存在因果关系。

第三，如何证明过错行为与损害结果之间存在因果关系。

第一千零九十二条 【一方侵害夫妻财产的处理规则】

▶ 案件导入

丈夫转移夫妻共同财产，妻子是否可以主张丈夫对这部分财产少分[①]

原告雷某某（女）与被告宋某某婚后因琐事感情失和，2013 年上半年产生矛盾，并于 2014 年 2 月开始分居。2014 年 3 月雷某某起诉要求离婚，经法院驳回后双方感情未见好转。2015 年 1 月，雷某某再次起诉要求离婚，并分割夫妻共同财产。但宋某某认为双方感情并未破裂，不同意离婚。双方对于财产的分割也出现了分歧。雷某某称宋某某在邮政银行有共同存款 37 万元。宋某某称该 37 万元来源于婚前房屋拆迁补偿款及养老金。宋某某称雷某某名下工商银行尾号为 4179 的账户内有 25 万元共同存款，并且雷某某有转移夫妻共同财产的行为。原审法院判决原告雷某某名下在中国工商银行账户内的存款归原告雷某某所有，被告宋某某名下在中国邮政储蓄银行 1 账户、2 账户及 3 账户内的存款归被告宋某某所有。

宋某某不服一审判决，向北京市第三中级人民法院提起上诉。

北京市第三中级人民法院再审认为：

本案二审期间双方争议的焦点在于房屋是否为夫妻共同财产、宋某某

[①] 最高人民法院发布第 14 批指导性案例第 66 号，发布时间 2016 年 9 月 19 日。

主张的借款能否认定为夫妻共同债务、双方名下的存款应如何分割。

关于房屋，双方婚后与北京市国土资源和房屋管理局住宅合作社签订了建房协议，并与银行等单位签订了担保借款合同，婚后支付了房屋首付款、偿还了银行贷款并取得了房屋产权证书。宋某某主张结婚后其用婚前个人存款支付了房屋首付款、用婚前个人财产偿还了银行贷款，均未提供充足的证据予以证明，本院难以采信，故宋某某主张房屋为其个人财产依据不足。

关于宋某某主张的 85 万元借款，雷某某对此表示不知情，宋某某未提供证据证明该笔借款系基于夫妻双方的合意或该笔借款用于夫妻共同生活，故该笔借款难以认定为夫妻共同债务，宋某某主张雷某某承担一半，无事实基础，本院不予支持。关于宋某某所主张债权人为谭某某、张某某的共同债务，仅提供欠条为证，债务的真实性难以认定，雷某某对此亦不予认可，双方可就此债务问题另行解决。

关于双方名下的存款，结合双方提供及本院调取的证据，可以认定宋某某名下存款主要是其婚前房屋拆迁所得的拆迁款，雷某某名下中国工商银行账户内的存款为夫妻关系存续期间的收入，应作为夫妻共同财产予以分割。雷某某始称该款项用于家庭开销，后又改口称该款项用于偿还外债，前后陈述明显矛盾，对其主张亦未提供任何证据予以证明，雷某某对钱款的去向不能作出合理的解释和说明，结合案件事实及相关证据，本院认定雷某某存在转移、隐藏夫妻共同财产的情节，根据法律规定，对雷某某名下中国工商银行账户内的存款，雷某某应予少分。宋某某主张对雷某某名下存款进行分割，符合法律规定，本院予以支持。

判决雷某某名下中国工商银行账户内的存款归雷某某所有，宋某某名下中国邮政储蓄银行 1 账户、2 账户及 3 账户内的存款归宋某某所有，雷某某于本判决生效之日起 7 日内支付宋某某人民币 12 万元。

【法律条文】

第一千零九十二条　夫妻一方隐藏、转移、变卖、毁损、挥霍夫妻共同财产，或者伪造夫妻共同债务企图侵占另一方财产的，在离婚分割夫妻共同财产时，对该方可以少分或者不分。离婚后，另一方发现有上述行为的，可以向人民法院提起诉讼，请求再次分割夫妻共同财产。

法条释义

本条在《婚姻法》第四十七条的基础上增加了"挥霍"的情形，删去了以"离婚时"为前提的规定。实践中，夫妻一方有的实施了侵害夫妻共同财产或者侵占另一方财产的违法行为，对于这些违法行为，法律严格加以禁止。为保护另一方的合法权益，本条规定对其法律后果作了明确规定。根据本条规定，夫妻一方实施的违法行为主要有两类：

一、侵害夫妻共同财产

夫妻共同财产主要指夫妻双方在婚姻关系存续期间归双方共同所有的财产。《民法典》第一千零六十二条第一款规定："夫妻在婚姻关系存续期间所得的下列财产，为夫妻的共同财产，归夫妻共同所有：（一）工资、奖金、劳务报酬；（二）生产、经营、投资的收益；（三）知识产权的收益；（四）继承或者受赠的财产，但是本法第一千零六十三条第三项规定的除外；（五）其他应当归共同所有的财产。"第一千零六十五条第一款中还规定了夫妻可以约定婚姻关系存续期间所得的财产以及婚前财产归夫妻共同所有或者部分共同所有。

夫妻共同财产从性质上说，属于共同共有。夫妻在婚姻关系存续期间，无论属于双方或一方的收入，无论各自收入的数量多少，也无论其中一方有无收入，夫妻作为共同生活的伴侣，对共同财产享有平等的所有权。对共同财产，夫妻双方均有依法占有、使用、收益和处分的权利。例如，

《妇女权益保障法》规定，妇女对依照法律规定的夫妻共同财产享有与其配偶平等的占有、使用、收益和处分的权利，不受双方收入状况的影响。在共有关系消灭之前，财产权利是一个整体，只有在婚姻关系消灭（离婚或一方死亡）或双方有特别约定时，才能对共同财产进行分割。

处分权是所有权的最高表现，如果没有平等的处分权，平等的所有权就是一句空话。所以，《民法典》第一千零六十二条第二款规定，夫妻对共同所有的财产，有平等的处理权。所谓平等的处理权可以这样理解：第一，夫或妻在处理夫妻共同财产上的权利是平等的。因日常生活需要而处理夫妻共同财产的，任何一方均有权决定。第二，夫或妻非因日常生活需要对夫妻共同财产做重要处理决定的，夫妻双方应当平等协商，取得一致意见。他人有理由相信其为夫妻双方共同意思表示的，另一方不得以不同意或不知道为由对抗善意第三人。这也就是学理上所称的"日常家事代理权"，即夫妻因日常家庭事务而与第三人交往时所为法律行为，视为夫妻共同的意思表示，配偶他方承担连带责任。日常家事代理权并非法律逻辑的结果，其合理性主要在于适应婚姻共同生活的方便。婚姻是夫妻长期的共同生活体，日常生活中的衣食住行十分琐碎，而且频繁反复，不可能事事均由夫妻协商处理。为了适应婚姻生活这一特性，日常家事代理权应运而生。同时还应当看到，为日常生活所处分的财产，通常价值不大，因而即使处分不当，对另一方的伤害也无足轻重。从这一点上说，一方单独处分共同财产应当局限在日常家事范围，明确这一范围就显得十分重要。夫妻双方对夫妻共同财产共同享有所有权，这种权利并不因夫妻双方之间的感情状况发生改变。一方未征得另一方同意，在超出家庭代理权限范围的情况下，擅自对夫妻共同财产进行处理的，构成对配偶财产权利的侵犯，当然应当受到规制和惩戒，并不会因发生时间不同而产生不同的法律评价。

根据有关司法解释的规定，在共同共有关系存续期间，部分共有人擅自处分共有财产的，一般认定为无效。如果对其他共有人造成损失，由擅自处分共有财产的人赔偿。因此，隐藏、转移、变卖、毁损、挥霍夫妻共同财产的行为，是一种侵犯共同财产所有权的民事侵权行为。隐藏是指将财产藏匿起来，不让他人发现，使另一方无法获知财产的所在从而无法控制。转移是指私自将财产移往他处，或将资金取出移往其他账户，脱离另一方的掌握。变卖是指将财产折价卖给他人。《婚姻家庭编的解释（一）》第二十八条第二款规定："夫妻一方擅自处分共同所有的房屋造成另一方损失，离婚时另一方请求赔偿损失的，人民法院应予支持。"毁损是指采用打碎、拆卸、涂抹等破坏性手段使物品失去原貌，全部失去或者部分失去原来具有的使用价值和价值。挥霍是指对夫妻共有的财产没有目的的，不符合常理的耗费致使其不存在或者价值减损。上述违法行为，在主观上只能是故意的，不包括过失行为，如因不慎将某些共同财产毁坏，只要没有故意，就不属于本条规定之列。夫妻一方如果实施了上述行为，就属于对夫妻共同财产的侵害。

二、侵占另一方财产

另一方财产，主要是指在婚姻关系存续期间，归夫妻一方个人所有的财产。《民法典》第一千零六十三条规定："下列财产为夫妻一方的个人财产：（一）一方的婚前财产；（二）一方因受到人身损害获得的赔偿或者补偿；（三）遗嘱或者赠与合同中确定只归一方的财产；（四）一方专用的生活用品；（五）其他应当归一方的财产。"第一千零六十五条第一款中规定，男女双方可以约定婚姻关系存续期间所得的财产以及婚前财产归各自所有、共同所有或者部分各自所有、部分共同所有。夫妻一方对属于自己个人的财产享有占有、使用、支配的权利。在不违背法律规定的情况下，可以依据自己个人的意愿处分自己的财产。但是《民法典》第一千零八十九条规定，离婚时，夫妻共同债务应当共同偿还。共同财产不足清偿或者财产归各自所有的，由双方协议清偿；协议不成的，由人民法院判决。这一规定意味着夫妻在离婚时，如果共同财产不足以清偿共同债务的，有可能以夫妻一方的个人财产来承担夫妻共同债务，具体数额由人民法院判决确定。对此，有的夫妻一方就有可能利用这一法律规定，伪造夫妻共同债务，企图侵占另一方财产。伪造债务是指制造内容虚假的债务凭证，包括合同、欠条等。伪造债务是违法行为的客观表现。其在主观上是故意，不是过失，是以侵占夫妻另一方财产为目的。只要夫妻一方实施伪造夫妻共同债务的行为，就属于对另一方财产的侵害。

对通过实施隐藏、转移、变卖、毁损、挥霍手段侵害夫妻共同财产的违法行为，对伪造夫妻共同债务企图侵占另一方财产的违法行为，本条规定，在离婚分割夫妻共同财产时，对该方可以少分或者不分。本条所讲的在离婚分割夫妻共同财产时，是指在离婚诉讼期间。

夫妻共同财产属于夫妻共同共有，依照民法共同共有的理论，原则上，在共同体解体时，对共同共有的财产应当均等分割。但是，由于夫妻中的一方存在以隐藏、转移、变卖、毁损、挥霍手段侵害夫妻共同财产的违法行为，存在伪造夫妻共同债务企图侵占另一方财产的违法行为，所以本条规定对实施上述违法行为的一方，在分割夫妻共同财产时，可以少分或不分。对他们少分或不分夫妻共同财产，是违法行为实施者理应承担的法律责任。需要说明的是，本条对少分的具体份额或比例以及在何种情况下可以不分、少分，没有作出明确规定，只是规定了"可以"少分或者不分。法院在审判实践中，应当根据违法行为的情节和案件的具体情况作出处理。

本条还对离婚后，即离婚案件已审理终结，人民法院对离婚双方有关财产分割的调解书、判决书已发生法律效力后，对又发现一方有隐藏、转移、变卖、毁损、挥霍夫妻共同财产或者伪造夫妻共同债务侵占另一方财产行为的处理作了规定。即离婚后，另一方发现夫妻一方有上述违法行为的，可以向人民法院提起诉讼，请求再次分割夫妻共同财产。在离婚案件审理过程中，这部分共同财产由于被一方隐藏、转移、变卖、毁损、挥霍，或伪造债务所侵占而未能发现，因而法院也未能将其作为夫妻共同财产予以分割。夫妻共同财产是共同共有财产，任何一方未经另一方同意而擅自予以隐藏、转移、变卖、毁损、挥霍，或通过伪造债务等非法手段据为己有的，都是对另一方财产所有权的侵害，是一种民事侵权行为。另一方可以依据本条规定，向人民法院起诉，请求对这一部分财产进行再次分割。在分割时，关于对隐藏、转移、变卖、毁损、挥霍夫妻共同财产或伪造夫妻共同债务侵占另一方财产的可以少分或者不分的原则仍应适用。

《婚姻法》第四十七条关于本条还有第二款的规定，即人民法院对前款规定的妨害民事诉讼的行为，依照民事诉讼法的规定予以制裁。这次编纂《民法典》婚姻家庭编征求意见时，多数意见认为，《婚姻法》第四十七条第二款的规定，对妨害民事诉讼的行为采取强制措施，不是实体法调整规范的内容，应当归程序法予以规范，司法实践中可以依据民事诉讼法的规定对夫妻一方隐藏、转移、变卖、毁损、挥霍夫妻共同财产，或者伪造夫妻共同债务企图侵占另一方财产的妨害民事诉讼的行为予以制裁。

◎ 法律适用

一、侵犯夫妻共同财产的行为不再限定于离婚时

在审判实践中经常会出现这样一种现象，即夫妻双方中的一方意图离婚，但出于不愿对方分得太多财产影响自己的财产数额的顾虑，并不表露离婚的意思，而是提前通过各种手段转移财产。双方真正进入离婚程序时，夫妻共同财产已所余不多，无论最终如何分割，均不致对其财产数额造成太大影响。在这种情况下，如果在适用规定时还拘泥于"离婚时"的节点，必然导致实质上的不公，不仅会成为对夫妻离婚前转移、隐匿财产以争取离婚财产分割的更大利益的变相鼓励，更将使本条规定失去存在价值。因此，无论是婚姻关系存续期间，还是双方已经进入离婚诉讼，只要夫妻中的一方有隐藏、转移、变卖、毁损、挥霍夫妻共同财产，或者伪造夫妻

共同债务企图侵占另一方财产的行为，离婚分割夫妻共同财产时，均可以对其少分或不分。

二、关于"挥霍"的理解和界定

对于挥霍的认定实质上属于事实认定。首先，要明确挥霍的定义，挥霍即用钱无节制。在审判实践中对于挥霍的认定，可综合以下几个因素衡量：其一，是否属于纯消费。纯消费的性质与置办贵重资产、购置奢侈品（如买豪车等）性质不同，前者没有发挥财产效能，没有转化价值，纯属消耗，后者是通过交换实现价值转换，不属消耗。其二，是否系单方行为。单方行为即个人行为，如果是夫妻双方行为，即便是挥霍也不构成《民法典》第一千零九十二条中所指的挥霍。其三，消费是否具有正当性。比如为了生意应酬、交往等具有正当性消费不能认定属于挥霍。其四，消费的次数和频率。偶尔一次与经常性消费的性质有所不同，后者可以作为判断是否构成无节制。其五，家庭收入、经济状况等。不同的家庭，经济条件不同，消费能力也不同，不能单纯以金额大小来界定是否属于挥霍行为，应根据家庭收入、经济状况等因素综合判断是否属于挥霍。

三、不分、少分的财产范围

从行为性质上分析，挥霍实际是一种侵犯配偶财产权利的行为，属于侵权行为。依照《民法典》第一千一百六十五条第一款的规定，行为人因过错侵害他人民事权益造成损害的，应当承担侵权责任。《民法典》第一千零九十二条规定的不分、少分实具有惩罚性。综观《民法典》婚姻家庭编对于无过错一方的财产权利的保护和救济的规定比较体系化。比如，在离婚时，第一千零八十七条规定了处理财产照顾无过错一方的原则，第一千零九十一条规定在法定的五种情形下，无过错方可以请求离婚损害赔偿的权利。因此，从公平原则出发，对侵犯配偶财产权利的惩罚不宜太重，否则，有可能会导致夫妻双方的权利失衡。综上，本法条规定的不分、少分财产的范围限于挥霍的价值范围内为宜。

四、该规定同本法规定的在分割夫妻共同财产时按照照顾子女、女方和无过错方权益的原则判决是否矛盾

照顾子女和女方权益原则的确定，是由我国目前广大女性的经济能力和男性仍有一定差距的国情决定的，同时也是《宪法》关于保护妇女、儿童合法权益原则和我国社会主义制度优越性在婚姻法上的具体体现。在婚姻家庭生活中，无过错一方遵守法律规定，对另一方配偶尊重、关爱、忠实，对家庭成员关心帮助、尊老爱幼，为维护平等、和睦、文明的婚姻家庭作出了自己的努力和贡献。对这种合法的民事法律行为的主体法律必须给予保护。当然，在现实生活中，也不排除有女方、无过错方实施本条所列举的违法行为的可能。如果出现这种情况，也应当依照本法、本条的规定处理。两者没有矛盾，并行不悖。

◎ 实务指引

一、如何认定"转移夫妻共同财产"

实践中一般从以下几个方面认定是否存在"转移夫妻共同财产"的情形：

其一，若一方在离婚前将个人银行卡中或夫妻共同所有的存款转移给案外人，且无证据证明该转账具有合理性的，可以认定其存在转移共同财产的行为。

其二，没有实际的买卖合同关系或赠予关系，与他人串通，将不动产、动产过户给第三人的。

其三，私自将财产赠予与其有暧昧关系的第三者或与其熟悉的其他人，没有正当理由，且实际仍是自己获利的。

其四，制造虚假"借款"诉讼，让配偶承担连带债务的。

其五，以故意承担连带保证责任形式恶意转移公司财产的。

二、日常家事范围的合理界定

关于日常家事的范围，即我国法律所规定的日常生活需要的范围，学者通常采用列举的方式，如蒋月教授表述为："日常家事的范围，通常包括购买必要的日用品、医疗医药服务、合理的保健与锻炼、文化消费与娱乐、子女教育、家庭用工的雇佣等决定家庭共同生活必要的行为及其支付责任。"史尚宽先生列举为："一家之食物、光热、衣着等购买，保健（正当）、娱乐、医疗，子女之教养，家具及日常用品之购买，女仆、家庭教师之雇佣，亲友之馈赠，报纸杂志之订购等。"

综合不同学者的表述，关于日常生活需要的范围，一般包括维持家庭生活正常进行的一切必要开支，大致可以归纳为以下几类。（1）日常物质生活消费：包括衣食住行、基本的日用品、房租、水电费用等；（2）医疗保健消费：包括医疗医药支出、合理的保健与锻炼等；（3）文化娱乐消费：包括购买书籍、订阅报纸杂志、观看电影戏剧等消费；（4）子女的培养教育费用：包括学杂费、兴趣班等；（5）必要的社交支出：包括亲友之间的宴请、按习俗所为的赠予等；（6）其他夫妻双方及未成年子女日常共同生活通常必要的事项。抽象而言，日常家事范围一般应符合两个条件：一是处理财产的目的是家庭日常生活所需；二是处理决定的夫妻财产价值通常不大，不会对夫妻共同财产造成重大影响。

另外，需要指出的是，日常家事范围也具有一定的灵活性，会因婚姻当事人的社会地位、职业、资产、收入等的不同而有所区别，应视具体情形作出判断。比如，对于亲友之间的人情来往，一般赠予5万元对绝大多数家庭来说属于超出日常家事的范围，但对于一些经济收入较高、符合亲属间交往习惯的家庭而言，又属于日常家事的范围。此外，当遇到紧急情形或夫妻一方不在等特殊情形时，日常家事的范围也将会有所扩张。

三、"可以少分或者不分"的适用标准

需要明确，并非只要出现夫妻一方非法处置共同财产的行为，对该方就一定会少分或者不分财产。法条表述是"可以"而非"应当"，故法官此时拥有自由裁量权，根据个案的具体情况判断（如非法处置行为的情节

严重程度）：是否需要少分或者不分。如果需要，是少分还是不分？如果少分，少分多少？一般只有在非法处置夫妻共同财产的情节特别恶劣的情况下，法官才有可能作出"不分"的判决；更多的情况是"少分"的裁量。

有研究者主张以"一方非法处置共同财产的行为对另一方生活的影响程度"来判断情节严重程度：如果对另一方生活的影响不大（情节轻微），追回财产后均分即可；如果有一定影响（情节较轻），可以少分；如果影响较大（情节严重），则可以不分。还有观点主张统一规定"被非法处置的共同财产"占"全部夫妻共同财产"的"百分比"来量化情节严重程度：利用百分比划定三个区间，处于低值区间，可以均分；处于中间区间，可以少分；处于高值区间，则可以不分。两种方法各有优劣，前者容易实现个案正义，但对法官水平的要求较高；后者更加阳光透明，但取值划线未必合理普适，也有可能给不法当事人规避法律提供参考。

四、"非法处置夫妻共同财产"的举证问题

在民事诉讼中，举证责任分配的原则是"谁主张（积极事实）谁举证"，例外情形中采用"举证责任倒置"。从本条的表述来看，"夫妻一方隐藏、转移、变卖、毁损、挥霍夫妻共同财产，或者伪造夫妻共同债务企图侵占另一方财产"的行为需要权利受损害的一方来举证；而能够非法处置夫妻共同财产的一方在夫妻关系中通常处于经济主导的地位，另一方通常也是经济弱势方，很难对非法处置共同财产的行为进行举证，而如果难以举证，就要承担证明责任，即败诉风险，这对其合法权益的保护是很不利的。当然，实务中也采取了一些补救措施，如由法官裁量双方对财产证明能力的高低，降低弱势方的举证责任。但这类措施受法官素质和水平的影响较大。对此，一直以来都有很多学者主张在我国建立婚姻财产登记制度，但从《民法典》的编纂情况来看，这一主张仍然被继续搁置了。相比之下，采用"举证责任倒置"更为便宜，即由被告举证证明自己没有非法处置夫妻共同财产的行为。

　　有的当事人在离婚案件的审理过程中，已经对部分重大财产达成一致意见，但出于节省诉讼费用的考虑，双方可能会故意隐瞒一些重大财产。在这种情况下，人民法院只能根据当事人的主张，就已查明的财产作出裁判。这确实为当事人对未涉及财产的分割发生争议埋下了伏笔，往往会给对方以"离婚时隐藏、转移财产"为由提起诉讼。在案件进入诉讼时应注意告知当事人这种行为的风险，不应为减少诉讼费用而故意漏报部分财产。

第五章　收　　养

第一节　收养关系的成立

第一千零九十三条　【被收养人的条件】

▷ **案件导入**

案例一：不符合实质要件的收养，已进行收养公证，效力如何[①]

原告何某莲亲生父母家庭经济困难，故将原告送养给被告何某泽，仅凭铜梁区公证处的公证书就将原告的户籍落到了被告户头上。随即原告亲生父母便后悔了，未将原告送养，原告一直由亲生父母抚养长大。被告虽然为原告上了户籍，但一直未向民政部门补办收养登记，且原告与被告年龄差距并未达到 40 岁。

法院认为，本案中，何某泽在抱养何某莲的时候，双方并未达到年龄相差 40 岁的实质条件，且双方未按规定到民政部门办理登记，该收养行为发生于《收养法》施行之后，虽然双方进行了收养公证，但该公证违反了收养的法律规定，何某泽、何某莲之间的收养关系无法律效力。

案例二：亲生父母有抚养能力，送养行为是否有效[②]

原告金某甲、金某乙与金某丙系姐弟关系。金某丙生父母早亡，由两

[①]　（2020）渝 0151 民初 5510 号。
[②]　（2015）宝民一（民）初字第 1704 号。

原告抚养长大。被告任某乙系被告任某甲、吴某某所生次子。2007年9月6日，被告任某甲、吴某某将被告任某乙送养金某丙作为养子，并办理了收养登记。因收养人金某丙智力低下，无生活自理能力，亦无经济收入，平时依靠两原告的接济及领取村委会最低生活保障金勉强度日。且金某丙曾因强奸罪入狱7年，村里无人知晓金某丙有养子，所谓的养子也未与金某丙共同生活，而是一直与被告任某甲、吴某某共同生活，金某丙不具有抚养教育被收养人的能力。因此，原告起诉要求确认金某丙与被告任某乙之间的收养行为无效。

法院认为，本案中，被告任某甲、吴某某婚后生育包括被告任某乙在内共二子，子女人数并不多，被告任某甲、吴某某又共同投资经营上海罗某废旧物资回收站（后变更为上海任某物资经营部）至今，有相应的经济来源，被告任某甲、吴某某作为亲生父母，现并无充分证据证明其有特殊困难导致无力抚养被告任某乙的情形，故被告任某甲、吴某某送养被告任某乙的行为不符合有关法律规定。金某丙作为收养人，并不具备抚养教育被收养人的能力，且被告方亦无充分证据证明被告任某乙被收养后与金某丙共同生活之事实。故金某丙与被告任某乙之间的收养行为无效。

案例三：非三代以内同辈旁系血亲是否适用"过继"的习俗①

原告陈某某，男，未曾婚配，膝下无子女。被告陈A，男，1969年10月11日出生。原告陈某某诉称，2007年，原告与被告通过签订收养协议确定收养关系。但被告被收养后，不尽做儿子的义务，被告夫妇经常殴打、谩骂原告。致使原告吃不饱、穿不暖，身心受到巨大伤害，更为严重的是在2011年12月13日，被告夫妇殴打原告，致其右肱骨大结节撕脱骨折，构成轻伤。请求人民法院依法判决解除原告与被告的收养关系并返还财产；本案诉讼费用由被告负担。

法院查明，原告与被告原系本家（非三代以内旁系血亲）。2007年4

---

① （2012）浏民初字第478号。

月 8 日，原告向浏阳市大瑶镇某社区居委会递交一份《请求立嗣一事的报告》，欲将时年 38 岁的被告过继给原告作为养子，原告与被告在当地村干部与部分组上人员在场的情况下，立下"过继"字据，约定由被告照顾原告的生活起居。之后，原告即随被告共同居住、生活。开始关系尚可，在原、被告共同生活期间，被告经原告同意，在原告的责任田上建了一栋长16 米、宽 15 米的房子。原告给予被告 2000 元建房子，其余投资都是被告自己出资。2011 年下半年，原、被告因家庭琐事产生矛盾。2011 年 12 月13 日 13 时许，原告与黄某为搭人情之事发生口角，原告在争吵过程中受伤，经法医鉴定为轻伤，之后，原告的亲属闻讯赶来，将黄某打伤，并砸坏被告家中财产。后当事人双方在浏阳市大瑶法律服务所的主持下，达成调解协议。

法院认为，过继是一种传统习俗，带有封建宗法色彩，不同于法律上的收养。原告与被告形成的收养关系与《收养法》所规定的被收养人年龄不得超过十四周岁的未成年人的禁止性规定相冲突，且收养人与被收养人并非三代以内同辈旁系血亲，故原告与被告的收养关系不属于收养法调整的范畴，故原告要求解除收养关系的诉讼请求，本院依法予以驳回。

【法律条文】

第一千零九十三条 下列未成年人，可以被收养：

（一）丧失父母的孤儿；

（二）查找不到生父母的未成年人；

（三）生父母有特殊困难无力抚养的子女。

♀ 法条释义

本条是关于被收养人条件的规定。收养是自然人领养他人子女为自己子女的一种民事法律行为，能够起到依法变更亲子关系、转移亲子间权利义务关系的法律效力。作为家庭制度的必要补充，养父母子女关系也属于亲子关系的重要类型之一。基于收养这一要式法律行为的独特特点及其能够产生的独特法律效力，各国立法均对收养关系的成立有着程序及实体上的明确要求。其中，被收养人与收养人应当具备哪些条件，无疑是收养成立最为重要的要件之一。不符合条件的被收养人与收养人，会导致收养行为的无效。

本条源于《收养法》第四条，对该条规定的被收养人的条件进行了两处修改：一是将被收养人的年龄范围由不满 14 周岁扩大至不满 18 周岁；二是将查找不到生父母的"弃婴和儿童"修改为"未成年人"，查找不到生父母的原因不再限于生父母的主动遗弃，因被拐卖导致脱离生父母监护的未成年人也符合被收养的条件。通过两处修改，扩大了被收养人的范围，使得更多的未成年人符合被收养的条件，体现了未成年人利益最大化原则。

从世界范围来看，立法上对于被收养人条件的要求首先体现为对年龄的限制。这种限制又主要通过两种方式实现：一是一般在立法上规定被收养人的年龄上限，即被收养人不得超过一定的年龄。比如，《法国民法典》规定了简单收养和完全收养两种收养类型。在简单收养中，被收养人的年龄不受限制，但在完全收养中，被收养人的年龄应在 15 周岁以下。《法国民法典》第三百四十五条第一款规定，仅有年龄在 15 岁周以下，在收养人或诸收养人家庭中接纳至少已有 6 个月的儿童，始允许收养之。我国澳门特别行政区民法典也规定了被收养人须为未成年人。二是要求收养人与被收养人要达到一定年龄差。如《瑞士民法典》第二百六十五条第一款规定，养子女最少得比养父母年少 16 岁。对被收养人的年龄施加限制是合理的，这主要是从收养制度本身的目的以及被收养人利益保护的角度所作的考虑。一方面，收养作为在收养人与被收养人之间形成拟制亲子关系的一种民事法律行为，需要确保所形成的亲子关系的稳定。如果被收养人的年龄过高，其独立意识日益强烈，难以形成对新家庭的归属感，可能影响收养人与被收养人双方家庭关系的稳定。另一方面，收养制度尽管要求保护收养人和被收养人双方的合法权益，但本质上还应当遵循最有利于被收养人利益的原则。而从被收养人的角度考虑，恰恰是在其年龄尚未达到一定标准、心智发育尚未完全成熟的阶段，才需要通过收养制度对其生活进行照顾，对其心理发展加以引导。在其达到一定年龄后，这种照顾和引导就显得不那么必要了。此外，其他立法例对于收养人与被收养人须有一定年龄差的要求，出发点则主要基于对收养人抚养能力的考察。

当然，这里应当指出的是，从比较法上看，也有一些国家在立法中采取放宽对被收养人年龄限制的做法，甚至允许成年人作为被收养人，比如《德国民法典》分别对未成年人收养和成年人收养作了规定，二者在收养条件、收养目的以及收养程序上都存在较大差别；《法国民法典》在简单收养部分对被收养人的年龄也未作限制；《日本民法典》同样未限制被收养人的年龄，仅在第七百九十三条规定，不得将尊亲属和年长者收养为养子女。这意味着，收养人只要收养的不是自己的尊亲属或者比自己年长的人，法律都是允许的，即无论是未成年人还是成年人，都可以成为被收养人。域外立法例中虽对收养尤其是完全收养中被收养人的年龄范围有着较为严格的限制，但普遍在完全收养之外，还设立不完全收养、单纯收养、成年人的收养等制度加以补充。对于不完全收养，往往设定非常宽泛的年龄范围，甚至并不限定被收养人的年龄。有些国家如奥地利，即使收养双方不符合法律规定的年龄条件，但如果在事实上已经建立起亲密的父母子女关系，则允许放宽被收养人的条件。

可见，在域外立法例和实践中，被收养人的范围实际上较为宽泛，但我国并未建立不完全收养制度。适当放宽被收养人的年龄限制，有利于扩大被收养人的范围，使更多缺失监护的未成年人成为适格的被收养人，有利于收养制度发挥更大的社会效果。

除对被收养人的年龄进行一定限制外，我国《收养法》对于被收养条件还作了其他限制。具体包括三种情况：一是被收养人应当是丧失父母的孤儿，即父母已经死亡或者已经被宣告死亡的儿童，这里的"父母"既包括生父母，也包括养父母以及与被收养人有扶养关系的继父母。二是被收养人应当是查找不到生父母的弃婴和儿童，即经过有关部门查找，无法在一定期间内找到生父母的弃婴、儿童。三是生父母有特殊困难无力抚养的子女。这里的特殊困难既包括经济上的困难，也包括精神或者身体上的困难，比如生父母双双患有重病，难以抚养其子女。应当说，《收养法》对于被收养人条件的这些要求，也与收养制度的功能，即促进被收养人健康成长，维护其利益最大化等直接相关。在《收养法》所列举的三种情形之下，如果不通过收养制度在收养人与被收养人之间建立拟制的亲子关系，被收养人就无法在稳定的家庭环境中健康成长。

本次《民法典》编纂，将收养制度整体纳入婚姻家庭编之中作专章规定，基本保留了《收养法》的框架结构及主要内容。在被收养人条件方面，与《收养法》相比，最大的变化来自对其年龄的限制，即由原来的被收养人应当不满 14 周岁，修改为未满 18 周岁的未成年人，符合相应条件均可被收养。

事实上，对于是否应当对被收养人的年龄施加限制，无论是比较法，还是理论界和实务界，自《收养法》颁布以来就一直存在争议。反对的理由主要有：第一，从我国的实际情况来看，由于我国经济高速发展，中高等教育普及，14 周岁以上的未成年人普遍还处于在校学习阶段，尚不具备谋生的能力，也需要家庭和亲人的关爱与照顾，对其成长加以指引。再加上近年来一些大规模自然灾害、重大安全事故、公共卫生事件等重大突发事件导致出现许多丧失双亲的孤儿，其中不乏年满 14 周岁的未成年人，如果将被收养人的年龄严格限制在 14 周岁以下，这些人就无法按照收养法律的规定被收养，就不能获得来自稳定家庭环境之中的父母亲情的慰藉，而只能通过代养或者寄养的方式加以替代，这显然不利于收养目的的实现及被收养人利益的保护。因此，有必要将 14 周岁以上的未成年人纳入被收养人的范围之中。况且，对于丧失生父母或生父母无法履行监护职责的未成年人，能够被他人收养，在正常的家庭环境中成长，无疑对其最为有利。年满 14 周岁的未成年人，心智已逐渐健全，往往更能珍惜与养父母之间的亲情，对养父母充满感恩之心，这对于亲子关系的建立也有益处。第二，对被收养人年龄施加限制，也不利于实现特定人群的养老需求。随着老龄化社会的到来，养老作为一大社会问题日益凸显。一些人群因为不同原因失去子女，渴望通过收养未成年子女甚至成年子女来保障其养老需求。如果被收养人的年龄只能在 14 周岁以下，则这些人群通过收养实现养老的目的就难以实现。

综合考量各方面意见，本条将被收养人的年龄限制由 14 周岁放宽到 18 周岁，即符合相关条件的未成年人都可以作为被收养人。主要理由是：第一，《收养法》施行以来，对于规范收养关系，保护收养人与被收养人的合法权益发挥了重要作用。但收养实践中也不断出现因对被收养人年龄限制过严而导致部分有被收养需求的被收养人无法被收养的情况，这大大限制了收养制度功能的发挥。适当放宽被收养人的年龄限制，能够更好地实现收养目的，使更多符合相关条件的人可以被收养。第二，放宽被收养人的年龄限制，并不必然会影响家庭关系的稳定。《收养法》将被收养人年龄限制在 14 周岁以下，其中一个理由是，14 周岁以上的人心智相对成熟，独立意识较强，不容易融入新家庭。但事实上这一理由值得商榷。换一个角度想，被收养人如果年龄在 14 周岁以上，可能更懂得珍惜来之不易的和谐家庭及亲情关怀，收养人与被收养人的关系也许会更加和谐。第三，把握和遵循收养的本质目的，被收养人仍限于未成年人，不扩及成年人收养。如前所述，收养的本质特征是为需要抚养的被收养人提供稳定的家庭成长环境，以促进被收养人的健康成长。本次《民法典》编纂，更是在婚姻家庭编的一般规定部分增加规定了最有利于被收养人的原则。因此，收养制度必须把被收养人的利益放在首位。从这个角度来讲，那些因满足养老需求而需要规定成年人收养的理由就不太成立了。

除年龄限制的变化之外，收养一章对于被收养人条件的规定基本沿袭了《收养法》的规定，未作大的修改，即包括了丧失父母的孤儿、查找不到生父母的未成年人以及生父母有特殊困难无力抚养的子女。

法律适用

一、丧失父母的孤儿

此处的"丧失"应指被收养人的父母已经死亡或者被宣告死亡。被宣告死亡与自然死亡具有相同的法律效果，属于法律拟制、推定的死亡，即使未实际死亡，长期下落不明的状态导致其事实上无法履行对未成年人的抚养照顾义务和监护职责。因此，生父母被宣告死亡的未成年人应视为已丧失生父母。"父母"不仅包括生父母，还包括养父母以及有扶养关系的继父母，从而尽可能扩大本项的适用范围。这里需要指出的是，该项不包括父母被宣告失踪的情形。宣告死亡制度的目的在于了结失踪人的整体社会关系，侧重于保护失踪人的利害关系人的利益；而宣告失踪制度的目的在于保护和代为管理失踪人的财产，侧重于保护失踪人的利益。被宣告失踪之人的身份关系并不因宣告失踪而发生变化。因此，被宣告失踪之人的子女不应视为丧失生父母。如果父母因查找不到而被宣告失踪，可以考虑适用本条第二项，从而作为"查找不到生父母的未成年人"适用收养。

而对于"孤儿"的理解，民政部《关于在办理收养登记中严格区分孤儿与查找不到生父母的弃婴的通知》（民婚函〔1992〕263号）中规定："我国《收养法》中所称的孤儿是指其父母死亡或人民法院宣告其父母死亡的不满十四周岁的未成年人。"国务院办公厅《关于加强孤儿保障工作的意见》（国办发〔2010〕54号）中规定："孤儿是指失去父母、查找不到生父母的未满18周岁的未成年人，由地方县级以上民政部门依据有关规定和条件认定。"

两部规范性文件对孤儿的定义和范围界定不同，是由于两部文件发布时间以及文件侧重解决的社会问题不同而导致的。

1991年12月29日发布的《收养法》颁布施行后不久，民政部发布《关于在办理收养登记中严格区分孤儿与查找不到生父母的弃婴的通知》，该通知意在明确《收养法》中的孤儿、弃婴等相关概念。当时《收养法》中规定的被收养人为14周岁以下的未成年人，因此该通知相应地将孤儿的年龄也限定在14周岁之下。由于《民法典》已取消被收养的未成年人年龄需在14周岁以下的限制，对该通知中关于孤儿年龄的理解也应予以调整。

而国务院办公厅《关于加强孤儿保障工作的意见》是为健全孤儿保障体系，保护孤儿权益而制定。为了将更多需要帮助的未成年人纳入保障体制，意见中规定的孤儿范围较为宽泛。对于孤儿的年龄限定为18周岁以下，将失去生父母的未成年人均纳入孤儿的保障范围，与本条修改被收养人的年龄范围的意旨相同。

意见中规定的孤儿既包括失去生父母的未成年人，也包括查找不到生父母的未成年人。此处与本条规定的孤儿范围有所不同，本条规定将查找不到生父母的未成年人与丧失父母的孤儿区分开，单独列为第二项，说明本条文中规定的孤儿并不包括查找不到生父母的未成年人。

综合以上分析，本条所列被收养人的条件第一项中"丧失生父母的孤儿"应理解为生父母已经死亡或被宣告死亡的未满18周岁的未成年人。

二、查找不到生父母的未成年人

关于本项需要注意以下两点：

第一，本项与《收养法》的规定相比，将《收养法》规定的"弃婴和儿童"修改为"未成年人"。《收养法》规定的查找不到生父母的儿童虽然未限定是否由生父母主动遗弃，但结合该条语境及《中国公民收养子女登记办法》第五条、第六条关于收养弃婴、儿童应提交公安机关出具的捡拾证明的规定可见，法条中的"儿童"亦指被生父母遗弃的儿童。

对于非因生父母意愿脱离监护的未成年人，例如被拐获救的未成年人，则不在《收养法》规定的被收养人范围之列。国家一直高度重视被拐儿童解救安置工作，这次编纂《民法典》，专门将"弃婴和儿童"修改为"未成年人"，取消了对生父母遗弃未成年人的主观意愿的限定，明确拐卖被解救后无法找到生父母的未成年人也属于被收养人范围。这种修改主要有两点原因：一是对于被拐获救的未成年人，最终能够找到生父母，回归原生家庭的概率较低。相对于在儿童福利机构生活，能够被家庭收养，得到养父母的关爱，对未成年人更为有利。在对生父母的亲权与未成年人利益的衡量之下，允许对确实查找不到生父母的被拐获救未成年人进行收养是未成年人利益最大化原则的要求。二是虽然未成年人的生父母或其他监护人是对未成年人进行监护的第一责任人，但国家对未成年人的身心健康和全面发展承担最终的责任，对于生父母拒绝履行或无法履行监督职责的未成年人，应由国家介入和补位，替代未成年人的监护人，并由民政部门代表国家行使监护权，委托儿童福利机构具体履行监护职责，在符合法定条件时，作为送养人决定对未成年人的送养。

收养制度与监护制度具有密切的关系，结合《民法典》对于送养人的规定可见，送养人为被收养人的监护人或对其行使监护职责的机构。对于被生父母故意遗弃的未成年人，生父母虽为其法定监护人，享有监护权，有权决定对未成年人的送养，但由于生父母主动遗弃了未成年人，以实际行动表明不再履行对未成年人的监督职责，应视为生父母放弃了对未成年人的监护权。

而被拐获救的未成年人与上述情况不同，其生父母主观上并无放弃子女监护权的意愿，是因犯罪分子的拐卖行为导致生父母与子女的分离，生父母虽在事实上无法行使监护权，但在法律意义上仍然享有子女的监护权。对被拐获救的未成年人的收养需解决与生父母监护权的冲突问题。

第二，本项规定的"查找不到"是指通过各种方式均无法找到。虽然本条未对"查找不到"附加时间上的限制，但从维护收养关系稳定的角度来看，在操作方面应当有一个合理期间的限制，个人或者有关机关经过一定期间仍查找不到生父母的未成年人，可以作为被收养人。此外，需要强调的是，对于暂时脱离生父母，但嗣后又被找回的未成年人，不属于此处的"查找不到"，不应当成为被收养的对象。

三、生父母有特殊困难无力抚养的子女

《民政部婚姻司对〈收养法〉的解答》中对生父母有特殊困难的具体情形作出了说明，该解答第五条规定："有特殊困难无力抚养的子女，是指有生父母或生父母一方死亡，但其生父母或生父、生母有特殊困难不能抚养教育的未满14周岁的子女。如生父母重病、重残，无力抚养教育的子女或由于自然灾害等原因造成其生父母无力抚养的子女，以及非婚生子女等。"

按照该解答的说明，生父母有特殊困难无力抚养的未成年人指生父母因身体健康原因、经济原因无力抚养的子女，包括以下三种：

第一，生父母双方均生存，但均因重病、重残或经济原因无力抚养的子女。

第二，生父母一方死亡或被宣告死亡，另一方重病、重残或经济原因无力抚养的子女。

第三，非婚生子女。

解答中对非婚生子女专门予以说明，对非婚生子女的收养不以生父母重病、重残或存在经济困难为条件，非婚生的情形即表明符合被收养的条件。

◎ 实务指引

一、排除本条适用的情形

根据《民法典》第一千零九十九条的规定，收养三代以内旁系同辈血

亲的子女，可以不受本条第三项规定的限制。三代以内近亲属之间亲缘关系较近，容易建立起收养关系，也符合民间普遍存在的过继等习俗，故《民法典》中对三代以内旁系同辈血亲的收养放宽限制，无论生父母是否具有无力抚养子女的特殊困难，均可收养。

二、查找不到生父母的未成年人的认定标准

关于查找不到生父母的未成年人，根据未成年人是被遗弃还是被拐获救而有不同的认定标准。

对于被生父母遗弃的未成年人，根据《中国公民收养子女登记办法》第七条的规定，收养前应登记公告查找其生父母，公告期满 60 日未被生父母或其他监护人认领的，可视为查找不到生父母的弃婴、儿童，符合被收养人的条件。

而对于被拐获救儿童，根据《民政部、公安部关于开展查找不到生父母的打拐解救儿童收养工作的通知》（民发〔2015〕159 号）的要求，公安机关应当全力查找打拐解救儿童的生父母，在全国打拐 DNA 信息库录入、比对血样，1 个月内未能查找到生父母或其他监护人的，应当为社会福利机构或者救助保护机构出具暂时未查找到生父母或其他监护人的证明。社会福利机构或者救助保护机构在接收打拐解救儿童后，应在报纸和全国打拐解救儿童寻亲公告平台上发布儿童寻亲公告，公告期 30 日。从儿童被送交社会福利机构或者救助保护机构之日起满 12 个月，公安机关仍未能查找到儿童生父母或其他监护人的，可视为确实查找不到生父母，未成年人可被收养。

对被生父母遗弃的未成年人，因生父母主动放弃监护权，公安机关已出具捡拾报案证明，因此仅需以公告形式查找其生父母；对于被拐获救的未成年人，是因拐卖未成年人的犯罪行为导致脱离生父母的监护，除应发布 30 日寻亲公告之外，还应由公安机关全力查找其生父母，只有在较长时间（12 个月）内无法查找到生父母时，才可以被收养。

第一千零九十四条　【送养人的条件】

▷ 案件导入

儿童福利机构能不能作为送养人[①]

弃婴小敏（化名）于 2015 年 1 月 17 日出生后，被丢弃在申请人老李（化名）家附近，后被老李捡到，并报警送到医院进行检查治疗，由于当时琼海市孤儿院还没有建好，小敏被琼海市民政局指定交由琼海市嘉积镇敬老院收养。2015 年 7 月 10 日，申请人老李向琼海市民政局申请收养该弃婴，并取名为小敏（化名），琼海市民政局同日向申请人出具了（2015）海民收字第 9 号《中华人民共和国收养登记证》。2015 年 9 月 17 日，申请人老李为小敏办理了户口，但是始终没有取得小敏的合法监护权。申请人老李向法院提起诉讼，请求法院依法指定其为小敏的监护人。法院判决：一、撤销琼海市嘉积镇敬老院对小敏的监护人资格；二、指定老李为小敏的监护人。

【法律条文】

第一千零九十四条　下列个人、组织可以作送养人：

（一）孤儿的监护人；

（二）儿童福利机构；

（三）有特殊困难无力抚养子女的生父母。

▽ 法条释义

本条是关于在收养法律关系中，哪些主体可以作为送养人的法律规定。

---

① （2017）琼 9002 民特 32 号。

送养人是否适格为收养法律关系成立的实质要件。本条作了一一列举。

一、孤儿的监护人

孤儿是指失去父母、查找不到生父母的未满18周岁的未成年人。《民法典》第二十七条规定："父母是未成年子女的监护人。未成年人的父母已经死亡或者没有监护能力的，由下列有监护能力的人按顺序担任监护人：（一）祖父母、外祖父母；（二）兄、姐；（三）其他愿意担任监护人的个人或者组织，但是须经未成年人住所地的居民委员会、村民委员会或者民政部门同意。"监护制度的设立完全是为了保护被监护人的合法民事权益。

二、儿童福利机构

儿童福利机构主要指各地民政部门主管的收容、养育无人抚养的孤儿、弃婴和残疾儿童的社会福利事业单位。

三、有特殊困难无力抚养子女的生父母

生父母是子女的法定监护人，对子女有抚养的义务，一般情况下不得随意将本应自行承担的法定义务转嫁给他人。但是在特殊情况下，生父母由于存在客观原因、特殊困难，确实无力自行抚养未成年子女，从儿童利益最佳的原则出发，站在有利于未成年人健康成长的角度，允许由生父母将未成年子女送养，为孩子创造更有利于其健康成长的家庭环境，让孩子再次回归家庭，享受家庭中所具有的呵护、关爱、教育，可以让脆弱无助的生命得到关爱照顾，这也是我国建立收养制度的根本意义所在。

法律适用

本案中，小敏是弃婴，由琼海市民政局安排进行监管、看护。申请人老李依法向琼海市民政局申请办理了对小敏的收养手续，琼海市民政局是合法的送养人，且申请人老李依法办理了收养登记，琼海市民政局为其办理了《中华人民共和国收养登记证》，收养关系依法成立，申请人老李依

法应当取得小敏的监护权。

◎ 实务指引

第一，孤儿的监护人送养孤儿时，应当征得有抚养义务的人同意，不得自行随意决定。

第二，司法实践中要注意对遗弃和弃婴的把握，不能混淆了收养条件与抚养义务之间的界限，以所谓的"不闻不问"事实来取代法定的收养条件，剥夺生父母对子女的权利，这是没有任何法律依据的。

第三，司法实践中对生父母有特殊困难无力抚养的子女的认定没有一个统一的标准，还是应当从严把握，这样才能更好地保护未成年人的利益。

第一千零九十五条　【监护人送养未成年人的情形】

▷ 案件导入

未成年人的父母健在，是否可以另行指定监护人①

被监护人李青（化名），女，2009年10月22日出生，家住谷城县××城垣路××单元××室，与被申请人李河（化名）系父女关系。被申请人李河先后两次离异后，于2008年6月11日与张静（化名）（1987年5月11日出生）登记结婚，2009年10月22日生育女儿李青。后李河中风偏瘫，生活不能完全自理。2017年7月张静服药自杀死亡，李青一直跟随李河生活。2019年8月1日，李河被评定为肢体残疾二级。由于李河脾气暴躁，行动不便，经常指派李青干一些家务，并照管李河的日常生活。李青若不听从，李河便对其打骂。李青遭受李河打骂后，多次离家出走，所在社区干部及民警多次帮忙将李青找回交给李河，但李河不知悔改。2019年9月19日，李青再次遭受李河的打骂后，离家出走流落他乡街头，后被当地巡

---

① （2020）鄂0625民特1号。

逻民警发现将其送回。送回后，李青拒绝回家，最终被社区干部带回自家照顾至今。李青本人表示不愿意与李河共同生活，也不愿回家居住。另查，李青有同父异母的两个哥哥李甲、李乙。李甲、李乙自幼均与其生母生活，均未与李河共同生活。李甲、李乙均不具备担任李青监护人的能力和资格。法院判决：一、撤销李河对李青的监护权；二、指定申请人谷城县某镇西关街社区居委会作为李青的监护人。

【法律条文】

　　第一千零九十五条　未成年人的父母均不具备完全民事行为能力且可能严重危害该未成年人的，该未成年人的监护人可以将其送养。

💡 法条释义

　　本条是关于监护人送养未成年人的法律特殊规定。《民法典》第二十七条规定："父母是未成年子女的监护人。未成年人的父母已经死亡或者没有监护能力的，由下列有监护能力的人按顺序担任监护人：（一）祖父母、外祖父母；（二）兄、姐；（三）其他愿意担任监护人的个人或者组织，但是须经未成年人住所地的居民委员会、村民委员会或者民政部门同意。"监护制度的设立完全是为了保护被监护人的合法民事权益。未成年人在其父母均不具备完全民事行为能力时，由其他人担任监护人，但监护人也不得将未成年人随意送养，除非其父母对该未成年人存在严重危害的可能性。理解本条需要注意以下几点：

　　第一，父母是未成年子女的监护人，父母健在的情况下，对监护人送养未成年人的条件要求是非常严格的。首先，要求未成年人的父母双方均不具备完全民事行为能力。只要未成年人的父母一方属于完全民事行为能力人，监护人都不得将未成年人送养。未成年人的父母双方均不具备完全民事行为能力，这是监护人可以送养未成年人的前提。其次，未成年人父母存在可能严重危害未成年人的情形。这里的可能严重危害未成年人的情形主要是指父母存在危害未成年人的现实危险，并且达到了一定的严重程度，当然并不要求危害行为已经实际发生。只有同时满足以上两个条件时，监护人才可以将未成年人送养。

第二，符合上述两个条件之后，送养主体只能是该未成年人的监护人，其他人无权送养。监护人对该未成年人，承担监护职责，保护未成年人的合法权益，约束未成年人的行为，管理教育未成年人，对该未成年人的情况应该是最为熟悉了解的，由其将未成年人送养，更能实现收养法律关系中最重要的制度价值，更好地遵循"收养应当更有利于被收养人"的原则。

⏱ **法律适用**

本案中，被申请人李河身患疾病，生活不能完全自理，无法正常履行监护职责，且对被监护人李青存在打骂行为，导致李青经常离家出走，致使被监护人李青目前处于困境或现实危险状态。父母是未成年子女的法定监护人，有保护被监护人的身体健康、照顾被监护人的生活、管理和保护被监护人的财产等义务。当父母不履行监护职责或者侵害被监护人合法权益时，人民法院可以依据有关单位和人员的申请，撤销监护人的资格，另行指定监护人。考虑到被监护人李青的实际状况，所在地西关社区居委会愿意担任李青的监护人，从对未成年人"特殊""优先"保护原则和未成年人最大利益原则出发，依法指定申请人西关社区居委会作为李青的监护人，保护被监护人李青的合法权益。

家庭是儿童的最佳成长环境，来自家庭的呵护、关爱、教育，对于儿童的成长具有不可替代性。本案中，未成年人李青的母亲去世，父亲虽然有民事行为能力，但是生活不能自理，且可能严重危害该未成年人，为了保护未成年人李青的利益，该未成年人的监护人可以适用这一法条，将其送养，以收养的方式使未成年人回归家庭生活，可以让脆弱无助的生命得到关爱照顾。当然送养必须遵循有利于被收养人的原则。

⟳ **实务指引**

未成年人监护制度是监护制度的重要组成部分，是未成年人保护的基础性核心制度。这项制度设置的内容，关系到未成年人的身心健康和权益保障，也影响着国家、社会的发展和未来。

目前，世界各国都非常重视对未成年人权益的保护。儿童最大利益原则逐渐成为各国监护立法的指导性原则。

监护制度的设立就是为了防止未成年人在监护缺失的情况下，利益受损。法律明文规定未成年人的父母是未成年人的法定监护人，只有在法定条件下，才有可能另行确定监护人，并由监护人从未成年人的角度出发，作为实际承担监护职责的人担任送养人，与收养人成立收养法律关系。

第一千零九十六条　【监护人送养孤儿的限制及变更监护人】

▶ **案件导入**

生父母遗弃婴儿后，监护人将其弃婴送养，是否还需要征得生父母同意[①]

1992 年 8 月 26 日，怀孕的原告杨某芳到番禺市新造镇探亲时突然临产，被送进番禺市新造镇卫生院待产。因属难产，被告番禺市何某纪念医院（以下简称何某医院）应新造镇卫生院的要求，派出救护车将难产的杨某芳接到医院为其作了剖腹手术。杨某芳产下一女婴。杨某芳进何某医院时自称姓名为"杨小某"，籍贯为"贵阳、湖南"，并交纳押金 700 元及出

---

① 引自北大法宝，https：//www.pkulaw.com/pfnl/a25051f3312b07f305b8248cb36f705f7418dfa0a148a298bdfb.html，最后访问时间：2023 年 6 月 28 日。

诊费和车费 47 元。1992 年 9 月 8 日，杨某芳在未交住院费、手术费、医药费等费用 3000 多元的情况下，遗弃自己所生育的女婴（未婚所生），离开何某医院。此后，何某医院经多方寻找杨某芳未果，承担起喂养婴儿的责任。同年 10 月 3 日，婴儿的奶奶常某顺曾到何某医院看望婴儿，并作出了"'杨小某'的婴儿如在 10 月 7 日不来领取，则送别人领养，同意医院处理"的书面承诺。

何某医院在喂养女婴 69 日后，因杨某芳及其家人既未补交住院费、手术费、医药费等费用，亦未再来与何某医院协商有关处理女婴的事宜，何某医院在获得番禺市民政局关于"该女婴由医院自行处理"的口头授权后，将婴儿作为弃婴送给他人收养。

杨某芳从 1994 年开始，多次到何某医院协商返还婴儿的事宜未果，于 1999 年向番禺市人民法院提起民事诉讼，要求医院在返还孩子的同时，赔偿因此产生的调查取证费、误工费、精神损失费共 1 万元，并承担案件的诉讼费。法院判决：驳回原告杨某芳的诉讼请求。

【法律条文】

第一千零九十六条　监护人送养孤儿的，应当征得有抚养义务的人同意。有抚养义务的人不同意送养、监护人不愿意继续履行监护职责的，应当依照本法第一编的规定另行确定监护人。

⊙ 法条释义

本条是关于监护人送养孤儿的法律特殊规定。根据本条的规定，监护人送养孤儿应当征得有抚养义务的人同意。理解本条需要注意以下几点：

第一，孤儿的父母去世之后，有负担能力的祖父母、外祖父母以及兄弟姐妹都有资格担任监护人，但是一般情况下不可能由多人来担任监护人。因此，可以通过协商、指定等方式确定监护人。在确定监护人之后，为了尊重其他对孤儿有抚养义务人的意愿，更重要的是为了更好地维护未成年人的利益，法律规定监护人如果送养应当征得有抚养义务的人同意。

第二，因为孤儿的情况特殊，有可能出现的情况比较多，如一直照顾孤儿的抚养人不一定是孤儿的法定监护人，所以监护人是无法自行决定送养孤儿的，送养需要征得抚养人的同意。如果抚养人不同意送养，监护人自己又不肯照顾孤儿，坚持送养孤儿的，按照法律规定，可以变更孤儿的监护人，让抚养人成为他的监护人，在这种情况之下，监护人对孤儿的送养与否才有决定的权力。

第三，变更监护人应当依照《民法典》总则编的相关规定进行。

《民法典》第三十条规定："依法具有监护资格的人之间可以协议确定监护人。协议确定监护人应当尊重被监护人的真实意愿。"

《民法典》第三十一条第一款规定："对监护人的确定有争议的，由被监护人住所地的居民委员会、村民委员会或者民政部门指定监护人，有关当事人对指定不服的，可以向人民法院申请指定监护人；有关当事人也可以直接向人民法院申请指定监护人。"

⏱ 法律适用

案例中，杨某芳于 1992 年 8 月 26 日在被告何某医院处剖宫产下女婴，住院时报假姓名、假籍贯，住院至同年 9 月 8 日，没有交齐住院费、手术费、医疗费等费用就离院而去，将婴儿遗弃，属违法行为。何某医院在杨某芳遗弃婴儿以后，喂养婴儿 69 日，经番禺市民政局口头授权"自行处理"后，才将婴儿作弃婴处理。婴儿的奶奶常某顺向何某医院明确表示，其不愿意抚养，同意何某医院将婴儿送给他人收养。何某医院作为临时监护人，对该弃婴没有长期抚养的义务。何某医院将弃婴送养的行为有效，不需要征得杨某芳的同意。

⟳ 实务指引

第一，监护人送养孤儿时，应当征得有抚养义务的人同意。不管有抚养义务的人因为何种原因不同意送养，都应当在合理期限内明确告知，以免使未成年人利益受损，处于无人抚养或监护缺失境地。

第二，如果有抚养义务的人不同意送养，监护人又不愿意继续履行监护职责，可以通过变更监护人的方式确保未成年的利益。

第三，监护人只有在有抚养义务的人同意送养的前提下，才能依法送养。

第一千零九十七条　【生父母送养子女的原则要求与例外】

▶ 案件导入

父亲单方"送养"子女是否有效①

2021年4月22日，浙江湖州的小林怀疑自己的侄子佳佳被其父谢某卖掉，到当地派出所报警，后民警成功抓获嫌疑人谢某。据谢某交代，其与黄某签订了送养协议，黄某支付其15.8万元。后佳佳被成功解救。目前，犯罪嫌疑人谢某因涉嫌拐卖儿童罪被警方依法刑事拘留，黄某被依法采取刑事强制措施。

《民法典》第一千一百一十三条第一款规定，有本法第一编关于民事法律行为无效规定情形或者违反本编规定的收养行为无效。《民法典》第一百四十六条第一款规定，行为人与相对人以虚假的意思表示实施的民事法律行为无效。《民法典》第一千零四十四条规定，收养应当遵循最有利

---

① 侯朝辉：《析案例/一男子"送养"亲儿子，竟是犯罪》https://new.qq.com/rain/a/20210718A08IW600？no-redirect=1，最后访问时间：2023年6月28日。

于被收养人的原则，保障被收养人和收养人的合法权益。禁止借收养名义买卖未成年人。本案中谢某和黄某以虚假的意思表示签订了送养协议，目的是掩盖双方以 15.8 万元出卖和收买小孩的事实。因此，谢某和黄某签订的送养协议是无效的，谢某和黄某的"送养""收养"行为将会因涉嫌拐卖儿童罪、收买被拐卖的儿童罪而受到刑法的规制。

如果暂且不论黄某支付谢某 15.8 万元的情节，单纯的"送养"行为的效力又如何？《民法典》婚姻家庭编规定了送养的条件。首先，收养人收养与送养人送养，应当基于双方自愿。生父母有特殊困难无力抚养子女的，可以将孩子送养；除一方不明或者查找不到的，生父母送养子女，应当双方共同送养。在本案中，由于谢某并不存在无力抚养儿子的特殊困难，也没有和孩子的母亲商量一致"送养"的事情。因此，谢某的"送养"行为是无效的，黄某和孩子之间的收养关系也并不成立。

【法律条文】

第一千零九十七条　生父母送养子女，应当双方共同送养。生父母一方不明或者查找不到的，可以单方送养。

🔖 法条释义

本条是关于生父母共同送养子女的原则和例外，即生父母送养子女，应当由双方共同送养，否则送养无效，这是生父母在送养子女时享有的同意权。生父母的送养同意权主要基于血缘关系衍生出的亲子关系，包括是否送养的权利、决定何时送养的权利、送养于何人的权利等。但同时该条也规定了送养同意权的例外情况，即生父母一方不明或者查找不到的，则另一方可单方送养，如果子女随其生活的生父或生母生活困难，无力抚养子女，子女的生父母另一方查找不到，可以单方送养子女，例外规定也是为了维护被送养人的利益。

⏱ 法律适用

本条是关于生父母送养子女的法律规定，与《收养法》（已废止）第十条第一款完全一致，生父母在有特殊困难、无力抚养子女的情况时若想送养子女的，必须由生父母双方共同协商决定是否送养、送养于谁等事关子女利益的重大问题。这是《民法典》第一千零九十七条的原则规定，主要是立法者考虑到现实生活中生父母送养子女后即不能再继续抚养子女，生父母与被送养子女的亲权关系，将在被送养子女被收养人合法收养之后消除，如果允许生父或者生母一方，未经对方同意即单方送养子女，当然会剥夺另一方对于子女抚养教育的亲权关系，显然对不知情的一方是不公平的。

从导入案件来看，抛开黄某支付谢某 15.8 万元情节，构成刑事犯罪不谈。单就民事送养行为看，佳佳的生父谢某在佳佳生母不知情的情况下，将佳佳送养给黄某，谢某的送养行为也是无效的。但立法者在本条中同时也作了例外规定，即如若生父母一方不明或者查找不到的，可以单方送养。

生父母一方不明，指的是无法确认生父或者生母到底是谁。从实际情况来看，在法律上确定子女的生母较为容易，但是如果孩子的生母自身遭遇过一些特殊情况，而无法确认其所生子女的生父，那么在这种情况下，如果生母难以单独抚养所生子女，法律上应允许她单独送养子女，以达到最大限度保护被送养子女利益的目的。

生父母一方查找不到，指的是经过一定期间，穷尽一切手段均无法查到生父母的情况，即无力抚养子女的生父母一方客观上确实无法联系到另一方。例如，孩子的生母或者生父在孩子出生后离家出走而下落不明，经过公安机关在一定期间查找，仍然无法找到，此时为了让被送养人能够得到良好的抚养和教育，立法者设置了生父母单方送养的例外条款，赋予父或者母单方送养的权利。

◎ **实务指引**

在实务中有时会出现生父母离婚后，或者子女系非婚生子女，生父或者生母单方送养子女的情况，在此情形下一方送养子女，是否要征得另一方的同意？有的当事人认为，被送养子女的父母双方已经离婚多年，或者非婚生子女出生后就随生父或者生母一方生活，抚养权归其中一方父或者母享有，且另一方也多年未支付子女抚养费，更有甚者另一方也多年没有探望子女，是否享有抚养权的一方因经济困难，无力抚养子女就能单方送养该子女？根据《民法典》第一千零八十四条的规定，父母与子女间的关系，不因父母离婚而消除，离婚后，子女无论由父或者母直接抚养，仍是父母双方的子女。《民法典》第一千零七十一条规定，非婚生子女享有与婚生子女同等的权利，任何组织或个人不得加以危害和歧视。由此可知，基于血缘关系产生的亲权并不会因为父母双方离婚或者不存在婚姻关系而消除。如果享有子女抚养权的父或母出于特殊困难无力抚养子女，可以与另一方协商抚养权的变更。如果生父母双方都无力抚养子女，必须经过生父母双方同意，才能送养子女。本条中的生父母子女关系不仅包括合法婚姻关系中的婚生子女关系，还包括父母不具有婚姻关系的非婚生子女关系，但不包括继父母子女关系、养父母子女关系。

第一千零九十八条 【收养人条件】

▷ **案件导入**

收养残疾孤儿成立合法收养关系的条件是什么①

原告连某甲向法院诉称，其于 2002 年 3 月 28 日，在去齐鲁医院看望病人时，捡拾到一名男婴，其随即向辖区派出所报案。当时孩子患有心肌

---

① （2015）市少民初字第 41 号。

炎，连某甲遂出资为其进行治疗，后该男婴取名连某乙跟随连某甲生活至今。2005 年 6 月 18 日，连某甲根据济南市民政局、济南市公安局下发的《关于解决事实收养子女未落户问题的通知》（济民发〔2014〕72 号）文件要求，在报纸上发布公告查找连某乙亲生父母未果，到民政局办理事实收养子女落户登记手续，并提交通知要求的其他资料，为被告连某乙办理落户手续，收养其为养子。连某甲认为，其收养被告连某乙符合法律规定及政府部门的要求，双方收养关系有效。为此诉至法院，请求确认连某甲与被告连某乙之间存在收养关系。被告连某乙答辩称，我方认可原告连某甲陈述的收养事实。

经审理，法院对原告连某甲诉称其抚养连某乙至今，并早已按政府政策办理事实收养子女落户登记手续，以及双方以母子相称的基本事实予以认定。另查明，因被告连某乙患听力残疾，济南市残疾人联合会向其下发残疾证，该残疾证载明：连某乙为听力残疾人，残疾等级为三级。原告连某甲曾于 1998 年收养一女孩连某桐，于 2005 年在民政局办理了收养登记手续，并由济南市民政局下发收养登记证。山东剑某装饰工程有限公司出具原告连某甲收入证明一份，主要内容为：连某甲现任职务为董事长，连某甲月均收入总计人民币 21500 元。本院认为，合法的收养关系受法律保护。《收养法》第八条规定："收养人只能收养一名子女。收养孤儿、残疾儿童或者社会福利机构抚养的查找不到生父母的弃婴和儿童，可以不受收养人无子女和收养一名的限制。"该法第十五条规定："收养应当向县级以上人民政府民政部门登记。收养关系自登记之日起成立。收养查找不到生父母的弃婴和儿童的，办理登记的民政部门应当在登记前予以公告。"现通过原告连某甲提交的相关证据可以证实收养被告连某乙的行为已经在民政局办理了事实收养子女落户登记手续，且被告连某乙现身患残疾应不受《收养法》第八条第一款关于收养人只能收养一名子女的限制。现被告连某乙已经与原告连某甲共同生活多年，并以母子相称，应认定原、被告间已形成事实收养关系，依法应予保护。据此，法院判决原告连某甲与被告连某乙事实收养关系成立。

【**法律条文**】

第一千零九十八条　收养人应当同时具备下列条件：

（一）无子女或者只有一名子女；

（二）有抚养、教育和保护被收养人的能力；

（三）未患有在医学上认为不应当收养子女的疾病；

（四）无不利于被收养人健康成长的违法犯罪记录；

（五）年满三十周岁。

法条释义

本条规定是收养人应当具备的条件，对收养人条件的规定是关于收养制度的重大变动。

一、第一项规定无子女或者只有一名子女

所谓"无子女"，是指收养人既没有亲生子女，也没有养子女和继子女。这里的无子女者，既包括未婚无子女，也包括已婚但由于个人特殊情况而无法生育子女的情形。《收养法》（已作废）第八条规定，收养人只能收养一名子女。早期立法者是希望把计划生育政策贯彻到收养立法之中，而现在法律已经废除了独生子女政策，伴随着我国计划生育政策的调整，即"二孩"政策的实施，《民法典》对于收养人子女数要求在一定程度上有所放宽，但依然较为严格。《民法典》第一千一百条详细规定了无子女的收养人可以收养两名子女，有子女的收养人只能收养一名子女。立法者最主要的考量恐怕是防止收养人基于非法目的进行收养，或者子女过多时不利于被收养人的身心健康成。

二、第二项、第三项、第四项是对收养人基本能力的规定

第四项是《民法典》新增加的内容，即收养人如果有违法犯罪记录，将不利于被收养人的品行规范、人格塑造等方面的健康成长，这一要求虽然较为抽象，但却不可或缺。收养人的基本能力主要指收养人在道德品质、身体、智力、经济等教育子女方面具有抚养和教育被收养人的能力，包括：其一，品行条件。家庭是孩子接受教育的首要场所，父母是孩子最好的老师，家庭成员的行为品质对孩子潜移默化的影响是终生的。因此，在收养人的条件中品行条件不可忽视，如了解收养人是否有违法犯罪记录，是否有酗酒、赌博、吸毒等恶习，是否具有乐于助人的精神以及有爱心、热爱慈善，等等。其二，身心健康条件。身心健康条件应当包括身体的健康状况和精神的健康状况。为了保障被收养人的饮食起居和身心健康等，收养人自己必须身体健康，不存在对抚养教育他人有实质性不利影响的残疾，不能患有在医学上认为不应当收养子女的疾病（精神疾病、传染病等）。其三，经济条件。收养人的生活水平应当达到当地居民平均生活水平，这样才有能力负担起孩子的生活及教育费用。

三、第五项规定了收养人的年龄

收养人应当年满30周岁，《民法典》第一千一百零二条还规定了"无配偶者收养异性子女的，收养人与被收养人的年龄应当相差四十周岁以上"。该条修正了《收养法》（已废止）第九条关于"无配偶的男性收养女性的，收养人与被收养人的年龄应当相差40周岁以上"的规定。修改性别差异的规定，体现出社会性别平等的收养观念。这里的年满30周岁的要求，如果是夫妻共同收养，则必须双方都年满30周岁，这主要是考虑到30周岁以上的收养人通常心理、生理状况都比较成熟，经济状况比较稳定，有抚养教育孩子的能力，也是出于维护被收养人利益最大化原则的考虑。

🕐 **法律适用**

本条法律规定的是收养人必须具备的五个条件。首先，本条在《收养法》（已废止）第六条基础上增加了"只有一名子女"也可作为收养人的情形，这样规定是为了与我国现行的计划生育政策相适应，根据计划生育政策的变化而有所调整。该项在法律适用上必须结合《民法典》第一千一百条第二款的规定："收养孤儿、残疾未成年人或者儿童福利机构抚养的查找不到生父母的未成年人，可以不受前款和本法第一千零九十八条第一项规定的限制。"因为孤儿、残疾未成年人或者儿童福利机构抚养的查找不到生父母的未成年人更需要有收养能力的家庭进行收养，扩大了收养人的范围，不仅有利于被收养人的健康成长，而且可由有善心的收养人共同分担社会对孤残儿童的救助责任。第二项和第三项是对收养人能力的规定，以此确定行为人是否拥有收养他人的能力。如果不具有此项条件，则行为人就不是合格的收养人，应解除收养关系。第四项规定收养人应没有不利于被收养人健康成长的违法犯罪记录，该条是一个概括性条款，是对收养关系合法性、道德性的考察与要求，主要为了保障被收养人的健康成长。在办理收养登记时，登记机关要求收养人提交由公安机关出具的无违法犯罪记录等材料，收养人要能够履行父母对子女应尽的抚养教育义务。第五项是对行为人年龄的规定。对于此项的法律适用应当结合《民法典》第一千一百零二条的规定："无配偶者收养异性子女的，收养人与被收养人的年龄应当相差四十周岁以上。"

本条法律在具体案件中用以判断收养人与被收养人之间收养关系是否存在，从而解决如遗产继承、确认收养关系、赡养纠纷等问题。譬如以上案例是因收养人子女数量的问题导致收养合法性不明，从而引发的确认收养关系的纠纷。法院根据本条及《民法典》第一千一百条的规定，判决予以认定存在合法的收养关系。

◎ 实务指引

实务中需注意对本条第一项收养人条件的例外条款,《民法典》第一千零九十九条对于华侨收养三代以内同辈血亲的子女、第一千一百条对于孤残未成年人的收养、第一千一百零三条对于继父或者继母收养继子女,均不受本条关于收养子女人数的限制。[①] 在上述情形下,考虑到近亲属间收养、收养孤残未成年人、继父母收养继子女,收养人与被收养人之间的特殊关系,出于被收养人利益最大化的原则,本条对收养人的条件予以放宽。

对于本条第四项的适用应当结合《民法典》第一千一百零五条第五款规定:"县级以上人民政府民政部门应当依法进行收养评估。"关于收养评估,应注重对收养登记申请人实行收养登记前的调查评估和收养登记后的定期回访工作。而在实践中,针对收养登记申请人,调查评估的内容可以包括:收养子女的原因、目的;工作经历、学历、爱好以及家庭关系的和谐程度;婚姻家庭关系是否和睦,有无家庭责任感;有无婚生子女以及是否与其同住;是否患有严重疾病,民事行为能力的状态,是否有抚养子女的能力;是否有经济收入以及抚养子女的经济能力;有无犯罪记录,是否有酗酒、吸毒、赌博、家庭暴力、虐待等行为;以及收养人与被收养人的居住条件等。通过对上述内容的访谈、实地查看、走访调查等,形成综合评估意见。以此判断行为人是不是合适的收养人。总之,收养的基本原则为最有利于被收养人的健康成长。

第一千零九十九条　【三代以内旁系同辈血亲的收养】

[①] 最高人民法院民法典贯彻实施工作领导小组主编:《中华人民共和国民法典婚姻家庭编继承编理解与适用》,人民法院出版社 2020 年版,第 374 页。

▶ 案件导入

收养三代以内旁系血亲的子女的行为是否有效

沈某军于 1994 年 12 月从其堂弟沈某谊家领养了一个女婴，取名沈某玲，并办理独生子女证及证明父女关系的常住人口登记卡。后沈某玲与沈某军共同生活。在沈某军外出打工时，委托其二哥沈某孝代为照顾，并支付沈某玲抚养费。2012 年 3 月 13 日，沈某军在工地打工时溺水身亡，获得赔偿款 400000 元。该赔偿款为其兄弟沈某忠、沈某伍、沈某平领取。后沈某玲与沈某忠、沈某伍、沈某平因该赔偿款分割事宜产生纠纷。沈某玲向法院提起诉讼要求沈某忠、沈某伍、沈某平归还沈某军的赔偿款。经法院释明需先行确认收养关系后，沈某玲撤回起诉。后沈某忠、沈某伍、沈某平向法院提起确认收养关系诉讼，请求确认沈某军与沈某玲收养关系无效，故而引发本案纠纷。

一审法院经审理认为：沈某军对被告沈某玲的收养行为发生在《收养法》修改前，根据原法律规定，收养登记并不是收养关系成立的条件。收养行为只要不违反原法律规定的其他条件，就应认定收养关系成立。本案收养人沈某军与原告生父系亲堂兄弟关系，属收养三代以内同辈旁系血亲子女，同时收养人收养被告时已年满三十五周岁，无子女，符合《收养法》规定的收养条件，虽未经登记，但应认定双方收养关系已成立，故确认沈某军生前与沈某玲存在收养关系。原告沈某忠、沈某伍、沈某平不服一审法院上述判决，提起上诉称：该案应适用修改后的《收养法》，应当办理收养登记，且本案的收养行为违反了计划生育法律、法规。沈某玲并未与沈某军生活过，而一直跟随沈某孝共同生活，仅是为了落户籍才登记在沈某军名下，请求二审确认收养关系无效。二审法院认为，本案所涉收养关系发生在 1994 年 12 月，应适用收养行为发生时的法律规定确认收养行为的效力。沈某军收养行为没有违反计划生育规定。沈某玲长时间在沈某孝家生活并不能改变沈某军收养沈某玲事实成立。故驳回上诉，维持原判。

【法律条文】

第一千零九十九条　收养三代以内旁系同辈血亲的子女，可以不受本法第一千零九十三条第三项、第一千零九十四条第三项和第一千一百零二条规定的限制。

华侨收养三代以内旁系同辈血亲的子女，还可以不受本法第一千零九十八条第一项规定的限制。

法条释义

本条是对亲属之间收养三代以内旁系同辈血亲的子女的规定，是对《民法典》收养一般规定的例外，放宽了收养三代以内旁系同辈血亲的子女的收养条件。收养三代以内旁系同辈血亲的子女，不受以下规定的限制：被收养人生父母有特殊困难无力抚养；送养人有特殊困难无力抚养子女；无配偶者收养异性子女年龄应当相差 40 周岁以上。华侨收养三代以内旁系同辈血亲的子女，除了不受上述三项条件的限制外，还不受华侨无子女或者只有一名子女的限制。

法律适用

对于本条第一款，即收养三代以内旁系同辈血亲的子女，不受以下规定的限制：被收养人生父母有特殊困难无力抚养；送养人有特殊困难无力抚养子女；无配偶者收养异性子女年龄应当相差 40 周岁以上。

首先要明确"三代以内旁系血亲"是指同源于祖（外祖）父母的旁系血亲，包括：伯、叔、姑、舅、姨、侄子（女）、外甥、外甥女、亲兄弟姐妹、堂兄弟姐妹、姑舅表兄弟姐妹、姨表兄弟姐妹。收养三代以内旁系同辈血亲的子女，是指收养兄弟姐妹、堂兄弟姐妹和表兄弟姐妹的子女。这主要是基于具备血亲关系的三代以内旁系亲属之间具备一定的血亲关系，具有较深的情感基础，在生活中也容易相互适应，即使是被收养后，收养人与被收养人都与对方的其他亲属仍然具有一定的亲属关系，这种彼此熟悉的亲属关系有利于被收养人的学习生活，并且收养关系稳定，产生纠纷较少，比陌生人之间收养更有利于被收养人的健康成长。

本条第二款是关于华侨收养三代以内旁系同辈血亲的子女的例外规定，华侨是指侨居国外的具有中国国籍的人。不包括临时到国外工作、访问、学习和旅行的人员，以及国家派驻外国的公务人员。已经加入或取得外国国籍的中国血统的人，是外国公民，不是华侨。

◎ 实务指引

要注意的是，收养三代以内旁系血亲，虽然不受本法第一千零九十三条第三项、第一千零九十四条第三项、第一千一百零二条的限制，但要符合《民法典》第一千零九十八条规定的收养成立的其他条件。对于华侨，如果收养的不是三代以内旁系同辈血亲的子女，则仍然要受到《民法典》第一千零九十八条第一项规定的限制。

在实务中，若存在直系血亲之间的收养关系，被收养人无非是直系二代血亲和直系三代血亲，即子女、孙子女。这里的子女主要是非婚生子女，但我国法律规定非婚生子女与婚生子女享有同等权利，故而生父母与非婚生子女之间不应当是收养关系，而是法律上的父母子女关系。但在现实中，非婚生子女仍然在办理户籍、入学手续时面临尴尬境地，也不排除生父母出于保护名誉的需要不愿意承认非婚生子女。如果能得到生父母收养，非婚生子女既可以得到父母关怀，也可以有利于其成长，在此情况下成立的收养关系，不得以被收养人是收养人的非婚生子女为由主张收养无效，但收养行为还需符合《民法典》规定的收养成立的其他条件。而祖父母、外祖父母不能收养孙子女则更好理解。我国收养关系成立，双方形成的是父母子女关系，若隔代收养，则会造成各方身份错乱，有悖于传统伦理。《民法典》第一千一百零八条规定："配偶一方死亡，另一方送养未成年子女的，死亡一方的父母有优先抚养的权利。"根据该条规定，如果未成年子女的生父母一方死亡，另一方送养子女时，死亡一方的父母（祖父母或者外祖父母）仅有优先抚养的权利，而非优先收养的权利。[①]

第一千一百条 【收养人收养子女数量】

▷ 案件导入

收养子女是否有人数限制[②]

原告金某甲起诉称：两被告系夫妻关系，于 1989 年收养金某丙为养女，1994 年 2 月，两被告又以农村风俗习惯收养原告金某甲为养女，但至今没有办理登记对原告金某甲的合法收养手续，没有领取收养证。两被告收养原告的行为在程序上存在瑕疵。我国《收养法》第八条明确规定，收养人只能收养一名子女，收养孤儿、残疾儿童或者社会福利机构抚养的查找不到生父母的弃婴和儿童，可以不受收养人无子女和收养一名的限制。而两被告在收养原告之前，已于 1989 年收养金某丙为养女，原告也不属于孤儿，有亲子鉴定结论为凭。收养关系应当向县级以上人民政府民政部门登记，收养关系自登记之日起成立，而两被告至今没有办理登记对原告金某甲的合法收养手续，收养关系无效，为此，特向法院提起诉讼，请求依法确认原告与两被告的收养关系无效。法院经审理认为，两被告在已收养一女的情况下又收养了原告，两被告不符合收养人的条件，且其收养亦未

---

① 最高人民法院民法典贯彻实施工作领导小组主编：《中华人民共和国民法典婚姻家庭编继承编理解与适用》，人民法院出版社 2020 年版，第 377 页。

② （2014）丽青温民初字第 100 号。

依法向县级以上人民政府民政部门登记，即不符合收养的形式要件，故判决原、被告间的收养关系无效。

【法律条文】

第一千一百条　无子女的收养人可以收养两名子女；有子女的收养人只能收养一名子女。

收养孤儿、残疾未成年人或者儿童福利机构抚养的查找不到生父母的未成年人，可以不受前款和本法第一千零九十八条第一项规定的限制。

💡 法条释义

本条是关于收养人收养子女数量的规定。《收养法》第八条第一款规定，收养人只能收养一名子女。本条规定与《收养法》的规定相比，在收养子女数量方面，作了重大修改。

根据本条第一款规定，无子女的收养人可以收养两名子女；有子女的收养人只能收养一名子女。换言之，如果收养人无子女，其可以收养子女的数量已经不再限于一名，最多可以收养两名；对于已有子女的收养人而言，只能再收养一名子女。在上述原则规定的基础上，对于那些属于特殊群体的被收养人，是否可以不受收养人数的特定限制呢？

根据本条第二款规定，收养孤儿、残疾未成年人或者儿童福利机构抚养的查找不到生父母的未成年人，可以不受前款和《民法典》第一千零九十八条第一项规定的限制。对于该款规定的三类被收养人：首先，可以不受第一款的限制，即"无子女的收养人可以收养两名子女；有子女的收养人只能收养一名子女"。也就是说，如果收养人收养的是孤儿、残疾未成年人或者儿童福利机构抚养的查找不到生父母的未成年人的，无子女的收养人可以收养两名以上，有子女的收养人可以收养一名以上。其次，收养这三类群体中的任何一类，还可以不受本法第一千零九十八条第一项规定的限制，即可以不受收养人无子女或者只有一名子女的限制。也就是说，如果收养人意图收养的对象是孤儿、残疾未成年人或者儿童福利机构抚养的查找不到生父母的未成年人，即使收养人自己有子女或者子女数量超过一名，依然可以进行有效的收养行为。本条对于一般收养关系中收养子女数量的规定以及特殊群体收养数量的放宽，能够体现在收养方面的倾斜保护，有助于对此类群体权益的保护，可以更好地发挥收养制度的功能。

◎ **法律适用**

自 2021 年 1 月 1 日起《民法典》施行后，《收养法》即废止，导入案件中法律事实的发生以及诉讼时间均在《民法典》施行前，因此应当根据当时的法律规定，适用《收养法》第八条的规定，即收养人只能收养一名子女。所以法院在审理查明后依照《收养法》的规定确认收养无效。但如果本案诉讼时间是在《民法典》施行以后，并且依据《最高人民法院关于适用〈中华人民共和国民法典〉时间效力的若干规定》，对于收养子女人数上则应当适用《民法典》第一千一百条的规定。

◎ **实务指引**

依据本条的规定，在司法实务过程中应当注意第一款和第二款的区别适用，以及与已废止的《收养法》的不同，同时注意法律适用的时间效力问题。

第一千一百零一条　【共同收养】

◎ **案件导入**

有配偶收养子女是否需要配偶同意①

原告黎某庆申请再审称：一、1983 年 8 月 20 日，收养人叶某兴、吴某

① （2016）粤行申 9 号。

友夫妻与送养人黎某生、叶某运夫妻签订《养子协议书》，将申请人纳为养子，申请人在 1983 年 8 月 20 日已经是叶某兴、吴某友事实上的养子。2003 年 7 月 2 日，叶某兴委托公证人及律师公证《养子协议书》，并亲笔签名和加盖印章，申请人成为叶某兴、吴某友夫妻的合法养子。二、虽然吴某友去世后，第三人满某兰与叶某兴于 1994 年 7 月 28 日再婚，但申请人与叶某兴、吴某友的养子关系仍然存在。只是因为吴某友已经去世，只能由叶某兴个人申请办理涉案的叶某兴、吴某友与申请人的收养登记手续。而且叶某兴申请办理的并不是叶某兴、满某兰与申请人的收养登记手续。三、叶某兴、吴某友夫妻与申请人的收养关系成立在前，第三人满某兰与叶某兴再婚在后。根据相关法律规定，满某兰无权干涉、申请撤销叶某兴再婚前叶某兴、吴某友与申请人的收养关系。综上，原审认定事实和适用法律法规错误，请求撤销原二审判决，对本案依法予以再审。本院认为，《收养法》第十条第二款规定："有配偶者收养子女，须夫妻共同收养。"本案中，叶某兴与吴某友于 1932 年按照中华人民共和国传统风俗习惯结婚。吴某友去世后，叶某兴与满某兰于 1994 年 7 月 28 日在广东省新兴县民政局办理结婚登记手续，领取了《结婚证》，成为合法夫妻。而叶某兴于 2003 年向云浮市民政局申请收养黎某庆时，并没有向云浮市民政局如实反映其已经与满某兰结婚的事实，单方收养黎某庆，违反了上述法律规定。《中国公民收养子女登记办法》第十二条规定："收养关系当事人弄虚作假骗取收养登记的，收养关系无效，由收养登记机关撤销登记，收缴收养登记证。"因此，云浮市民政局作出被诉的《关于撤销叶某兴与黎某庆收养登记决定书》，撤销叶某兴与黎某庆的收养登记，收缴其于 2003 年 9 月 9 日颁发给叶某兴的（2003）云福养第 015 号《收养登记证》，事实清楚，适用法律法规正确。原审法院驳回黎某庆请求撤销上述决定书的诉讼请求并无不当，本院予以支持。申请人黎某庆认为原审判决认定事实和适用法律错误，向本院申请再审，请求撤销原审判决，依法再审，因理据不足，本院不予支持。

【法律条文】

第一千一百零一条　有配偶者收养子女，应当夫妻共同收养。

法条释义

本条是关于有配偶者收养子女的规定。《收养法》第十条第二款规定，有配偶者收养子女，须夫妻共同收养。本条与《收养法》的规定相比，基本未作修改，即有配偶者收养子女，应当夫妻共同收养。从本条规定来看，我国对于有配偶者收养所采取的原则，同世界上多数国家和地区的立法相似，即要求夫妻共同收养。这里的"共同收养"，既可以是夫妻双方共同收养的意思表示；也可以是一方有收养子女的意思表示，另一方对此表示明确同意。

法律适用

本案是行政诉讼再审案件，法律事实的发生以及诉讼时间均在《民法典》施行前，因此应当根据当时的法律规定，适用的是《收养法》第十条第二款的规定，即有配偶者收养子女，须夫妻共同收养。《民法典》第一千一百零一条与《收养法》基本一致，即使本案发生在《民法典》施行之后，判决结果依然不会改变。

实务指引

依据本条以及《中国公民收养子女登记办法》第四条的规定，在处理收养纠纷案件中，如果收养人有配偶的，则应当需要夫妻双方共同办理收养事宜，需要核查收养人夫妻共同收养的相关证据材料；如果因此民事纠纷诉讼至人民法院的，夫妻收养人应当作为案件一方的共同原告或被告。

第一千一百零二条　【无配偶者收养异性子女的限制】

▷ 案件导入

无配偶的收养异性子女的年龄限制[①]

1997 年，时年 39 岁的原告曾某刚在沿河县大桥处遇见一名被人遗弃的尚在襁褓中（一岁）的女婴，即本案被告曾某霞，原告遂将被告带回家中抚养，但一直未到民政部门办理收养登记，后原告以父女关系在沿河县板场派出所为被告办理了户籍登记，并独自一人抚养被告，被告长大成人后外嫁组建新的家庭，现育有两个小孩（一个三岁，一个两岁）。2019 年原告因脑梗疾病在沿河县人民医院进行住院治疗，被告支付了原告的部分医疗费，并照顾原告一个多月。原告因脑梗死后遗症瘫痪在床，生活无法自理，被告与原告的亲戚在如何照料被告的问题上发生矛盾，被告遂外出一直未对原告进行照料。因原告瘫痪在床，肢体二级残疾，需要专人护理，但原告一直未婚无配偶，亦无其他子女，原告所在的村委指定原告的兄弟曾某强作为原告的监护人对其进行照看。因被告一年多来未对原告进行照料，原告向本院提起诉讼，要求解除双方的收养关系，由被告返还原告抚养被告所产生的抚养费。经法院审理认为，依据现行《民法典》第一千一百零二条的规定："无配偶者收养异性子女的，收养人与被收养人的年龄应当相差四十周岁以上。"故原、被告之间的收养行为不符合法律规定的收养条件，其收养关系无效。但原告将被告抚养长大，确实付出了精力和财力，现原告瘫痪在床，无收入也无配偶或其他子女对其进行照料赡养，而被告现已成年，被告应补偿原告将其抚养长大而支出的费用，但原告要求被告归还抚养费 173604 元的诉求金额过高，且原告未提供证据证实该项金额的合理性，本院综合当地消费生活水平，以及被告目前无固定收入加

[①] （2021）黔 0627 民初 139 号。

之有两个年幼的小孩需要抚养的现实状况，酌情确定由被告分期补偿原告抚养费共计 60000 元。

【**法律条文**】

　　第一千一百零二条　无配偶者收养异性子女的，收养人与被收养人的年龄应当相差四十周岁以上。

法条释义

本条是关于无配偶者收养异性子女应当具备一定年龄差的规定。《收养法》第九条规定，无配偶的男性收养女性的，收养人与被收养人的年龄应当相差 40 周岁以上。而根据本条规定，在无配偶者收养子女的情况下，收养人与被收养人须有 40 周岁以上年龄差的限制已经不仅限于收养人为男性、被收养人为女性的情况；在收养人为无配偶女性、被收养人为男性的情况下，同样应当受到收养人与被收养人须年龄相差 40 周岁以上的限制，这一规定体现了男女平等的原则。

法律适用

本案原告在 1997 年时 39 岁，收养了 1 岁的女婴即被告，并且将其抚养成人结婚生子，但是被告不履行赡养义务，故原告起诉要求解除收养关系并要求返还抚养费。但经过法院审理后发现，1997 年原告 39 岁，被告 1 岁，双方年龄差为 38 岁，不符合《民法典》第一千一百零二条的规定，即无配偶者收养异性子女的，收养人与被收养人的年龄应当相差 40 周岁以上，收养关系应认定为无效而不是解除，并且酌定被告返还原告抚养费60000 元。由此可见，对于实践中如果收养关系违反了《民法典》第一千一百零二条的规定，收养关系应当认定为无效，这是效力性的强制性规范。

◎ **实务指引**

依据本条规定，实务中无配偶者一方收养子女的，40 周岁的年龄差是必须考虑的因素，并且在《民法典》施行后，不仅考虑收养人为男性、被收养人为女性这一种情况的年龄差问题，对于收养人为女性、被收养人为男性的年龄差也需要严格审查，违反本条规定的收养关系将被认定为无效。

第一千一百零三条 【收养继子女的特别规定】

▷ **案件导入**

未办理登记的继父子关系，是否随婚姻关系解除而消失①

韦某（女性）经人介绍与阳某（男性）相识后登记结婚。韦某系再婚，曾与前夫生育一子名叫康某，离婚时康某抚养权归韦某。婚后，韦某带着康某与阳某共同生活数年，康某更名阳某丁。韦某后与阳某又生育一子取名阳某丙。婚后，原、被告因家庭琐事产生矛盾，无法共同生活，阳某向法院起诉要求离婚，而韦某应诉答辩时同意离婚。双方对于婚生子阳某丙归阳某抚养没有异议，但被告韦某提出，因阳某丁跟随阳某生活数年，尚未成年，离婚时阳某应支付阳某丁的抚养费，阳某不同意支付。

法院认为，夫妻感情是维系婚姻关系的基础，夫妻之间相互信任是夫妻感情牢固的重要体现。原、被告婚前缺乏充分的了解，仓促登记结婚，婚后又缺乏信任，产生隔阂后未能交流沟通，而是听之任之，最终导致夫妻感情破裂。原告提出离婚，被告同意离婚，本院予以准许。被告与其前夫所生之子阳某丁与原告阳某系继父子关系，因其未办理收养登记，亦未建立收养关系，这种继父子关系是基于原、被告的婚姻关系而产生的，亦

---

① （2015）太民一初字第 00328 号。

随原、被告婚姻关系的解除而消失，被告要求原告给付阳某丁抚养费的理由不能成立，本院不予支持。

【法律条文】

第一千一百零三条　继父或者继母经继子女的生父母同意，可以收养继子女，并可以不受本法第一千零九十三条第三项、第一千零九十四条第三项、第一千零九十八条和第一千一百条第一款规定的限制。

🔍 法条释义

本条是关于继父或者继母与继子女收养条件的规定，承袭了《收养法》第十四条的规定，并做了些许改动。在我国，关于继父母与继子女之间法律关系的规定，存在很多问题，其中关于抚养关系能否形成，并没有一个准确的标准判断，所以在实践中，确定继父母、继子女之间是否为法律上的父母子女权利义务关系的难度较大。

本条的特别之处是：

一、当继父或者继母拟收养继子女时，须经继子女的生父母同意

无论收养关系是否成立，继子女与其共同生活的生母或者生父之间的父母子女关系是始终存在的，一般与继子女共同生活的生母或者生父会认可并同意该收养关系的存在，因为同意再婚配偶收养自己的子女，会有利于家庭的稳定和谐，也会在法律上尽快确定子女与其配偶之间的养父母子女关系，使子女得到再婚配偶的关爱。但法条所规定的"同意"还包括未与继子女共同生活的生父或者生母对于收养的意见。实践中，一旦继父母与继子女之间的收养关系成立，就意味着原婚生子女与未共同生活的生父或者生母之间的父母子女关系消除，双方尽管在血缘上仍是亲子关系，但在法律上的关系将不存在。且一般情况下，无论生父母是采取协议离婚还是诉讼离婚，因婚姻关系的解除产生不睦的情况属于多数，在此情况下，想要取得继子女生父母的同意，会非常不容易，或者成为一种不可能。

二、本条突破了收养条件的限制

第一，从被收养人的范围来说，一般要求是丧失父母的孤儿、查找不到生父母的未成年人以及生父母有特殊困难无力抚养的子女，可以被收养。但在继父母收养继子女的情形下，继子女不必属于生父母有特殊困难无力抚养的子女。这样就放宽了对于生父母经济或身体条件方面的要求，不论是否特殊困难，只要其同意送养，就可以成立有效的收养关系。

第二，从送养人角度来说，法律规定，担任送养人的主体一般包括三类，即孤儿的监护人、儿童福利机构、有特殊困难无力抚养子女的生父母。在继父母收养继子女的情况下，生父母作为送养人时不必属于有特殊困难无力抚养子女的情形。

第三，从收养人应当具备的条件来说，可以突破《民法典》第一千零九十八条规定的限制。在继父母收养继子女的情况下，可以不受收养人现有的子女数量、抚养能力、年龄等多个方面的限制。这样规定有助于鼓励更多的继父母与继子女之间形成收养关系，稳定家庭关系。

第四，从收养子女数量上来说，也可以突破《民法典》第一千一百条第一款规定。原《收养法》规定无子女的收养人可以收养两名子女；有子女的收养人只能收养一名子女。但在继父母收养继子女的情况下，可以突破该数量限制。此种突破有助于更多与生父母共同生活的子女被继父母收养，使得这些孩子能够身心健康地成长。

⏱ **法律适用**

在收养关系中，继父母对于继子女的收养是非常特殊的一类收养主体。根据《民法典》第一千零八十四条第一款的规定，父母与子女间的关系，不因父母离婚而消除。离婚后，子女无论由父或者母直接抚养，仍是父母双方的子女。因此，子女与未共同生活的生母或者生父之间的父母子女关系，不会因生父母离婚的事实而消除。在这里，子女与继父母以及生父母之间就形成了双重的父母子女关系，如果界限不明确则容易发生纠纷。因此，允许继父母通过收养继子女形成养父母子女关系，使得双重关系更加简单化，双方之间的权利义务关系更为清晰。根据《民法典》第一千零七十二条第二款的规定，继父或者继母和受其抚养教育的继子女间的权利义务关系，适用本法关于父母子女关系的规定。据此，形成事实抚养关系的继父母、继子女之间的权利义务关系，适用婚生父母子女之间权利义务关系的法律规定。继父母、继子女之间的拟制血亲关系导致受继父母抚养教育长大的继子女对继父母有赡养的义务，双方之间基于自愿原则而形成了抚养关系。另外，根据2021年1月1日起施行的《民政部关于修改部分规范性文件的公告》（民政部公告第490号），修改了《民政部关于社会福利机构涉外送养工作的若干规定》（民发〔2003〕112号），该规定中，将"被送养儿童是年满10周岁以上的，应提交该儿童同意被送养的书面意见"修改为"被送养儿童是年满8周岁以上的，应提交该儿童同意被送养的书面意见"。

实务指引

子女随父或母再婚，与继父或继母共同生活，受继父或继母的抚养、教育和保护的，对继父母、子女的关系适用收养关系，是有利于规范继父母子女之间的权利、义务的。在上述导入的案件中，韦某嫁给阳某时带来了与前夫生育的孩子康某，在数年的共同生活中，康某也改名为阳某丁，阳某与阳某丁之间是继父与继子的关系。因韦某与前夫系离婚，阳某丁的生父尚在世，根据《收养法》第十四条关于继父母收养继子女的规定，当生母带着阳某丁嫁给阳某，阳某需要收养阳某丁的时候，应当经过阳某丁之生父的同意。本案中，阳某丁虽然改姓改名，但其母韦某所称的"收养"并未经过阳某丁生父的同意。故阳某与阳某丁之间不存在合法的收养关系。因此，法院对于被告韦某的请求不予支持。

第一千一百零四条　【收养自愿原则】

▶ 案件导入

收养人与送养人双方自愿，并经公证的收养关系是否成立①

韩某、林某为夫妻。宋某某、李某某为夫妻。1999 年 10 月 9 日，韩某、林某与宋某某、李某某签订收养协议，约定韩某、林某因未生育子女而自愿收养宋某为养女，宋某某、李某某自愿将宋某送给韩某、林某收养。同年 10 月 10 日，北京市东城区公证处就收养人韩某、林某收养被收养人宋某出具编号为（99）京东证内字第×号公证书，公证内容是"兹证明韩某、林某与宋某某、李某某商定（并征得被收养人同意），韩某、林某于一九九九年十月九日收养宋某某、李某某之女宋某为养女，韩某、林某为宋某的养父母。"2016 年 4 月 5 日，韩某去世。因涉及韩某遗产继承问题，故宋某诉至法院请求确认双方存在合法收养关系。

法院认为，收养人林某、韩某收养宋某虽然未在民政部门登记，但林某、韩某符合收养人条件，且收养人与送养人双方自愿，并由北京市东城区公证处对收养与送养事实予以公证。宋某要求确认双方存在收养关系，林某认可双方存在收养关系，本院予以确认。

【法律条文】

第一千一百零四条　收养人收养与送养人送养，应当双方自愿。收养八周岁以上未成年人的，应当征得被收养人的同意。

▽ 法条释义

本条意旨为合意收养，规定收养要遵循自愿原则及须征得一定年龄被

---

① （2019）京 0105 民初 6945 号民事判决书。

收养人的同意。收养作为一种民事法律关系，应以当事人平等、自愿为基本原则之一。

收养也是一种民事法律行为，收养与送养都是民法上的身份协议，因此形成收养合意尤为重要。本条与原《收养法》第十一条相比，并未作实质修改，仅在需被收养人自己同意的年龄要求方面作了修改，从原规定的"十周岁"修改为"八周岁"。八周岁以上的未成年人是限制民事行为能力人，具有一定的识别能力和民事行为能力。是否接受被收养的事实、改变自己的身份关系，应当征得本人的同意。在收养人有真实、自愿的收养意思表示的前提条件下，才可能建立合法有效的收养关系。如果收养人发出的收养意思表示是因受胁迫、欺诈而作出的，就无法产生合法有效的收养关系，当然也无从保护被收养人的合法权益。另成立有效的收养关系，还需要送养人有同意送养的真实意愿。根据《民法典》第一千零九十四条规定，可以担任送养人的个人和组织包括孤儿的监护人、儿童福利机构以及有特殊困难无力抚养子女的生父母。这些主体在依法送养未成年人时，必须有同意送养的真实意思表示。如果被收养人属于8周岁以上的未成年人，还必须征得被收养人的同意才可收养。

首先，《民法典》总则编第十九条规定："八周岁以上的未成年人为限制民事行为能力人，实施民事法律行为由其法定代理人代理或者经其法定代理人同意、追认；但是，可以独立实施纯获利益的民事法律行为或者与其年龄、智力相适应的民事法律行为。"本条根据总则的这一规定，修改了《收养法》"收养年满十周岁以上未成年人的，应当征得被收养人的同意"这一规定，将"同意"的年龄标准由10周岁修改为8周岁。其次，收养的未成年人如果在8周岁以上，则其同意是收养能够有效成立的前提条件。换言之，即使送养人与收养人达成了收养合意，如果被收养人不同意被收养，则不得进行收养。之所以对限制民事行为能力的未成年人收养附加"同意"要件，主要是考虑到这一年龄段的未成年人相较于无民事行为能力的未成年人而言，已经有了比较成熟的自我意识，尤其是在涉及人身关系的变动方面，能够表达自己的真实意愿，作出符合自己内心真实意思的判断，这也是收养应当最有利于被收养人利益原则的体现。

法律适用

收养是在收养人与被收养人之间成立拟制父母子女关系的法律制度，其牵涉送养人、收养人、被收养人等多方主体的权益。从本质上看，收养属于民事法律行为，需要体现当事人的意思自治，最大限度地遵从当事人的自愿。根据本法有关收养制度的规定，这种意思自治须体现在送养人、收养人以及被收养人等各方主体是否同意收养的主观意志方面。《民法典》第一千零九十三条、第一千零九十八条分别对被收养人、送养人及收养人的范围或条件作了规定。这些主体在成立有效的收养关系时，必须真实、明确地表达收养意愿，如果这种意愿的表达并非出于内心真意，则会影响收养关系的效力。

实务指引

上述导入案件中，林某、韩某符合收养人条件，收养人与送养人双方为自愿，并经公证处对收养与送养事实予以公证。同时，被送养人宋某要求确认双方存在收养关系，且收养人林某认可双方存在收养关系。实践中，作为律师，可能面临的是当事人要求制作收养协议、陪同做收养公证。

第一千一百零五条　【收养登记、收养协议、收养公证及收养评估】

案件导入

案例一：未到民政部门办理登记手续的收养，养父母能否主张赡养费[1]

原告庞作某、吴某某系夫妻关系。被告庞亚某于 1992 年 3 月 30 日出

---

[1]　（2020）苏 0707 民初字 4759 号。

生，原告庞作某于被告庞亚某出生后三至五天收养被告，至今未在民政部门办理收养登记手续，原、被告共同居住生活。原告庞作某现从事环卫工作，有固定收入来源。被告庞亚某小学六年级辍学在家，现无固定工作及收入来源。在诉讼中，本院多次到被告庞亚某家中，被告庞亚某言行举止与同龄人存在一定差异，个人卫生等生活习惯较差，在日常生活中，经常与原告庞作某发生口角。另查明，原、被告均享受国家低保政策，按月领取低保金。原告庞作某诉称被告经常对其进行打骂，并造成伤害，被告目前在家无任何收入来源，希望通过诉讼方式实现对被告庞亚某拘留的目的。原告庞作某、吴某某要求被告庞亚某参照江苏省农村生活消费标准自 2020 年 11 月 1 日起向其支付赡养费。

法院认为，尊老爱幼、孝敬父母是我国的传统美德，对父母进行赡养、扶助亦是每个成年子女的法定义务。赡养人是指老年人的子女以及其他依法负有赡养义务的人。子女包括婚生子女、非婚生子女、养子女和依法负有赡养义务的继子女。收养应当向县级以上人民政府民政部门登记，收养关系自登记之日起成立。无效的收养行为自始没有法律约束力。原告庞作某、吴某某于 1992 年 4 月收养了被告庞亚某，但未到民政部门办理登记手续，其与被告庞亚某之间的收养关系不成立。原告庞作某、吴某某诉求被告庞亚某支付赡养费无法律依据。被告庞亚某由二原告抚养成人，应懂得感恩，在以后的生活中，应自力更生、善待老人，不能继续颓废下去。综上，对原告庞作某、吴某某的诉讼请求本院不予支持。

案例二：未办理登记的收养关系是否有效①

1989 年 7 月，陈某全收养了陈某某，并将陈某某户籍登记在以陈某全为户主的家庭户下，并在户口"户主或与户主关系"一栏中登记为女儿。2020 年 11 月 27 日，经福建康泰司法鉴定所鉴定，并出具闽康泰司鉴所〔2020〕物鉴字第某某号鉴定意见书，认定陈某英和陈某贵系陈某某的生

---

① （2021）闽 0981 民初 12 号。

物学母亲和生物学父亲。陈某某与陈某全未在民政部门办理过收养手续。陈某某向法院提出诉讼请求：依法确认陈某某与陈某全之间的收养关系无效。

法院认为，收养关系应依法成立。陈某全收养陈某某后，虽将陈某某户口登记至以其为户主的户籍名下，并登记为女儿，但并未到县级以上人民政府民政部门办理登记。《民法典》第一千一百零五条第一款明确规定"收养应当向县级以上人民政府民政部门登记。收养关系自登记之日起成立"，陈某全与陈某某至今未在民政部门办理收养登记手续，不符合法律强制性规定，收养行为无效。依照《民法典》第一千一百零五条第一款规定，判决陈某全与陈某某之间的收养关系无效。

【**法律条文**】

第一千一百零五条　收养应当向县级以上人民政府民政部门登记。收养关系自登记之日起成立。

收养查找不到生父母的未成年人的，办理登记的民政部门应当在登记前予以公告。

收养关系当事人愿意签订收养协议的，可以签订收养协议。

收养关系当事人各方或者一方要求办理收养公证的，应当办理收养公证。

县级以上人民政府民政部门应当依法进行收养评估。

💡 **法条释义**

本条规范的是收养登记、收养协议、收养公证以及收养评估。

本条第一款规定了政府收养登记制度，根据本条款，负责代表国家进行收养登记的职能部门是县级以上人民政府的民政部。

本条第二款系对于收养查找不到生父母的未成年人进行登记程序的特

殊要求。本款规定的目的在于最大限度地查找未成年人的生父母，尽可能使未成年人回归原始家庭，以最大限度地保护其合法权益。收养登记遵循一申请、二审查、三登记的具体程序。

《中国公民收养子女登记办法》第七条第二款的规定，收养查找不到生父母的弃婴、儿童的，收养登记机关应当在登记前公告查找其生父母；自公告之日起满60日，弃婴、儿童的生父母或者其他监护人未认领的，视为查找不到生父母的弃婴、儿童。公告期间不计算在登记办理期限内。因此，对于查找不到生父母的未成年人的收养程序的办理，除遵从一般的程序性要求外，还必须按要求进行公告。

本条第三款是关于收养协议的规定，即收养关系当事人在双方自愿的前提下可以签订收养协议。收养协议并非强制性规定，而是自愿选择。当然，因收养系改变身份的重要民事法律行为，收养协议的签订须由收养人与送养人亲自进行，而不能由他人代理，收养协议的内容也必须符合法律规定。如果被收养人年满8周岁，收养协议中还须含有被收养人同意收养的意思表示。收养协议应采用书面形式，自双方当事人签字盖章之日起生效。

本条第四款明确了可进行收养公证的规定，即收养关系的各方当事人或者一方要求办理收养公证的，应当办理收养公证。当然，收养公证并非收养的必经程序，一般来讲，收养公证在签订收养协议且办理收养登记后才可进行。如未办理收养登记，仅就收养协议进行公证，只能证明协议是真实合法的，并不能证明收养关系已经成立。收养关系成立应坚持以登记为准的原则，避免以收养公证代替收养登记来确认收养关系的成立。

本条第五款是新规则——收养评估。收养评估包括收养能力评估、融合期调查和收养后回访。本款规定县级以上人民政府民政部门应当依法进行收养评估。收养应遵循最有利于被收养人的原则，收养评估能更客观、精确地确定收养人是否具备抚养教育被收养的未成年人的能力，使得更符合条件、更具备能力的人成为收养人，能从程序和实体两方面保障被收养人的利益，体现最有利于被收养人的收养原则。收养评估的内容包括但不限于家庭基本情况、收养动机、人品德行、养育安排等方面。

◎ 法律适用

收养登记，是中国公民收养查找不到生父母的未成年人以及儿童福利机构抚养的孤儿和外国人收养中国儿童取得合法收养关系的必经程序，是国家通过主管部门对申请建立收养关系的当事人，依照收养法规定的收养条件进行审查，对符合法定收养条件的准予登记，收养关系随之成立的一项制度。① 收养登记也属于一种行政确认行为，行政机关只负责对当事人遵循平等自愿原则所建立收养关系的合法性及其结果进行审查确认。国家建立收养登记制度意义重大，通过这一制度，国家能够对收养关系的建立进行监督，及时发现和纠正违反收养制度的行为，依法保护收养关系当事人尤其是被收养人的合法权益，促进家庭和睦和社会稳定。国家要求对收养关系进行登记，还体现了国家对公民收养子女的关心，通过收养登记，亦可对公民进行有关收养的法治宣传，防止违反收养法律规定的行为发生。

◎ 实务指引

在上述导入案件中，陈某全和陈某某之间仅仅迁移户口并不必然产生合法的收养关系，两人因未在民政部门办理收养登记手续，不符合法律强制性规定。所以，双方之间的收养关系未成立，收养行为因无法律效力且自始无效。从该案件也可以看出，国家通过收养登记及时对收养

---

① 参见黄薇主编：《中华人民共和国民法典释义》，法律出版社 2020 年版。

关系的建立进行监督，及时发现并制止违法行为，依法保护收养当事人的合法权益，尤其是保护被收养儿童的合法权益，促进家庭的和睦和社会的安定。律师在本法条下可做的工作为制作收养协议、陪同办理收养公证等。

第一千一百零六条 【收养后的户口登记】

▷ 案件导入

经公安机关审批同意后，方可在收养人户口所在地办理被收养人的户口落户手续①

2006 年 3 月 10 日，安徽省庐江县民政局向徐某颁发了庐民收字第（2006）003 号收养登记证，认定徐某收养杨某为养子，符合《收养法》的规定，准予登记，收养关系自登记之日起成立。2006 年 5 月 19 日，杨某向徐行派出所申办领养户口。2007 年 1 月 9 日，徐行派出所通知徐某、杨某，该申请事项未被公安机关批准。2008 年 3 月 17 日，杨某向徐行派出所提出书面申请，申请将其户口迁入上海市嘉定区徐行镇石皮村平民庙前组某号。2008 年 3 月 24 日，上海市公安局嘉定分局（以下简称嘉定公安分局）受理了杨某的申请。2009 年 3 月 25 日，嘉定公安分局认为杨某申办领养户口的事项不符合现行户口政策规定，对杨某的户口迁入申请不予批准。杨某就上述决定向上海市嘉定区人民法院提起行政诉讼，该法院经审理，于2009 年 10 月 9 日以嘉定公安分局行政程序违法为由，判决撤销了嘉定公安分局作出的审批意见决定。

2009 年 10 月 30 日，杨某向徐行派出所提出户口迁移申请，要求将其户口迁入上海市嘉定区徐行镇石皮村平民庙前组某号。2009 年 11 月 3 日，徐行派出所认为杨某的申请明显不符合户口迁移相关规定，作出不予受理

---

① （2010）嘉行初字第 1 号、（2010）沪二中行终字第 95 号。

决定书，并于 11 月 4 日送达杨某。杨某不服，向原审法院提起诉讼，要求撤销徐行派出所作出的不予受理决定书。

一审法院认为，《户口登记条例》第三条第一款规定："户口登记工作，由各级公安机关主管。"徐行派出所具有作出不予受理决定的行政职权。《收养法》第十六条规定："收养关系成立后，公安部门应当依照国家有关规定为被收养人办理户口登记。"沪民婚发〔2009〕5 号第五条明确规定："凡本市常住户口居民收养外省市的儿童，经审核符合《收养法》和《中国公民收养子女登记办法》规定，须在当地办理收养登记手续，领取《收养登记证》后，被收养人随收养人在本市共同居住生活 5 年以上且未成年的，收养当事人应当提供办理收养登记时的相关原始凭证，向其户口所在地公安派出所提出被收养人的户口落户申请。"《上海市公安局户口审批程序暂行规定》第十二条第二款第一项第六目规定："明显不符合户口迁移相关规定的，应当当场或者在 5 日内作出不予受理的决定，并向申请人出具《不予受理决定书》。"杨某于 2006 年 3 月被徐某收养起至 2009 年 10 月 30 日徐某（杨某）向徐行派出所申请户口迁移手续时止，杨某与徐某在本市共同生活的时间未满 5 年。徐行派出所经审查认为杨某的申请明显不符合户口迁移相关规定的要求，并在同年 11 月 3 日作出不予受理决定，徐行派出所作出被诉具体行政行为认定事实清楚，证据充分，行政程序合法，适用法律规定正确。

上海市嘉定区人民法院作出（2010）嘉行初字第 1 号行政判决：维持徐行派出所 2009 年 11 月 3 日作出不予受理决定书的具体行政行为。判决后，杨某不服，向上海市第二中级人民法院提起上诉。

二审法院认为，根据《户口登记条例》第三条、《上海市公安局户口审批程序暂行规定》第十二条的规定，被上诉人徐行派出所对于"明显不符合户口迁移相关规定的"户口迁移申请，具有作出不予受理决定的职权。本案被上诉人所作的不予受理决定，是针对上诉人 2009 年 10 月 30 日提出的户口迁移申请作出的，故被上诉人适用沪民婚发〔2009〕5 号并无不当。而上诉人于 2006 年 5 月及 2008 年 3 月提出的申请，公安机关已经作出了相应决定，行政程序业已终结，与本案具体行政行为并无关联。沪民婚发〔2009〕5 号第五条规定："凡本市常住户口居民收养外省市的儿童，经审核符合《收养法》和《中国公民收养子女登记办法》规定，须在当地办理收养登记手续，领取《收养登记证》后，被收养人随收养人在本市共同居住生活 5 年以上且未成年的，收养当事人应当提供办理收养登记时的相关原始凭证，向其户口所在地公安派出所提出被收养人的户口落户申请。经公安机关审批同意后，方可在收养人户口所在地办理被收养人的户口落户手续。"该规定并未违反《户口登记条例》及其他上位法的规定，被上诉人适用该条款作出行政决定并无不当。本案中，徐某于 2006 年 3 月收养上诉人，至 2009 年 10 月 30 日申请迁移户口时，尚未满 5 年时限，被上诉人据此作出不予受理决定，并无不当。综上，原审法院判决并无不当。上诉人的上诉请求缺乏事实证据和法律依据，该院不予支持。

【法律条文】

第一千一百零六条　收养关系成立后，公安机关应当按照国家有关规定为被收养人办理户口登记。

法条释义

收养关系依法成立后，被收养人的户口如何办理登记，该法条对此作出了规定，要求"公安机关应当按照国家有关规定为被收养人办理户口登记"，其来源于《收养法》第十六条之规定，即"收养关系成立后，公安部门应当依照国家有关规定为被收养人办理户口登记"。两部法律对此规定基本相同，只是《民法典》将《收养法》法条中的"公安部门"修改为

"公安机关"，"依照"修改为"按照"。

那么法条中所述的"国家有关规定"具体包括哪些规定呢？涉及被收养人户口登记现行有效的国家有关规定，包括《户口登记条例》《中国公民收养子女登记办法》《公安部、商业部关于被收养子女户口和粮食供应关系迁移问题的通知》（公通字〔1992〕59号）等相关规定。

《中华人民共和国户口登记条例》第三条规定："户口登记工作，由各级公安机关主管。城市和设有公安派出所的镇，以公安派出所管辖区为户口管辖区；乡和不设公安派出所的镇，以乡、镇管辖区为户口管辖区。乡、镇人民委员会和公安派出所为户口登记机关。居住在机关、团体、学校、企业、事业等单位内部和公共宿舍的户口，由各单位指定专人，协助户口登记机关办理户口登记；分散居住的户口，由户口登记机关直接办理户口登记。居住在军事机关和军人宿舍的非现役军人的户口，由各单位指定专人，协助户口登记机关办理户口登记。农业、渔业、盐业、林业、牧畜业、手工业等生产合作社的户口，由合作社指定专人，协助户口登记机关办理户口登记。合作社以外的户口，由户口登记机关直接办理户口登记。"

《中国公民收养子女登记办法》第八条规定："收养关系成立后，需要为被收养人办理户口登记或者迁移手续的，由收养人持收养登记证到户口登记机关按照国家有关规定办理。"

《公安部、商业部关于被收养子女户口和粮食供应关系迁移问题的通知》规定："一、符合《收养法》有关规定，在本市、县范围内收养一名同类户粮关系子女的，收养人凭其住所地公证机关出具的收养公证书和有关证明材料（或其复印件），向迁入地户口登记机关提出申请，经审查无误后，准予办理入户手续。二、符合《收养法》有关规定，跨市、县范围收养一名同类户粮关系子女的，收养人凭其住所地公证机关出具的收养公证书和有关证明材料（或其复印件），向迁入地户口登记机关提出申请，经审查无误，报市、县公安机关批准后，准予办理入户手续。三、符合《收养法》有关规定，收养查找不到生父母的弃婴、儿童以及社会福利机构抚养的孤儿的，收养人凭县以上民政部门出具的《收养证》和有关证明材料（或其复印件），向迁入地户口登记机关提出申请，经审查无误后，报市、县公安机关批准，准予办理入户手续。四、符合《收养法》有关规定，城镇居民从农村收养一名不满 14 周岁子女的，收养人凭其住所地公证机关出具收养公证书和有关证明材料（或其复印件），向迁入地户口登记机关提出申请，经市、县公安机关审核，报地、市公安机关按照'农转非'有关规定办理。"

⏱ 法律适用

首先，从管辖权层面分析，本案例中徐行派出所作出不予受理杨某向其申请办理户口迁入手续的决定，是符合《收养法》第十六条、《户口登记条例》第三条、《中国公民收养子女登记办法》第八条以及《民法典》第一千一百零六条规定的，上述法律、法规及规章等均明确公安机关是户口登记机关，徐行派出所对杨某提出的户口迁入申请具有管辖权，故一审、二审判决均明确徐行派出所具有作出不予受理决定的职权。

其次，从法律适用上分析，《收养法》第十六条、《中国公民收养子女登记办法》第八条以及《民法典》第一千一百零六条均规定公安机关按照"国家有关规定"为被收养人办理户口登记，这些"国家有关规定"包括前述的《户口登记条例》《中国公民收养子女登记办法》《公安部、商业部关于被收养子女户口和粮食供应关系迁移问题的通知》等法律、法规、规章以及规范性文件等，还包括各地出台的地方性法规、政府规章以及规范性文件等，比如说本案一审、二审判决中引用的《上海市公安局户口审批程序暂行规定》、《关于贯彻落实民政部、公安部、司法部、卫生部、国家人口和计划生育委员会〈关于解决国内公民私自收养子女有关问题的通知〉实施意见的通知》（沪民婚发〔2009〕5 号）等规范性文件，都可以作为办理被收养人户口登记的相关依据。

实务指引

该条文对收养关系成立后公安机关对被收养人的户口登记依据作出了原则性的规定，在实务操作中，应当注重收集、整理和分析与之相关的法律、法规、规章以及规范性法律文件，并据此制订诉讼策略等法律应对方案。

就本案来看，杨某一方如能事先研究分析沪民婚发〔2009〕5 号文件，不难发现文件中有关"被收养人随收养人在本市共同居住生活 5 年以上且未成年的"硬性规定，应当及时调整应对策略，不该重新向徐行派出所提出户口迁移申请，可以就 2008 年 3 月 17 日提出的申请（即 2009 年 10 月 9 日被嘉定区人民法院以行政程序违法为由撤销的审批意见决定）要求嘉定公安分局重新作出具体行政行为，这样就可以避免适用沪民婚发〔2009〕5 号文件。

此外，二审法院作出判决的主要依据是沪民婚发〔2009〕5 号文件，即《关于贯彻落实民政部、公安部、司法部、卫生部、国家人口和计划生育委员会〈关于解决国内公民私自收养子女有关问题的通知〉实施意见的通知》，该文件是为了解决国内公民私自收养子女有关问题而印发的实施意见，因此该份文件是针对私自收养的行为，而从案情介绍来看，杨某于 2006 年 3 月 10 日已经通过民政部门依法办理了收养手续，并非文件所指的"私自收养"行为，因此上述行为是否受沪民婚发〔2009〕5 号文件规制值得商榷。

第一千一百零七条 【亲属、朋友的抚养】

▶ **案件导入**

收养与抚养属于两个不同的法律概念[①]

上诉人刘某玉、辛某兰为与被上诉人张某栋、阿拉善盟腾某出租车客运有限公司（以下简称腾某出租车公司）、某财产保险股份有限公司阿拉善中心支公司（以下简称某财险阿拉善支公司）机动车交通事故责任纠纷一案，不服宁夏回族自治区中卫市沙坡区人民法院（2019）宁0502民初3680号民事判决，向宁夏回族自治区中卫市中级人民法院提出上诉。

一审法院审理认为，刘某玉、辛某兰是否有权利主张赔偿死亡赔偿金和精神损害抚慰金、赡养费、车辆损失是双方的争议焦点。刘某玉、辛某兰称其对刘某进行了抚养，应享受主张赔偿损失的权利。某财险阿拉善支公司认为刘某玉、辛某兰与刘某六形成收养与被收养的关系，故刘某玉、辛某兰主体不适格。根据《侵权责任法》第十八条"被侵权人死亡的，其近亲属有权请求侵权人承担侵权责任"[②]及《继承法》第十条"遗产按照下列顺序继承：第一顺序：配偶、子女、父母。第二顺序：兄弟姐妹、祖父母、外祖父母。继承开始后，由第一顺序继承人继承，第二顺序继承人不继承。没有第一顺序继承人继承的，由第二顺序继承人继承……本法所说的父母，包括生父母、养父母和有扶养关系的继父母……"[③]之规定，收养与抚养应属于两个法律概念。经审查，刘某玉、辛某兰与刘某之间未办理收养登记手续，双方并未形成收养与被收养的法律关系，证人证言及证据仅能证明刘某玉、辛某兰对刘某进行过抚养，刘某玉、辛某兰不属于

[①]（2020）宁05民终257号。

[②]《侵权责任法》已失效，现相关规定见《民法典》第一千一百八十一条。

[③]《继承法》已失效，现相关规定见《民法典》第一千一百二十七条。

法律规定的近亲属范围。刘某玉、辛某兰对本案的死亡赔偿金和精神损害抚慰金、赡养费、车辆损失的赔偿不享有请求权。

二审法院认为，本案双方争议的主要问题为刘某玉、辛某兰是否有权就刘某死亡后果主张赡养费、死亡赔偿金、精神损害抚慰金。依照《侵权责任法》第十八条第一款"被侵权人死亡的，其近亲属有权请求侵权人承担侵权责任"之规定，本案中有权主张死亡赔偿金、精神损害抚慰金等费用的主体为刘某的近亲属，侵权责任法中并未对"近亲属"作出规定，因侵权责任法系实体法，本案中应参照《最高人民法院关于贯彻执行〈中华人民共和国民法通则〉若干问题的意见（试行）》（已失效）的通知第十二条"民法通则中规定的近亲属，包括配偶、父母、子女、兄弟姐妹、祖父母、外祖父母、孙子女、外孙子女"的规定确定，又依照《收养法》第十七条"孤儿或者生父母无力抚养的子女，可以由生父母的亲属、朋友抚养。抚养人与被抚养人的关系不适用收养关系"之规定，刘某玉、辛某兰虽提供证据证明其二人在刘某生前抚养过刘某，但其提供的证据无法证实二人与刘某系收养关系，刘某玉、辛某兰在本案中主张死亡赔偿金、精神损害抚慰金等证据不足，不应支持。刘某玉、辛某兰的上诉请求不能成立，不予支持。

【法律条文】

第一千一百零七条　孤儿或者生父母无力抚养的子女，可以由生父母的亲属、朋友抚养；抚养人与被抚养人的关系不适用本章规定。

法条释义

该条文来源于《收养法》第十七条之规定，即"孤儿或者生父母无力抚养的子女，可以由生父母的亲属、朋友抚养。抚养人与被抚养人的关系不适用收养关系"。两部法律对此规定基本相同，只是《民法典》将《收养法》法条中的"收养关系"修改为"本章规定",以及部分标点符号改动。

理解该法条,需要搞清楚"抚养"与"收养"两个法律概念的区别和联系。所谓"抚养"是指长辈(包括有抚育能力的兄姐)养育照料晚辈,为其成长、生活、学习提供一定的物质条件。抚养是一种事实行为。而"收养"则是一种民事法律行为,是指依据《民法典》以及之前的《收养法》等法律规定,满足法定的条件、经过法定的程序、履行法定的手续,在收养人和被收养人之间形成拟制的血亲关系,进而使养父母和收养子女之间的权利义务关系适用法律有关父母子女权利义务关系的规定,也包括法律规定的近亲属等身份关系规定。收养关系一旦依法成立,被收养人与生父母以及其他近亲属之间的权利义务关系皆因此而消除。但是,抚养关系则不然,被抚养人与生父母及其他近亲属之间的权利义务关系不会因此而消除。

⏱ 法律适用

本案件中争议焦点一审、二审法院均将其总结为"刘某玉、辛某兰是否有权利主张赔偿死亡赔偿金和精神损害抚慰金、赡养费、车辆损失",实际上就是刘某玉、辛某兰是否属于涉讼案件被侵权人刘某的"近亲属"。刘某玉、辛某兰主张其对刘某进行了抚养,应当享有主张赔偿损失的权利,但是根据法庭调查,他们与刘某之间没有办理收养登记手续,只是事实上的抚养关系,并未成立合法的收养关系。因此,根据前述有关"抚养"与"收养"区别与联系的论述,我们不难看出刘某玉、辛某兰不属于被侵权人刘某的近亲属,因此根据我国现行法律规定,他们无权以被侵权人刘某近亲属的身份主张"赔偿死亡赔偿金和精神损害抚慰金、赡养费、车辆损失费"。

◎ **实务指引**

　　在现实生活中，特别是在我国农村地区，有许多人搞不清楚"抚养"与"收养"的区别，简单地认为送养人和领养人之间签份协议就可以了，或者认为自己实际抚养了被抚养人，自己就是被抚养人的"父母"了，不知道收养是要符合一定的条件，并且要依照法定程序到民政部门办理收养登记手续，收养行为才依法成立，双方的权利义务关系才能受到法律保护。因此，按照"谁执法谁普法"的原则，民政行政管理等相关部门应加大这方面的法律宣传教育普及力度，提升广大民众依法"收养"的法律意识。

第一千一百零八条　【祖父母、外祖父母优先抚养权】

▶ **案件导入**

　　配偶一方死亡，另一方送养未成年子女的，死亡一方父母有优先抚养权①

　　原告邢某甲、王某甲与被告蒋某某变更抚养关系纠纷一案，湖南省凤凰县人民法院于 2017 年 3 月 14 日立案受理后，依法适用普通程序，公开开庭进行了审理。

　　经审理查明，被告蒋某某系邢某乙（6 岁）、邢某丙（3 岁）的母亲，原告邢某甲、王某甲分别是两个孩子的爷爷、奶奶。被告蒋某某与邢某大（两原告的长子）婚后生育两个小孩，分别为儿子邢某乙及女儿邢某丙。2014 年，邢某大因意外事故不幸死亡，为方便照顾两个小孩，被告蒋某某与邢某大的弟弟邢某二（两原告的次子）再婚，婚后因两人感情不和于2016 年 9 月 19 日经法院调解离婚。被告蒋某某独立抚养两个孩子邢某乙、邢某丙。后由于被告蒋某某收入较低，无力抚养两个小孩，曾请求两原告

---

① （2017）湘 3123 民初 269 号。

帮忙抚养一个小孩，并答应每月支付几百元的生活费，但遭到两原告拒绝。后被告蒋某某通过其父亲转告原告邢某弖，要求两原告来被告家接小孩，如果不来接，就将小孩送养，但两原告没有去接，后被告蒋某某通过亲戚将女儿邢某丙送给湖南省麻阳县郭公坪乡的远房表哥李某陆抚养，目前正在办理相关的收养手续，两原告获悉后，想接回小孩遭到拒绝，故起诉至法院，要求抚养两个小孩。

另查明，原告邢某甲目前在做小工，一天收入有一百多元，原告王某甲在贵州省铜仁市云场坪镇的街上卖粉，偶尔卖点菜和家禽，每月有一定的收入，且两原告的身体状况良好。同时，两原告均是农村低保户，享受国家低保政策保障，两原告目前的收入加上政府的保障性资金足够抚养一个小孩。

再查明，邢某乙、邢某丙在其父母外出打工时，均随两原告一起生活，与两原告有一定的感情基础。

法院认为，本案属变更抚养权纠纷，对未成年人的抚养问题应该从有利于未成年人的身心健康，保障未成年人的合法权益出发，并结合抚养人的抚养能力和抚养条件等具体情况进行处理。而未成年人的父母是未成年人的法定监护人，在其父母没有能力或者未履行监护义务时，未成年人的祖父母、外祖父母可以担任未成年人的监护人。本案中，被告蒋某某是邢某乙、邢某丙的法定监护人，有法定的抚养义务，虽其能力有限，经济收入较低，但其仍有能力抚养一个孩子，故对原告邢某甲、王某甲要求变更两个孩子抚养权的诉讼请求，本院不予支持。但因被告蒋某某经济收入确实较低，没有能力同时抚养两个孩子，并且有将孩子送养的事实存在，而原告邢某甲、王某甲是邢某乙、邢某丙的爷爷、奶奶，且两个孩子与两原告一起生活过，有感情基础，加之两原告身体状况良好，有一定的经济收入，可以维持和照顾好一个小孩的生活，同时鉴于女孩随母亲生活更利于其身心健康成长，故邢某丙由被告蒋某某继续抚养较为适宜，而邢某乙由原告邢某甲、王某甲抚养较为适宜。

综上所述，依照《民法通则》第十六条、《婚姻法》第二十八条、《收养法》第十八条之规定①，判决如下：自本判决生效之日起邢某乙的抚养权由被告蒋某某变更为原告邢某甲、王某甲行使，由原告邢某甲、王某甲承担邢某乙的抚养费。

【法律条文】

　　第一千一百零八条　配偶一方死亡，另一方送养未成年子女的，死亡一方的父母有优先抚养的权利。

💡 **法条释义**

该法条确立我国对未成年人的优先抚养权制度，法条来源于《收养法》第十八条。

《民法典》设定该条未成年人优先抚养权制度的立法价值取向，一方面是照顾被抚养人的权益，另一方面是安抚死亡一方父母的感情。通常情况下，在我国存在"隔代亲"的情形，祖父母或者外祖父母带自己的孙辈子女，他们在自己的孙辈子女身上倾注了大量心血和感情，如果出现法条中所述情形，由祖父母或者外祖父母来抚养未成年人，他们一定会尽自己最大能力来维护未成年人的权益。另外，我国历来有"人生四大悲"的说法，其中"老来丧子"就是其中一大悲事，死亡一方的父母遭受老来丧子的打击，如果其孙辈子女再被送养，无疑更是雪上加霜。因此，本法条设置优先抚养权制度，无疑是对死亡一方父母心理上极大的安慰，这是极具人性化的制度设计。

根据本法条的规定，优先抚养权的前提条件是：一是配偶一方死亡；二是另一方没有能力或者不愿抚养未成年人，并打算将未成年人送养；三是权利主体是死亡一方父母。

---

① 现相关规定见《民法典》第二十七条、第一千零七十四条、第一千一百零八条。

⏱ 法律适用

本案中，法院在审理查明原告邢某甲、王某甲身体状况良好，有一定的经济收入，可以维持和照顾好一个小孩的生活，而且与两个孩子一起生活过，有一定的感情基础。从"有利于未成年人的身心健康，保障未成年人的合法权益"收养基本原则出发，并充分考虑原被告的抚养能力和经济收入水平，同时兼顾"女孩随母亲生活更利于其身心健康成长"，作出了将男孩邢某乙的抚养权变更为原告邢某甲、王某甲行使的判决，这样的判决是合适的，更人性化。

◎ 实务指引

在实务操作中，当保护被抚养人的权益与未成年人优先抚养权发生冲突时，应当优先考虑保护被抚养人的权益，即要最大限度地保护未成年人抚养、成长利益，要着眼于有利于未成年人日常生活、教育以及身心健康等，对此《民法典》第一千零四十四条对收养的原则作出了明确的规定，即"收养应当遵循最有利于被收养人的原则，保障被收养人和收养人的合法权益"。

第一千一百零九条 【涉外收养】

▷ 案件导入

涉外收养应当依照一定程序进行[①]

上诉人浙江省遂昌县司法局因被上诉人叶某丰、叶某花诉其要求履行法定职责行政争议一案，不服丽水地区中级人民法院（1999）丽中行初字第 1 号行政判决，向浙江省高级人民法院提起上诉。原判认定，1994 年 1

[①] （2000）浙行终字第 7 号。

月 12 日，遂昌县司法局所辖公证处原公证员胡某林，在没有任何收案登记和收取公证费记载，且被收养人叶某根毫不知情的情况下，利用该处收案登记第 5 号聘用驾驶员合同公证的编号，以叶某丰、叶某花为收养人，出具了（1994）浙遂证字第 5 号收养公证书。该公证书经我国外交部领事司认证，证明遂昌县公证处的印章和公证员胡某林的签名印章属实。1994 年 3 月 28 日，叶某丰为叶某根到比利时"团聚"出具"经济担保书"。1995 年 11 月 11 日，叶某丰因故回国，在浙江省青田县东源镇与张某欣（鑫）订立了"收养书"。嗣后，叶某丰以"长子以我本人名义收养张某欣（鑫）为养子之事我一概不知"为由，申请遂昌县司法局复议，要求撤销（1994）浙遂证字第 5 号公证书。

原审法院经审理认为，外国人在中华人民共和国收养子女并公证须依法进行。遂昌县司法局所辖公证处原公证员胡某林在没有收案登记，没有收取费用记载，没有收养人与被收养人应当提供的证明材料，而出具的（1994）浙遂证字第 5 号公证书，属程序严重违法。遂昌县司法局应对其所属工作人员所作的具体行政行为承担责任。叶某丰等对这起违法公证是明知的，也有过错责任，但并不能排除遂昌县司法撤销该公证书的法定职责。据此判决遂昌县司法局在接到本判决之日起两个月内履行法定职责。

上诉人遂昌县司法局上诉称，被上诉人未能提供（1994）浙遂证字第 5 号收养公证书的原件及相关材料的原件，不能认定该公证书的存在；本案不存在我局公证处的具体行政行为程序违法的事实，而是有关人员隐瞒事实真相，用虚假公证文书骗取出国审批的行为。故请求二审法院进一步查清案件事实，依法撤销一审判决。

被上诉人在庭审中答辩称，其提供的（1994）浙遂证字第 5 号收养公证书是复印件，但有我国外交部领事司的认证，应该承认该公证书的真实性；遂昌县司法局所辖的公证处在被上诉人没有到场的情况下，作出该公证是违法的。请求二审法院维持原判。

经二审法院审查，可以确认以下事实：1994 年 1 月 12 日，上诉人遂昌县司法局所辖公证处原公证员胡其林，在没有进行收案登记，收取公证费的情况下，冒用该处聘用驾驶员合同公证的编号，出具了（1994）浙遂证字第 5 号收养公证书；该"公证书"上遂昌县公证处的印章和公证员胡某林的签名印章，经我国外交部领事司出具的 94−1316 号认证书予以印证属实；上诉人遂昌县司法局在接到叶某丰等要求撤销该公证的申请后，做了一些调查、取证工作，但一直没有作出处理；上诉人提出该公证书是否存在无法证实，但不能提供相应的证据，对其上诉理由不予采纳。

二审法院认为，上诉人遂昌县司法局依法负有对所属公证处出具的不当或违法的公证文书进行监督纠正的职责，但上诉人接到被上诉人要求撤销（1994）浙遂证字第 5 号收养公证书的申请后，经调查在已经认定此公证书系假证的情况下，未依法予以纠正不当。上诉人的上诉理由不能成立。原审判决认定事实清楚，适用法律、法规正确。审判程序合法。依照《中华人民共和国行政诉讼法》第六十一条第一项之规定，判决如下：驳回上诉，维持原判。

【法律条文】

第一千一百零九条　外国人依法可以在中华人民共和国收养子女。

外国人在中华人民共和国收养子女，应当经其所在国主管机关依照该国法律审查同意。收养人应当提供由其所在国有权机构出具的有关其年龄、婚姻、职业、财产、健康、有无受过刑事处罚等状况的证明材料，并与送养人签订书面协议，亲自向省、自治区、直辖市人民政府民政部门登记。

前款规定的证明材料应当经收养人所在国外交机关或者外交机关授权的机构认证，并经中华人民共和国驻该国使领馆认证，但是国家另有规定的除外。

法条释义

该法条是关于涉外收养的制度，法条来源于《收养法》第二十一条。相较《收养法》而言，本法条第一款将原法条中"依照本法"修改为"依法"，扩大了涉外收养的法律依据范围，更具合理性；将原法条第二款中"该收养人应当与送养人订立书面协议，亲自向省级人民政府民政部门登记"，修改为"并与送养人签订书面协议，亲自向省、自治区、直辖市人民政府民政部门登记"，并置于该法条第二款尾部。第三款关于涉外证明材料认证机构的问题，《民法典》增加了但书规定，即"但是国家另有规定的除外"；删除了原法条中第四款有关"涉外收养公证"的内容。

此外，《外国人在中华人民共和国收养子女登记办法》也是《民法典》立法的重要参考，本条吸收并修改了该法第三条、第四条、第八条和第九条的相关内容。

本条第三款规定外国人到中国收养子女应当有证明材料，要经所在国有关机关或者机构认证，并经我国使领馆认证。由于我国正在考虑加入《关于取消外国公文书认证要求的公约》，《民法典》该条规定要为今后加入有关公约留出空间。所以，对外国人收养证明材料的认证，本条增加了例外性规定："但是国家另有规定的除外"。

法律适用

本案一审法院经审理认为，"外国人在中华人民共和国收养子女并公证须依法进行"。按照《民法典》第一千一百零九条规定，外国人在中华人民共和国收养子女应当符合以下条件，并按照相关程序办理：

一、收养条件

第一，收养人所在国主管机关依照该国法律审查同意其在中华人民共和国收养子女。第二，收养人在年龄、婚姻、职业、财产、健康、有无受过刑事处罚等方面应当符合我国相关法律规定，收养人应当提供其所在国有权机构出具的上述状况的证明材料。

二、收养程序

第一，提供符合收养条件的证明材料。第二，与送养人签订书面协议。第三，亲自向省、自治区、直辖市人民政府民政部门登记。

◎ **实务指引**

自《收养法》实施以来，在涉外收养实务中存在收养条件审核难、收养后监督回访难等问题，特别是在一些儿童福利机构进行的涉外送养案例中，出现过一些违法送养问题，国家为确保被收养人及其生父母的合法权益，进一步规范涉外收养行为，在《民法典》中关于对涉外收养规定了不同于国内收养的严格程序条件，以便更为有效地保障被收养人的合法权益和健康成长，也是被收养人利益最大化原则的具体体现。

第一千一百一十条　【保守收养秘密】

▷ **案件导入**

召某与王某侵权纠纷案①

召某（男）与古某（女）于 1995 年 1 月结婚，古某一直没有生育。1999 年 3 月召某与古某商量，决定抱养一个小孩，便找到在农村的亲戚王某帮忙，王某说，邻村麻某愿意将自己刚出生 5 个月的男孩送养。召某与古某和王某一起到了麻某家，对送养的男孩非常满意。召某写了一份收养保密协议，由双方共同签署，王某作为见证人也签了字，随后办理了收养登记手续。2005 年 5 月，王某向召某借钱遭拒绝，便在召某居

---

① 孙文灿：《浅析收养秘密的保守与公开——谈对〈中华人民共和国收养法〉第 22 条的理解》，载《社会福利》2007 年第 7 期。

住的社区散布召某收养小孩的情况。后召某以王某侵犯隐私权为由向法院提起诉讼。

> **【法律条文】**
>
> 第一千一百一十条　收养人、送养人要求保守收养秘密的，其他人应当尊重其意愿，不得泄露。

法条释义

本条是关于保守收养秘密的规定，保留了原《收养法》第二十二条的规定。

收养、送养以及被收养，都属于隐私的范畴。本条规定了收养人、送养人之外的其他人，应当尊重收养、送养和被收养的秘密，未经当事人同意的，不得向任何人泄露相关收养信息，应保护收养人、送养人和被收养人的个人隐私。

法律适用

上述导入案件中，王某散布召某收养小孩情况的行为侵害了召某、古某以及被收养小孩的隐私权，据此，召某、古某可以向人民法院提起侵权之诉，并要求王某承担相应的赔偿责任。

实务指引

收养秘密属于个人隐私，《民法典》第一百一十条确立了隐私权为自然人享有的基本权利，任何组织或者个人不得侵害。泄露收养信息，侵害了收养人、送养人和被送养人的隐私权，对收养各方当事人的亲权造成了损害，因此，收养各方当事人有权要求泄露收养秘密的人承担相应的赔偿责任。该条规定保障了收养过程中各方当事人的隐私，有利于维护收养关系的稳定，在一定程度上也能够避免收养对被收养人的心理产生消极影响，能够更好地促进被收养人的健康成长。

第二节　收养的效力

第一千一百一十一条　【收养的效力】

▷ **案件导入**

黄某 1 与程某侵权纠纷案①

原告黄某 1 系黄某 2 的妹妹，被告程某系黄某 2 的生父。被告程某在黄某 2 未满月时将其送给原告黄某 1 的父母收养并确立了收养关系，一直抚养黄某 2 至 34 岁，原告黄某 1 的父母相继去世，只剩下原告黄某 1 及其哥哥黄某 2。2019 年，黄某 2 发生事故去世，由原告黄某 1 负责丧葬事宜，将黄某 2 埋葬在原告黄某 1 父母身边。后原告黄某 1 了解到哥哥黄某 2 于 2017 年投保的"某人生终身寿险"保险金 2 万元以及 2018 年投保的"健康无忧保险"保险金 4 万元，共计 6 万元，被被告程某取走。原告黄某 1 认为黄某 2 从出生后一直在其家中生活，其与原告父母之间形成了事实上的收养关系，黄某 2 去世后其保险金依法应当由原告黄某 1 享有，故为了维护原告合法权益，原告黄某 1 向人民法院提起诉讼。

法院判决，法院认为黄某 2 自幼被原告黄某 1 父母收养，并被抚养至成年，收养关系已经成立，其与生父被告程某及其近亲属之间的权利义务关系已经消除。因黄某 2 未曾婚育，根据《民法典》第一千一百二十七条，其身故后的法定继承人只有第二顺序的养妹原告黄某 1。现原告黄某 1

---

① （2021）豫 1321 民初 1168 号。

主张对已去世的养兄黄某 2 的身故保险金享有继承权于法有据，被告程某取走黄某 2 的身故保险金，其行为已侵犯了原告黄某 1 的合法权益。故，法院判决支持原告黄某 1 的诉讼请求。

【法律条文】

第一千一百一十一条　自收养关系成立之日起，养父母与养子女间的权利义务关系，适用本法关于父母子女关系的规定；养子女与养父母的近亲属间的权利义务关系，适用本法关于子女与父母的近亲属关系的规定。

养子女与生父母以及其他近亲属间的权利义务关系，因收养关系的成立而消除。

💡 **法条释义**

本条是关于收养效力的规定，源于原《收养法》第二十三条，内容上无实质性的修改，仅作文字调整，将原法条中的"适用法律"修改为"适用本法"。

收养成立之后具有两方面的法律效力，一是收养的拟制效力，指在养子女与养父母及其近亲属之间产生法律拟制血亲关系。[①] 具体表现为：第一，养父母对未成年养子女负有抚养、教育和保护的义务；成年养子女对养父母负有赡养、扶助和保护的义务；第二，养子女与养父母互为第一顺位的法定继承人，享有相互继承遗产的权利；第三，养子女与养父母的近亲属发生法律规定的近亲属的权利义务关系。二是收养的解除效力，指在养子女与其生父母及近亲属之间的权利义务关系消除[②]。具体表现为：第

[①]　最高人民法院民法典贯彻实施工作领导小组主编：《中华人民共和国民法典婚姻家庭编继承编理解与适用》，人民法院出版社 2020 年版，第 428 页。

[②]　最高人民法院民法典贯彻实施工作领导小组主编：《中华人民共和国民法典婚姻家庭编继承编理解与适用》，人民法院出版社 2020 年版，第 428 页。

一，养子女与生父母之间身份消灭，他们之间的权利义务关系同时消灭；第二，养子女与生父母的近亲属的身份消灭，他们之间的权利义务关系也同时消灭。这里的解除效力，消灭的仅仅是养子女与养父母之间法律意义上的父母子女关系，而自然血亲之间的血缘关系却是客观存在的，无法通过法律的规定而消灭。

◎ 法律适用

上述导入案件中，在原告黄某 1 父母收养黄某 2 后，双方即为法律上的父母子女关系，发生父母子女之间的权利义务关系；黄某 1 与黄某 2 取得兄弟姐妹的身份，发生兄弟姐妹的权利义务关系；同时黄某 2 与被告程某之间法律上的父母子女关系随着收养关系的成立而消灭，不再享有相互继承遗产的权利。因此，原告黄某 1 作为黄某 2 唯一的法定继承人，有权继承黄某 2 的保险金。而被告程某则无权继承黄某 2 的保险金，其取走保险金的行为侵犯了原告黄某 1 的合法权益，原告黄某 1 有权要求被告程某向其支付取走的保险金。

◎ 实务指引

我国的收养制度，其立法宗旨一方面是为了保护养子女的利益，另一方面是为了保护收养人的利益，也包括保护收养人原生家庭的利益，防止其受到养子女原生家庭的打扰。在司法实践中，我们需要注意的是：养子女除了与养父母形成拟制的父母子女关系外，养子女与养父母的近亲属之间同样发生近亲属的权利义务关系。即养子女与养父母的父母发生拟制隔代血亲关系，也就是祖孙关系；养子女与养父母的子女发生拟制旁系血亲关系，也就是兄弟姐妹关系，这里的养父母的子女包括养父母的婚生子女、非婚生子女、其他养子女或形成抚养关系的继子女。但是，对于养子女与养父母近亲属之外的其他亲属之间是否具有亲属关系，《民法典》并未作出明确的规定。

第一千一百一十二条 【养子女的姓氏】

【案件导入】

养子女的姓名该如何确定①

张某与李某于 2011 年 9 月 5 日登记结婚，婚后生育两女一子，分别为长女张某 1、次女张某 2、儿子张某 3（2016 年 1 月 12 日生）。张某与李某经 A 市人民法院调解达成离婚协议，内容为：一、李某要求与张某离婚，张某同意离婚。二、婚生女张某 1、张某 2、婚生子张某 3 均随张某生活，并由张某负责抚育至婚生子女独立生活时止，张某自愿不要求李某给付婚生子女的抚育费。三、张某自愿补偿李某人民币 80 万元，于 2016 年 12 月 31 日前履行完毕。四、离婚后，双方住房均自理。五、双方婚姻关系存续期间各自经手的债权债务由各自享有和清偿。A 市人民法院于 2016 年 4 月 21 日作出（2016）苏 0621 民初 2355 号民事调解书，确认了上述协议内容。

2017 年 2 月 14 日，A 市城北派出所接到王某的报警，称于 2016 年 8 月 8 日在 A 市××花××楼××室门口捡到一名男弃婴，经城北派出所民警处警并形成接处警工作登记表一份。该表记载的处警经过及结果为：民警朱某、储某到达现场，经了解系王某报警称其父母去年 8 月 8 日在门口捡到一男婴，该男婴被人送来时包裹里有孩子的健康检查等相关手续，手续上的名字叫张某 3（2015 年 12 月 18 日出生）。王某有送孩子人的电话号码但是联系不上，并称之前其还借钱给送孩子的人了。民警建议其将孩子送福利院收养。

2017 年 2 月 26 日，城北派出所与 A 市社会福利院签定了公告期疑似

---

① （2019）苏 06 行终 81 号，人物名均为化名。关于收养中姓名权保护的案件较少，选择了一起与姓名权有关的案件。虽然引用的是一起行政案件，但可以从中了解到收养关系中的姓名权使用原则。

弃婴（儿）代养协议。次日，A 市社会福利院与邓姓男子、王某夫妻签订家庭寄养协议，将张某 3 寄养于邓姓家庭。2017 年 3 月 4 日，A 市社会福利院在《扬子晚报》刊登寻找该弃婴生父母公告，60 天期满后，未有人认领。2017 年 3 月 14 日，城北派出所委托 A 市公安局物证鉴定室对捡拾婴儿的血样与全国公安机关查找被拐卖/失踪人员儿童 DNA 数据库进行了比对，比对结果为无比中。

2017 年 5 月 8 日，城北派出所向 A 市民政局出具捡拾弃婴（儿童）报案证明，称依据《关于解决国内公民私自收养子女有关问题的通知》的规定，兹证明张某 3 于 2016 年 8 月 8 日在 A 市××花××楼××室被王某母亲捡拾，未找到其生父母。2017 年 5 月 31 日，A 市社会福利院为被捡拾婴儿取名为包某某，并为其申报户口。2017 年 6 月 3 日，包某夫妇向 A 市民政局申请，要求收养包某某。同日，A 市民政局为收养人包某夫妇，被收养人包某某（即张某 3）办理了收养登记，证号为（2017）收字第 17018 号。2017 年 6 月 12 日，城北派出所为包某某进行了户口登记，所记载出生时间为 2015 年 12 月 18 日。

2018 年 1 月 24 日，张某向 A 市民政局提出申请，要求撤销收养登记未果，故提起行政诉讼。审理过程中，张某申请对其与张某 3 的 DNA 数据进行比对鉴定，但张某未交纳鉴定费用。法院驳回张某起诉。

【法律条文】

第一千一百一十二条　养子女可以随养父或者养母的姓氏，经当事人协商一致，也可以保留原姓氏。

法条释义

本条是关于养子女姓氏选择权的规定。对比《收养法》第二十四条"养子女可以随养父或者养母的姓，经当事人协商一致，也可以保留原姓"

的规定，此条仅是做了文字性的修改。根据《民法典》第一千一百零六条的规定，收养关系成立后，公安机关应当依照国家有关规定为被收养人办理户口登记。但在办理登记的过程中，是沿用自己原来的姓氏，还是随养父或者养母的姓氏呢？当事人是否有意思自治的权利或者还有其他可能确定姓名的方式？

　　收养关系成立后，养父母与养子女间即成立了法律拟制的父母子女关系。《民法典》人格权编第一千零一十五条规定，自然人的姓氏应当随父姓或者母姓，但是有下列情形之一的，可以在父姓和母姓之外选取姓氏：（1）选取其他直系长辈血亲的姓氏；（2）因由法定扶养人以外的人扶养而选取扶养人姓氏；（3）有不违背公序良俗的其他正当理由。少数民族自然人的姓氏可以遵从本民族的文化传统和风俗习惯。因此，养子女自然可以随养父或者养母的姓氏，甚至选取二者之外的姓氏。本条规定养子女可以随养父或者养母的姓氏，这与人格权编有关子女姓氏选取的规定也是一致的。同时，本条的规定表明立法充分尊重当事人的意愿，在收养关系成立后养子女姓氏的选取方面采取意思自治原则。即经过协商一致，也可以用原姓氏，这也符合《民法典》第一千零一十五条但书中"有不违背公序良俗的其他正当理由"的情形。允许养子女选取养父或者养母的姓氏，既有助于增强养子女与养父或者养母之间相互的情感认同，便于其更好更快地融入收养家庭，也有利于对他人保守收养秘密，维护当事人的隐私权。

◎ **法律适用**

　　本案中，张某3的亲生父母为其取名为张某3，社会福利院为被捡拾婴儿取名为包某某，并为其申报户口，其养父母收养其后保留姓名为包某某。此案中送养人为社会福利院，张某3的亲生父母和收养人双方并未经过协议收养张某3，所以张某3变更姓名并非协议的结果，而是福利机构直接确认的结果，公安机关根据福利机构的申请确认登记。福利机构作为送养人和收养人包某夫妇实际就张某 3 的姓名达成了一致意见。

本案在处理中，张某 3 的亲生父母主要是对民政收养登记提出异议而非姓名权的争议，但实际上如果撤销了民政部门的收养登记，那后续也可能会牵涉到姓名的变更恢复的问题。

◎ **实务指引**。

在送养人与收养人达成收养协议时，应当约定好未成年子女的姓氏问题，如果双方协商一致，法律并不禁止未成年人保留原姓氏。而根据《民法典》第一千零一十二条的规定，自然人享有姓名权，有权依法决定、使用、变更或者许可他人使用自己的姓名，但是不得违背公序良俗。所以，未成年人成年后仍然可以依此决定自己的姓名。

姓氏问题往往是基于情感方面的需要，生父母希望子女在被他人收养之后仍保留原姓氏，可能是受到"认祖归宗"思想的影响。而养父母是希望保守收养的秘密，从姓名上撤除养子女与生父母之间的联系。但无论出于什么目的，双方如果对一种选择达成一致，最好以协议形式明确。法律赋予了收养关系当事人意思自治的权利，同时也给公安机关办理登记带来便利。

实务中，收养关系除涉及民事法律关系外，实际还有可能涉及行政法律关系，因此在处理收养法律关系时应适当关注行政机关对收养关系的影响。

第一千一百一十三条 【无效收养行为】

▷ **案件导入**

收养的效力如何确定[①]

在前文的导入案件中，张某不服驳回起诉的裁定而提起上诉，后二审

---

① （2020）苏 06 行终 171 号。这是上一个案件的后续，法院最终是从行政登记合法性的审查角度判断收养登记的效力，由此可以帮助我们从行政思维角度审视民事法律中的收养效力问题。

法院指令基层法院继续审理。2019 年 12 月 16 日，一审法院对王某及城北派出所民警进行了调查。王某坚持认为包某某系其母亲于 2016 年 8 月 8 日早上在家门口捡到。民警陈述：当时报警人称有人送了孩子到其母亲处，报警人还称曾借钱给对方，以前给抚养费的，后来不给了，也联系不上，就报警说有人送了个孩子。寻亲公告结束之前报警人说孩子是张某的，住在新桥，欠了很多外债。一审法院经审理认为，《收养法》第四条规定："下列不满十四周岁的未成年人可以被收养：（一）丧失父母的孤儿；（二）查找不到生父母的弃婴和儿童；（三）生父母有特殊困难无力抚养的子女。"审查包某某是否符合被收养的条件，就是审查包某某是否属于查找不到生父母的弃婴。所谓查找不到生父母的弃婴，需满足两个条件：一是弃婴，二是查找不到生父母。

关于包某某是否为弃婴。本案中，公安机关出具的接处警工作登记表、捡拾弃婴（儿童）报案证明、弃婴（儿童）报案证明登记表、弃婴（儿）捡拾证明中，关于捡拾婴儿的内容主要基于王某的陈述。张某称是让王某母亲代为照顾包某某，王某坚称捡拾包某某。张某提交的以王某名义所作的书面材料虽未有王某的签字确认，但书面材料的口吻符合王某的立场，也与王某报警所称的捡拾时间、民警的陈述相吻合，材料所反映内容与本案相关事实有高度关联。因此，弃婴一说尚有疑点。关于包某某是否为查找不到生父母的婴儿。城北派出所出具的报案证明登记表中记载"体检单上有手机号码""核实体检单位也未能查找到体检单上父母的相关线索"，结合张某提供的卫生院出具的接种证查验证明，记载有包某某的名字、出生年月日、家长姓名及联系电话等，可见包某某并非属于生父母不详的婴儿。虽然王某报警称是捡拾弃婴，但报警时间距捡拾时间超过半年，王某称张某给过抚养费，王某陈述的相关信息也与接种证查验证明上的家长姓名和居住地址相吻合。

从情感上说，案涉收养登记证撤销与否涉及未成年人此后的生活环境、生长轨迹、抚养权归属等一系列问题，属于两难的抉择。张某、李某作为生父母，对孩子有着难以割舍的血脉亲情。包某夫妇作为养父母，将一个一岁半的婴儿抚养至今，其间的辛苦与付出不言而喻，也必然与孩子建立了极为深厚的感情。无论包某某与哪一方共同生活，对另一方都必将造成重大伤害。造成这种两难的局面，张某、李某负有不可推卸的责任。从法理上说，审查本案收养登记行为是否合法，必须审查包某某是否符合被收养的条件。根据查明的事实，包某某生父姓名清楚，不能认定包某某系被生父母遗弃，包某某不属于查找不到生父母的弃婴。因此，包某某不符合《收养法》规定的可以被收养的条件，A 市民政局发放的收养登记证依法应当予以撤销。

一审法院依照《行政诉讼法》第七十条第一项之规定，判决撤销 A 市民政局发放的收养登记证。

【法律条文】

第一千一百一十三条　有本法第一编关于民事法律行为无效规定情形或者违反本编规定的收养行为无效。

无效的收养行为自始没有法律约束力。

法条释义

本条是关于收养行为无效的规定。对比《收养法》第二十五条"违反《中华人民共和国民法通则》第五十五条和本法规定的收养行为无法律效力。收养行为被人民法院确认无效的，从行为开始时起就没有法律效力"，本条文作了文字性修改。

收养关系成立之后，在一般情形下，就是有效的收养。那么，在哪些情形下收养行为有可能被认定为无效，实际上体现了公权力对于收养行为的干预。其中的原因在于，尽管收养是一种具有人身性质的民事法律行为，其核心是当事人的合意，但作为民事法律行为，收养还必须受到民事法律行为效力判断一般原则的约束，同时也要接受国家在收养领域的一些强制性干预，以确保收养行为的合法性、正当性。本条基于以上考虑，对于无效收养行为作了规定，即援引总则编关于民事法律行为无效规定情形或者违反本编规定的收养行为无效。

本条对于收养效力问题，采取了与原《收养法》一致的认定方法，只规定了收养行为的无效。根据本条规定，在两种情形之下，收养行为将被认定为无效。

第一，有《民法典》总则编关于民事法律行为无效规定的情形。《民法典》总则编第六章民事法律行为专设第三节规定了民事法律行为的效力。《民法典》第一百四十三条首先从正面规定了民事法律行为有效应当具备的条件，包括行为人具有相应的民事行为能力；意思表示真实；不违反法律、行政法规强制性规定，不违背公序良俗。在此基础上，如果不具备或者不完全具备这些条件的民事法律行为，其效力将受到影响，具体可导致无效、可撤销、效力待定等多种效力形态。其中，属于无效民事法律行为的情形包括：（1）无民事行为能力人实施的民事法律行为无效。（2）行为人与相对人以虚假的意思表示实施的民事法律行为无效。（3）违反法律、行政法规的强制性规定的民事法律行为无效。但是，该强制性规定不导致该民事法律行为无效的除外。（4）违背公序良俗的民事法律行为无效。（5）行为人与相对人恶意串通，损害他人合法权益的民事法律行为无效。从总则编的规定来看，这些无效情形涵盖了行为人行为能力欠缺、意思表示不真实、违法性等各个方面，是总则编对于民事法律行为效力否定性评价的主要依据。收养作为具有人身性质的民事法律行为，自然应当受到总则编有关民事法律行为效力评价规定的约束。如果送养人与收养人之间的收养行为具有上述情形的，则行为应属无效。

第二，违反总则编规定的收养行为无效。除具有总则编无效情形的收养行为应属无效收养之外，如果收养行为违反了婚姻家庭编的规定，也应属于无效的收养行为。例如，收养行为违反了有关被收养人、送养人、收养人的条件，收养人数的限制以及无配偶者收养异性子女的年龄限制等。再如，未依法向县级以上民政部门办理收养登记。又如，违反有关收养应当遵循最有利于被收养人的原则，保障被收养人和收养人的合法权益的规定，违反禁止借收养名义买卖未成年人的规定等，均为无效收养。

本条第二款规定，无效的收养行为自始没有法律约束力。根据《民法典》总则编第一百五十五条的规定，无效的民事法律行为自始没有法律约束力。收养作为具有人身性质的民事法律行为，也应遵循法律行为制度的基本原理，一旦被认定为无效，也应当是从行为一开始便没有法律约束力。

法律适用

本条所涉及的相关联法律条文包含了以下内容：

《中华人民共和国民法典》第五十二条："被宣告死亡的人在被宣告死亡期间，其子女被他人依法收养的，在死亡宣告被撤销后，不得以未经本人同意为由主张收养行为无效。"

第一百四十三条："具备下列条件的民事法律行为有效：（一）行为人具有相应的民事行为能力；（二）意思表示真实；（三）不违反法律、行政法规的强制性规定，不违背公序良俗。"

第一百四十四条："无民事行为能力人实施的民事法律行为无效。"

第一百四十五条："限制民事行为能力人实施的纯获利益的民事法律行为或者与其年龄、智力、精神健康状况相适应的民事法律行为有效；实施的其他民事法律行为经法定代理人同意或者追认后有效。相对人可以催告法定代理人自收到通知之日起三十日内予以追认。法定代理人未作表示的，视为拒绝追认。民事法律行为被追认前，善意相对人有撤销的权利。撤销应当以通知的方式作出。"

第一百四十六条："行为人与相对人以虚假的意思表示实施的民事法律行为无效。以虚假的意思表示隐藏的民事法律行为的效力，依照有关法律规定处理。"

第一百五十三条："违反法律、行政法规的强制性规定的民事法律行为无效。但是，该强制性规定不导致该民事法律行为无效的除外。违背公序良俗的民事法律行为无效。"

第一百五十四条："行为人与相对人恶意串通，损害他人合法权益的民事法律行为无效。"

第四百六十四条："合同是民事主体之间设立、变更、终止民事法律关系的协议。

婚姻、收养、监护等有关身份关系的协议，适用有关该身份关系的法律规定；没有规定的，可以根据其性质参照适用本编规定。"

第一千零九十三条："下列未成年人，可以被收养：（一）丧失父母的孤儿；（二）查找不到生父母的未成年人；（三）生父母有特殊困难无力抚养的子女。"

第一千零九十八条："收养人应当同时具备下列条件：（一）无子女或者只有一名子女；（二）有抚养、教育和保护被收养人的能力；（三）未患有在医学上认为不应当收养子女的疾病；（四）无不利于被收养人健康成长的违法犯罪记录；（五）年满三十周岁。"

第一千零九十九条："收养三代以内旁系同辈血亲的子女，可以不受本法第一千零九十三条第三项、第一千零九十四条第三项和第一千一百零二条规定的限制。华侨收养三代以内旁系同辈血亲的子女，还可以不受本法第一千零九十八条第一项规定的限制。"

第一千一百条："无子女的收养人可以收养两名子女；有子女的收养人只能收养一名子女。收养孤儿、残疾未成年人或者儿童福利机构抚养的查找不到生父母的未成年人，可以不受前款和本法第一千零九十八条第一项规定的限制。"

第一千一百零一条:"有配偶者收养子女,应当夫妻共同收养。"

第一千一百零二条:"无配偶者收养异性子女的,收养人与被收养人的年龄应当相差四十周岁以上。"

《中国公民收养子女登记办法》第十二条:"收养关系当事人弄虚作假骗取收养登记的,收养关系无效,由收养登记机关撤销登记,收缴收养登记证。"

因此,从上述法律适用上可以判断,收养关系效力必须结合具体情况,综合适用不同的法律规范指引进行全面的效力判断,并非仅仅一个法律条文就能作为有效无效的判断依据。

◎ 实务指引

收养是公民领养他人子女为自己子女的法律行为,但并非任何未成年人都可以被收养,收养的效力问题涉及诸多法律适用。《收养法》第四条规定:"下列不满十四周岁的未成年人可以被收养:(一)丧失父母的孤儿;(二)查找不到生父母的弃婴和儿童;(三)生父母有特殊困难无力抚养的子女。"该内容与《民法典》第一千零九十三条规定基本一致。上述案件中,在处理收养关系效力的问题上当事人采取的是行政诉讼处理思路,还适用了《中国公民收养子女登记办法》第七条第二款规定,收养查找不到生父母的弃婴、儿童的,收养登记机关应当在登记前公告查找其生父母;自公告之日起满60日,弃婴、儿童的生父母或者其他监护人未认领的,视为查找不到生父母的弃婴、儿童。法院在审查中既考虑到了收养的实质条件也考虑到了相关程序。包某某的父亲实际上根据信息是可以找到的,民政部门应穷尽可以找寻包某某生父母或其他监护人的一切手段,不宜径直公告。在未穷尽其他寻亲手段的情况下,不宜径直以生父母未在公告期内认领而将包某某视为查找不到生父母的弃婴。因此,在解决实务中的收养效力问题，一定要研究法律适用，对不同的收养关系成立条件进行分析，找出合适的解决方案。正如本案两级法院法官指出，法律规则的适用需要考虑对社会成员发挥普遍的引领作用，其所追求的是整体的、全局的公平与合理，所以，法律适用不能绝对采用具体问题具体分析的思维。

第三节　收养关系的解除

第一千一百一十四条　【协议解除及诉讼解除收养关系】

▶ 案件导入

未成年子女和成年子女与养父母之间解除收养关系，有区别吗①

原告马某和前妻于 1958 年收养被告（当时被告仅 8 个月大），取名马某 1，并将被告抚养成人。被告自 1982 年开始在制药有限公司干临工，1987 年左右为接生父的班参加工作，改姓张，全名张某某。原告和前妻没有生育，共收养马某 1 和马某 2 二人。原告前妻 1980 年去世后，马某 1 与毛某结婚。1982 年原告再婚。原告和妻子由于与养子马某 2 不能和睦相处，1982 年 9 月 10 日，经亲属和生产组干部调解，原告与养子达成解除收养关系协议，原告分给养子部分生产工具和生活用品另立户头。1995 年 4 月 8 日，原告夫妇与被告夫妇签订了赡养协议，并经 B 市公证处公证。公证书上证明"马某夫妇、马某 1 夫妇四人于 1995 年 4 月 8 日来到公证处，在公证人面前，在赡养协议书上签名、捺印属实"。1999 年腊月，马某再婚妻子因病去世。被告夫妻继续赡养原告，双方相处较好，原告于 2001 年

① （2009）灵民一初字第 453 号，人物名均为化名。虽然案件时间较远，但裁判思路与现在《民法典》规定一致，可供参考。

4月23日书写遗嘱："按照公证协议，在原告过世后，全部财产由马某1继承，其他任何人不得干涉"。2005年7月，原告因患急性左侧脑梗塞在B市第一人民医院住院治疗12天，被告夫妇送原告去医院治疗，照料原告生活，结算费用，出院后继续给原告购药巩固治疗。1999年腊月，被告开始找保姆照顾原告的生活起居，被告给予原告关心和帮助，双方相处一直比较融洽。2008年11月20日，在被告长子的结婚宴席上，主持人宣布被告夫妇姓名时称被告姓名为张某某，在原告和亲属方面引起不满。再者，原告认为被告夫妇当天对原告方的亲属敬酒不周，因而生气、伤心，要求与被告解除收养关系。被告夫妇与原告沟通无果，引起诉讼。诉讼期间，原告有时看病不告诉被告，一次原告去诊所看病，被告回家看望原告时从邻居口中得知，找到诊所看望原告，并要求支付医疗费用，原告坚持自己结算了费用。

原告认为被告在原告年龄大了以后，不履行赡养义务，且在2008年11月20日被告大儿子的婚宴上宣称其姓名为张某某，也不向原告敬酒。这表明被告自愿与原告解除收养关系，承认不是原告的女儿，严重伤害了原告的感情。现继续共同生活，对双方不利。请求依法解除原被告之间的收养关系。而被告马某辩称，原告从小将被告抚养长大，父女感情很好。被告成年之后，也以实际行动报答父母的养育之恩，老人的衣食住行都由被告照顾。基于对被告的信任，父母于1995年4月8日与被告夫妇达成赡养协议，约定由被告夫妇赡养，并经过公证处公证。被告夫妇二人在生活起居、疾病治疗等方面尽心尽力侍奉老人，远远超出了双方约定的义务。被告更名是为了接生父的班参加工作，原告当时也是知情的。多年来原、被告的感情很好。现在原告年事已高，身边不能没有亲人的照料，被告不同意解除收养关系。

法院认为，尊老爱幼是中华民族的传统美德。原、被告共同生活50年，彼此爱护、尊重，享受着父女亲情。原告对被告尽到了抚养义务，被告对原告尽到了赡养的义务，双方感情尚好。我国《收养法》规定，养子女可以随养父或者养母的姓，经当事人协商一致，也可以保留原姓。原告于1987年左右为接生父的班，为参加工作而改姓，原告应是知情的。原告以被告姓张不姓马，被告在其长子婚礼上未给原告敬酒为由要求与被告解除收养关系，理由不能成立，且原告仅被告一个子女，原被告共同生活，更有利于原告的晚年生活。原告要求与被告解除收养关系的诉讼请求不能成立。

> **【法律条文】**
>
> 第一千一百一十四条　收养人在被收养人成年以前，不得解除收养关系，但是收养人、送养人双方协议解除的除外。养子女八周岁以上的，应当征得本人同意。
>
> 收养人不履行抚养义务，有虐待、遗弃等侵害未成年养子女合法权益行为的，送养人有权要求解除养父母与养子女间的收养关系。送养人、收养人不能达成解除收养关系协议的，可以向人民法院提起诉讼。

💡 法条释义

本条是关于收养人、送养人协议解除及诉讼解除收养关系的规定。《收养法》第二十六条："收养人在被收养人成年以前，不得解除收养关系，但收养人、送养人双方协议解除的除外，养子女年满十周岁以上的，应当征得本人同意。收养人不履行抚养义务，有虐待、遗弃等侵害未成年养子女合法权益行为的，送养人有权要求解除养父母与养子女间的收养关系。送养人、收养人不能达成解除收养关系协议的，可以向人民法院起诉。"与该法条相比，本条作了实质性修改，主要是调整了征求养子女意见的年龄，与《民法典》总则部分的规定相一致。

收养关系成立后，收养人与被收养人之间成立了父母子女关系，收养人作为养父母，应当依法承担起抚养、教育、保护未成年子女的义务，尽心竭力履行监护职责。因此，从有利于未成年子女成长的角度考虑，本条确立了原则上在被收养人成年之前，收养人不得单方解除收养关系的规定。这主要是出于确保被收养人能够正常健康成长的考虑。如果允许收养人在被收养人成年之前随意解除收养关系，就有可能出现被收养人因缺乏经济保障、送养人不知晓等原因而无人抚养的情形，势必会影响被收养人的生活及成长。当然，这种对收养关系解除的限制也并非绝对的。如果作为收养关系双方当事人的收养人与送养人能够就解除收养关系达成一致协议，是可以解除收养关系的。但被收养人8周岁以上的一定要征得被收养人本人的同意，充分体现了对于未成年子女利益的重视和尊重。从本条第一款规定来看，还需要注意的是，收养人、送养人协商解除收养关系表明双方应当只能通过协议解除的方式，不能通过诉讼方式解除。如果出现诉讼的情况，应当是第二款的情形。

本条第二款是通过诉讼解除收养关系的规定。这一条款适用的前提是被收养人尚未成年。适用的对象仅为送养人，不适用于收养人或者被收养人。适用情形仅限于收养人不履行抚养义务，有虐待、遗弃等侵害未成年养子女合法权益的行为。如果收养人不存在这些行为，则送养人提起解除收养关系的诉讼是不能得到法院支持的。

⏱ 法律适用

本案虽为《民法典》实施之前的案件，但其与《民法典》中关于收养关系解除的立法原理没有差异，具有借鉴意义。

法院依照原《收养法》第二十四条、第二十七条判决驳回了原告解除收养关系的请求。原告请求解除收养关系是在被告成年之后，显然不能适用原《收养法》第二十六条的规定（规范的是养子女未成年之前的收养关系解除）。而根据原《收养法》第二十七条的规定，养父母与成年子女之间解除收养关系可以适用协议或者诉讼的方式。同时，该条也能够适用于收养人和被收养人之间。这一规定与收养人和未成年子女之间解除收养关系完全不同。

实务指引

本案引用的是成年子女与养父母之间收养关系解除的案例，主要是与解除未成年子女收养关系做对比，两者之间在解除时间、方式上存在差异，适用不同的法律规范。对于未成年被收养人的保护，法律设立了两个条款予以限制，即一般情况下是不会发生解除关系。但是在收养人不履行抚养义务，甚至可能存在虐待、遗弃等损害未成年养子女合法权益的情况下，是允许解除收养关系的。同时，送养人作为送养主体，尽管在收养关系成立后就与被收养人不再具有抚养与被抚养的关系，但赋予送养人必要的"监督"职责。送养人在收养人不具备作为收养人的资格，出现对未成年被收养人成长不利的情形时，完全可以向收养人提出解除收养关系。在此情况下，送养人可以提出协议解除收养关系，如果送养人与收养人无法就解除收养关系达成协议，可以通过向法院提起诉讼的方式申请解除。因此，送养人应当关注未成年被收养人的生活状况，不能"一送了之"，而收养人也应当坚持收养初心，切实保护未成年被收养人的利益。

第一千一百一十五条 【养父母与成年养子女解除收养关系】

案件导入

养子不孝，养父母一纸诉状解除收养关系[①]

李某某夫妇于 1989 年 6 月 24 日捡拾一名弃婴取名李某。夫妻二人省吃

---

① 仲文路：《养子不孝，沭阳这对养父母一纸诉状解除收养关系》，http://news.sq1996.com/sqyw/2017/0302/210566.shtml，最后访问时间：2022 年 4 月 6 日。

俭用将李某抚养成人，双方以父母子女名义共同生活至今。共同生活期间，李某与李某某夫妇因家庭琐事发生矛盾。李某某夫妇曾于 2015 年 3 月 24 日诉至法院，要求解除与李某的事实收养关系，未获得法院支持。事后，双方关系仍未缓和，李某离家出走，与李某某夫妇断绝往来。李某某夫妇再次诉至法院，要求解除与李某的事实收养关系，并要求李某迁出居住的房屋。

【法律条文】

第一千一百一十五条　养父母与成年养子女关系恶化、无法共同生活的，可以协议解除收养关系。不能达成协议的，可以向人民法院提起诉讼。

💡 法条释义

本条是关于解除收养关系的规定。解除收养关系有两种方式，一是协议解除，二是诉讼解除。正确理解本条，需要注意以下四点：

第一，收养关系是一种法律上拟制的亲属关系，可以因法律的规定而成立，也可以因法律的规定而解除。拟制的亲属，又叫拟制血亲，与自然血亲相对，是指本来没有血缘关系，或没有直接的血缘关系，但法律确定其地位与血亲相同的亲属。

我国法律对拟制血亲没有明确规定，散见于我国《民法典》第一千零七十二条、第一千一百一十一条、第一千一百二十七条等条文中。根据这些法律的规定，我国的拟制血亲有两类：一类是养父母与养子女以及养子女与养父母的其他近亲属；另一类是在事实上形成了扶养关系的继父母与继子女、继兄弟姐妹。而没有扶养关系的继父母与继子女、继兄弟姐妹之间属于姻亲，不属于拟制血亲。

第二，解除收养关系的前提是收养关系已经成立。我国收养法关于收养关系的成立制度经历了由宽到严、由事实到形式的发展过程。1979 年 2

月 2 日公布的《最高人民法院关于贯彻执行民事政策法律的意见》（已失效）规定："收养子女，必须经过生父母或监护人和养父母的同意，子女有识别能力的，须取得子女同意，再经有关部门办理收养手续，进行户籍登记。"1984 年 8 月 30 日通过的《最高人民法院关于贯彻执行民事政策法律若干问题的意见》（已失效）第二十八条规定："亲友、群众公认，或有关组织证明确以养父母与养子女关系长期共同生活的，虽未办理合法手续，也应按收养关系对待。"1992 年 4 月 1 日起施行的《收养法》第十五条第一款规定："收养查找不到生父母的弃婴和儿童以及社会福利机构抚养的孤儿的，应当向民政部门登记。"第二十四条规定："违反《中华人民共和国民法通则》第五十五条和本法规定的收养行为无法律效力。收养行为被人民法院确认无效的，从行为开始时就没有法律效力。"1999 年 4 月 1 日施行的修改后的《收养法》第十五条第一款则进一步明确规定："收养应当向县级以上人民政府民政部门登记。收养关系自登记之日起成立。"《民法典》施行后，废止了《收养法》，第一千一百零五条第一款直接照搬了《收养法》第十五条的规定，"收养应当向县级以上人民政府民政部门登记。收养关系自登记之日起成立。"

第三，养父母与成年养子女关系恶化、无法共同生活是人民法院判决解除收养关系的实质条件。如何认定养父母与成年养子女关系恶化、无法共同生活？需要法官根据具体案情进行具体审查。北京市第一中级人民法院杨磊法官 2019 年 9 月 12 日发表于《人民法院报》的《养父母与成年养子女收养关系解除的标准审查认定——北京一中院判决李某芳诉李某艳解除收养关系纠纷案》文章中认为，现行法律规定上对收养双方关系是否恶化到需要解除的程度，并无一个明确的标准。法院需要根据个案情况予以具体审查。

首先，要查明案件基础事实。主要包括双方收养关系的形成过程、共同生活情况、产生矛盾的原因、矛盾持续的时间、矛盾能否消除化解等。

其中，对于养父母与成年养子女之间矛盾的审查应当是重中之重。其次，要区分情形确定审查标准。对于成年养子女主张解除的，审查予以解除的标准应当非常严格，因为此时一般是成年养子女应当尽赡养义务的时候，如果随意解除收养关系，可能导致老年人利益受到损害，易发生成年养子女借此逃避赡养义务等有悖道德与法律规定的事情发生。如果是养父母主张解除与成年养子女的收养关系的，审查解除的标准则应相对宽松，如果确认是养父母真实意思表示，养父母与成年养子女确实存在矛盾且不可调和，养父母并非一时冲动作出解除决定，之后的生活亦有相应保障，继续维持收养关系会直接影响到养父母的合法权益，实无益处，则可以解除。

第四，《民法典》还对未成年被收养人收养关系的解除作了规定。收养人在被收养人未成年之前不得解除收养关系，但是收养人、送养人双方协议解除的除外。这部分的内容详见《民法典》第一千一百一十四条相关解读。

🕐 法律适用

上述导入案件是江苏省沭阳县人民法院审理的。该院认为，李某某夫妇两次起诉解除收养关系，李某长期未与李某某夫妇联系，法院系公告送达的法律文书，李某未到庭应诉，漠视收养关系的存续，现李某某夫妇解除收养关系的态度坚决，可以认定双方关系恶化，无法共同生活。涉案房屋系李某某夫妇建设，李某某夫妇要求解除与李某的收养关系，并要求李某迁出涉案房屋的诉讼请求，应予支持。

本案中，两位善良的老人将捡拾的弃婴含辛茹苦地抚养成人，所谓亲娘不及养娘大，但李某的行为丝毫未体现知恩图报之情，仅因为家庭琐事与两位老人闹矛盾便下落不明，与老人断绝关系，不尽任何赡养义务。老人两度起诉解除收养关系，实属无奈。李某经法院公告送达，拒不到庭应诉，应视为对其诉讼权利的放弃。法院认定养父母李某某夫妇与成年养子女李某关系恶化、无法共同生活，判决解除收养关系，并要求李某迁出涉案房屋。

○ **实务指引**

一、解除收养关系协议的拟定与签署应注意的问题

第一，解除收养关系的前提应当是双方之间存在收养关系，也就是说双方之间就收养关系已经向民政部门申请登记，或者说双方收养关系在1992年4月1日《收养法》施行之前就已经存在。

第二，解除收养关系应是双方完全自愿的意思表示，不存在任何胁迫和其他非自愿的情况。如果收养人年龄较大，或者身患疾病，不能完全清晰地表达自己的意愿，这时就不能签署解除收养关系的协议。

第三，协议的内容中应体现成年养子女与生父母以及其他近亲属之间的权利义务关系是否恢复，以及经养父母抚养的成年养子女对既缺乏劳动能力又缺乏生活来源的养父母给付生活费等协商结果。

第四，协议签署后，双方当事人还应当到民政部门办理解除收养关系登记。具体内容详见本书对《民法典》第一千一百一十六条的解读。

二、解除收养关系诉讼应当注意的问题

第一，提起解除收养关系诉讼的原告可以是收养人，也可以是成年被收养子女。被收养人是未成年人的，生父母也可以作为原告提起解除收养关系诉讼。

第二，相对应的，解除收养关系之诉的被告就是成年被收养子女或者收养人。

第三，诉讼请求事项主要有：解除收养关系；成年养子女与生父母以及其他近亲属之间的权利义务关系是否恢复；抚养费的支付时间和支付方式等。

第四，对于原告来说，收集证据证明"养父母与成年养子女关系恶化、无法共同生活"比较困难，建议从以下几个方面举证：

（1）原、被告双方收养关系的形成过程、共同生活情况、产生矛盾的原因、矛盾持续的时间、矛盾能否消除化解；

（2）原、被告之间近阶段交流沟通的内容以及频次；

（3）原、被告双方目前的经济状况，特别是收养人是否有足够的生活费，基本生存权利能否得到保障；

（4）原、被告之前是否就双方之间的矛盾寻求相关机构解决以及解决结果；

（5）原、被告双方，特别是收养人作为原告或被告一方，是否能够独立清晰表达自己的意愿等。

第一千一百一十六条　【解除收养关系登记】

▷ 案件导入

曲某 1 与妻子高某于 1973 年登记结婚，婚后无子女。妻子去世后，1978 年曲某 1 在公主岭市打工时通过中间人刘某芳收养曲某 2。多年来，曲某 1 对曲某 2 尽了抚养义务，形成了收养关系。曲某 2 婚后生有一子，与丈夫在五年前已离婚，自己带着孩子生活，经济收入有限，生活比较困难。现由于曲某 1 年纪较大，没有劳动能力，又没有生活来源，曲某 2 因生活困难无法尽赡养老人的义务，经双方商定后曲某 2 同意解除收养关系。故曲某 1 诉至法院，要求解除其与曲某 2 的收养关系。①

【法律条文】

第一千一百一十六条　当事人协议解除收养关系的，应当到民政部门办理解除收养关系登记。

---

① （2021）吉 0184 民初 149 号。

💡 法条释义

本条是关于协议解除收养关系应当办理解除登记的规定。设立收养关系，应当办理收养登记；解除收养关系，也应当办理解除登记。

这条规定来源于 1998 年 11 月 4 日修正施行的《收养法》第二十八条的规定："当事人协议解除收养关系的，应当到民政部门办理解除收养关系的登记。"修正之前的《收养法》第二十七条也有类似规定："当事人解除收养关系应当达成书面协议。收养关系是经民政部门登记成立的，应当到民政部门办理解除收养关系的登记。收养关系是经公证证明的，应当到公证处办理解除收养关系的公证证明。"

⏱ 法律适用

具体到本条的适用，应参照 2019 年 3 月 2 日国务院发布实施的《中国公民收养子女登记办法》第九条的规定："收养关系当事人协议解除收养关系的，应当持居民户口簿、居民身份证、收养登记证和解除收养关系的书面协议，共同到被收养人常住户口所在地的收养登记机关办理解除收养关系登记。"

上述案件经法院审理后认为，曲某 1 称曲某 2 无能力赡养老人，但庭审中曲某 2 陈述其系农民，分有承包田，且在公主岭市工作，每月工资 2000 元左右。曲某 1 诉状中称曲某 2 已同意解除收养关系，但曲某 2 到庭未认可；且依据法律规定，法院仅处理养父女双方无法达成协议的情形。如曲某 1、曲某 2 已达成解除收养关系协议，应当到民政部门办理解除收养关系登记。曲某 1 未提供证据证实其与曲某 2 感情恶化、曲某 2 存在遗弃虐待曲某 1 等行为，故对于曲某 1 的诉讼请求法院不予支持。

◎ 实务指引

如前所述，法院只处理养父母与养子女不能达成解除收养关系协议的情形；如果能够达成解除收养关系的一致协议，则应当到当地民政部门办理解除收养关系的登记手续。

办理解除收养关系登记，当事人应按照《中国公民收养子女登记办法》第九条的规定，带齐相关材料，共同到被收养人常住户口所在地的收养登记机关办理即可。

第一千一百一十七条 【收养关系解除的法律后果】

案件导入

被上诉人马某虎与上诉人马某娣是养父女关系。被上诉人马某虎于1970年10月从延长县抱养了上诉人，取名马某娣。被上诉人之妻赵某琴于2013年5月去世。后因上诉人、被上诉人之间发生矛盾，被上诉人于2020年将上诉人诉至法院，2020年1月16日在大荔县人民法院达成了以下调解协议：一、解除双方的收养关系；二、双方再无其他争议。之后被上诉人又将上诉人起诉至法院，请求法院判决将位于朝邑镇大寨村五组中巷16号院的全部房屋（门房3间、厦房4间、灶房2间）确认归被上诉人所有。

一审法院审理后认为，根据我国《民法典》第一千一百一十七条的规定：收养关系解除后，养子女与养父母以及其他近亲属间的权利义务关系即行消除。双方收养关系解除后应当认为上诉人马某娣与被上诉人马某虎以及其他近亲属间的权利义务关系消除，上诉人马某娣对其养母赵某琴的遗产应当视为继承权利消除，故对于被上诉人马某虎要求确认房屋归其所有的诉讼请求应当予以支持。[1]

---

[1] （2021）陕05民终2579号。

【法律条文】

　　第一千一百一十七条　收养关系解除后，养子女与养父母以及其他近亲属间的权利义务关系即行消除，与生父母以及其他近亲属间的权利义务关系自行恢复。但是，成年养子女与生父母以及其他近亲属间的权利义务关系是否恢复，可以协商确定。

法条释义

　　本条是关于收养关系解除后亲属关系后果的规定。《民法典》第一千一百一十一条规定："自收养关系成立之日起，养父母与养子女间的权利义务关系，适用本法关于父母子女关系的规定；养子女与养父母的近亲属间的权利义务关系，适用本法关于子女与父母的近亲属关系的规定。养子女与生父母以及其他近亲属间的权利义务关系，因收养关系的成立而消除。"由于收养关系是拟制血亲，成立时适用父母子女关系，解除时父母子女关系随即消除。

　　值得特别关注的是本条后半段的内容，成年养子女与生父母以及其他近亲属间的权利义务关系是否恢复，可以协商确定。在收养关系成立时，养子女与生父母以及其他近亲属间的权利义务关系是确定消除的；而收养关系解除时，养子女与生父母以及其他近亲属间的权利义务关系是否恢复则可以协商确定。

法律适用

　　在导入案件中，很显然，一审法院在适用本条时过于机械。双方在法院就解除收养关系达成调解协议之前，养母赵某琴已经去世，继承就已经开始了。上诉人马某娣并未以书面或者明示的方式表明放弃继承，大荔县人民法院的民事调解书仅解除了马某虎与马某娣的收养关系，并未涉及财产关系。故上诉人马某娣对其养母赵某琴的遗产享有继承权，一审法院以双方当事人解除收养关系认定马某娣继承权利消除明显不当，应予纠正。二审法院撤销一审判决，改判驳回被上诉人马某虎的一审诉讼请求。

◎ 实务指引

本条具体内容可以在解除收养协议的文本中体现，可以参照本书对《民法典》第一千一百一十五条的相关解读。

第一千一百一十八条 【收养关系解除后生活费、抚养费支付】

▷ 案件导入

两原告孙某1、杨某系夫妻关系，共同生育四个子女。长女孙某花已病故，育有三个子女。两原告现年事已高，体弱多病，患有高血压、糖尿病、心脏病等多种疾病，经常住院治疗，被告孙某3、孙某4已尽到赡养义务，但被告孙某2对两原告不管不问，常年不尽赡养义务，更不支付两原告的医疗费用和赡养费用。现两原告起诉要求三被告支付原告赡养费每人每月600元、医疗费每人1000元以及后续治疗费每人每月1000元。

法院审理后认定事实如下：被告孙某2系由两原告收养，后由于关系恶化，双方于2011年签订解除收养协议，载明："协议证明书 甲乙双方自愿解除收养关系，甲方养父母自愿不再向乙方追究任何责任。甲方自愿放弃向乙方支付抚养费等。乙方自此以后和甲方不再有任何关系。甲方 孙某1 杨某 乙方 孙某2 2011年5月3日办。"[1]

---

① （2021）鲁1122民初3896号。

【法律条文】

第一千一百一十八条　收养关系解除后，经养父母抚养的成年养子女，对缺乏劳动能力又缺乏生活来源的养父母，应当给付生活费。因养子女成年后虐待、遗弃养父母而解除收养关系的，养父母可以要求养子女补偿收养期间支出的抚养费。

生父母要求解除收养关系的，养父母可以要求生父母适当补偿收养期间支出的抚养费；但是，因养父母虐待、遗弃养子女而解除收养关系的除外。

法条释义

本条来源于 1992 年 4 月 1 日施行的《收养法》第二十九条，在 1998 年 11 月 4 日修正施行的《收养法》中调整为第三十条，内容未变："收养关系解除后，经养父母抚养的成年养子女，对缺乏劳动能力又缺乏生活来源的养父母，应当给付生活费。因养子女成年后虐待、遗弃养父母而解除收养关系的，养父母可以要求养子女补偿收养期间支出的生活费和教育费。生父母要求解除收养关系的，养父母可以要求生父母适当补偿收养期间支出的生活费和教育费，但因养父母虐待、遗弃养子女而解除收养关系的除外。"

但是《民法典》的规定与上述条文区别在于用"抚养费"替代了"生活费和教育费"。首先，本条规定中的"抚养费"与《民法典》第一千零六十七条规定的"抚养费"一致。其次，抚养费相对于生活费和教育费更全面。在离婚案件中，未成年子女的抚养费包括生活费、教育费和医疗费。

法律适用

本条相关内容可以在解除收养关系协议中约定，亦可在解除收养关系诉讼中以诉讼请求事项提出。具体适用请参见本书关于《民法典》第一千一百一十五条的相关解读。

回到上述导入案件，法院审理后认为，收养关系解除后，经养父母抚养的成年养子女，对既缺乏劳动能力又缺乏生活来源的养父母，应当给付生活费。本案中两原告对其生活来源与劳动能力方面未提供证据证实，故其请求被告孙某 2 承担赡养费与后续治疗费用，无事实与法律依据，法院不予支持。但考虑其对孙某 2 的抚养支出情况，酌情支持相应的治疗费用。被告孙某 3、孙某 4 系两原告的婚生子女，依法应承担对两原告的赡养费用，关于后续治疗费用待其实际发生后另行主张为宜。最终法院判决被告孙某 2、孙某 3、孙某 4 应支付两原告一定金额的治疗费，被告孙某 3、孙某 4 每月支付两原告一定金额的生活费。

◎ **实务指引**

在具体适用本条拟定解除收养关系的协议时，应注意将"抚养费"包含的具体内容以及支付时间、频次、支付方式等约定清楚，以便于操作，不能含糊其词。

下篇　婚姻家事律师处理婚姻家庭纠纷指引

本指引是在江苏省律协婚姻家庭案件处理指引《民法典婚姻家庭编释解与处理婚姻家庭纠纷实务指引》的基础上，结合《民法典》规定的精神，重新梳理编写。

第一章　总　　则

第一条　【宗旨】

为规范婚姻家事律师代理婚姻家事案件的执业行为，保障和指导婚姻家事律师依法履行职责，为婚姻家事律师正确从事婚姻家事纠纷法律服务提供科学指导意见，制定本指引。依照《中华人民共和国民法典》婚姻家庭编（以下简称《民法典》婚姻家庭编）、《中华人民共和国民事诉讼法》（以下简称《民事诉讼法》）、《最高人民法院关于适用〈中华人民共和国民法典〉婚姻家庭编的解释（一）》（以下简称《婚姻家庭编的解释（一）》）、《最高人民法院关于适用〈中华人民共和国民事诉讼法〉的解释》（以下简称《民诉法解释》）等法律、司法解释的规定精神，结合司法实践，制定本指南，本指引并非强制性或规范性规定，可供婚姻家事律师在执业中参考与借鉴。

第二条　【婚姻家事纠纷定义】

婚姻家事纠纷主要是指因婚姻家事方面的人身关系及由此产生的财产

关系所引起的各种纠纷。主要包括夫妻关系失和，借婚姻关系索取财物，家庭成员间因分家析产、抚育、扶养、赡养等引起的纠纷。因家庭暴力、外遇、重婚、有配偶者与他人同居、虐待、遗弃及其他原因导致的离婚及因离婚引起的财产分割、子女抚养及债务清偿等方面的纠纷。

第三条　【法律依据及指导思想】

婚姻家事律师办理婚姻家事法律业务的主要法律依据是：《民法典》婚姻家庭编、《民法典》继承编、最高人民法院与婚姻家庭编和继承编相关的司法解释，以及婚姻家事相关法律规定。

婚姻家事律师办理婚姻家事法律业务过程中，应当以构建和谐家庭及和谐社会，保护当事人合法权益，培育和践行社会主义核心价值观，弘扬家庭与社会文明进步的婚姻家事伦理观念，推进家风建设和家庭美德建设为指导思想，充分发挥律师的专业特长，促使婚姻家事纠纷通过合法途径得以解决。

第四条　【婚姻家事律师代理婚姻家事案件工作原则】

（一）婚姻家事律师代理婚姻家事案件，应当坚持以事实为根据，以法律为准绳的原则，勤勉尽责，恪守律师职业道德和执业纪律，维护司法公正和权威。

（二）婚姻家事律师代理婚姻家事案件，应当注意保守当事人的个人隐私及其他秘密。

（三）婚姻家事律师代理婚姻家事案件，应结合婚姻家事案件的特点，在处理案件过程中注意当事人双方心理、情绪变化，将情绪安抚与心理疏导适当与婚姻家事法律服务有机结合，全面协助当事人冷静处理婚姻家事纠纷，防止矛盾激化。

（四）婚姻家事律师代理婚姻家事案件过程中，应始终坚持注重调解的原则，尽可能地促成双方当事人理性、平和地解决纠纷。

（五）婚姻家事律师代理婚姻案件时，要根据法律规定及案件具体情况特别注意保护妇女、老年人、未成年子女及残疾人的合法权益。

第五条　【本指引适用案件范围】

本操作指引主要适用于律师从事婚姻家事法律服务，包括代理夫妻扶养纠纷、子女抚养纠纷、监护权纠纷、探望权纠纷、赡养纠纷、抚养纠纷、收养纠纷、分家析产纠纷、婚约财产纠纷、彩礼返还纠纷、婚内夫妻财产分割纠纷、离婚纠纷、婚姻无效及婚姻撤销纠纷、离婚损害赔偿纠纷、夫妻财产约定纠纷、离婚后财产分割纠纷、同居关系析产纠纷、同居关系子女抚养纠纷、亲子关系纠纷（包括确认和否认亲子关系纠纷）、申请承认外国法院裁决书、申请认可港澳台地区法院裁决的法律业务等，也包括涉及上述领域的非诉讼法律业务。

本指引未包含继承、收养方面的内容。

第二章　咨询和案件受理

第六条　【了解案情】

在案件受理前，律师以面谈、电话或网络等方式为当事人提供法律咨询时，可先了解案情概要，并提前告知当事人梳理相关书面材料、证据等，告知当事人咨询是否收费及收费标准。律师在进行法律咨询时应当首先了解当事人双方基本身份信息、婚姻家事基本信息、当事人双方纠纷的主要类型及基本情况，尤其是当事人双方主要争议的焦点与难点问题。律师应了解咨询者寻求律师帮助的主要目的，但当事人基于个人隐私原因不愿透露给律师的信息，律师应给予尊重。

第七条　【保护隐私】

由于婚姻家事纠纷及相关事务涉及个人隐私，当事人咨询时，律师如果安排其他律师、助理或其他人员在场时，应在提供咨询前主动征求并尊重当事人的意见，咨询的过程要坚持保密原则。

第八条　【法律分析】

律师除回复当事人咨询的问题外，还可以当事人告知的信息为基础，分析当事人咨询可能涉及的法律问题。例如：

（一）以当事人告知的信息为基础，为其分析该案例可能出现的法律后果及处理方式；律师通过当事人口述、当事人提供的简单材料分析与判断。但律师要特别注意自己仅仅是根据当事人陈述情况判断，而不是直接得出最后结论。要告诉当事人承办案件所存在的风险等。

（二）结合实务、法学理论分析与实际操作结果可能会存在差异，并且告诉当事人实务中可能会遇到哪些问题、如何解决这些问题、当事人应有的态度和心理准备。

（三）告知当事人解决问题的可能途径，当事人需要做好哪些准备、解决问题过程中可能会经历哪些阶段，当事人可能会因此付出的时间成本、经济成本及社会成本。

（四）律师在咨询婚姻家事案件中，应详细了解纠纷案情，确认案件管辖地是否符合法院立案条件，能否受理。不符合立案条件的，可及时告知当事人其他解决矛盾的方式。

第九条　【理性建议接受委托】

对某些正处于激烈冲突中的当事人，律师应当从职业道德出发，对当事人目前婚姻家事纠纷作出理性分析和建议。对过于冲动的当事人，应当善意提醒当事人冷静处理问题。经告知诉讼风险，当事人仍坚持提起诉讼的，律师可考虑接受案件委托。

第十条　【一般授权代理】

婚姻家事纠纷具有人身关系的属性，且受委托人感情因素影响较大，建议代理律师通常情形下接受基于当事人委托的一般授权代理。在离婚案件中，告知当事人自行考虑决定是否离婚，避免建议或替委托人决定离婚与否。

第十一条　【处理无效婚姻与可撤销婚姻注意事项】

律师在接待咨询时注意当事人的婚姻是否属于《民法典》第一千零五

十一条、第一千零五十二条规定的无效婚姻与可撤销婚姻的情形。对可撤销婚姻，律师应当告知当事人应在《民法典》第一千零五十二条规定的期限内提出撤销婚姻请求。律师应告知当事人，无效或被撤销的婚姻自始无效，当事人不具有夫妻的权利和义务。同居期间所得财产，由当事人协议处理；协议不成的，由人民法院根据照顾无过错方的原则判决。对重婚导致的无效婚姻财产处理，不得侵害合法婚姻当事人的财产权益。婚姻无效或者被撤销的，无过错方有权请求损害赔偿。

第十二条　【离婚标准与离婚两项特别规定】

如当事人对是否离婚产生争议，律师应告知要求离婚的当事人法院会以夫妻感情是否确已破裂、调解无效作为判决是否离婚的基本原则。

现役军人的配偶要求离婚的，律师应当告知当事人，离婚须得军人同意，但军人一方有重大过错的除外。

律师应告知委托人，女方在怀孕期间、分娩后一年内或终止妊娠后六个月内，男方不得提出离婚。但女方提出离婚的，或人民法院认为确有必要受理男方离婚请求的除外。在法律禁止当事人提起离婚诉讼的期间内，律师可以为当事人提供离婚调解法律咨询服务。

第十三条　【家庭暴力情形特别规定】

律师应告知当事人实施家庭暴力是人民法院判决离婚的条件之一。根据《民法典》第一千零七十九条第三款规定，人民法院审理离婚案件，有实施家庭暴力、虐待、遗弃家庭成员情形，调解无效的，应当准予离婚。

同时律师应特别提醒当事人，根据《民法典》第一千零九十一条规定，实施家庭暴力，虐待、遗弃家庭成员导致离婚的，无过错方有权请求离婚损害赔偿。

第十四条　【家暴受害人申请人身安全保护令的条件】

律师接待遭受家庭暴力或有遭受家庭暴力风险的当事人可以申请人身安全保护令。根据《反家庭暴力法》第二十三条规定，当事人遭受家庭暴力或者面临家庭暴力的现实危险，向人民法院申请人身安全保护令，人民法院应当受理。当事人是无民事行为能力人、限制民事行为能力人，或因受到强制、恐吓等无法申请人身安全保护令的，其近亲属、公安机关、妇女联合会、居民委员会、村民委员会、救助管理机构可以代为申请。申请人身安全保护令不必提起离婚诉讼，当事人可单独申请。

第十五条　【婚姻家事可能涉及的刑事责任】

律师可告知当事人，家庭暴力情节严重的可以追究施暴者的刑事责任。对实施家庭暴力或虐待、遗弃家庭成员构成犯罪的，受害人还可依据《刑事诉讼法》，向人民法院提起自诉或向公安机关报案。

第十六条　【涉及刑事的婚姻家事案件处理路径与举证责任】

律师可告知当事人，重婚、实施家庭暴力或虐待、遗弃家庭成员构成犯罪的，受害人可以依照《刑事诉讼法》的有关规定，向人民法院自诉，并且建议委托人请求损害赔偿；公安机关应当依法侦查，人民检察院应当依法提起公诉。当事人主张遭受家庭暴力的，应当提供书面或者口头陈述、伤情照片、病历、带有威胁内容的录音或者手机短信、对方出具的悔过书、保证书、公安机关出警记录、告诫书、伤情鉴定意见等证据予以证明。

第十七条　【离婚后父母子女关系】

在当事人咨询抚养子女及赡养老人方面问题时，律师应告知当事人离婚后，父母对子女仍有抚养、教育、保护的权利和义务；子女对父母有赡养的义务。

第十八条　【非婚生子女法律地位】

当事人咨询内容涉及非婚生子女时，律师应告知当事人非婚生子女享有与婚生子女同等的权利，不直接抚养非婚生子女的生父或生母，应当负担未成年子女或者不能独立生活的成年子女的抚养费。

第十九条　【继父母与继子女关系】

当事人咨询内容涉及继父母与继子女间关系时，律师应告知当事人：

继父或继母和受其抚养教育的继子女间的权利和义务，适用《民法典》婚姻家庭编对父母子女关系的有关规定。

第二十条　【抚养费负担】

律师需告知当事人，离婚后，无论子女随父或母生活，另一方应负担必要的生活费和教育费的一部分或全部，负担费用的多少和期限的长短，由双方协议确定。抚养费包括子女生活费、教育费、医疗费等费用。律师应告知当事人关于子女抚养费的协议或判决，并不妨碍子女在必要时向父母任何一方提出超过协议或判决原定数额的合理要求。

第二十一条　【离婚时共同财产分割】

当事人咨询内容涉及财产纠纷时，律师应根据案件具体情形为当事人提供法律咨询服务。

（一）《民法典》第一千零六十二条规定的内容，即夫妻关系存续期间所得的财产，归夫妻共同所有，包括但不限于：工资、奖金；生产、经营的收益；知识产权的收益；继承或赠与所得的财产；其他应当属于共同所有的财产。

（二）属于夫妻一方的财产为：一方的婚前财产；一方因身体受到伤害获得的赔偿或补偿；遗嘱或赠与合同中确定只归夫或妻一方的财产；一方专用的生活用品；其他应当归一方的财产。

（三）对于夫妻财产有约定的当事人，律师还应告知当事人：夫妻可以约定婚姻存续期间所得的财产以及婚前财产归各自所有、共同所有或部分各自所有、部分共同所有。

第二十二条　【财产情况】

律师对当事人财产情况可从以下几个方面了解：

（一）房产情况；

（二）存款情况（银行存款、支付宝账户资金、微信钱包资金）；

（三）工资收入情况；

（四）股票、国债等有价证券情况；

（五）家具电器情况，贵重物品情况；

（六）车辆拥有情况；

（七）公司股权等企业投资权益拥有情况（电子平台上虚拟店铺情况）；

（八）著作权等知识产权拥有情况；

（九）接受赠与或继承财产的情况；

（十）以第三人名义持有但由夫妻出资的财产情况；

（十一）当事人双方婚前财产拥有情况；

（十二）其他共同财产及个人财产拥有情况；

（十三）双方有无婚前或婚内财产约定；

（十四）双方有无共同债权债务或个人债权债务。

第二十三条 【房产状况】

律师对于房产情况，可以从以下几个方面了解：

（一）购房的时间、地点，所购房产的状态（现房还是期房）；

（二）房产性质（如商品房、房改房、经济适用房等）；

（三）房产购置时的合同价格及现值；

（四）购置房屋时支付房款的来源及方式；

（五）若购房时有贷款，可以了解首付情况、贷款数额、主贷人、还贷本息、截至目前尚欠的贷款余额；

（六）房产证办理时间，房产证记载的产权人信息；

（七）房产有无其他抵押，目前房产是否涉及其他债权债务纠纷；

（八）该房是否现房，目前实际居住人情况；

（九）该房产内的户籍情况；

（十）房产装修及出资情况；

（十一）其他房产相关情况。

第二十四条 **【房产分割】**

当双方对夫妻共同财产中的房屋价值及归属无法达成协议时，律师应告知当事人法院会按照以下情形分别处理：

（一）双方均主张房屋所有权并且同意竞价取得的，应当准许；

（二）一方主张房屋所有权的，由评估机构按市场价格对房屋作出评估，取得房屋所有权的一方应当给予另一方相应的补偿；

（三）双方均不主张房屋所有权的，根据当事人的申请拍卖房屋，就所得价款进行分割。

法院对于房屋确认按份共有。

第二十五条 **【存款情况】**

律师了解存款情况，可以从以下几个方面了解：

（一）双方名下有无存款、存款数额及来源，相互是否知晓；

（二）是否保存对方的存、取款交易凭证或知悉对方当事人的开户行、账号等信息；

（三）近期存款账户的交易记录；

（四）发生婚姻家庭纠纷期间，有无转移存款的迹象；

（五）目前各账户的存款余额；

（六）双方支付宝、微信账户的资金以及挂钩的银行卡情况。

第二十六条 **【工资情况】**

律师了解工资收入情况，可以从以下几个方面了解：

（一）基本工资收入、奖金收入（包括提成、绩效、月末、季度、年终）；

（二）能够查证到上述收入的银行账户；

（三）工资收入由谁持有，归谁保管；

（四）工资收入的详情对方是否知晓。

第二十七条 **【股票情况】**

律师了解股票情况，可以从以下几个方面了解：

（一）双方名下的股票账户、股东代码及开户证券公司；

（二）股票资金账号及开户银行；

（三）目前股票账户内的股票名称及数量，当前股票大约市值；

（四）购买股票的资金来源，目前资金账户的余额；

（五）是否存在由当事人出资，以第三人名义持股的情况。

第二十八条　【其他情况】

在接待咨询阶段，律师可以视具体需要询问房屋装修、家具、电器等相关情况。

第二十九条　【较大价值动产】

律师可以了解当事人双方持有贵重金属、贵重古董及其他有较大价值动产的情况，了解是否有继承或接受赠与以及特殊意义物品的情况。

第三十条　【汽车情况】

律师可以了解双方名下汽车拥有情况，包括以下信息：

（一）汽车品牌、款式、牌照号；

（二）购买时间、购买金额、付款方式、有无贷款以及还贷情况；

（三）车辆车籍所有人及实际使用人；

（四）车辆的现状及现值；

（五）有无车辆抵押情况及与车辆有关的债权债务纠纷。

第三十一条　【企业投资】

律师对于公司股权等企业投资权益情况，可以从以下几个方面了解：

（一）企业的名称及实际营业地；

（二）企业注册的时间、注册地、注册资本；

（三）企业出资人的人数、姓名及各自出资方式、出资比例；

（四）企业注册后有无工商登记的变更事项；

（五）企业财务情况，如会计报表所有者权益、企业净资产状况；

（六）企业目前的经营状况及未来市场前景；

（七）当事人对企业投资权益分割的态度；

（八）其他企业相关信息。

第三十二条　【其他收益】

对于当事人名下的保险利益、住房补贴、住房公积金及其他确定未来应获得收益，由律师根据纠纷的具体情况考虑是否要详细了解。

第三十三条　【共同债务】

当事人就夫妻共同债务咨询时，律师应告知《民法典》婚姻家庭编和《婚姻家庭编的解释（一）》中关于认定、处理夫妻共同债务的法律规定以及司法实践中人民法院对夫妻共同债务的认定和处理方式。

第三十四条　【连带清偿】

夫或妻一方死亡的，当事人就夫妻共同债务咨询时，律师应告知生存一方应当对婚姻关系存续期间的共同债务承担连带清偿责任。

第三十五条　【代理人指派】

律师事务所接受当事人的委托，可以指派 1 到 2 名律师担任委托代理人，律师事务所也可以根据当事人的要求选择指派代理律师。

第三十六条　【禁止委托事项】

有下列情形之一的，律师事务所不得接受委托：

（一）已经接受同一案件对方当事人的委托；

（二）具有违反《律师执业避免利益冲突规则》的规定或不能接受委托的其他情形。

第三十七条　【其他代理人】

律师在办理委托代理手续前，应详细了解委托人是否已聘请其他代理人，如已聘请其他代理人的，律师可考虑是否接受委托。如接受委托，应当与其他代理人分工合作。

第三十八条　【委托手续】

律师代理婚姻家庭案件，委托手续应包括以下内容：

（一）律师事务所与委托人签订委托代理合同，一式三份。一份交委托人，一份交承办律师附卷，一份交律师事务所文件留存；

（二）由当事人签署授权委托书，一般不少于三份，一份交受理的法院，一份交承办律师存档，其他用于谈判协商、调查等用途时使用；

（三）律师办理委托手续时，应与委托人确定司法文书和办案材料的送达地址；

（四）如需代理律师出庭参加诉讼，根据各地规定律师事务所应当出具律师事务所所函或者出庭证明，呈送受理案件的法院。

第三十九条　【信息登记】

律师受理离婚案件，可让委托人填写《当事人基本信息登记表》，用于律师了解双方当事人的基本情况，确定法律文件的送达地址，明确通信方式等事项。

律师办理委托手续时，应当留存委托人的身份证复印件或其他身份信息。

第四十条　【风险告知】

律师与委托人签订委托代理协议时，应当向委托人出具《诉讼风险告知书》（见附件二），做好接谈笔录，告知当事人诉讼可能存在的风险，委托代理协议中不得对所承接的法律事务结果做出承诺或保证。

第四十一条　【调整律师】

律师接受委托后，因发生特殊情况不能履行代理义务的，律师应当及时通知律师事务所，在征得委托人同意后，由律师事务所及时调整承办律师，或就终止合同一事进行协商。

第四十二条　【拒绝代理情况】

律师接受委托后，委托人提供虚假证据或利用律师提供的服务从事违法活动的，经律师事务所收集证据、查明事实后，律师可以拒绝继续代理，告知委托人，将解除委托代理关系记录在案，并整理案卷归档。

第四十三条　【授权范围告知】

律师代理离婚案件，一般只能接受委托人的一般授权代理，特殊情况除外，律师应对委托人具体明晰代理权限的范围。

第四十四条　【代理收费】

律师办理婚姻家庭法律业务，应按相关收费规定以协议方式收取代理费用。对离婚案件中收费是否可以风险代理目前仍有争议，建议谨慎采用风险代理的方式。收取费用后应当及时开具发票，并让委托人在发票签收单上签名。

第四十五条　【诉讼相关费用】

关于办案中产生的以下费用，律师应与委托人协议由委托人另行支付：

（一）司法、行政、仲裁、鉴定、公证等部门收取的费用；

（二）合理的通信费、复印费、翻译费、交通费、食宿费、邮寄费等；

（三）经委托人同意的专家论证费；

（四）办理其他委托事项所发生的费用。

律师应当在委托代理协议中明确约定办案过程中可能出现的各项费用，明确费用承担方式及支付方式。

第四十六条　【代理费明确范围】

委托代理协议中应明确，对于办案过程中出现的特定诉讼事项如管辖异议、财产保全等工作事项产生的费用是否包括在原律师代理费中；对于办案过程中出现的因案件需要而引发或者提起的另行诉讼的案件所产生的费用是否包括在原律师代理费中。如可以另行协商增加代理费的，应在协议中说明。

第四十七条　【律师费结算情况】

委托代理协议中应当明确约定：在律师已与委托人办理完毕委托代理手续后，委托人单方终止委托代理或自行撤诉的、对方当事人撤诉的、双方和好的，律师费用如何结算。

第三章　律师办理婚姻家庭诉讼案件

第一节　立案前准备工作的内容

第四十八条　【准备工作的内容】

案件准备阶段，一般情况包括以下工作内容：

（一）了解和熟悉案情；

（二）收集原、被告主体身份材料；

（三）收集相关证据；

（四）分析案情，制订代理策略；

（五）草拟各类诉讼文书及财产清单、证据清单；

（六）明确诉讼前的调解思路；

（七）决定是否需要申请管辖异议、财产保全或证据保全。

第二节　证据的收集整理

第四十九条　【调查收集证据的原则】

律师调查收集证据，应当合法、客观、全面、及时，注意证据的真实性、合法性和关联性。

第五十条　【律师调查收集证据不能违反法律规定】

律师不得伪造、变造证据，不得威胁、利诱他人提供虚假证据，不得妨碍对方当事人合法取得证据，不得协助或诱导当事人仿造、变造证据。

第五十一条　【调查收集证据应出具的手续】

律师调查、收集与本案有关的证据材料，应由律师事务所出具介绍信，并出示律师执业证。

第五十二条　【保密原则】

律师对涉及个人隐私的证据应当保密，需要在法庭上出示的，应事先告知法庭，申请不公开审理，不宜在公开开庭时出示。

第五十三条 【鉴定或评估】

律师认为需要进行鉴定或评估的证据，可提示并协助委托人向人民法院提出申请，请求人民法院委托有关机构进行鉴定或评估。

第五十四条 【申请延期提交证据】

律师办案过程中遇有不能及时调查、收集证据的情况时，可向人民法院说明情况，申请延期提交该证据或者申请人民法院调查、收集证据。

第五十五条 【申请调查令】

律师认为有必要申请人民法院调查收集证据或者申请调查令的，应当及时提示委托人。若委托人同意的，律师应当协助委托人向人民法院提交书面申请。若人民法院对委托人的调查申请不予准许的，律师可建议委托人向受理申请的人民法院书面申请复议一次。

第五十六条 【提交视听证据】

律师向法院提交视听证据，需注意保存提交视听文件的源文件或磁带原件。对于数码、电子证据，可刻录成光盘，并整理出视听证据的书面文字材料。

第五十七条 【制作证据清单】

证据复印件份数应结合双方当事人人数，法院要求及律师事务所存档需要的总数准备。律师应当对其提交的证据材料逐一分类编号，对证据材料的来源、证明对象和内容做简要说明，制作出完整的证据清单。

第五十八条 【证据原件的保管】

律师不宜保管证据原件，应告知委托人自行保管并于质证和开庭时带至法庭；对确需律师保管的，承办律师应妥善保管，并与委托人签署证据原件移交清单。

第五十九条 【确认婚姻无效的证据收集】

律师代理请求确认婚姻无效的案件，了解案情并收集办案证据可围绕以下几个方面开展：

（一）现存婚姻必须已办理结婚登记；

（二）现存婚姻应当具有《民法典》第一千零五十一条规定的三种情形之一；

（三）原告是婚姻当事人或利害关系人。

第六十条　【申请撤销婚姻的证据收集】

律师代理申请撤销婚姻的案件，可从以下几个方面着手准备证据证明：

（一）现存婚姻是因胁迫缔结的；

（二）一方当事人在结婚登记前未如实告知对方自己患有重大疾病的；

（三）申请人是拟申请撤销婚姻关系的一方当事人；

（四）申请未超出一年的法定期限，该一年的时效不适用诉讼时效中止、中断或者延长的规定，也不适用《民法典》第一百五十二条第二款关于最长五年的规定。

第六十一条　【离婚的证据收集】

律师代理离婚纠纷时，了解案情并收集办案证据可围绕以下几个方面开展。

（一）婚姻基础方面：包括婚前相识方式、恋爱情况及结婚登记情况、双方婚史；

（二）夫妻感情方面：包括婚后夫妻感情发展状况、矛盾产生过程、感情破裂原因、是否已经过调解、离婚协商情况、有无和好可能；

（三）子女抚养方面：包括子女年龄，子女过去主要由哪一方照顾抚养，子女现居住状况，子女本人（已满八周岁的）的倾向，夫妻双方抚养意见及抚养能力，一方或双方有无其他继子女、养子女或非婚生子女，双方当事人有利于和不利于抚养子女的各种因素；

（四）财产方面：夫妻一方个人财产、夫妻共同财产、债权债务情况，是否有其他书面约定，财产现状，有无隐匿、转移共同财产情况；

（五）双方当事人目前对于离婚的态度；

（六）涉及离婚案件的程序性情况：如一方或双方是否起诉过离婚，是否经调解和好或法院判决结果，在本次离婚诉讼中女方是否怀孕或正处于中止妊娠及分娩的离婚限制期间等。

第六十二条　【夫妻感情确已破裂的证据收集】

涉及夫妻感情确已破裂的情形，律师应了解案情并围绕以下几个方面收集证据：

（一）以重婚为由主张解除婚姻关系的，应举证证明当事人原有合法婚姻关系存在及合法婚姻关系的当事人有法律或事实重婚的；

（二）以有配偶者与他人同居为由而主张解除婚姻关系的，应当举证证明有配偶者与婚外异性婚外同居的事实及当事人是解除婚姻关系的适格申请人；

（三）以婚姻关系当事人实施家庭暴力而主张解除婚姻关系的，应举证证明婚姻关系当事人实施了家庭暴力事实存在；施暴行为人具有过错及当事人是解除婚姻关系的适格申请人；

（四）以婚姻关系当事人有虐待、遗弃家庭成员行为而主张解除婚姻关系的，应举证证明婚姻关系当事人有虐待、遗弃家庭成员的事实；

（五）以婚姻关系当事人有恶习不改而主张解除婚姻关系的，应举证证明当事人有赌博、吸毒等不改正的恶习；

（六）因夫妻感情不和分居而主张离婚的，应当举证证明夫妻双方非因工作原因分居，而是夫妻因感情不和而分居已满两年并且夫妻关系确无和好可能。

第六十三条　【军婚特殊保护的证据收集】

律师代理军人婚姻纠纷时，应依据《民法典》婚姻家庭编及《婚姻家庭编的解释（一）》对军婚特殊保护的规定举证证明：

（一）一方当事人为现役军人；

（二）对方当事人非现役军人；

（三）现役军人方是否存在法定的重大过错。

第六十四条　【对女方特殊保护的证据收集】

律师在代理离婚案件中可依据《民法典》对女方的特殊保护规定提出不同意解除婚姻关系的抗辩，可从以下几个方面举证证明：

（一）解除婚姻关系主张的提出是在女方怀孕、分娩或中止妊娠等特定时期内；

（二）不存在法院确有必要受理男方的离婚请求的情况。

第六十五条　【夫妻感情状况的证据收集】

律师代理离婚案件，可以收集以下证据材料证实夫妻感情状况：

（一）邻居、朋友、同事及亲属的证人证言、调查笔录；

（二）报警记录、验伤单据、医院的诊断证明、法医鉴定报告等涉及家庭暴力的证据；

（三）离婚协议、保证书、电子邮件、信件、短信；

（四）反映夫妻感情的照片、录音录像资料、电子文件；

（五）有关单位如妇联、居民委员会、工作单位介入婚姻纠纷中的调解记录。

第六十六条　【财产约定的审查】

如当事人对婚姻关系存续期间所得的财产以及婚前财产的归属有书面约定，律师可帮助当事人审查该协议是否具有无效或部分无效或可撤销的情形。

第六十七条　【离婚协议的法律约束力】

律师应告知当事人离婚协议中关于财产分割的条款或者当事人因离婚就财产分割达成的协议，办理离婚登记手续后，对双方具有法律约束力。

第六十八条　【离婚冷静期】

夫妻双方自愿离婚的，律师应告知当事人自婚姻登记机关收到离婚登记申请之日起三十日内，任何一方不愿意离婚的，可以向婚姻登记机关撤回离婚登记申请。三十日期满后，双方应当亲自到婚姻登记机关申请发给离婚证；未申请的，视为撤回离婚登记申请。

在离婚冷静期内，律师应对当事人与配偶就感情是否彻底破裂、孩子抚养、财产分割等离婚事宜提供必要法律帮助，协助委托人拟定离婚协议。

第六十九条　【不动产分割的证据收集】

涉及到婚姻家庭案件的不动产分割，律师可从以下几个方面准备证据：

（一）对于一方婚前个人房产或夫妻共同所有房产，律师可取得产权证明；若取得产权证有困难的，或产权登记尚在办理过程中的，律师可以根据不动产所在地的相关规定调取房产预售、销售的备案信息。同时准备购房合同、购房发票等书证。

（二）若房产权利证书载明有未成年子女之外的其他共有人的名称，律师应告知委托人，因房产涉及案外人权益，除庭审时双方调解外，法院一般不会在离婚案件中一并处理。

（三）若当事人以向银行以按揭贷款方式购买涉案房产，则律师需要向客户了解该套房产首付情况、婚后还贷情况以及尚欠还贷余额，律师可以准备贷款抵押合同、还贷账户还款明细等书面证据。

（四）若购房款出资来源涉及一方或双方婚前个人财产，律师可收集出资证明，涉及第三人出资的，律师也可一并收集证明债务存在或赠与成立的相关证据。

（五）若双方当事人对分割房产市值分歧较大的，律师应尽量了解涉案房产的市场价值信息，并收集相关证据。

（六）如有必要，律师可对分割房产目前的居住人情况调取证据，对双方当事人是否另有房产或居住场所进行取证，必要时可到房产所在地物业管理公司、居民委员会等机构取证。

第七十条 【银行存款的证据收集】

律师为维护委托人利益可调查了解双方当事人的共同存款情况，即一方或双方名下银行存款的基本信息，包括存款的开户银行、开户名、账号、大约的存款金额等。

第七十一条 【股票的证据收集】

律师为维护委托人利益可调查了解双方当事人的股票情况，即一方或双方名下的开户证券公司及股东代码、资金账户开户行及帐号、股票交易记录、资金账户交易记录等。

第七十二条 【股票证据的调查】

若委托人提供了对方当事人的股票交易、资金账户的具体信息，律师可以申请受案法院前往中国证券登记结算（上海、深圳）有限公司调查，或律师持调查令调查对方当事人的股票交易及相关资金账户的详细信息。

第七十三条 【他人名下财产的处理】

当事人双方或一方以夫妻共同财产出资，但以第三人名义登记或是购置的财产，律师可以协助委托人收集相关证据，并征求委托人对该项财产是主张物权还是债权的意见。如委托人主张物权，应告知委托人需另行起诉解决。

第七十四条 【装修家具家电财产的证据收集】

对于装修、家具、家电情况，律师可建议当事人罗列财产清单，并区分婚前个人财产以及婚后共同财产、婚后个人财产，以便在法院开庭时提供。

第七十五条 【较大财产价值财物的证据收集】

如当事人双方或一方持有贵重金属、贵重古玩字画或其他有较大价值的财物，律师可以制订相关表格详细列明，并注意做好证据保全工作。

第七十六条 【证据保全】

如相关动产容易灭失，或者对方当事人有转移、隐匿夫妻共同财产的可能，律师可以建议委托人采取公证、摄像、证人证言等证据保全措施。

第七十七条　【车辆的证据收集】

若当事人双方拥有车辆，律师可向委托人收集行驶证、购车合同、购车发票或出资证明相关证据，并调查了解购车时有无贷款、贷款本金、还贷情况、贷款余额，车辆牌照信息、车辆现值等，并询问目前车辆所在地及实际使用人。

第七十八条　【企业投资权益的证据收集】

律师可向委托人了解当事人双方名下企业投资权益的情况，并根据委托人提供的信息到市场监督管理局查询相关企业档案，了解案情并收集办案证据可围绕以下几个方面开展：

（一）企业申请设立的申请人、法定代表人或负责人；

（二）企业设立时的出资人名册、出资比例、出资方式、注册资金；

（三）企业年检的会计报告及会计报表，包括资产负债表、现金流量表和损益表；

（四）企业在市场监督管理局的登记有无变更情况；

（五）发生婚姻家庭纠纷期间有无一方私自转让企业投资权益情况、有无一方转移企业资产情况、有无一方恶意伪造企业债务情况；

（六）目前该企业的经营状况，市场占有份额及市场前景，以了解作为夫妻共同财产的企业投资权益所对应的市场价值；

（七）律师在收集以上材料时，注意收集企业开立的基本账户和非基本账户信息，以便在需要时进行资金查询。

第七十九条　【其他财产的证据收集】

若双方当事人还存在其他财产（如微信和支付宝余额、保险、理财等）或共同债权债务情况，律师应尽力查询，并收集相关证据。

第八十条　【同居纠纷的证据收集】

律师代理同居纠纷，了解案情并收集办案证据可围绕以下几个方面开展：

（一）同居基本情况：双方当事人同居时间，以查看是否构成事实婚姻关系，同居期间的相处状况；

（二）同居期间财产状况：同居期间财产来源及出资情况，财产权属登记情况，使用现状，双方是否有其他书面约定，是否有债权债务，双方对财产的分割意见；

（三）同居期间子女基本情况：子女出生情况，子女过去主要由哪一方照顾抚养，子女现居住状况，子女本人的倾向，同居双方抚养意见及抚养能力，双方有无任何不利于抚养子女的习性或疾病，一方或双方有无其他继子女、养子女或婚生子女；

（四）发生同居纠纷的原因及双方或一方有无过错。

第八十一条　【夫妻扶养纠纷的证据收集】

律师代理夫妻扶养纠纷，了解案情并收集办案证据可围绕以下几个方面开展：

（一）夫妻生活现状，是否有遗弃、分居等情节；

（二）双方经济收入状况，明确一方生活困难状况，另一方的扶养能力；

（三）发生扶养纠纷的原因；

（四）确定扶养标准的依据。

第八十二条　【子女抚养纠纷的证据收集】

律师代理子女抚养纠纷，了解案情并收集办案证据可围绕以下几个方面开展：

（一）子女自然人基本情况：子女是婚生子女还是非婚生子女，是否继子女或养子女；

（二）子女成长过程中的基本抚养情况：子女成长过程中由谁抚养照顾，居住现状，子女本人对抚养人的选择倾向；

（三）抚养纠纷双方当事人有利于和不利于抚养子女的各种因素；

（四）子女抚养费的实际需求及当地一般生活水平；

（五）对于离婚后子女抚养权变更纠纷和离婚后子女抚养费变更纠纷，还要了解原离婚方式及要求变更子女抚养权的事实依据；

（六）双方当事人的抚养能力及抚养意见。

第八十三条　【增加抚养费的证据收集】

子女要求父或母增加抚养费给付的，了解案情并收集办案证据可围绕以下几个方面开展：

（一）原定抚养费数额不足以维持当地实际生活水平，或者子女的实际需要超过原定数额，或者有其他正当理由；

（二）父或母有给付能力。

第八十四条　【减少抚养费的证据收集】

父或母一方请求减少给付子女抚养费的，律师应当举证证明当事人的生活境遇发生变化，无实际给付能力。

第八十五条　【变更抚养关系的证据收集】

一方起诉要求变更抚养关系的，了解案情并收集办案证据可围绕以下几个方面开展：

（一）与子女共同生活的一方因患严重疾病或因伤残无力继续直接抚养子女的；

（二）与子女共同生活的一方不尽抚养义务或有虐待子女的行为，或其与子女共同生活对子女健康确有不利影响的；

（三）八周岁以上的未成年子女愿随另一方生活，该方又有直接抚养能力的；

（四）有其他正当理由需要变更的，如与子女共同生活的一方因犯罪被劳动教养、被逮捕、被收监服刑或者较长时间出国无法直接抚养的。

第八十六条　【父亲抚养不满两周岁子女的证据收集】

不满两周岁的子女，以由母亲直接抚养为原则，但父母双方协商由父亲直接抚养的除外。父亲主张直接抚养的，律师应着手准备举证证明具有下列情形：

（一）母亲患有久治不愈的疾病或其他严重疾病，子女不宜与其共同生活的；

（二）母亲有抚养条件不尽抚养义务的；

（三）因其他原因，子女确实无法随母亲共同生活的。

第八十七条 【请求抚养子女的证据收集】

律师代理父母一方请求抚养两周岁以上八周岁以下未成年子女的，了解案情并收集办案证据可围绕以下几个方面开展：

（一）具有稳定的生活环境、能够给予悉心的照顾和陪伴、子女已经对其形成心理依赖、有可行的子女未来抚养规划方案；

（二）无其他子女或者已经丧失生育能力，受教育程度和经济实力相对较高，工作与家庭能够兼顾，道德水平相对较高，人品好；

（三）无传染病或者重大疾病，不存在殴打、虐待子女的情况。

第八十八条 【赡养纠纷的证据收集】

律师代理赡养纠纷，了解案情并收集办案证据可围绕以下几个方面开展：

（一）赡养义务人的基本情况包括赡养能力；

（二）被赡养人的现状及有无其他经济收入来源，有无其他赡养人；

（三）发生赡养纠纷的原因；

（四）被赡养人的赡养需求及其所在地的一般生活水平。

第八十九条 【承认外国法院裁判文书的证据收集】

律师代理承认外国法院裁判文书，了解案情并收集办案证据可围绕以下几个方面开展：

（一）申请人的基本情况；

（二）判决由哪国法院作出，以及判决的结果、时间；

（三）当事人是否参加庭审、法院传唤及应诉程序是否完备；

（四）外国法院判决书是否经过公证及认证手续、是否有中文译本。

第三节　调　　解

第九十条　【诉前调解】

律师代理婚姻家庭纠纷案件，应建议委托人在诉前进行调解，以缩短争议解决时间，减少双方诉累，但诉前与对方调解显然不利于保护委托人合法权益的除外。

第九十一条　【诉前调解的注意点】

离婚案件进行诉前调解需要律师代理时，代理律师在与对方当事人联系之前，应当征得委托人的同意。律师应与委托人再次确认其意愿，并提醒委托人防止家庭暴力，做好私人证件、财物、工作资料等相关证据的保存，注意维护子女生活和学习的正常秩序。

第九十二条　【告知对方当事人的内容】

律师代理离婚案件中，与对方当事人进行初次联系时，一般可告知以下内容：

（一）告知委托人已书面委托律师代理离婚纠纷的调解；

（二）告知律师的姓名、执业机构、地址、联系方式；

（三）告知委托人委托律师调解的建议和诚意，表达与对方当事人面谈协议离婚事宜的意愿；

（四）告知律师代理工作的性质，避免矛盾的激化和转嫁。

第九十三条　【对方当事人拒绝调解的处理】

如对方当事人拒绝与律师就离婚问题进行协商，律师可以建议对方慎重考虑，之后再与对方联系。若再联系时，对方当事人仍然拒绝协商，律师可以考虑根据案件进度，征求当事人意见后，按计划提起离婚诉讼。

第九十四条　【与对方当事人面谈的注意点】

律师与对方当事人面谈协议离婚事宜时，可视具体情况建议委托人是否参与。同时应尽量避免双方近亲属有过多人员参与，以防当事人情绪激化及发生意外事件。

第九十五条　【与对方当事人面谈的场所】

律师与对方当事人协商离婚事宜应该在公共场所或者律师事务所进行；非特殊情况下，不可到对方当事人住所进行面谈。

第九十六条　【控制面谈现场气氛】

与对方当事人协商离婚事宜时，律师应注意控制现场气氛，主动缓和双方紧张情绪，注意耐心倾听对方言论，立场适度中立并声明律师代理的特殊性质，不宜一味强调委托人单方利益，避免引起对方当事人反感以及转嫁矛盾。

第九十七条　【及时告知委托人】

律师与对方当事人协商离婚事宜后，应将协商情况及时告知委托人，并就是否有必要与对方再次沟通或是调整协议离婚具体内容征求委托人意见。

第九十八条　【调解结束的处理】

若经过协商，双方当事人就协议离婚事项达成一致意见，律师应及时协助双方到民政局办理离婚登记手续，或到法院调解离婚；对于双方分歧较大、暂无协议离婚可能的，在征得委托人同意后，可起诉立案。

第四章　立　　案

第九十九条　【立案前准备】

律师在立案前，应首先检查以下工作是否完成：

（一）双方当事人的财产情况是否已落实，子女抚养权归属证据收集工作是否完成；

（二）证实夫妻感情状况的证据是否收集完成，过错的认定及证据收集工作是否完成；

（三）是否有必要提起财产保全以及相关资料准备工作是否完成；

（四）立案所需材料是否准备齐全，起诉状是否由委托人亲自签署；

（五）共同财产清单、委托人各方婚前财产清单是否制订，或是否需要申请调查；

（六）离婚诉讼策略方案是否制订；

（七）确定管辖法院立案时间、立案需带材料、法院内部立案要求是否已了解、是否需要委托人当场立案；

（八）立案所需的诉讼费用是否预先告知委托人；

（九）其他应该准备的工作是否完成。

律师单独办理立案手续的，立案后，应尽快告知委托人，并注意将案件受理通知书、应诉通知书、交费票据原件、举证通知书等相关法律文书向委托人转交。

第一百条　【公告送达】

若在立案后开庭前，发现被告下落不明的，如委托人坚持继续离婚诉讼，代理律师应及时与法院承办法官联系，并尽快进行公告送达。

第一百零一条　【法定代理人到庭】

若离婚诉讼的委托人为无民事行为能力人，代理律师应及时与其法定代理人联系，并告知法定代理人应当出庭参加诉讼。

第一百零二条　【申请限制被告出境】

立案时若存在被告即将出境，可能对案件审理造成不利影响的情况，律师可向法院申请限制被告出境。

律师申请限制被告出境，应提交书面申请，并在限制出境申请书上写明申请人、被申请人基本情况，申请限制出境的事实理由，提交必要相关证据，并提供相应担保。

第一百零三条　【离婚损害赔偿告知】

若委托人向对方提出离婚损害赔偿的，律师应当告知委托人以下法律规定：

（一）符合《民法典》第一千零九十一条规定的无过错方作为原告，基于该条规定向人民法院提起损害赔偿请求的，必须在离婚诉讼的同时提出。

（二）符合《民法典》第一千零九十一条规定的无过错方作为被告的离婚诉讼案件，如果被告不同意离婚也不基于该条规定提起损害赔偿请求的，可以在离婚后就此单独提起诉讼。

（三）无过错方作为被告的离婚诉讼案件，一审时被告未基于《民法典》第一千零九十一条规定提出损害赔偿请求，二审期间提出的，人民法院进行调解，调解不成的，告知当事人在离婚后另行起诉。双方当事人同意由二审人民法院一并审理的，二审人民法院可以一并裁判。

（四）夫妻双方均有《民法典》第一千零九十一条规定的过错情形，一方或者双方向对方提出离婚损害赔偿请求的，人民法院不予支持。

第五章　一审程序

第一百零四条　【庭前准备工作】

律师在开庭之前，应至少做好以下几项准备工作：

（一）核实开庭时间、地点、审判人员组成等信息，并再次确认是否已告知委托人，如未告知，须立即告知委托人及诉讼参与人。

（二）在开庭前，律师可再次与委托人联系，并确认委托人本人是否亲自出庭。委托人亲自出庭的，提醒委托人及证人携带身份证明、按证据清单顺序排列的证据原件。

（三）开庭之前，应对委托人说明庭审程序及各环节，确定委托人与律师如何分工、配合，提示法官可能询问委托人的问题。

（四）再次检查卷宗材料是否完整、有否遗漏，各种文件是否复印齐备。

（五）检查是否已准备好证据目录清单、原件及复印件，是否已按清单顺序装订整理。证据是否已在举证期限内提交、证人是否已妥善安排。

（六）若有委托人的亲友旁听，应提示携带身份证明，提前告知其旁听规则。对于婚姻以及其他涉及隐私的案件，律师还要告知委托人的亲友，此类案件不公开审理的相关法律规定。

（七）与委托人商定并确认法庭上的调解方案。

（八）如有需要，准备好书面的不公开开庭审理离婚案件的申请书。

第一百零五条　【开庭时间确认】

对于没有书面开庭通知或者电子送达开庭传票的案件，代理律师应在开庭前主动与法院承办法官联系，确认开庭时间，以防止开庭情况有变。

第一百零六条　【确定是否不公开审理】

代理律师应当在进入法庭后，根据双方当事人以及旁听人员的到场情况，与委托人协商决定是否申请不公开审理，如申请不公开审理，应当在法官宣布开庭前提交书面申请书。

第一百零七条　【当事人庭审情绪控制】

律师开庭前及庭审中，应注意防止并尽量避免委托人和对方当事人之间发生情绪冲突，防止相互指责、打骂事件的发生。若在案件代理过程中双方当事人发生激烈冲突，律师不应参与，应劝说自己的当事人控制自己的情绪和行为，并同时做好自身安全保护工作。若委托人情绪失控，应注意采用适当方式调整，必要时，可申请法官宣布休庭。

第一百零八条　【家务补偿请求提起】

离婚案件庭审期间，代理律师如发现委托人因抚育子女、照料老人、协助另一方工作等付出较多义务的，应建议委托人向另一方当事人请求补偿。

第一百零九条　【案件事实陈述主体】

在庭审时，法官根据庭审程序询问委托人关于案件事实方面问题时，除非征得法官同意，律师不宜代为答复。

第一百一十条　【庭审举证程序及形式要求】

律师举证时，应按法庭程序安排，向法院逐项举证，并说明证据名称、证据来源及证明内容。

第一百一十一条　【庭审举证要点】

律师在开庭质证时，应当围绕证据的真实性、合法性、关联性，并针对证据证明力有无以及证明力大小，进行陈述、说明或辩驳。

第一百一十二条　【避免过激言行】

律师在开庭时发言应当围绕案件事实、法律规定、双方争议焦点展开，注意发言语速、语法和逻辑，不应当对对方当事人以及代理人进行人身攻击或使用攻击性、恐吓性的言辞。

第一百一十三条　【庭审调解注意点】

律师在法院组织的调解中，应注重听取对方的意见，并结合本方的意见配合法官进行调解工作，并注意掌握调解的策略技巧。

第一百一十四条　【调解妥协意见免责】

在诉讼中律师应该掌握当事人为达成调解协议或者和解目的做出妥协所涉及的对案件事实的意见，不得在其后的诉讼中作为对其不利的证据。

第一百一十五条　【庭审笔录签署要点】

律师必须仔细阅读庭审笔录完毕后再签字，应当在每一页庭审笔录上签字，同时提示委托人认真阅读庭审笔录内容后签字。律师发现庭审笔录中的错误，应及时与书记员联系，按法院要求进行补充或更正。

第一百一十六条　【再次开庭前沟通与确认】

案件如需两次以上开庭审理的，再次开庭前，律师可安排与委托人的会面，向委托人总结上次开庭的情况，说明下一阶段的工作安排，并介绍下次开庭的庭审程序及内容。会谈应制作谈话笔录。

第一百一十七条　【新证据举证规则】

针对上次庭审的情况，律师根据案情需要及时补充新证据的，需要向法庭提出调查取证申请、鉴定申请、评估申请的应当及时准备法律文书，在法律规定的期间向法庭正式递交。

第一百一十八条　【庭外调解】

休庭期间，有庭外调解可能的，律师可应委托人要求与对方当事人及其代理人进行调解或谈判。双方达成调解的，律师应告知委托人可选择法院出具民事调解书的方式或双方签订调解协议书一方撤诉的方式，特别要告知不同结案方式的法律风险，由委托人自行选择。

第一百一十九条　【书面代理意见提交】

庭审结束后，律师应及时向法院提交书面代理意见，并附卷一份。

第一百二十条　【代收法律文书的再送达】

一审法院判决书若由律师代收，应在收到后立即告知委托人，并尽快交付委托人，律师保留好寄件凭据，或让当事人签收，相关书面材料均应入卷。

第一百二十一条　【一审判决的上诉权告知】

律师应当在领取一审判决书后，及时征求委托人对判决的意见，明确是否上诉等事项，并告知委托人上诉方式及期限。

第一百二十二条　【子女探望权的诉权告知】

若人民法院作出的生效的离婚判决中未涉及探望权，律师可以建议当事人就探望权问题单独提起诉讼。

第一百二十三条　【案件归档】

案件审结后，与本案有关的书面往来材料，律师注意复印或整理入档保留，电子往来数据、录音录像资料需备份保存，案件结束后，统一装订归档交律师事务所保管。

第六章　二审程序

第一百二十四条　【沟通及谈话笔录】

律师在接受二审程序的委托代理时，应就案件相关情况与当事人进行沟通，沟通情况记入谈话笔录，谈话笔录中应明确记载委托人的上诉请求及对一审判决的具体意见。

第一百二十五条　【代理手续提交及阅卷】

律师未代理一审程序而直接代理二审程序案件，除仔细查阅当事人的资料外，还应在开庭前与二审法院联系，递交委托代理手续，及时阅卷，复印相关证据材料及庭审笔录，以了解案情。

第一百二十六条　【新证据的提交】

律师代理二审案件，应注意有无新证据提交，并注意新证据提交的期限。

第一百二十七条　【告知审理方式】

律师代理二审案件，应当告知当事人根据《民事诉讼法》的相关规定，对于经过阅卷、调查和询问当事人，没有提出新的事实、证据或者理由，认为不需要开庭审理的，可以不开庭审理。

第一百二十八条　【二审庭前准备】

律师在二审开庭前，应仔细阅读一审判决书"经本院审理查明"部分，并就"经本院审理查明"部分的事实听取当事人的意见。若有异议，应作相应标记或另外注明，二审庭审中应及时提出相关异议。

第一百二十九条　【代理意见的提交】

开庭结束后，律师应及时向法院提交书面代理意见，并附卷一份。

第一百三十条　【法律文书的签收】

律师代为签收二审法律文书的，应在收到法律文书后立即告知当事人，并尽快交付当事人，律师应保留好寄件凭据或者当事人签收凭证，相关书面材料均应入卷。

第七章　结案后的工作

第一百三十一条　【案件归档】

律师办理案件过程中，应注意材料的收集、整理和妥善保管。在审判程序结束后，依照《律师业务档案立卷归档办法》的相关规定整理案卷并归档。

第一百三十二条　【材料移交】

案件结束后，律师应及时与当事人进行费用清算，移交相关证据材料原件。与案件有关的其他材料若当事人有要求备份的，律师应当复印交付当事人。

第一百三十三条　【征询意见及提醒】

结案后，承办律师可以就裁判文书或调解书的内容征求当事人的评价或意见，若发现当事人有质疑的应予以说明。

案件结束后，律师应注意保留当事人联系信息，对于法院没有判决离婚的原告当事人，律师可在判决书生效六个月后，提醒当事人可再次向法院提起离婚诉讼。

第八章　探望权

第一百三十四条　【父母的探望权】

律师应告知委托人，离婚后，不直接抚养子女的父或母，有探望子女的权利，另一方有协助的义务。

行使探望权利的方式、时间可以由当事人在诉前或者诉讼过程中协议；协议不成时，由人民法院判决。

第一百三十五条　【父母探望权诉讼主张】

律师应告知委托人在人民法院受理离婚案件时，无论是原告还是被告都有权就探望子女的权利提出诉讼请求，否则，人民法院在离婚判决中不予处理。

人民法院作出的生效离婚判决中未涉及探望权的,律师可以建议当事人可以就探望权问题单独提起诉讼。

第一百三十六条　【父母探望权的行使条件】

律师应告知委托人探望权的行使,需具备以下构成要件:

(一)父母离婚后,子女由一方直接抚养;

(二)权利主体为未直接抚养子女的父母一方;

(三)探望权的行使不会损害子女的身心健康。

第一百三十七条　【中止父母一方的探望权】

未成年子女直接抚养方及其他负担抚养、教育之责的法定监护人提出中止探望权请求的,律师了解案情并收集证明出现了不利于子女身心健康的法定中止事由的办案证据可围绕以下几个方面开展:

(一)探望权人是无行为能力人或者限制行为能力人;

(二)探望权人患有严重传染性疾病或者其他严重疾病,可能危及子女健康的;

(三)探望权人在行使探望权时对子女有侵权行为或者犯罪行为,损害子女利益的;

(四)探望权人与子女感情严重恶化,子女坚决拒绝探望的;

(五)探望权人道德败坏,长期从事卖淫、嫖娼、吸毒、赌博等行为,对子女身心健康可能会造成不利影响的;

(六)其他不利于子女身心健康的情形。

第一百三十八条　【父母一方探望权的恢复】

享有探望权的父或母提出恢复探望权的请求的,律师应收集证明不利于子女身心健康的情形完全消失的相关证据。

第一百三十九条　【父母探望权的强制执行】

律师应告知委托人,对拒不履行协助另一方行使探望权裁定的,可由人民法院依法强制执行。法院对拒不履行协助另一方行使探望权的有关个人和单位采取拘留、罚款等强制措施，但不能对子女的人身、探望行为进行强制执行。须注意的是，这里强制执行的对象只能是拒不履行协助责任的有关个人和单位，而不是子女。

第九章　涉外案件的代理

第一百四十条　【涉外案件的范围】

本节所述的涉外案件包括但不限于以下情形：

（一）委托人或对方当事人系外籍人士或无国籍人士；

（二）委托人办理委托代理手续时或诉讼期间在境外居住或停留；

（三）委托人或对方当事人系我国香港、澳门、台湾地区居民的，参照涉外案件处理。

第一百四十一条　【涉外案件的授权】

对婚姻家庭领域的涉外案件，律师可视具体案件情况需要而接受委托人的一般代理授权或特别授权。律师接受特别授权的，应在授权委托书中载明授权的代理权限及代理期限。

第一百四十二条　【涉外案件所需材料】

律师接受境外委托人的委托，代理婚姻家庭法律业务，如委托人不能回到境内亲自参加诉讼程序的，律师应当提前指导当事人办理与代理事项相关的授权委托书、起诉状、答辩状、离婚意见书、委托人的身份材料、证据等相关法律文件的公证、认证等程序性手续。如相关代理事项法律文件无须进行公证、认证，律师可以指导当事人通过视频等方式办理签字手续。

第一百四十三条　【境外中国公民委托的授权材料】

律师接受境外中国公民的委托，担任婚姻家庭案件的代理人，需要向法院提交的法律文件通常有：

（一）委托人的身份证复印件或护照及签证复印件；

（二）委托人签名的授权委托书；

（三）委托人签名的民事起诉状、离婚意见书（委托人作为原告时提供）；

（四）委托人签名的答辩状或离婚意见书（委托人作为被告时提供）；

（五）结婚证件；

（六）证据材料。

上述文件中第一项至第四项应当经我国驻该国使领馆出具《公证书》。

上述文件中第五项、第六项如系境外产生，应当经所在国公证机关公证并出具《公证书》，该《公证书》须经我国驻该国使领馆进行认证，并出具《认证书》。

上述法律文件若为外文的，应当经受理案件法院认可的翻译机构进行翻译，一并向法庭提交翻译件；或者委托受理案件法院地具有涉外公证资格的公证处进行翻译公证。

如委托人因在境外而不能亲自参加诉讼，并且受理法院要求出具当事人不能亲自参加诉讼的证明材料时，代理律师应当指导委托人出具相关证明材料和特别授权委托书并前往我国驻该国使领馆办理认证手续，并由我国使领馆出具《公证书》。

第一百四十四条　【境外外籍委托人授权材料】

律师接受境外外籍委托人委托，担任婚姻家庭案件代理人，需要向法院提交的法律文件通常有：

（一）委托人的护照复印件；

（二）委托人签名的特别授权委托书；

（三）委托人签名的民事起诉状、离婚意见书（委托人作为原告时提供）；

（四）委托人签名的答辩状或者离婚意见书（委托人作为被告时提供）；

（五）结婚证件；

（六）证据材料。

上述文件应当经所在国公证机关公证并出具《公证书》，该《公证书》须经我国驻该国使领馆进行认证，并出具《认证书》。上述文件中第五项、第六项如系境外产生，也应按照上述程序办理。

上述法律文件若为外文的，应当经受理案件法院认可的翻译机构进行翻译，一并向法庭提交翻译件；或者委托受理案件法院地具有涉外公证资格的公证处进行翻译公证。

如外籍委托人不能亲自参加诉讼并受理法院要求出具当事人不能亲自参加诉讼的证明材料时，代理律师应当指导委托人出具相关证明材料并办理公证、认证手续。

第一百四十五条　【涉港案件授权材料】

律师接受居住在香港特别行政区的委托人委托，担任婚姻家庭案件代理人，需要向法院提交的法律文件通常有：

（一）委托人的身份证明；

（二）委托人签名的特别授权委托书；

（三）委托人签名的民事起诉状、离婚意见书（委托人作为原告时提供）；

（四）委托人签名的答辩状或者离婚意见书（委托人作为被告时提供）；

（五）结婚证件；

（六）证据材料。

上述文件如系在香港签署或者在香港形成，该文件需经过司法部指定的具有公证人资格的香港律师公证，并加盖中国法律服务（香港）公司转递章后提交法院。

第一百四十六条　【涉澳案件授权材料】

律师接受居住在澳门特别行政区的委托人委托，担任婚姻家庭案件代理人，需要向法院提交的法律文件通常有：

（一）委托人的身份证明；

（二）委托人签名的特别授权委托书；

（三）委托人签名的民事起诉状、离婚意见书（委托人作为原告时提供）；

（四）委托人签名的答辩状或者离婚意见书（委托人作为被告时提供）；

（五）结婚证件；

（六）证据材料。

上述文件如系在澳门签署或者在澳门形成，该文件需经过我国司法部派驻澳门的中国公证员公证，同时应当由中国法律服务（澳门）有限公司加盖转递专用章。

第一百四十七条　【涉台案件授权文书】

律师接受居住在我国台湾地区委托人委托，担任婚姻家庭案件代理人，需要向法院提交的法律文件通常有：

（一）委托人的身份证明；

（二）委托人签名的特别授权委托书；

（三）委托人签名的民事起诉状、离婚意见书（委托人作为原告时提供）；

（四）委托人签名的答辩状或者离婚意见书（委托人作为被告时提供）；

（五）结婚证件；

（六）证据材料。

上述文件如系在我国台湾地区签署或者形成，律师应指导委托人在我国台湾地区进行公证，并指导委托人及时将公证文件原件寄交律师，律师收到公证文件原件后，应保持与所在地公证员协会联系，确定所在地公证员协会收到海基会转交的公证文件副本后，及时向所在地的公证员协会办理核证业务，根据用途转使用部门。

第一百四十八条　【涉外案件代为委托的授权办理】

若在境外的委托人委托其国内亲友代为办理律师委托代理手续的，律师要核实国内亲友方相关的委托手续及授权范围，在此基础上再签订委托代理协议。

第一百四十九条　【涉外授权未公证的处理】

委托人为我国港澳台地区人士或外籍人士且在国内的，若授权委托书未进行公证，立案时律师可要求委托人与律师共同到法院办理立案手续。

第十章　非诉讼业务

第一节　律师代写法律文书

第一百五十条　【婚前财产协议的内容】

律师代为起草的婚前财产约定可以包含以下几个方面：

（一）双方当事人基本信息；

（二）婚前个人财产范围及权属的约定；

（三）婚前债权债务范围及性质的约定；

（四）婚后可能取得财产的归属的约定；

（五）婚后可能产生的债权债务的性质约定；

（六）婚前个人财产与婚后夫妻共同财产转化的条件及方式的约定；

（七）婚后日常开支承担情况的约定；

（八）双方父母或其他亲属赠与财产的权属约定；

（九）因该协议引起的纠纷的解决方案；

（十）其他可以列入婚前财产协议的约定内容。

第一百五十一条　【婚内财产协议的内容】

律师代为起草的婚内财产约定可以包含以下几个方面：

（一）双方当事人基本信息；

（二）各自婚前个人财产范围及权属的约定；

（三）各自婚前产生的债权债务的约定；

（四）婚后取得的现有财产权属的约定；

（五）婚后产生的现存债权债务性质的约定；

（六）婚后可能取得财产的权属问题的约定；

（七）婚后产生的债权债务的性质的约定；

（八）婚后生活费用支出承担方式及比例的约定；

（九）因该协议引起的纠纷的解决方案；

（十）其他可以列入婚内财产协议的双方约定。

第一百五十二条　【离婚协议的内容】

律师代为起草的离婚协议可以包含以下几个方面：

（一）双方当事人基本信息；

（二）双方当事人自愿离婚的合意；

（三）现有夫妻共同财产范围、如何分割及如何交付履行的约定；

（四）现有债权归属及债务如何承担的约定；

（五）子女抚养权归属、抚养费数额及支付方式、子女探望方式的约定；

（六）关于家务补偿、损害赔偿的约定；

（七）关于生活困难帮助约定；

（八）关于离婚手续办理时间及方式选择的约定；

（九）关于离婚协议书效力的约定；

（十）其他可以在离婚协议中列明的事项。

第二节　律师代为起草收养协议

第一百五十三条

律师代为起草的收养协议可以包括以下几个方面：

（一）送养人、收养人、被收养人基本信息；

（二）送养人、收养人达成的送养收养合意；

（三）关于被收养人姓氏、探望方式的约定；

（四）关于收养关系登记手续办理时间的约定；

（五）关于收养关系解除条件及效力的约定；

（六）其他可以在收养协议中列明的事项。

第三节　提供其他非诉法律服务

第一百五十四条　【非诉讼法律服务的原则】

委托人委托律师代为调解婚姻家庭纠纷的，或是委托律师代为与对方进行离婚谈判调解的，律师应当以事实为依据，以法律为准绳，保持适当的客观中立，与双方当事人进行理性的沟通与交流。

第一百五十五条　【调解谈判注意事项】

律师参与婚姻家庭纠纷居间调解或谈判，应注意以下问题：

（一）调解前，律师应充分了解和分析纠纷成因，归纳双方可能存在的争议焦点；

（二）尽可能组织双方当面沟通，了解双方的真实意愿；

（三）提前告知委托人所委托事务的风险及可能结果，平衡双方分歧和期望值；

（四）调解时，律师不宜急于求成，适当保持耐心，做好多次调解的各项准备；

（五）调解过程中应注意法学、心理学及实践经验的综合运用。

第一百五十六条　【涉外案件协议离婚的服务事项】

委托人委托律师代为办理协助离婚事项的，律师应在委托代理协议中尽可能详细列明服务事项，可从以下几个方面着手准备：

（一）是否包括与对方当事人进行协议离婚的谈判调解，谈判调解的时间、方式及次数；

（二）是否包括起草离婚协议书或其他书面材料；

（三）是否包括协议离婚期间对突发事件的处理，如家庭暴力纠纷的处理；

（四）是否包括组织双方当事人一起签订离婚协议书；

（五）是否包括安排双方当事人到婚姻登记机关办理离婚手续；

（六）是否协助双方当事人进行财物的交接或变更登记手续；

（七）是否需要律师见证相关协议签订过程，或担保财物交接过程。

第十一章　附　　则

第一百五十七条　【附则】

本指引根据《民法典》婚姻家庭编、最高人民法院相关司法解释、有关法院关于审理离婚案件的会议纪要以及各市中级人民法院关于审理离婚案件的指导意见。若本指引公布后，法律法规、《民法典》司法解释有新规定的，应以新规定为依据。

注：本指引只作为婚姻家事律师执业的参考。

图书在版编目（CIP）数据

民法典婚姻家庭编条文释解与实操指引／李秀华主
编；汪雯，马红君，项琳副主编．—北京：中国法制
出版社，2023.9
　　ISBN 978-7-5216-3584-3

　　Ⅰ．①民… Ⅱ．①李… ②汪… ③马… ④项… Ⅲ．
①婚姻法–法律解释–中国 Ⅳ．①D923.905

　　中国国家版本馆 CIP 数据核字（2023）第 095267 号

策划编辑：赵　宏　　　　责任编辑：王　悦（wangyuefzs@163.com）　　　　封面设计：李　宁

民法典婚姻家庭编条文释解与实操指引
MINFADIAN HUNYIN JIATING BIAN TIAOWEN SHIJIE YU SHICAO ZHIYIN

主编／李秀华
副主编／汪雯，马红君，项琳
经销／新华书店
印刷／三河市国英印务有限公司
开本/710 毫米×1000 毫米　16 开　　　　　　　　印张/ 27　字数/ 303 千
版次/2023 年 9 月第 1 版　　　　　　　　　　　2023 年 9 月第 1 次印刷

中国法制出版社出版
书号 ISBN 978-7-5216-3584-3　　　　　　　　　　　　　　定价：98.00 元

北京市西城区西便门西里甲 16 号西便门办公区
邮政编码：100053　　　　　　　　　　　　　　　　传真：010-63141600
网址：http：//www.zgfzs.com　　　　　　　　编辑部电话：010-63141831
市场营销部电话：010-63141612　　　　　　　印务部电话：010-63141606

（如有印装质量问题，请与本社印务部联系。）